集 刊 名：形象史学
主办单位：中国社会科学院古代史研究所文化史研究室
主　　编：刘中玉

2022年秋之卷

编委会（以姓氏笔画为序）

主　任　孙　晓（中国社会科学院古代史研究所）

委　员

卜宪群（中国社会科学院古代史研究所）　　沙武田（陕西师范大学）
王子今（西北大学）　　　　　　　　　　　沈卫荣（清华大学）
王月清（南京大学）　　　　　　　　　　　陈支平（厦门大学）
王亚蓉（中国社会科学院考古研究所）　　　陈星灿（中国社会科学院考古研究所）
王彦辉（东北师范大学）　　　　　　　　　张昭军（北京师范大学）
王震中（中国社会科学院古代史研究所）　　尚永琪（宁波大学）
尹吉男（中央美术学院、广州美术学院）　　罗世平（中央美术学院）
成一农（云南大学）　　　　　　　　　　　金秉骏（韩国首尔大学）
仲伟民（清华大学）　　　　　　　　　　　郑　岩（北京大学）
扬之水（中国社会科学院文学研究所）　　　耿慧玲（台湾朝阳科技大学）
李　旻（美国洛杉矶加州大学）　　　　　　黄厚明（南京大学）
李　零（北京大学）　　　　　　　　　　　谢继胜（浙江大学）
邬文玲（中国社会科学院古代史研究所）　　臧知非（苏州大学）
杨爱国（山东省博物馆）　　　　　　　　　熊文彬（四川大学）
杨宝玉（中国社会科学院古代史研究所）　　池田知久（日本东方学会）
杨富学（敦煌研究院）　　　　　　　　　　渡边义浩（日本早稻田大学）

编辑部主任　宋学立

编辑部成员

王艺　王申　刘中玉　刘明杉　纪雪娟　安子毓　李凯凯　宋学立　张沛林　黄若然

本辑执行编辑

宋学立　安子毓

总第二十三辑

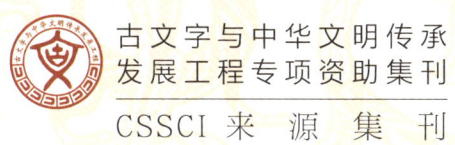

古文字与中华文明传承
发展工程专项资助集刊

CSSCI 来源集刊

形象史學

中国社会科学院古代史研究所文化史研究室 主办

刘中玉 主编

2022年
秋之卷
（总第二十三辑）

中国社会科学出版社

图书在版编目(CIP)数据

形象史学.2022年.秋之卷:总第二十三辑/刘中玉主编.—北京:中国社会科学出版社,2022.8

ISBN 978-7-5227-0848-5

Ⅰ.①形… Ⅱ.①刘… Ⅲ.①文化史—中国—文集 Ⅳ.①K203-53

中国版本图书馆CIP数据核字(2022)第166207号

出 版 人	赵剑英
策划编辑	李凯凯
责任编辑	党旺旺
责任校对	闫 萃
责任印制	王 超

出　　版	中国社会科学出版社
社　　址	北京鼓楼西大街甲158号
邮　　编	100720
网　　址	http://www.csspw.cn
发 行 部	010-84083685
门 市 部	010-84029450
经　　销	新华书店及其他书店
印刷装订	北京君升印刷有限公司
版　　次	2022年8月第1版
印　　次	2022年8月第1次印刷
开　　本	787×1092　1/16
印　　张	19
字　　数	371千字
定　　价	128.00元

凡购买中国社会科学出版社图书,如有质量问题请与本社营销中心联系调换
电话:010-84083683
版权所有　侵权必究

目　录

一　**纺织考古** 　　　　　　　　　　　　　　　　　　　　　　栏目主持　刘中玉

莫高窟第 465 窟壁画中的纺织图像考析　　　　　　　　　葛梦嘉　　003

䘳类服装再考　　　　　　　　　　　　　　　　　任怀晟　刘　卫　　012

二　**器物研究** 　　　　　　　　　　　　　　　　　　　　　　栏目主持　韩　鼎

梁山七器出土时间与具体器物新考　　　　　　　　　　　　陈颖飞　　033

战国秦汉时期铁足铜鼎研究　　　　　　　　　　　曾　宇　杨　硕　　050

从宋至明建盏地位的变迁　　　　　　　　　　　　　　　　刘明杉　　067

明代御窑青花瓷砖的烧造与用途探析　　　　　　　　　　　胡舒扬　　090

三　**汉画研究** 　　　　　　　　　　　　　　　　　　　　　　栏目主持　练春海

汉画像石中的蹶张图像考　　　　　　　　　　　　　　　　王黎梦　　107

汉代画像与汉代人观念中的"合"　　　　　　　　　　　　宋艳萍　　122

四 文本研究

栏目主持　宋学立

南北朝造像记著录源流述略　　　　　　　　　　　王连龙　黄志明　　159

韩朋故事演进与《韩朋赋》写本的时代　　　　　　　　孙丽萍　　190

莫高窟第3窟系列研究之一
——《大乘庄严宝王经》与西壁主尊身份考释　　　　李志军　　219

缙云县图书馆藏两堂十王图初探　　　　　　　　　　　杨海英　　241

五 地图研究

栏目主持　成一农

道分三才，以王贯之
——多元视角下的《三才一贯图》研究　　　　　　　　刘　洁　　259

傅斯年图书馆藏《青海图》绘制研究　　　　　　　李新贵　白鸿叶　　276

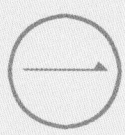

纺织考古

莫高窟第 465 窟壁画中的纺织图像考析

■ 葛梦嘉（北京服装学院美术学院 新疆大学纺织与服装学院）

敦煌地处东西贸易要塞，作为丝绸之路咽喉要地，遗留下丰富的古代纺织文物。敦煌古代纺织生产及织机的使用已无直接的文字记载，但壁画中纺织器具的图像资料却可再现该地区纺织业的发展历史。同时，从敦煌遗书中的记载可知，民生所依赖的仍是麻织物"布"及毛织物"褐"。布与褐不仅是最基本的穿着用料，而且还兼具吊孝、断价、支付、结社、赈济等多种用途。[1]

莫高窟第 465 窟中的织褐图及纫车图是现存年代最早的地织机及纫车的图像资料，虽考古亦有织机机件的出土，但因机型原始，多由树枝简易加工而成，并未形成专有的机械构件。因此，未见完整的织机的机架结构出土，该地区石窟壁画中存在的织机类型与目前民俗学调研中所使用的织机类型，仍存在地域上的传承关系，因此亦可作为推断原始织机机械结构的参考。

一 第 465 窟营建年代及窟内"纺""织"图像

敦煌是较早受到蒙古统治的一个州郡，第 465 窟是西藏萨迦派密教传入河西的"藏密"代表窟，关于其洞窟年代及内容等问题争论已久，敦煌研究院将其时代定为元代，段文杰先生说："莫高窟第 465 窟为萨迦派宗教艺术。"[2] 宿白先生认为其年代在"十四世纪左右""或可推测到十三世纪后半"[3]。此窟描绘了反映藏族不同行业匠师从事生产劳动的画面，洞

---

1 刘惠琴：《从敦煌文书中看沙州纺织业》，《敦煌学辑刊》1995 年第 2 期。
2 段文杰：《晚期的莫高窟艺术》，《敦煌研究》1985 年第 3 期。
3 敖特根：《敦煌莫高窟第 465 窟断代研究综述》，《敦煌研究》2003 年第 9 期。

窟在规模上属于大型偏小的洞窟，由主室、甬道、前室组成。

全窟壁画面积约为269平方米，南壁下部的织布图上原有汉、藏两种文字对书的榜题"织布师"（图1），画中的织布师半跪踞在地上，腰间缠绕的织物与织机相连，右手按在织物上，图中清晰可见织机的综框及机架结构。此织布师身旁蹲坐一人，在观察织布师织布过程，此人应为织布师的徒弟。北壁下部有一幅捻线图（图2），尊者交脚盘坐在地，左手手持金属纺线叉，右手辅助捻线。旁坐一人，应为捻线师徒弟，图中另有一箩筐，放置捻好的线团。

据敦煌遗书可知，唐至五代归义军衙门有各种工匠，毛纺织业有"褐袋匠""毡博士"等。[1] 图1织布师应为"褐袋匠"，即织造褐布的工匠。"褐"，《说文解字》释为粗衣，即以粗麻或粗毛织成的衣服，此类粗毛麻织物缝制成的袋子即为褐袋，敦煌籍账类文书记载亦有褐布。在古代敦煌的丝、棉、麻、毛四大纺织行业中，唯有毛织业中设有都料一职（毡匠都料，实际上就是整个毛纺织行业的都料），说明敦煌的毛织业不同于其他行业，有比较成熟和庞大的行业队伍。[2]

图1　织布图

图2　捻线图

1　王进玉：《敦煌元代壁画中的纺织图》，《丝绸史研究》1987年第4期。
2　马德：《敦煌工匠史料》，甘肃人民出版社，1997，第276页。

从南壁织布师图像来看，此类织机属于原始"地织机"，与原始腰机类似，但差异在于布轴与经轴的作业方式不同。结合考古出土实物及织物分析可知，地织机的出现年代很早，属于早期的原始纺织机械，多用于织造较为粗疏的毛纺织品。[1] 敦煌考古也发现各式纺轮、纺车、织机等纺织机具，但此类地织机的机架构件在该地区基本没有出土。从田野考察可见地织机的机身结构均为木质，常就地取材用树枝搭建而成，因此出土的织机的结构在考古挖掘中不易判断，也易混淆。商代考古遗址中未曾发现过织机零件，许多学者从殷商时期的甲骨文和金文中与织机相关的文字及出土织物分析推测，此时应已有三点支持的地织机的使用。[2] 日本相关学者也认为中亚、西亚的游牧民族使用三点支持的地织机。[3] 根据日本丝绸之路研究中心发布的第二十六卷关于丝绸之路沿线手工织机的调查，记录有两种"地织机"常用于织造窄幅布。此种织机在新疆阿勒泰地区、吐鲁番地区沿丝绸之路一直到黑海东岸均有使用。[4] 从敦煌壁画图像资料及地方志记载来看，甘肃地区的地织机具，直至清末民国时期仍作为主要的纺织机具使用。

图 2 北壁下部的捻线图，尊者左手所持的纫车，《农书·农器图谱集之二十》中详述了其使用方法："揉木作蒲，中贯轴柄，长可尺余。以蒲之上角，（用）系单麻皮，右手执柄转之，左手续麻股，既成紧，则缠于蒲上。"[5] 由此可证，纫车是由屈木制成弯曲的蒲，正中贯穿一根一尺多长的转轴作柄。用蒲的上角系住单股的麻纤维，右手握柄旋转中轴，左手续接的麻皮随着纫车旋转，麻皮渐至转紧，转成便缠绕在蒲上。由文献及图像记载可知，纫车至迟在元代就已出现，常用以加工麻纤维的绩麻，即用纫车将单根的麻纤维长丝合并、加捻。

二　南壁"织布图"与地织机

（一）毛纺织的发展

甘肃、新疆等地自古就为我国毛织物的重要产地，秦汉以降，游牧民族在河西走廊甘肃至新疆地区有大片的草场，在此逐水草而居，其地"畜多犛牛猪犬羊马……其人或随畜牧而不常厥居"。稽古溯源，论者多称甘肃毛纺织业起自秦，《皋兰县志》载，此地自古有"拈毛成

---

[1] 葛梦嘉等：《新疆地织机织造技艺考析》，《丝绸》2020 年第 6 期。
[2] 沈莲玉、周启澄：《中国西周以前织物素材、结构和织具的研究》，《中国纺织大学学报》1996 年第 2 期。
[3] 周启澄、赵丰、包铭新：《中国纺织通史》，东华大学出版社，2018，第 323 页。
[4] 同上注。
[5] （元）王祯撰，王毓瑚校点：《农书·农器图谱集之二十》，农业出版社，1981，第 431 页。

线，织褐为衣"之说。[1]

繁盛的毛纺织业与河西走廊的地理环境密不可分，农耕的绿洲面积相对较小，在戈壁、高山和丘陵之外，还散布着众多牧场，是畜牧业发展的重要依存条件。畜牧业的发展带动着毛纺织等手工业的发展，在敦煌文书及壁画中可见记载。敦煌文书中记载了大量官府、寺院畜牧业的养殖情况，P.3945号归义军时期文书及P.3028号吐蕃占领时期的文书均记载了羊群放牧及牲畜死亡等情况的管理。

关于早期敦煌织机的使用类型，除了壁画及文书中记载用于丝织的当时先进的提花织机及斜织机之外，就是第465窟南壁所绘此种专用于织毛及织棉织物的褐织机。不同种类的纤维直接影响到"纺"的技术与"织"的最终成型。从目前的田野考察及考古出土褐织物来看，地织机多用来织造毛织物、棉织物、麻织物。《天工开物·乃服·褐毡》记载："古者西域羊未入中国，作褐为贱者服，亦以其毛为之……取织绒褐。""唐末始自西域传来，外毛不甚蓑长，内䐗细软，取织绒褐。"[2] 由此可证山羊绒织细褐是在唐末时由西域传入甘肃的。

《说文》曰："褐，编枲韤。一曰粗衣。从衣，曷声。"[3] 褐为粗衣，即以粗麻或粗毛织成的衣物。褐布在古代多为贫民保暖御寒所用，有毛褐、棉褐、麻褐三种。《诗·豳风·七月》记载："无衣无褐，何以卒岁。"[4] 敦煌文书也有大量关于"褐"织物的记载，敦煌籍帐类文书《后晋时期净土寺诸色入破历算会稿》列有褐一项："二百九四尺昌褐"列于布、绁之后。《辛亥年正月二十九日善因愿通等染人将物色折债抄录》记载有褐布、昌褐、斜褐、褐袋等。P.3047号《吐蕃占领时期康喜奴等施入历》记载："杨二子直褐五尺，张十二绯褐五尺。"S.1845号《丙子年四月十七日祸定德阿波身故纳赠历》载褐布种类有：白细褐、白昌褐、白斜褐、散花褐……十八种之多。从相关文书中记载来看，褐的品种繁多。P.3631号"斜褐""昌褐"，P.3047"直褐"，P.2843"生褐""细褐""粗褐"，S.6417"十二综细褐""十综昌褐""番褐"，P.3985"八综褐"等。这些按不同织造方法、织物组织来命名，可见褐的纺织极为普遍。民间用度、民生所依赖仍是麻织物"布"及毛织物"褐"最为重要。

在P.3631号文书《辛亥年正月二十九日善因愿通等柒人将物色折债》（10世纪）抄录谨具如后中有："故僧愿住入昌褐肆拾尺，折麦粟肆硕，又愿通入布叁丈捌尺，折麦粟叁硕捌斗。其布，僧政贷，

---

[1] 岳朋瑞：《清·吴鼎新修〈皋兰县志〉》，《甘肃联合大学学报》（社会科学版）2016年第3期。
[2] （明）宋应星：《天工开物》，科学出版社，1976年影印本，第212页。
[3] 苏宝荣：《说文解字今注》，陕西人民出版社，2000，第465页。
[4] 葛培岭注：《诗经》，中州古籍出版社，2007，第67页。

还入褐袋壹口，折麦粟肆硕。保端替故张老宿入布壹丈伍尺，折麦粟壹硕伍斗。又昌褐贰丈肆尺，折麦粟两硕肆斗。"由此可见，布匹与昌褐价格相当。说明毛织物在沙州地区极为普遍和通用，且毛织物较为粗糙原始。

（二）甘肃近代毛褐产业与地织机的使用

在对河西地区的田野调查中，金昌市、秦安县仍存留着织褐的传统，其中秦安县在民国至中华人民共和国成立初期这段时间为甘肃地区重要的毛褐产地。有记载称"秦安为毛褐出产之地，向操斯业者，几上千家……销行陕甘各县，获利颇厚……"[1]据民国初年调查，甘肃有毛纺织户211家，从业者680人，年产值38899元。[2] 如秦安、临夏是甘肃毛褐生产最为集中之地，形成了规模生产。秦安为甘肃生产毛褐的中心，全县有织褐木机5000架，直接工人5000人，间接工人1000人。[3]

民国时期，河西地区的农民普遍织毛褐穿用。这个地区的织褐机有两种：一种是平机，另一种是腰机。所用原料是绵羊毛和驼毛，幅宽1尺2寸，匹长10丈左右。[4] 甘南地区藏民亦有扎红毛褐腰带的风俗，他们用地织机织成5寸宽的毛褐腰带，扎在腰间。[5]

据《甘肃省乡土志》记载，"原兰州的姑绒、褐尖都是有名的衣着材料，驰名全国，行销内地，但自咸丰年间（1851—1861年），西洋布盛行，绒褐出售不易，店销一概停歇"。"以后兰州所织绒褐，仅为粗褐，牛毛褐及毛牛口袋而已，洋布行销，侵占了大量市场，使织褐工业一厥不能再起。"[6]

（三）地织机的织造

从第465窟中所见"织布师"图可知（图1），织布师的腰部与织布相连，织机由两根立木撑起一物，应为线综，织机为单向牵引经线的方式。织布师手拿一物，经面上横置一物，这两者或为辅助开口木板，或为打纬刀。具体褐织机形制，结合目前田野考察可见分为两点支持（图3-1至图3-2）及三点支持式织机（图4-1至图4-2）两种类型。这两种地织机除支撑线综的支架不同外，其余构件均相同。因地织机机架结构简单，便于操作、易拆解，属于早期原始机型，很难织

1　《农商部总务厅统计科中华民国三年第三次农商统计表》，中华书局，1924，第173页。

2　杨志宇：《通渭秦安天水甘谷四县手工纺织业概括》，《甘肃贸易季刊》1944年第10—11期合刊。

3　裴庚辛：《民国甘肃手工纺织业研究》，《西北民族大学学报》（哲学社会科学版）2010年第6期。

4　刘瑞新：《左宗棠与甘肃织呢总局》，《兰州学刊》2000年第5期。

5　同上注。

6　朱允明：《甘肃省乡土志》，兰州印刷厂，2008，第67页。

造出精细的提花织物，使用范围多见于相对偏远及毛纺织业较为繁盛的地区。历史上四川凉山的彝族、高山族等西南少数民族均有使用，西藏、青海、新疆等地的各民族也有使用地织机织造的记录。[1]

根据织机的结构绘制出地织机的机架结构非常简单，这种织机已具备挑花的功能。主要有以下几个部分：

1. 经轴与布轴：通常使用圆木棍，起到固定经线及卷取织造完成织物的作用。

2. 分经棍：通常使用较粗的圆木，圆木的粗细决定着织物梭口的大小。经线缠绕在此物上，从而形成织造过程中的梭口。

3. 线综：织机上使经线形成上下开口的装置，原始类型的织机用线绳结套在木棒上形成"线综"，"综版"由其演化而来，通常由白棉线制作线综。

4. 打纬刀：织造中帮助纬线推向织口，通常呈刀剑状，形态较宽、较厚。

图3-1　金昌地区人民使用的两点式地织机

图3-2　两点式地织机结构图

图4-1　新疆克孜勒苏柯尔克孜族使用的三点式地织机

图4-2　三点式地织机结构图

1　葛梦嘉等：《新疆地织机织造技艺考析》，《丝绸》2020年第6期。

图 5 打纬刀

图 6 线综

三 北壁"捻线图"与纺车

（一）麻的种植及利用

麻是常用的植物纤维，作为纺织材料的使用有大麻、苎麻、茼麻、亚麻等。吐鲁番文书 59TAM305 记载"八纵布"，此处的"纵"通"稯"即一种粗麻布，用八十缕布织成的麻布。敦煌文书 P.3560V《沙州敦煌县行用水细则》记载："宜秋一河，百姓麦粟等麻（麻等）地，前水浇溉。其粟麻等地……浇粟麻等苗，还从东河为始……"

敦煌地区大量植麻，麻布是普通百姓的大众化衣料。麻在唐五代宋初时的敦煌地区所占耕地面积是较大的，敦煌地区的油麻占麻产量的 1/3，其余 2/3 是黄麻和胡麻的种植。[1] 麻的实物遗存，在汉代烽燧遗址中被发现。1979 年，敦煌马圈湾汉代烽燧遗址中发掘出许多麻制遗物，其中捆扎用的麻绳较为常见。此地发现的苴，有大、中、小三种，共计七件。中苴有的用细麻绳捆扎二道至四道；小苴长 8.7 厘米，直径 3 厘米，用细麻绳捆扎三道。在吐火罗泉北及西南 T.s、T.6a-d、T.6b 汉代烽燧遗址中，出土有麻鞋、丝织品残片。今小方盘城北约 80 米处，有一土丘，斯坦因在此发掘出一些残麻、五铢钱等汉代遗物。[2] 由此可见麻的应用范围广泛，除用于织造麻布外，还用于制作麻绳、麻衣、纳鞋等。

（二）纺车的使用与绩麻

北壁中尊者所持的纺车形制结构与目前有些少数民族所使用的纺车工具相同，纺车是纠合纤维的用具，纠单股称之为

---

1 徐晓卉：《唐五代宋初敦煌麻的种植及利用研究》，硕士学位论文，西北师范大学，2002，第 345 页。
2 （元）王祯撰，王毓瑚校点：《农书·农器图谱集之二十》，第 431 页。

纫，《通俗文》曰："单繨曰纫。"[1] 纫车多用于麻纤维的纱线合股，即绩麻。古代绩麻技术有手工分绺对接麻纤维束丝，进行手工绩接。纫车即是在手工绩接的基础上，由机械力代替手工加捻而来。《太平御览》引《通俗文》记载："合绳曰纠，单展曰纫，织绳曰辫，大绳曰絙。"[2]

《农书》记载："纫车，繨绳器也。揉木作棬，中贯轴柄，长可尺余。以棬之上角，用系单麻皮，右手执柄转之，左手续麻股；既成紧，则缠于棬上。或随绳车，用之以助纠绞紧。又农家用作经织麻屦、牛衣、簾箔等物，此纫车复有大小之分也。"[3] 由此可见，纫车是由屈木做成弯曲的棬，正中贯穿一根转轴作柄，一尺多长。使用纫车时，用棬的上角系住单股的麻纤维，右手握柄转轴，左手系接麻股。转紧之后，便缠绕在棬上。农家常用纫车来帮助麻纤维合股完成绩麻，用以制作麻鞋、牛衣、帘子等物品。

纫车的使用范围涉及广泛，长江中下游地区直至西北地区均有使用。此前的研究将纫车与纺轮的功能混淆，纫车多用于韧皮纤维的加捻延伸，使得纤维抱合，同时也兼任搓绳工具。加捻工具介入到手工搓接，是人类对绳索、纱线质量与制作效益要求的必然。[4]

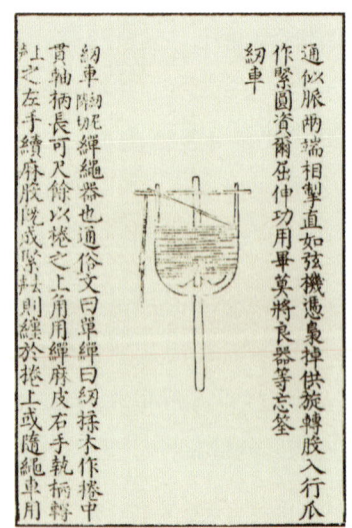

图7 王祯《农书》中的纫车

图8 手工纫麻

---

1 （汉）服虔撰：《通俗文辑校》，中州古籍出版社，1993，第212页。
2 （宋）李昉等：《太平御览》，中华书局，1960，第198页。
3 （元）王祯撰，王毓瑚校点：《农书·农器图谱集之二十》，第431页。
4 廖江波：《夏布源流及其工艺与布艺研究》，博士学位论文，东华大学，2018，第116页。

结　语

早期的纺织图像中，地织机、纫车等作为系统工具，在早期的壁画与画像砖中有大量的描述。从技术演进的角度来看，结合对本地区纺织机具的田野考察，推测敦煌地区所使用的地织机及纫车至迟在元朝时期就已广泛应用，用于毛褐的织造及麻纤维的绩麻。从纺织机械历史演化的角度来看，地织机出现于原始腰机之后，除敦煌地区外，在西藏、青海、新疆等地曾广泛使用。莫高窟第465窟的这两幅图像是已知最早的"织布图"与"纫车图"，壁画中写实所绘的织机机械结构与有些少数民族中现存的织机别无二致。

旋类服装再考[*]

■ 任怀晟（北京服装学院）　　刘　卫（北京服装学院）

中国古代服装的胡汉属性始终是服装史研究中的一个重要问题。其中，既要关注服装源头的族属，也要考虑到他族服饰常被内化为本族服饰的情况。旋类服装就是这样一类被多族因循、归为本族的典型服饰。虽然不少学者研究过旋类服装，[1] 但人们对服装结构的失察、对曾三异《同话录》的误读，以及对"旋"字本意的忽视，讹以滋讹，最终导致结论[2]与史实存在较大的偏

---

[*] 本文系 2020 国家社科基金项目《西夏官服研究》（20BF089）、2021 教育部人文社会科学研究计划基金《西夏纺织品研究》（21YJA60077）阶段性成果。

[1] 迄今学界研究只涉及旋襕、旋袄、旋裙三种。

[2] 首先，对于旋襕，其观点有以下几种：（1）"旋襕……不是在胸前对开襟，也不是在左右侧开襟，而是采用了套头式的设计。有圆领、方领、交领、翻领等多种领口形式，窄袖束腰，衣长过膝，下摆盖至脚面。"（吴峰云、杨秀山：《探寻西夏文明》，宁夏人民出版社，2006，第36页。）（2）旋襕的领口已简化为不用开襟而可以直接套头穿入，大量的西夏壁画资料都显示"旋襕为套头式"。（包铭新：《中国北方古代少数民族服饰研究》吐蕃卷、党项、女真卷，东华大学出版社，2013，第167页。）（3）这种"慢慢地简化为不用开襟而可以直接套头穿入的袍子"，显然"更具整体感""视觉中使着装者更具庄严感"。（张孟常：《衣裳中国：中国历代服饰赏析》，东华大学出版社，2014，第22页。）（4）"'旋'在此处作缠绕解"，因"这道横襕前后都有，绕身一周，故名旋襕"。（高春明、周天：《西夏服饰考》，《艺术设计研究》2014 年第 1 期。）（5）"旋襕这种服饰，必须同时符合'旋''襕'两个特征。'襕'指膝下绕身一周的横襕，'旋'则指套头式便捷领口。"最终结论为"旋襕，原作襕，西夏王朝典型民族服饰，是一种套头式的便于骑射的小袖窄身襕衣，制作精美，多为武将所服；后传入宋朝，为宋代时髦之一，大宋君王常用以赏赐臣僚和异族首领。其套头束腰式的样式，在后代进一步得到发展，进而发展为现代女性的套头束腰式连衣裙"。（叶娇、徐凯：《旋襕考》，《敦煌研究》2019 年第 4 期。）（6）（旋襕）其形制必须符合"旋""襕"两个特征，至于长短，则无明确要求，"短的在膝上膝下之间，长的垂至脚背"。（刘永华：《中国古代军戎服饰》，上海古籍出版社，2003，第127页。）其次，对于旋袄、旋裙，学者的观点如下：（1）"从《同话录》描述的文字来看，旋袄应该较为短小，便于活动。'旋'字在词典的解释中与多个动作有关。例如《文史辞源》中有关于'旋马'的解释，意思是调转马身。又如'旋踵'意指迅速。'旋'作为袄的定语，大概有便捷的意思。另有一种服式称为'旋裙'，《邻几杂志》中载：'妇人制旋裙，前后开胯以便乘驴'。旋裙的'旋'的意思可能与旋袄的用法一致，意指便于骑乘。"并认为"在大多数情况下，旋袄不能与背子相互替代，而与貉袖相近"。（包铭新、曹喆、崔圭顺：《背子、旋袄与貉袖等宋代服式名称辨》，《装饰》2004 年第 12 期。）（2）"便于骑马，袖在肘间而长短只到腰间，则所说的旋袄与貉袖应是同式而异名"。（周锡保：《中国古代服饰史》，中央编译出版社，2011，第264页。）（3）"前后开胯，以便乘驴的旋裙，既以'旋'命名，则应是包绕腰身一周，可直接套入的开胯下裙。"而旋袄，明方以智《通雅》卷 36"衣服"："曾三异以貉袖为罩子。"[叶娇、徐凯：《旋襕考》，《敦煌研究》2019 年第 4 期。文中"曾三异以貉袖为罩子"出自（明）方以智《通雅》，中国书店，1990，第442页。]

差。[1] 通过对前人研究的梳理（详见文末附表），我们不难发现，主要问题集中在以下四个方面：第一，旋襕是套头式，旋襕是襕衫。第二，旋是便于骑乘的意思。旋袄衣长至腰，旋襕衣长到膝盖，或者到脚面。第三，旋袄是半袖，旋襕是窄袖。第四，旋裙是开胯的裙。除此之外，还有人提出"旋襕原为典型的西夏民族服饰"这一观点。因此，为厘清问题所在，我们需要从旋类服装的类属、旋的本义与服装结构、旋类服装的族属与进入礼制的历程这几方面进行重新考据与分析。

一　旋类服装之类属

在笔者看来，前述观点的偏颇很大程度上源于对曾三异《同话录》的误读。[2]

该文原文为：

> 近岁衣制有一种如旋袄，长不过腰……名曰貉袖。闻之起于御马院圉人。短前后襟者，坐鞍上不妨脱著。短袖者，以其便于控驭耳。古所谓狐貉之厚以居，褰裘长，短右袂，制皆不如此。今以所谓，貉袖者，袭于衣上，男女皆然。三代衣冠乱常至于伏诛，今士大夫亦服此而不知怍。[3]

其中，第一句涉及旋袄的内容。准确的翻译应该是："近些年有一种像旋袄的衣服，它长不过腰，两袖仅掩肘，以最厚之帛为之（制作）。它仍然采用旋袄的夹里方式，有的中间絮棉。它用紫黑色贴边。这种服装被称为貉袖。"

---

[1] 我们可以发现以上这些观点源自如下原因：（1）旋襕是套头式，这个观点应该源于当时文物图像的质量不佳。"旋襕是套头式"的观点，没有图像资料佐证，应该不成立。造成失察的原因可能在于壁画等模糊不清，辨识困难，加之囿于当时研究条件所限，学界早期对宋夏袍服结构的认识不深。由此一些学者产生"旋则指套头式便捷领口""直接套头穿入的袍子"的推论。至于《通雅》所记"曾三异以旋袖为罩子"，反映的是貉袖的造型，而不是旋袄的造型。实际上，貉袖和旋袄并非一物。（下文有述）（2）将旋襕误认作襕衫。如果"横襕前后都有，绕身一周，故名旋襕"，那旋裙、旋袄、旋衫又当如何解释？不可能存在每种旋类服装都加"襕"的情况，这一点从文献记载中可以得到验证。如，"陈服于房中西牖下东领北公服靴笏，无官则襕衫靴、次旋襕衫、次四䙃衫，若无四䙃、止用一衫。"[（宋）司马光撰：《书仪》卷二《冠仪》，《文渊阁四库全书》第142册，台北商务印书馆，1982—1986，第468页。] 可以看出，旋衫、旋襕衫、襕衫的区别更应该在于是否采用"襕"和"旋"。（3）旋类衣被误解为便于骑乘的衣服。"旋裙的'旋'的意思可能与旋袄的用法一致，意指便于骑乘。"此说，考虑到"旋襕"的作用。但以"旋"为便捷的意思，理解"旋襕"，那么这种衣服就成为便于骑乘的襕衣。可当时并不仅仅旋襕是便于骑乘的衣服，四䙃衫同样便于骑乘。四䙃衫（缺骻衫）与旋襕样式却不同，所以此解不成立。（4）旋裙误解为开胯的裙。"旋襕由西夏传入宋地，发展为现在套头束腰连衣裙""'旋'指代襕绕身一周的状态；指代套头式；意指便于骑乘"的观点，因作者未列明、分析作为直接论据的文献，故论点难以成立。

[2] 对曾三异《同话录》"貉袖"的不同理解导致周锡保认为"长短只到腰间，则所说的旋袄与貉袖应是同式而异名""袖在肘间……则所说的旋袄与貉袖应是同式而异名"；刘永华认为"（旋袄衣长）短的在膝上膝下之间，长的垂至脚背"；叶娇、徐凯认为"旋襕，原作襕，西夏王朝典型民族服饰，是一种套头式的便于骑射的小袖窄身襕衣"。进而一些学者形成了短前后襟者、貉袖、旋袄是同一种服装的观点。

[3] （明）陶宗仪编：《说郛》卷二三上，曾三异《同话录·衣制》，《文渊阁四库全书》第877册，第304页。

而第二句讲到御马院圉人的服饰。译文应该是"听说貉袖起源于御马院圉人所穿的短前后襟衣，人们穿这种衣服坐鞍上时不会妨碍下马和骑乘"。

最后一句是关于貉袖形制的描述。应作如下翻译："貉袖采用短袖是为了便于控制驾驭。古代狐貉皮毛以厚著称，用它们制成的裘裳是长衣，但是右袖短，按制度皆不应如此。现在这样说来，男女都采用短袖。而上古三代时，衣冠不按常理穿着的人经常被诛杀，现在的士大夫穿短袖却不以为怪。"

由此我们可以发现对这一段文献的解读之所以出现了问题，主要原因就是没有厘清"短前后襟者""貉袖""旋袄"的形制特点。

首先，即称旋袄，其衣长一定是过腰的。

> 襦，短衣也。方言：襦，西南蜀汉之闲谓之曲领，或谓之襦。《释名》有反闭襦，有单襦，有要襦。颜注《急就篇》曰：短衣曰襦，自膝以上。按襦若今袄之短者，袍若今袄之长者。从衣需声。人朱切。古音在四部。襦之言濡也，犹褋之言泽也。一曰：䰏衣。一曰与一名同，非别一义也。日部曰：安䰏，温也，然则䰏衣犹温衣也。《内则》：衣不帛襦袴。注曰：不用帛为襦袴。为大温伤阴气也。《释名》曰：襦，奭也，言温奭也。[1]

> 襦，《说文》襦，短衣也。《方言》汗襦，自关而西谓之袛裯。此说非刘弘传。持更者羸疾无襦，给韦袍复帽。谢朓过江革时大雪，见革敝絮单席，就学不倦，朓脱所着襦，并手割半毡与革充卧席而去。顾协冬服单薄，蔡法度欲解襦与之，惧其清严不敢发口。观此则襦当是纩襕缊袍之类，可以御寒者，非短衣汗衫也。[2]

但从以上两段记载可知，既然襦衣长至膝以上，袄就不可能"长不过腰"。所以貉袖长不过腰，其与旋袄相似之处则不应该指代衣长。当然，襕衫中"襕"在膝位，则旋襕衣长应该也不会太短。即使短襕，衣长也到胫骨。[3]

另外，因为"旋"的存在，就更不可能存在"旋袄衣长及腰"（周锡保观点）的情况。（后文会论及"旋"的结构。）

其次，"短前后襟（服装）""貉

---

[1] （清）段玉裁：《说文解字注》卷八上，《续修四库全书》第206册，上海古籍出版社，1994—2002，第371—372页。

[2] （明）周祈：《名义考》卷一一《物部·襦》，《文渊阁四库全书》第856册，第426页。

[3] （宋）马令：《马氏南唐书》卷一五《隐者传一〇》，《文渊阁四库全书》第464册，第321页。《马氏南唐书》记"许坚不知其家世，或曰晋长史穆之裔。形陋而怪，或寓庐阜白鹿洞。桑门道馆，行吟自若，幅巾芒屩，短襕至骭，亦无齐装，唯自负布囊……"。其中"短襕至骭"就是指短襕衣长到胫骨。

袖""旋袄"不是一种服装。

根据前面译文可知，曾三异《同话录》关于这种衣服的介绍中第一句讲的是貉袖的工艺情况，"被称为貉袖的这种衣服仍然采用旋袄的夹里方式，有的中间絮棉"。第二句讲了貉袖的起源是一种"短前后襟"的衣服，而没涉及"旋袄"的起源，更不能说"短前后襟"衣服就是旋袄。[1] 最后一句介绍貉袖采用短袖的原因是为了便于控制驾驭，这个特点跟古代裘袭右袖较短是一个道理。这种左右短袖的服装在上古三代不符合礼数。

再者，因为"衣长及腰"的观点多来自对"短前后襟"的误解，所以我们必须要梳理清楚"短前后襟"服装的样式。它是"短的前后襟"，还是"短前与后襟"？要解决这一问题，首先要理解"短前后襟"的构成。实际上服装"前后襟"的说法直到清代才常被使用。如，清末韩邦庆《海上花列传》提到"琪官把前后襟、左右袖各拉直些，仍蹑足退下"[2]。而明代和明代以前"前后襟"多出现在"前后襟裾"这样的词语中，表示亲族关系。如《椿萱并茂图序》载：

"（王氏江上望族）……子五女五妇五，男女孙累累头角，前后襟裾，内外宗亲，衣冠坌集。"[3]《庆东庭吴翁古稀寿文》载："今老而传矣，五男二女，婚娶之债已毕。诸孙十余人，前后襟裾，时与老兄义士。翁杖屦追随，白发乌纱，彼此辉映。寻花访竹，以颐余年人生之乐。"[4]《庆从伯木斋七十偕寿序》载："某每承颜色、供滫瀡，前后襟裾自愧不才，不能早自树立，以为亲荣然，赖天之灵，祖宗之庆，使得长侍旁侧，虽卿相钟鼎之贵不一日易也。"[5]

至于"后襟"的说法，据《说文解字注》所述最早出现在晋代郭景纯对"裾"的解释中。"释器：衣皆谓之襟，袷谓之裾。袷同袷，谓交领。襃连于交领，故曰袷谓之裾。郭景纯曰：衣后襟，非也。释名裾在后之说。非是。从衣居声。读与居同。从居者，中可居物也。非谓在后常见踞。九鱼切。五部。"[6] 大致到了元明，衣服的后摆也被称为后襟。《酌中志》记："曳撒，其制后襟不断，而两傍有摆，前襟两截，而下有马面褶，

---

[1] 从译文我们也可以看出，圉人的这种"短前后襟"服装指代的并不是"旋袄"，而可能是貉袖的起源。也就是说上面第二句是描述圉人服装与貉袖的关系，并不涉及旋袄。如果不拆解分析，很容易想当然认为"圉人所穿短前后襟者"就是旋袄。

[2] （清）韩邦庆：《海上花列传》第五一回，中州古籍出版社，1993，第453页。

[3] （明）朱淛：《天马山房遗稿》卷三《椿萱并茂图序》，《文渊阁四库全书》第1273册，第471页。

[4] （明）朱淛：《天马山房遗稿》卷三《庆东庭吴翁古稀寿文》，《文渊阁四库全书》第1273册，第472页。

[5] （明）朱淛：《天马山房遗稿》卷三《庆从伯木斋七十偕寿序》，《文渊阁四库全书》第1273册，第478页。

[6] （清）段玉裁：《说文解字注》卷八上，《续修四库全书》第206册，第365页。

往两旁起。"[1]

从这些记载,我们发现虽然"后襟"时被提及,但是"前后襟"说法在明代之前罕见。此外如果"短前后襟"者是前后襟都很短的服装,那在当时有"半臂""襦"等称谓,没有必要只说其造型而不提及名称。(或许有人会有质疑,认为此种衣服的名称应是"旋袄"。本文后面会讨论。)这种短前而后襟的服装也出现在一些绘画作品中。如河北宣化辽代张世卿墓前室西壁壁画、河南郑州下庄河北宋墓东壁壁画、元赵孟頫《浴马图》、明代商喜《明皇赏马图》都出现了这种服装。(图1—图4)

图1 河北宣化辽代张世卿墓
前室西壁壁画中短前后襟的圉人

图2 河南郑州下庄河北宋墓
东壁壁画中短前后襟的圉人

---

[1] (明)刘若愚:《酌中志》卷一九《内臣佩服纪略》,《续修四库全书》第437册,上海古籍出版社,1994—2002,第551页。

图 3　元代赵孟頫《浴马图》中短前后襟的圉人　　　图 4　明代商喜《明皇赏马图》中短前后襟的圉人

从图像看，穿这种服装的圉人形象非常有特色。它的服装既在结构方面通过"短前"（让前衣下摆变短）与貂袖建立了联系；又从适用场合，在便于驭控方面与貂袖相一致。所以，短前而后襟的服装才是文中所指的圉人服装。

最后，旋袄不一定为半袖。

有的学者认为貂袖就是旋袄，这种推断等于认同"貂袖是半袖，旋袄就是半袖"的观点。貂袖采用半袖的情况没有疑问，但是旋袄为什么是半袖却没有作进一步说明。事实上，貂袖在"短袖者，以其便于控驭"方面更像"褒衣"的"短右袂"，所以貂袖存在"两袖仅掩肘"的特点。"仍用夹里，或其中用棉者"才是旋袄特征；这里"仍"字的使用，也说明旋袄的"夹里"工艺曾被"貂袖"使用。而《同话录》并没有提到旋袄是否是半袖的问题。

所以，《同话录》中提及的貂袖、旋袄、短前后襟衣虽有相似之处，但并不能就此认为它们是同一种服装。

二　"旋"作何解

鉴于旋襴、旋袄、旋裙、旋衫、绵旋都有一个"旋"字，这就提醒我们有必要去研究如何解释这种"旋"？

文献中提到"旋"类服装样式主要

出现在有关旋衫、旋裙的一些记载中。

旋衫方面，《释门章服仪应法记》记，"三中初示如法，亦下斥非法纲谓施领，两头置纽，左右掩覆，以绳束腰，如俗旋衫耳。头陀翻抖薮经律，总有十二种行，不识粪衣，僭其名耳，未前闻者无所出故"[1]。

旋裙方面，《嘉祐杂志》记，（蕃俗）"妇人不服宽袴与襜，制旋裙，必前后开胯，以便乘驴，其风始于都下妓女，而士夫家反慕之，曾不知耻辱如此"[2]。

《宣和奉使高丽图》记，"（妇人）亦服旋裙。制以八幅，插腋，高系，重叠无数，以多为尚。其富贵家妻妾，制裙有累至七八疋者，尤可笑也"[3]。

以上对"旋"的描述，可以概括为两点：其一，在面料层数上，"旋"有叠压现象。如"左右掩覆""重叠无数，以多为尚"；其二，"旋"还涉及面料接合，指的是衣裾前后打开，如"前后开胯，以便乘驴"。结合这些描述，我们还可以从"旋"的概念本意作进一步的印证和说明。

《资治通鉴释文》中载："旋，周旋，旌旗之指麾也。从㫃从疋。疋，足也。"[4]

"旋，周旋，旗之指〔麾〕（麾）也。"段注：《左传》曰："师之耳目，在吾旗鼓，进退从之。"手部麾下曰："旌旗，所以指麾者也。"旗有所乡，必运转其杠，是曰周旋。引申为凡转运之称。从㫃，从疋。疋，足也。段注：杠之柱地者，是旌旗之足也。似沿切，十四部。[5]

如果根据这样的释义，旋类服装的某个结构就应是如旗一样回旋的样式。结合《同话录》所述旋类服装便于坐乘的特点，笔者可以肯定这个结构应该出现在衣裾部分。因为如旗一样回旋的衣裾确实可以呈现掩覆、重叠的状态。

其次，多重掩覆的旋类服装是如何做到"开胯"的呢？要回答这个问题，我们还需要分析关于"开胯"的记载。武德元年，马周上议，"三代深衣，青襕袖襈褾为士人上服。开胯者名缺胯衫，庶人服之，即今之四䙆衫。襈褾衣袂有

---

1 （宋）元照述、[日]良信合：《释门章服仪应法记》，《卍续藏经》藏经书院版第105册，台北新文丰出版社，1912，第470页。

2 （宋）江休复：《嘉祐杂志》（又名《江邻几杂志》《醴泉笔录》），《文渊阁四库全书》第1036册，第561页。

3 （宋）徐兢：《宣和奉使高丽图经》卷二〇《贱使》，《文渊阁四库全书》第593册，第860页。其实五代陈裕的嘲诗中就提到了"旋裙"，诗曰"新妇旋裙才离体，外姑托布尚当胸"[（清）王士禛撰，郑方坤补：《五代诗话》卷四《陈裕》，《文渊阁四库全书》第1486册，第598页。]可能当时旋裙还比较罕见，所以直到北宋时期，徐兢、江休复没留意到宋代也有这类服装，而以高丽旋裙为奇。当然，也可能陈裕所说的"旋裙"与高丽旋裙虽都有"旋"的结构特点，但是仍存在差异。

4 （汉）许慎著，汤可敬撰：《〈说文解字〉今释》，岳麓书社，1997，第923页。

5 《〈说文解字〉最新整理全注译本》编委会编：《〈说文解字〉最新整理全注全译本》第3卷，中国书店，2010，第1059页。

缘也。裾，衣裾分也"[1]。"缺胯苦化切/股间也。"[2] 由此我们不难发现，"开胯"即缺胯，也就是腿间衣裾能分开的状态。唐明之间，这种缺胯衫曾被广泛使用。（图5—图8）

但我们从现存的这些图像上看，缺胯衫腿间分开的衣裾显然不能如旗一样回旋并掩覆、重叠。因此关于旋裙"开胯"和"开胜"两种不同的记载就更值得注意。据纷欣阁丛书本《江邻几杂志》记，"制旋裙必前后开胜，以便乘驴"[3]。而以《文渊阁四库全书》为依据的《嘉佑杂志》（又名《江邻几杂志》）却记载旋裙为"开胯"。"开胯"与"开胜"是一回事吗？如果不是，又分别指代什么样的形制？

图5 唐乾县章怀太子墓壁画中穿缺胯袍的内侍

图6 北宋李公麟《五马图》中穿缺胯袍的圉人

图7 河北宣化下八里辽张世卿墓西壁壁画《出行图》中穿缺胯袍的演奏者

图8 元代任贤佐《人马图》中穿缺胯袍的圉人

---

1 （清）沈自南：《艺林汇考·服饰篇》卷五《袍衫类》，《文渊阁四库全书》第859册，第140页。

2 （宋）史炤：《资治通鉴释文》卷二三《唐纪三一》，《丛书集成初编》第3488册，商务印书馆，1935，第494页。

3 （宋）江休复：《江邻几杂志》，载（清）周心如辑《纷欣阁丛书》，清道光浦江周氏刻本（影印本），第10页。

马周所言"开胯者名缺胯衫，庶人服之，即今之四䙆衫"[1]。很明显，开胯是四䙆衫的特点。又司马光《书仪》"冠仪"条记，"陈服于房中西牖下东领北公服靴笏，无官则襕衫靴、次旋襕衫、次四䙆衫，若无四䙆、止用一衫"[2]。

旋襕衫与四䙆衫相邻也说明开胯的"四䙆衫"不是"旋襕衫"[3]。所以，以四库本为依据的《嘉祐杂志》所记"开胯"是错误的。

那何为"开胜"呢？

首先，需要查明"胜"的含义。《本草衍义·砒霜》载："取砒之法，将生砒就置火上，以器覆之，令砒烟上飞着覆器，遂凝结累然下垂如乳，尖长者为胜，平短者次之。"[4] 该句虽是介绍药材优劣的，但是却暗含了"长"为"胜"（好）的意思。

其次，需要了解旋裙中"胜"指代什么？《群书考索》记载"妇人裙不过五幅，曳地不过三寸，襦袖不过一尺五寸"[5]。文献中宋代女裙一般只用料五幅，而同时期《宣和奉使高丽图》记载的高丽妇人旋裙要用八幅面料。旋裙较通常女裙多用了三幅面料，这正是制作重叠结构所需的面料冗余量。取砒时"尖长者为胜"与旋裙"开胜"中"胜"的含义类似，都有"更长"的意思。"开胜"反映了旋裙采用某种结构使冗余面料呈现可以打开的状态。

在"以多为尚"趋势下，富贵人家妻妾的裙料重叠的层数应该更多；而开胯只是"分裾"（也就是一层面料裁开），没有重叠结构，也就不存在"开胜"的特点。

三 "旋"之结构

研究分析至此，我们完全可以总结"旋"的结构特征为以下三点：

其一，如挥转旗杆造成的旗帜回转状态。

其二，衣服下摆面料相互叠压。

其三，利用下摆冗余面料制作可以打开的重叠结构。

根据这些特点，虽然目前尚没有发现旋裙的图像资料，但是北京故宫博物院藏五代《卓歇图》、内蒙古巴林左旗滴水湖

---

1 （宋）朱熹撰，（清）爱新觉罗·玄烨批：《御批资治通鉴纲目》卷五二，"昭宗皇帝龙纪元年十一月"条，《文渊阁四库全书》第691册，第742页。

2 《书仪》卷二《冠仪》，《文渊阁四库全书》第142册，第468页。

3 四䙆衫与旋襕衫是否有传承演进关系，目前尚未发现相关史料。

4 （宋）寇宗奭：《本草衍义》卷六，《续修四库全书》第990册，第24页。

5 （宋）章如愚：《群书考索·前集》卷四三《礼器门·后服类》，《文渊阁四库全书》第936册，第575页。

辽墓壁画《进食图》和《备饮图》[1]、俄藏黑水城出土西夏《水月观音图》[2]、黑龙江阿城金代墓葬[3]中都存在旋袍的形象（图9—图11）。这些旋类服装后裾皆为重叠、开合的掩襟结构（现在服装工艺一般称之为"叠门"），这种结构不但便于骑乘，也便于户外保暖。

拥有后裾叠门结构的旋类服装往往因为附加其他工艺、结构特征而引起定名的变化。

除下裙用"旋"的旋裙外，采用絮棉工艺的旋类袍服，称为"绵旋"。如范成大《丙午新正书怀》诗之五记："稳作披炉如卧炕，厚裁绵旋胜披毡。"自注："旋，入声。被炉、绵旋皆新得法，老人御冬之具，二物尤为要切。"[4]

图9　五代胡瓌《卓歇图》旋衣扈从

（后襟重叠部分被左右分开系扎）

图10　内蒙古黑水城西夏出土水月观音图旋衣奏乐者

1　王清煜：《辽代服饰》，辽宁画报出版社，2002，第26页，图46-C。该书提到这种袍服"不是一个无缝的直喇叭筒……是后开裾的两片相掩而形成的状况"。

2　俄罗斯国立艾尔米塔什博物馆、西北民族大学、上海古籍出版社编：《俄藏黑水城艺术品Ⅰ》，2008，图版22局部。

3　赵评春、迟本毅：《金代服饰——金齐国墓出土服饰研究》，文物出版社，1998，图版32—34、图版56—59。

4　(宋) 范大成：《丙午新正书怀十首》，载 (清) 吴之振编《宋诗钞》卷六三《石湖诗钞》，《文渊阁四库全书》第1462册，第214页。

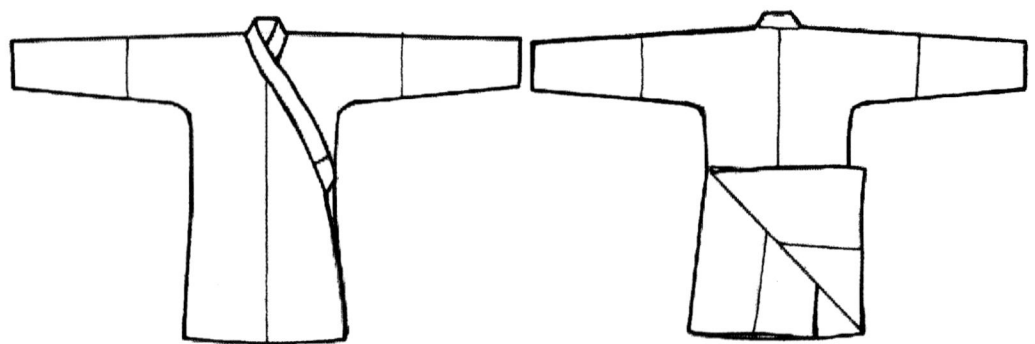

图 11　黑龙江阿城金代齐国王墓出土旋衣正背款式图
（背面有叠门结构）

"绵旋"加"襕"称为"绵旋襕衫"。如宋天圣中《赐衣敕书》记："勅毛应佺，汝外分忧寄，善布化条。眷言守土之良，适及颁袭之候。特申渥赐，用洽朝仪。今赐汝紫千色大陵绵旋襕衫一领，至可领也，故兹示谕，想宜知悉。冬寒，汝比好否遣书指不多及。"[1]

因此旋类服装是在"旋"这种基本结构基础上，通过附加其他工艺或结构，又形成的诸多新款式。

四　旋类服装为何被纳入礼制？

据史书，旋类服装的最早记载出现在唐代。见李商隐《祭外舅赠司徒公文》（844年）中言及其岳父王茂元"旋衣朱绂，入谒皇闱。昨乘骢马，来临秭归"[2]。之后旋衣加襕，则成为旋襕。[3] 旋类服装还被辽、西夏、金及高丽等广泛接受。例如，《册府元龟》载"（后晋）边光范为给事中，天福八年（943年）与前登州刺史郭彦威使于契丹，各赐紫敧正旋襕衣着五十疋，彩一百疋。"[4] 高丽显宗十八年（1027年，辽圣宗太平七年，宋仁宗天圣五年）"禁僧服白衫、袜头袴、绫罗勒帛、旋襕衫、皮鞋、彩帽、笠子、冠缨"[5]。这说明在高丽，旋襕衫不但被世

---

[1] （宋）曾敏行：《独醒杂志》卷四，文渊阁《四库全书》第1039册，第549页。

[2] （唐）李商隐：《祭外舅赠司徒公文》，载（清）董诰《全唐文》第八部，卷七八二，中华书局影印嘉庆本，1983，第8174页。"旋衣朱绂"有两种解释，一种为王茂元"很快就职务高升了"，另一种为"穿着旋衣去做官"。第二种解释也说得通，因为王茂元是武将，旋衣便于骑乘，朱绂代表升职。

[3] （唐）杜佑：《通典》卷六三《礼》二三"嘉"八，《文渊阁四库全书》第603册，第765页，"宇文護始袍加下襕遂为后制"。襕是环绕衣裾膝位的带状装饰，各种衣裾都可以施用。

[4] （宋）王钦若、杨亿等编修《册府元龟》卷六五四《奉使部》，《奖恩》，《文渊阁四库全书》第913册，第621页。

[5] ［朝鲜］郑麟趾：《高丽史》卷三九《刑法·禁令》，李朝文宗元年（1451年），第85册，西南师范大学出版社，2014，第123页。

俗人士使用，甚至一些僧人也乐于穿着。黑龙江阿城金代齐国王墓也出土了数件旋襕袍（图12）。

更有趣的是，宋和西夏两个特别强调本族特色的王朝，都将旋类服装纳入各自的舆服体制。《续资治通鉴长编》卷一一五载，景祐元年（1034年）冬十月"（西夏）赵元昊……凡六日、九日则见官属。其伪官分文武，或靴、笏、幞头；或冠金帖镂冠，绯衣，金涂银黑束带，佩蹀躞，穿靴，或金帖纸冠，间起云银帖纸冠，余皆秃发，耳重环，紫旋襕，六垂束带，佩解结锥、短刀、弓矢韣，乘鲵皮鞍，垂红缨，打跨钹拂"[1]。这则内容取材《长编》的《宋史》卷四八五。《辽史》卷一一五《夏国传》也描述了西夏武职采用紫旋襕的情况。

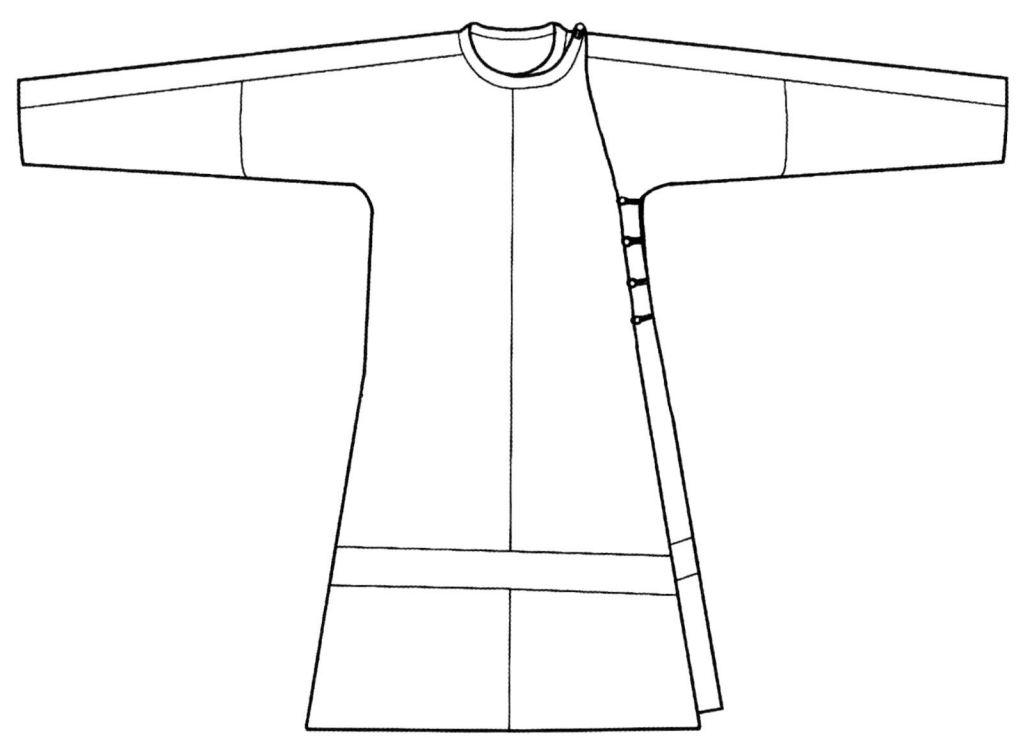

图12　黑龙江阿城金代齐国王墓出土绵旋襕正面款式图
（此衣背面也有叠门结构）

1　(宋)李焘：《续资治通鉴长编》，中华书局，2004，第5册，第2704页。参见《隆平集》卷二〇《夏国传》，《东都事略》卷五《仁宗本纪》《西夏传》卷一二七，《太平治迹统类》卷七《康定元昊扰边》。

元昊立国后采用旋襕是出于突出本族服饰特色的需要，这比较容易理解。问题是宋朝面对北方军事压力，曾经多次颁布禁胡服令[1]，在意识形态层面，这些禁令上升到恢复汉官威仪的高度，但这并没有妨碍其把旋类服装纳入舆服体系、颁赐文武臣僚的事实。[2]

宋初"因五代旧制"[3]赍赐臣下时服，"太祖建隆元年（960年）正月，赐宰相、枢密使、诸军列校袭衣、犀玉带、鞍勒马有差"[4]。建隆三年（962年）"十月，始赐文武常参官冬服。……至是，太祖谓侍臣曰：'冬服不赐百官，甚无谓也，宜并赐之。'乃以冬十月乙酉朔赐文武常参官时服，自后（随）[遂]为定制"[5]。由是赐服延及"京师禁厢军校、卫士、内诸司胥史、工巧人"[6]。这次赐服的五事为："公服、锦宽袍、绫汗衫、袴、勒帛。"[7]此时赐赏尚不见旋襕。当然这也暗示五代旧制可能没有赐服旋襕的情况。

西夏立国前，太平兴国九年（984年）宋太宗颁布了全面而详细的赐服条例。有史可稽宋颁赐本朝官吏旋襕的最早记载发生在当年五月，史载"殿前指挥使行门殿直及内殿直之进御弩者，钧容直、招箭班都知、副都知，紫罗旋襕、小绫汗衫"[8]。从该年开始，时服分为春冬两季，分别在

---

[1]《宋史·舆服志》载："庆历八年（1048年），诏禁士庶效契丹服及乘骑鞍辔、妇人衣铜绿兔褐之类。"[出自（元）托克托等修撰《宋史》卷一五三《舆服志第一〇六》，《文渊阁四库全书》第282册，第690页。]《宋会要辑稿》舆服四"臣庶服"记载：庆历八年（1048年）二月二十七日，诏曰："闻士庶仿效胡人衣装，裹番样头巾，着青绿及乘骑番鞍辔，妇人多以铜绿兔褐之类为衣。宜令开封府限一月内止绝；如违，并行重断。仍仰御史台、合门弹纠以闻。"同书又载（宣和元年正月五日诏）"……应敢胡服若毡笠、钧敦之类者，以违御笔论。"[（清）徐松辑，叶渭清撰：《宋会要》（不分卷），《舆服》四《臣庶服》，徽宗宣和元年正月五日，《续修四库全书》第777册，第359页。]

[2]"（高宗绍兴）九年（1139年）八月十七日，臣僚言：凡品服有章，贵贱以别，衣冠不易之法也。异时扰攘，未遑文治，上下大小，例衣紫窄衫，以从简便。至今循习，舆台皂隶，混为一区，汉官威仪，有时而废。臣愿自军旅外，申严有司讨论（官）[冠]带之制，俾公卿大夫、监司守令以临吏民，有则象焉。从之。"选自《宋会要》（不分卷），《舆服》四《臣庶服》，高宗绍兴九年八月十七日，《续修四库全书》第777册，第360页。这里所言冠带之制的讨论，并不含军旅服装，这是宋人使胡服进入礼制的门阶。从旋襕受赐人员构成看，武职和执事者为多。

[3]《宋史》卷一五三《舆服志第一〇六》，《舆服》五《诸臣服下士庶人服》，《文渊阁四库全书》第282册，第686页。

[4]《宋会要》（不分卷），《礼》六二《赍赐》，太祖建隆元年正月，《续修四库全书》第777册，第141页。

[5]《宋会要》（不分卷），《礼》六二《赍赐》，太祖建隆三年十月，《续修四库全书》第777册，第141页。

[6]《宋史》卷一五三《舆服志第一〇六》，《舆服》五《诸臣服下士庶人服》，《文渊阁四库全书》第282册，第687页。

[7] 同上注。

[8]《宋会要》（不分卷），《礼》六二《赍赐》，太宗太平兴国九年五月，《续修四库全书》第777册，第143页。

端午和十月下发，"自是岁以为常"[1]；并规定其他赐服活动在诞圣节、大臣生日、文武官内职中谢、朝见、受外任、出使朝辞，以及贺正、贺生辰等时间实施。宋朝根据具体事务、职级对赐服品类进行增减替换。官吏正服主要在公服、旋襕、四襻、紫衫间选择一二；《宋会要·赉赐》中选用紫罗宽袍仅存一例。[2]

《宋会要》也记载了官吏没有获赐公服，而得旋襕的情况。[3] 如史载，太平兴国九年（984年）"十月一日赐服：……翰林天文、知历算、御书待诏、翰林医官、医学、书艺、书直艺学、御书祇候，枢密主事，中书堂后官、主事，学士院录事，罗公服。教坊使，紫罗绵旋襕"[4]。文中翰林天文、知历算等被授罗公服，而教坊使被授紫罗绵旋襕，同一语境下二者都只获赐其中一种服装。可见紫罗绵旋襕作为正服也可起到公服的作用。只是公服可用于高阶的官员，而旋襕多用于虚职和中低等级的官吏。

太平兴国九年支赐文武旋襕的规定其他文献中也多有反映。文臣田锡（940—1003年）《谢赐冬衣》[5]、王禹偁（954—1001年）《谢衣袄表》[6] 记载了他们曾获赐紫敧正绵旋襕的情况。《宋史·舆服志》中则记载了武职获赐的事迹：雍熙四年（987年）赐给节度使皂地金线盘云凤鹿胎旋襕，景德元年（1004年）赐给校猎从官旋襕。[7] 这些颁赐与后期徽宗朝《政和五礼新仪》[8]《政和禄格》[9] 所记奖赏旋襕的

1　《宋会要》（不分卷），《礼》六二《赉赐》，太宗太平兴国九年五月，《续修四库全书》第777册，第142页。

2　《宋会要》（不分卷），《礼》六二《赉赐》，太宗太平兴国九年五月，《续修四库全书》第777册，第146页。文载："中书录事至守当官，枢密令史、书令史，三司孔目、勾（神）[押]官，紫罗宽袍。"

3　有时也单支四襻或紫衫，其作用与旋襕、公服一样也起到正服的作用。

4　《宋会要》（不分卷），《礼》六二《赉赐》，太宗太平兴国九年五月，《续修四库全书》第777册，第146页。

5　（宋）田锡：《咸平集》卷二六《奏状一》，《文渊阁四库全书》第1085册，第522页。田锡《谢赐冬衣》记载："右臣今月十三日祇候内品任延保到州伏蒙圣慈赐臣紫敧正縣旋襕一领。"

6　（宋）王禹偁：《小畜集》卷二一《谢衣袄表》，《文渊阁四库全书》第1086册，第213页。王禹偁咸平二年（999年）再次被贬出京城，至黄州（今湖北黄冈），在黄冈《小畜集》成书。其《谢衣袄表》载："臣某言，今月十七日供奉官阁门祇候景元到州伏奉圣恩赐臣敕书一道紫敧正绵旋襕一领者。"

7　《宋史》卷一五三《舆服志第一〇六》，《舆服》五《诸臣服下士庶人服》，《文渊阁四库全书》第282册，第687页。"（宋）景德元年（1004年），始诏河北、河东、陕西三路转运使、副，并给方胜练鹊锦。校猎从官兼赐紫罗锦、旋襕、暖靴。雍熙四年（987年），令节度使给皂地金线盘云凤鹿胎旋襕，侍卫步军都虞侯以上给皂地金线盘花鸳鸯。"

8　（宋）郑居中等：《政和五礼新仪》卷一六一《军礼·皇帝田猎仪下·田猎》，《文渊阁四库全书》第647册，第712页。文载："皇帝将猎，御史台先引殿中侍御史入，就位。次礼直官通事舍人等分引侍猎群官就位。内侍传宣王公以下从猎官，并赐旋襕靴子。"

9　（宋）程俱：《麟台故事》卷五《禄廪》，《文渊阁四库全书》第595册，第337页。《政和禄格》载（1125年）："秘阁典书旧请钱七贯五百，米二石，端午紫罗窄衫、绢襕，十月朔光色紫大绫绵旋襕，增为料钱、添给钱各五贯。"

标准相似，说明制度演进、完善过程中，旋襕与公服适用场合相同的情况未变。

宋人对旋类服装十分喜爱。平民百姓对此也习以为常，霍洞《宿田舍》言："织成五丈如霜布，翁作旋襕儿作裤。"[1] 即使坚决抵抗金朝的南宋士人也仍然将旋类服装视为日常之物、无抵斥之心。例如王质（1135—1189 年）在《栗里衣·见归田园诗》提道"衣宜用四垂衫、旋襕裙、磕膝袴、漫裆袴。腿袴脚褙皆用布，以简洁为良。"[2]

不但如此，这类服饰还被宋朝列入赏赐番夷的格目之中。

早在开宝八年（975 年）八月，契丹遣使左卫大将军邪律霸德、弓箭库使尧卢骨，通事、左监门卫将军王英来聘。宋就曾"赐冠带、器币有差：使、副，皆晕锦旋襕衣一袭、金带一、衣着百匹、银器百两、金镀银鞍辔马一、皂罗销金帽一……"[3]

咸平四年（1001 年）闰五月"诏'应溪峒诸处每年进奉及差人到阙，今后溪峒诸处除刺史、知州已上名目人非泛进奉，依旧例供申枢密院外，其常例进奉人员限五日内将物色进纳，一面供报合门见辞。合门勘会合支例物，于逐库取索宣赐。如该说不著名目，仰比类节次施行，不得邀难住滞，违者勘断。仍每遇冬月，所支官紬衫子，即支紫小绫锦旋襕……'"[4]

天禧四年（1020 年）二月，"归德大将军、知靖蛮军节度蕃落等使、检校太师、守蕃王龙光泷言：'昨大中祥符六年二月内，差武宁将军龙光进等部领进奉入京回，蒙恩赐臣官告、诏书、敕牒等三道，红中锦旋襕袄子一领……'并从之"[5]。

天圣三年（1025 年）四月"（甘州）可汗王、公主及宰相撒温讹进马、乳香。赐银器、金带、衣着、晕锦旋襕有差。"[6]

嘉祐（1056—1063 年）中赐给义军正都头、副都头等涪州宾化县夷人紫小绫绵旋襕。[7]

熙宁十年（1077 年）九月"西南蕃王张光通进马一定、毡一蕃。优诏答之，仍赐红中锦旋襕、银腰带、衣着二十匹"[8]。

及至明代，朱元璋在建国伊始诏令

1　（宋）史能之纂修：《（咸淳）重修毗陵志》卷一九《人物四》，《续修四库全书》第 699 册，第 179 页。

2　（宋）王质：《绍陶录》卷上《栗里衣·见归田园诗》，《文渊阁四库全书》第 446 册，第 286 页。

3　《宋会要》（不分卷），《蕃夷》一《辽》，太祖开宝八年八月，《续修四库全书》第 786 册，第 232 页。

4　《宋会要》（不分卷），《蕃夷》五《南蛮》，《续修四库全书》第 786 册，第 363 页。

5　《宋会要》（不分卷），《蕃夷》五《西南蕃》，真宗天禧四年二月，《续修四库全书》第 786 册，第 334 页。

6　《宋史》卷四九〇《外国传·甘州》，《文渊阁四库全书》第 288 册，第 831 页。

7　《宋史》卷一九一《兵志五·乡兵二》，《文渊阁四库全书》第 283 册，第 527 页。"（宋）嘉祐（1056—1063 年）中，补涪州宾化县夷人为义军正都头、副都头、把截将、十将、小节级，月给盐，有功以次迁，及三年无夷贼警扰，即给正副都头紫小绫绵旋襕一。"

8　《宋会要》（不分卷），《蕃夷》五，神宗熙宁十年九月二十一日，《续修四库全书》第 786 册，第 336 页。

"复衣冠如唐制""禁止胡服、胡语、胡姓名"[1] 的同时,旋类服装也作为礼服出现在《明集礼·士庶冠礼》中。《加冠幞头祝辞》载:"冠兴复位如初。冠者兴宾揖之,适房易服,服旋襕衫、腰带出房南,向宾揖之。"[2] 由此可见,此时旋襕衫已经成为士庶礼仪必备的服饰了。

在辨胡夏、尊先法的背景下,这种最早应出自胡族的旋襕为何又被宋明多个政权接受呢?我们似乎可以从以下几方面作进一步解释:

第一,宋代礼制接受旋襕是"上层接受士庶观念"的体现。

宋宣和元年(1119年)正月诏书中已呈现出夷夏转换的端倪。诏曰:"先王之法坏,胡乱中华,遂服胡服,习尚既久,人不知耻,未之有禁,非用夏变夷之道。"[3] 那宋人的"用夏变夷之道"又是什么呢?从旋襕被纳入礼制的历程看,首先,民间乐于接受便捷、保暖的旋类服装,这形成了"用夏变夷"的民意基础。其次,通过为旋衣加"襕"的手段可以使旋襕与中原传统上衣下裳的礼制相吻合,这是"用夏变夷"的物质基础。最后,宋代士人阶层发展较快,由于北方边界的纷争不断,士人夷夏之防观念较为突出,于是士人喜好对服饰族属的认定起到决定性作用。旋类服装获得王质这类士人的认可,是当时服饰夏夷属性转化的关键。上层接受、纳入礼制只是将士人认可的款式制度化。[4] 旋襕被纳入礼制,其初始阶段基本沿用了北朝隋唐圆领袍衫演变为正服的做法——先使其成为军旅服装,并作为定制配给武职,后定为正服。在宋代官服体系中,旋襕虽不是朝服和公服,但它是一种由军服演变而来的、配发给虚职和中低等级官吏的正服,并且在使用场合上具有公服的作用。

第二,西夏将旋襕作为公服延续了唐代公服制度的做法。

唐代朝服力求恢复汉魏传统,但是朝服不如胡服(如幞头、窄袖圆领袍衫)便于日常役事;且人们着胡服的积习难改,所以唐代按照中原传统礼制对这类胡服进行改造(如袍衫加"襕"以仿上衣下裳旧制),使胡服成为低于朝服等级的日常公服。这种做法使进入中原王朝官服体系的胡服具有了法理地位。西夏公服分文武两类,武职采用旋襕。[5] 西夏将旋襕作为武职公服应视为唐代胡服纳入礼制做

---

1 《明太祖实录》卷三〇,台北"中研院"史语所校印本,1962,第525页。

2 (明)徐一夔等:《明集礼》卷二四《嘉礼八·士庶冠礼》,《加冠幞头祝辞》,《文渊阁四库全书》第649册,第502页。

3 《宋会要》(不分卷),《舆服》四《臣庶服》,徽宗宣和元年正月五日,《续修四库全书》第777册,第359页。

4 唐代以来纳入中原王朝官服体系的胡服,特别是彰显等级身份的外衣,往往要按照中原传统礼制对胡服进行改造。例如窄袖袍衫在唐代加"襕"以象征中原上衣下裳的服饰传统,旋襕应该也是对旋衣加"襕"以符合上衣下裳的服饰传统。经过这样的改造,胡服更容易被中原士人接受。

5 任怀晟:《西夏公服刍议》,《西夏学》第九辑,上海古籍出版社,2014,第266—271页。

第三，宋明服饰的族属主要由近源确定。

宋明间各政权虽注意到服饰族属的划分，但在具体实施层面，服饰的胡汉是由上承近源的族属来确定的，而不是以远源为根据。历史上曾多次出现胡服一旦被中原一朝纳入礼制，很大程度上它会被后世中原士人坦然接受的现象。宋朝以唐代襕衫为公服[1]和前述明朝《士庶冠礼》中旋襕衫的采用都是这种情况的反映。而胡族政权服饰的选用多考虑胡服便宜行事的特点，不强调款式是否与中原王朝相同。这导致宋明之间多个政权同时将旋襕视为本族服饰情况的产生。

综上所述，可见宋明之间各政权胡汉服饰的禁令，更多是服务于政策宣传层面，而非彻究初源、强厘胡汉、以促裁斥；相反他们会综合考虑实用和士庶喜好等因素，为新的服装款式进入礼制提供渠道。旋襕被纳入礼制的这一特殊现象是否可以说明，在当时的时代环境中，各政权在内心和物质层面或多或少已默认了民族融合这一事实呢？

附			各家关于旋类服装的观点一览								
序号	旋类服装名称	观点来源	穿着方式（领型、裙腰造型）	袖型	大身廓形	腰型	襕	衣长	下摆造型	"旋"的含义	适用人群与演化
1	旋襕	吴峰云、杨秀山	套头式圆、方、交、翻等领型	窄袖		束腰		至脚面			
2		包铭新	套头式								
3		张孟常	套头式								
4		高春明、周天					有襕			"旋"指代襕绕身一周的状态	
5		叶娇、徐凯	套头式	小袖	窄身		有襕			"旋"指代套头式	西夏武将服装。由西夏传入宋地。发展为现在套头束腰连衣裙
6		刘永华						至膝位上下，或至脚面			

---

[1] 唐宋襕衫虽有微小差异，但是基本形式一致。

续表

序号	旋类服装名称	观点来源	穿着方式（领型、裙腰造型）	袖型	大身廓形	腰型	襕	衣长	下摆造型	"旋"的含义	适用人群与演化
7	旋袄、旋裙	包铭新、曹喆、崔圭顺								"旋"大概有便捷的意思。意指便于骑乘	
8	旋裙	叶娇、徐凯							前后开胯，绕身一周		
9	旋袄	周锡保		至肘				至腰			

（本文写作过程中承蒙史金波先生和杨浣教授多次指导，廖旸研究员给予文字学方面的提示。在此特表谢意！）

二

器物研究

梁山七器出土时间与具体器物新考

■ 陈颖飞（上海交通大学人文学院）

梁山七器是清代晚期发现的一批青铜器，传出于山东张寿梁山下，皆有铭文，多与"召公"有关，历来为学界所重。清人已著录、考释，[1] 近现代诸多学者有专门研究，[2] 但"梁山七器"的出土时间与具体器物仍认识不一，疑云重重。重新梳理考辨史料，尤其是结合前人未使用的新见材料《黄小松辑释吉金拓本》《李氏宝彝堂吉金文字》，[3] 以及以往学者未详加对比的《函青阁金石记》《济州金石志》相关记载，可以廓除疑云，并探知争议得以产生的原因，获得与前人不同的新认识。

一　出土时间

"梁山七器"的出土时间，陈梦家研究大保簋时，已难确定，列出两种记载：

---

[1] 最早的著录与考释为《济州金石志》《函青阁金石记》，详参后文。徐宗幹：《济州金石志》八卷，清道光乙巳年（1845年）自刊，台北新文丰出版公司，1977年影印本。（清）杨铎：《函青阁金石记》四卷，1931年瑞安陈氏湫漻斋陈准校刊，刘国忠等编：《金石古文字学术典籍丛刊》，第一函，安徽人民出版社，2015。

[2] 如：1. 容庚：《颂斋吉金续录》二册（考古学社专辑第十四种），燕京大学考古学社，1938，载《容庚学术著作全集》第12册，中华书局，2012，第403页。2.［日］贝冢茂树（小川茂树）：《殷末周初ノ东方经略について》，［日］《东方学报》第11册第1分册，1940，载《日本学者研究中国史论著选译（三）》，中华书局，1993，第58—121页。3. 陈梦家：《西周铜器断代》（二），《考古学报》第十册，1955，载《西周铜器断代》上册，中华书局，2004，第45页。4.［日］白川静：《金文通释》第二辑，［日］《白鹤美术馆志》第2辑，［日］平凡社，1962，第52—57页。5. Thomas Lanton（罗覃），"A Group of Early Western Chou Period Bronze Vessels." *Arts Orientalis*（《东方艺术》）10（1975）：111-121. 6. 陈寿（陈公柔、张长寿）：《大保簋的复出和大保诸器》，《考古与文物》1980年第4期。7. 唐兰：《西周青铜器铭文分代史征》，中华书局，1986，第83—84页。

[3] 《黄小松辑释吉金拓本》，清抄本，山东博物馆藏；《李氏宝彝堂吉金文字》，清稿本，山东图书馆藏。参见于芹《〈黄小松辑释吉金拓本〉综述》，《中国美术》2018年第2期；于芹《〈黄小松辑释吉金拓本〉鉴藏考》，《中国国家博物馆馆刊》2018年第8期；胡培培《李宗岱〈李氏宝彝堂吉金文字〉成书过程考述——以山东省图书馆藏六种稿本为中心》，《山东图书馆学刊》2020年第6期；胡培培《新见李宗岱〈李氏宝彝堂吉金文字〉稿本考论》，《文献》2021年第4期。

（1）道光间（1821—1850 年，颂续考释 9）

（2）咸丰间（1851—1861 年，缀遗 4.2）[1]

陈公柔、张长寿据"《济州金石志》的序文作于道光二十三年"，指出"或以为在咸丰年间"的说法"不攻自破"。[2] 这一论断是正确的，惜未深究，有必要进一步考辨。

"道光间"说，陈梦家引自"颂续考释"，即容庚《颂斋吉金续录考释》，记于"伯宪盉"条：

> 道光间，出于山东寿张梁山下。济宁钟养田，黄县丁树桢，及延鸿阁旧藏。《济州金石志》1.13，《攈古录》2 之 1.55，《从古堂款识学》11.31，《善斋礼器录》8.31。[3]

伯宪盉，系梁山七器之一，容庚是收藏者，列旧藏与著录分别以钟养田、《济州金石志》为首，无疑在他看来，这些是此器的最早收藏人与最早著录。

陈梦家另引《函青阁金石记》，与上说可互证：

> 济宁钟养田（衍培）近在寿张梁山下得古器七种：鼎三、彝一、盉一、尊一、甗一；此（指宪鼎）其一也。鲁公鼎、牺尊二器已归曲阜孔庙。[4]

与前一材料相比，就出土时间而言，记为"近"，并明确指出，钟养田得自出土地"寿张梁山下"。

同一记载也见于《济州金石志》。两书关系密切。《函青阁金石记》编者杨铎，是《济州金石志》的助编者之一。[5] 后书主持者系济宁知州徐宗幹，杨铎是他的幕宾。两书皆著录考释梁山器，这条材料记于首器"周召伯鼎"，内容相同。作为最早著录考释梁山七器的文献，两书是考辨梁山七器出土时间及具体器物等问题的关键材料。

---

1 陈梦家：《西周铜器断代》（二），《考古学报》第十册，1955 年，载《西周铜器断代》上册，第 45 页。"颂续考释 9"之"9"误，应为"56"。

2 陈寿：《大保簋的复出和大保诸器》，《考古与文物》1980 年第 4 期。

3 容庚：《颂斋吉金续录》，《容庚学术著作全集》第 12 册，第 403 页。

4 陈梦家写为"涵清阁金石记"，"涵"为"函"之误，应为《函青阁金石记》。陈梦家：《大保簋》，《西周铜器断代》上册，第 45 页。杨铎：《函青阁金石记》，《金石古文字学术典籍丛刊》，第 1 函，封面。

5 陈寿认为"《济州金石志》……实为其幕友杨铎所编，书中所引杨铎云云，与杨著《函青阁金石记》相同"（《大保簋的复出和大保诸器》注 1），此论并不准确，两书多有雷同，但仍有一些相异，如体例、收器、释语等有所不同，杨铎只是《济州金石志》助编者之一，参与编辑的，除主持者徐宗幹外，另有许瀚、冯云鹓、汪喜孙等。《济宁金石志序》："辄与山长许印林（许瀚）同年谭及金石一事，娓娓不倦。适集轩（冯云鹓）来济，并与汪孟慈太守（汪喜孙）及幕宾杨石卿随时参考。"（清）徐宗幹：《济州金石志》卷一，第 2 页。

《济州金石志》编成于道光二十三年（1843年），[1] 无疑，至迟道光二十三年之前，梁山七器已出土。《函青阁金石记》《济州金石志》"近"，当指道光二十三年之前不久的数年。

"咸丰间"的错误，从《函青阁金石记》《济州金石志》对梁山器的记载，另可得新证。

"咸丰间"说，陈梦家取自方濬益《缀遗斋彝器考释》（1899年）"大保鼎"：

> 咸丰间山左寿张所出土凡三鼎、一簋、一甗、一盉，其铭皆有大保及召伯等文，许印林明经定为燕召公之器。[2]

许印林（1797—1866年），名瀚，字印林，山东日照人，以文字训诂、金石考证等闻世，得龚自珍盛赞，"北方学者君第一，江左所闻君毕闻"[3]。道光十九年（1839年）十一月，受聘济宁知州徐宗幹[4]，主讲渔山书院。第二年初，抵达济宁。他在此另一重要活动，系总纂《济州直隶州志》、助撰《济州金石志》。俩人金石之谊，徐宗幹《济州金石志序》有载：

> 予自戊戌（1838年）莅济以后，公事之暇，每届渔山书院课期，辄与山长许印林同年谭及金石一事，娓娓不倦。[5]

《济州金石志》引有不少许瀚的论断，有的或即出自这些"娓娓不倦"的谈话，梁山七器的相关记载，或属此类。

《济州金石志》《函青阁金石记》的周召伯鼎（宪鼎）、周召伯盉（宪盉）二器，皆引许瀚的论断，前器"定为燕召公之器"，原文为：

> 许印林云：铭有召伯，盖周召公家物。

---

[1] 《济宁金石志序》："方纂辑《济州志》，尚未告竣而续编《金石志》八卷业已完备。因先为梓行，以公同好。……道光二十三年（1843年）岁次癸卯秋八月朔旦。"（清）徐宗幹：《济州金石志》卷一，第2—3页。

[2] （清）方濬益：《缀遗斋彝器考释》卷四，清稿本，甲午年（1895年），第2页，载《金文文献集成》，第14册，香港明石文化国际出版有限公司、线装书局，2004—2005，第74页。

[3] 龚自珍（1792—1841年），字猛人，号定庵，浙江仁和（今杭州）人。道光十九年（1839年），龚自珍离京，赠许瀚此诗作别，题为《别许印林孝廉瀚》，收入《己亥杂诗》。参看袁行云《许瀚年谱》，齐鲁书社，1983，第102页。

[4] 徐宗幹（1796—1866年），字伯桢，又字树人，江苏通州人，嘉庆二十五年（1820年）进士，任山东曲阜知县，从此任职山东20余年。道光十八年（1838年）官济宁知州，七月十二日到任，道光二十二年（1842年），调任四川保宁知府。他雅好金石，任官济宁期间，主持编撰《济州直隶州志》《济州金石志》。参看《斯未信斋主人自订年谱》，载北京图书馆编《北京图书馆藏珍本年谱丛刊》第148册，北京图书馆出版社，1999，第453页。

[5] （清）徐宗幹：《济州金石志》卷一，第1页。

前文已述，《济州金石志》于道光年间编成并刊刻。[1] 道光二十六年（1846年）闰五月十四日，徐宗幹时任福建巡抚，将《济州金石志》寄给许瀚，[2] 书中引许印林说应在刊刻前，不可能晚至"咸丰间"。梁山七器的出土时间当然更不可能晚到"咸丰间"。

梁山七器具体出土于道光哪一年？以往不得而知。新见《黄小松辑释吉金拓本》、李山农《李氏宝彝堂吉金文字》可解答这一问题。

《黄小松辑释吉金拓本》仅有清抄本，藏山东博物馆。《李氏宝彝堂吉金文字》则为清稿本，藏山东图书馆。前书是李宗岱旧藏，后书是他自撰，以往研究梁山器学者皆难以得见，尚未使用。近年，山东博物馆于芹、山东图书馆胡培培分别撰文综述与研究。[3] 两书重新发现，为研究梁山器，提供了新材料。

《黄小松辑释吉金拓本》录大保鼎、大保簋拓片，皆有题、印：

"大保鼎"拓片。题："道光十六年出梁山土中。"……印："周增之印""吉金乐石"。

"大保簋"拓片。题："簋，此器道光十六年出寿张梁山土中，并有鼎、鬲、尊、壶数事，皆藏济宁钟氏。"印："周增之印""吉金乐石"。（图1）[4]

题记明确记载，梁山七器出土时间是道光十六年（1836年）。题记者"周增之印"的主人，据于芹考证，可能是"九皋"，系"道光十八年至二十九年这一时期《黄小松辑释吉金拓本》的主人。"[5] 道光十八年，距题记所言梁山七器出土时间道光十六年，仅两年。

出土月份，钱致光给许瀚手札中提及：

再是岁（道光丙申年，即道光十六年，1836年）五月，济肆中又有寿张梁山新出土鼎、甗、尊、壶周器七件，皆有款识。[6]

---

1 《济州金石志》扉页："道光乙巳春镌于闽中南通州"，即道光二十五年（1845年）刊刻。《斯未信斋主人自订年谱》："（道光）二十五年，刊《济州金石志》"（《北京图书馆藏珍本年谱丛刊》第148册，第473—474页。）

2 （清）徐宗幹：《与许印林同年书》，载《斯未信斋文编》卷三，袁行云《许瀚年谱》，第193页。

3 于芹：《〈黄小松辑释吉金拓本〉综述》，《中国美术》2018年第2期。于芹：《〈黄小松辑释吉金拓本〉鉴藏考》，《中国国家博物馆馆刊》2018年第8期。胡培培：《李宗岱〈李氏宝彝堂吉金文字〉成书过程考述——以山东省图书馆藏六种稿本为中心》，《山东图书馆学刊》2020年第6期。胡培培：《新见李宗岱〈李氏宝彝堂吉金文字〉稿本考论》，《文献》2021年第4期。

4 引自于芹《〈黄小松辑释吉金拓本〉综述》，《中国美术》2018年第2期。

5 于芹：《〈黄小松辑释吉金拓本〉鉴藏考》，《中国国家博物馆馆刊》2018年第8期。

6 《攀古小庐金文集释》（山东博物馆藏）夹有此札，引文括号内纪年系笔者据年谱补入。见袁行云《许瀚年谱》，第133页。

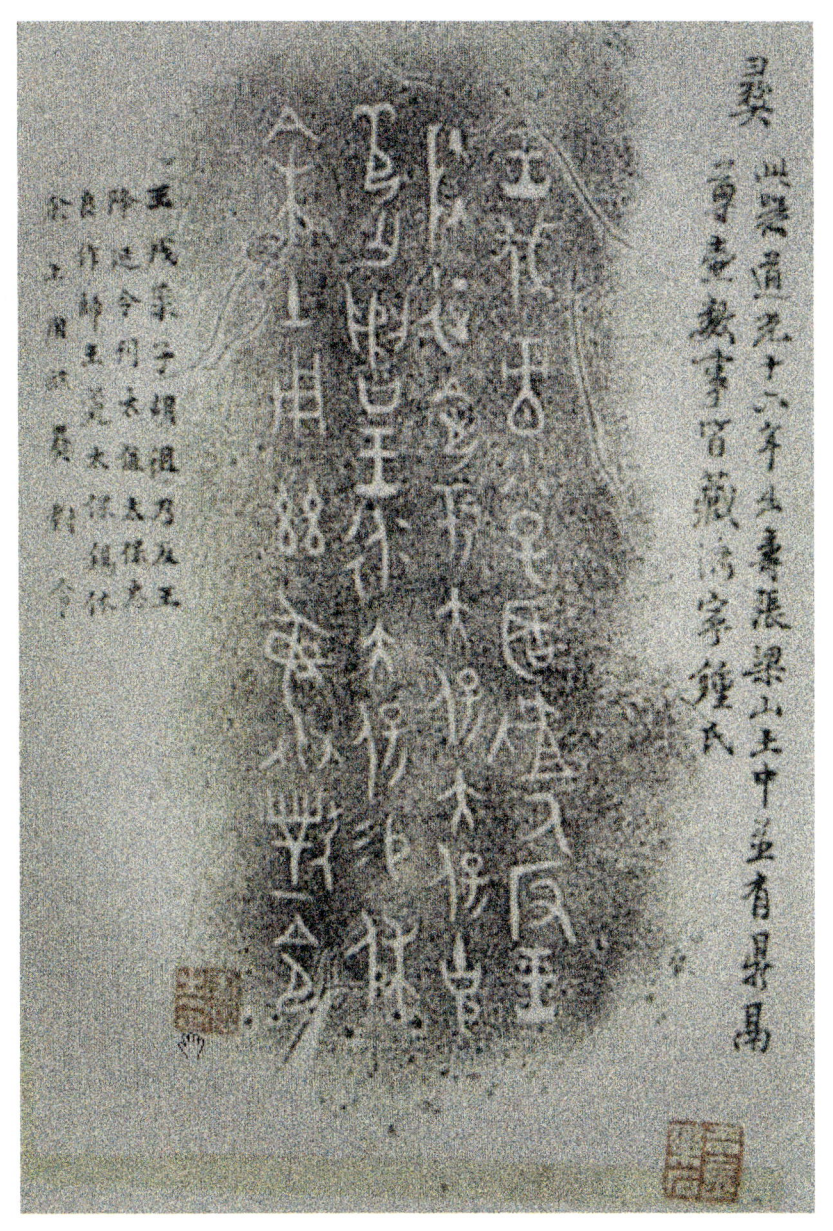

图 1　大保簋（"大保彝"）拓片
引自于芹《〈黄小松辑释吉金拓本〉综述》,《中国美术》2018 年第 2 期

据此，至迟当年农历五月，梁山七器已出土，并出现在古玩市场。这是出土时间下限，钟养田入藏时间上限。

梁山器"道光十六年"出土，《李氏宝彝堂吉金文字》可印证，分见于两处：

（1）太保方鼎：此器于道光十六年，出山左寿张县梁山土中。

（2）太保敦：[1] 此敦于道光十六年，出山东寿张县梁山土中。[2]

此书作者李宗岱（约 1830—1896 年），继钟养田之后，藏梁山七器中的召氏五器，除钟氏外，他是最完整收藏这批器的藏家。[3] 他也是《黄小松辑释吉金拓本》一个时期的主人。据于芹考证，在他之前，《黄小松辑释吉金拓本》收藏者有"九皋"（1838—1849 年）、丁彦臣（1868 年）。1869 年，李宗岱向丁彦臣借阅此书。显然，梁山器"道光十六年"的说法，《李氏宝彝堂吉金文字》源自《黄小松辑释吉金拓本》"九皋"所录。

值得注意的是，《函青阁金石记》作者杨铎，至迟在道光二十年，与九皋交好。《黄小松辑释吉金拓本》"父辛彝"条有他的跋：

是彝文字洵可宝也，九皋与余道友也，攫而去之而不可也，书以志之，有同好也。石卿跋，岁在庚子初夏。（图2）

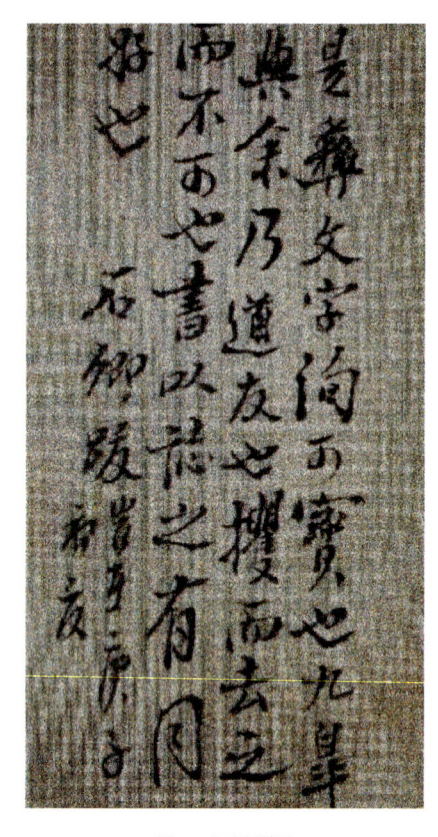

图2　杨铎题记

引自于芹《〈黄小松辑释吉金拓本〉鉴藏考》，《中国国家博物馆馆刊》2018 年第 8 期

石卿，即杨铎（1813—1879 年），自号石道人，河南商城人，《济州金石志》称"杨石卿"。"庚子"，即道光二十年

1　"敦"为"簋"字之误，此器为太保簋。宋人误释"殷（簋）"为"敦"字，称这类器为"彝"或"敦"，清代晚期金石学者仍沿袭此误。
2　（清）李宗岱：《李氏宝彝堂吉金文字》，清稿本，山东图书馆藏。
3　李宗岱，号山农，广州人，常年任职山东。雅好金石，堂号"宝彝"，斋号"宝召"，是当时铜器收藏大家，《李氏宝彝堂收藏吉石目录》著录藏器计四百余件。另有《李氏宝彝堂吉金文字》，稿本，考释了梁山五器，非同时所作，但最早一篇系考释太保方鼎，写于同治六年（1867 年）十二月。文尾，李山农感慨："召公大贤，其遗留重宝，人间有几？而余也得于二千七百余年之后，聚之一堂，摩挲拂拭。"

（1840年），杨铎与九皋这两位"同好""道友"，交往密切，似始于这一年。

这一年，正是徐宗幹任济宁知州的第三年，也是许瀚到达济宁之年。作为编撰《济州金石志》的主持者，徐宗幹"与山长许印林同年谈及金石一事，娓娓不倦"，书的编辑也得"幕宾杨石卿随时参与"[1]。

杨铎与许瀚交好，也始于这一年。居济州期间，两人常常相约访碑赏器。[2] 许瀚过世后，杨铎撰《许印林先生传》，对两人交游，深为感怀：

> 先生名瀚……幼博综经史及金石文字……庚子，主讲渔山书院。济宁修辑《州志》，刺史徐树人中丞聘同胶州牧冯集轩为总纂，铎亦与分纂，朝夕共砚几……予笃嗜金石，有所得辄共为审订，每于经史中得左证。古之益友，直谅多闻，非先生其谁与？[3]

也是这一年，杨铎与梁山器最早收藏者钟养田有往来，曾为他拓周召伯彝（伯宪盉）。许瀚《周召伯彝跋》，[4] 拓片上有杨铎题字，记录此事：

> 道光廿年庚子冬日石卿杨铎拓，养田仁兄大雅清玩。[5]

这次观看梁山器，时间是"道光廿年庚子（1940年）冬日"。许瀚、杨铎两人常共赏铜器，在钟养田处赏看这件器，应是两人一起，而且杨铎拓铭、许瀚撰跋。无疑，不仅杨铎，许瀚也与钟养田有交往。原因应是梁山器。他们在钟养田处直接看到的梁山器，或不仅"周召伯彝"一器，也可能是多件器。至少应该还有宪鼎，《缀遗斋彝器款识》所录宪鼎、伯宪盉拓片，便源自杨铎拓赠。[6]

《济州金石志》记梁山器，内容与《函青阁金石记》大多相同，皆有杨铎的考释，不少引有许瀚的论断。《济州金石志》得以著录考释梁山器，疑因于杨铎、许瀚。他们是最早、最主要的考释者，尤其是杨铎，故而《济州金石志》梁山器大多内容都记为"商城杨石卿云"。

梁山七器出土时间，以及最早著录与考释，得以厘清。道光十六年（1836年），梁山七器出土，农历五月出现于市

1　（清）徐宗幹：《济州金石志序》，《济州金石志》卷一，第1页。

2　参看于芹《道光年间许瀚山左访碑考》，《山东艺术》2020年第1期。

3　（清）杨铎：《许印林先生传》，《攀古小庐文补遗》，载袁行云《许瀚年谱》，第381页。

4　此器是伯宪盉，《济州金石志》《函青阁金石记》称"周召伯盉"。《许瀚年谱》引《许印林遗书》跋文："养田仁兄得古器五种，此其一也。盖器皆有铭，铭十字曰：'伯冒作召伯父辛宝尊彝'"（《许瀚年谱》，第125页），方濬益已指出器主名"当释宪，许印林《攀古小庐文》跋此器以为冒者误也"（《缀遗斋彝器考释》卷一四，第26页）。

5　袁行云：《许瀚年谱》，第126页。

6　"宪鼎……据商城杨石卿大令（铎）所诒拓片，参以仁和谭仲修大令（廷献）拓本摹入"，"伯宪盉……据商城杨石卿大令所诒拓本摹入"。方濬益：《缀遗斋彝器考释》，卷四第9页、卷一四第26页。

场，后由当地乡绅钟养田收藏。道光二十年（1840年），杨铎已与"九皋"交好，得观《黄小松辑释吉金拓本》"九皋"所录太保二器拓片。同年冬，杨铎、许瀚在钟养田处直接赏看"召伯彝"（伯宪盉）等梁山器，随后有考释。作为编者及助撰者，《济州金石志》《函青阁金石记》因而成为最早著录、考释梁山七器的金石书籍。

二 具体器物

对比《济州金石志》与《函青阁金石记》，"梁山七器"包含的具体器物，需要重新思考。

自道光十六年（1836年）梁山七器发现以来，著录考释便不完整。最早著录梁山器的《济州金石志》，仅著录六器，缺大（太）史友甗。《函青阁金石记》则著录五器，与《济州金石志》相比，除皆缺大史友甗外，还未录大（太）保鼎二。此后，晚清民国间梁山七器相关的重要著录，各有不同。《攈古录金文》《小校经阁金文拓本》最多，皆六件，器一致，但有大史友甗，而缺大保鼎二、鲁公鼎，后书或是从前书。[1]《缀遗斋彝器款识》《周金文存》《三代吉金文存》收五器，比《攈古录金文》少的那件各自不同，分别缺大保鼎、大保簋、宪鼎。[2]《奇觚室金文述》录四器，有《济州金石志》所录大保鼎二，缺《攈古录金文》等已录宪鼎、伯宪盉、大史友甗。[3]《愙斋集古录》录三器，除缺大保鼎二外，与《奇觚室金文述》同。[4] 著录三器的，另有《郁华阁金文》，但与《奇觚室金文述》《愙斋集古录》相比，收大史友甗，缺大保簋。[5]

著录不完整，导致梁山七器具体器物，论说纷纭。20世纪30—50年代，即便容庚[6]、陈梦家[7]这些曾收藏或经手其器的藏家，对这整批器究竟包括哪七件仍

---

[1] （清）吴式芬：《攈古录金文》，光绪二十一年（1895年）吴氏家刻本，载《续修四库全书》第902册，上海古籍出版社，1996，第438、533、539、621、623、639—640页。（清）刘体智：《小校经阁金文拓本》，自刊石印本，1935，卷二第21页，卷三第4、91页，卷五第37页，卷八第38页，卷九第52页。

[2] 方濬益：《缀遗斋彝器款识》，卷四第2、4页，卷九第22页，卷一四第26页，卷一八第2页。邹安：《周金文存》，广仓学宭，1921，载《金文文献集成》第23册，第140、173、214、264、294—295页。罗振玉：《三代吉金文存》（1937年），中华书局，1983，第211、490、869、1173、1458页。

[3] （清）刘心源：《奇觚室金文述》，石印本，光绪二十八年（1902年），卷一第14页、卷三第32页、卷五第12页。

[4] （清）吴大澂：《愙斋集古录》，涵芬楼影印本，1917，第7册第5、6页，第13册第10页。

[5] （清）盛昱：《郁华阁金文》，载《金文文献集成》第15册，第46、252、392页。

[6] 容庚：《商周彝器通考》上册，第46页。

[7] 陈梦家：《西周铜器断代》上册，第45页。

有不同意见。此后，贝冢茂树[1]、白川静[2]、罗覃[3]、陈公柔与张长寿[4]、唐兰[5]等学者，对这一问题，皆有论说，据主张器物，列表如表1。

以上各说，除唐兰的意见较晚发表外，[6] 陈寿的文章已引诸家说法，其结论与贝冢茂树等为代表的海外学者一致，即梁山七器是大保鼎一、大保鼎二、大保簋、宪鼎、伯宪盉、大史友甗、小臣俞犀尊[7]。

表1	梁山七器具体器物各家学说一览						
	器名	容庚	陈梦家	贝冢茂树	白川静	罗覃	陈寿	唐兰
1	大保鼎	√	√		√			√
2	大保簋	√	√		√			√
3	宪鼎	√	√		√			√
4	伯宪盉	√	√		√			√
5	小臣俞犀尊	/	/		√			×
6	大保鼎二	√	√		√			√
7	鲁公鼎	/	√		/			×
8	大史友甗	√	√		√			√
9	大保鸮卣	/	√		×			/

1　[日] 贝冢茂树：《关于殷末周初的东方经略》，载《日本学者研究中国史论著选译（三）》，第58—121页。

2　[日] 白川静：《金文通释》第二辑，第52—57页。

3　Thomas Lanton, "A Group of Early Western Chou Period Bronze Vessels", *Arts Orientalis*（《东方艺术》），Vol. 10 (1975)：111-121.

4　陈寿：《大保簋的复出和大保诸器》，《考古与文物》1980年第4期。

5　唐兰：《西周青铜器铭文分代史征》，第83—84页。

6　唐兰的观点，与各家说法有一个不同，他从非科学发掘着眼，强调这个窖藏并非仅有七器，还应有"斿"的三个方鼎。他说，"太保后裔有一个叫斿的"，"有三个方鼎，在清代中叶已发现，著录于《积古斋钟鼎彝器款识》，铭六字为'斿作宝彝，太保'。《山东金文集存》说是出梁山"。参见唐兰《西周青铜器铭文分代史征》，第84页。

7　器主名"俞"，清人释读不一，或释"䟽"（《攈古》2之3.46），或释"俞"（《缀遗》18.2、《奇觚》5.12）。此字后又见于甲骨卜辞，郭沫若释"䟽"，认为"䟽当是发声辞，犹《尚书》言俞也"，得到学界认可。李学勤近年有支持反对意见，指出"'䟽'在《说文》是新附字，其出现是非常晚的"，并据其他西周金文的"俞"字与此犀尊铭该字字形接近，重新释为"俞"，强调这是《尧典》与甲骨卜辞中同见的叹词。本文从此说。参见郭沫若《卜辞通纂》，科学出版社，1983，第530页；李学勤：《〈尧典〉与甲骨卜辞的叹词"俞"》，《湖南大学学报》（社会科学版）2008年第3期。

对比各说，梁山七器中的五件，即大保鼎、大保簋、宪鼎、宪盉、大史友甗，并无异议，论争聚焦于其他两器。从学术史来看，各家学说，或据《济州金石志》，或据《函青阁金石记》，而加以增减。

第一，据《济州金石志》，大保鼎二在列，补入大史友甗，列梁山六器，未提及小臣俞犀尊，应是对其存疑。这是容庚、唐兰的说法。[1]

第二，据《函青阁金石记》，纳入鲁公鼎，未收大保鼎二，但有两点变化，一是以大保鸮卣替代小臣俞犀尊，二是补入大史友甗。陈梦家持此说。

第三，据《济州金石志》，大保鼎二及小臣俞犀尊在列，仅补入了未有争议的大史友甗。贝冢茂树、白川静、罗覃、陈公柔与张长寿等学者皆持此说。

各说皆补入大史友甗，其属于梁山七器，已是共识。从藏家、铭文两方面看，这件器当为梁山七器。《济州金石志》《函青阁金石记》虽未收录，但吴式芬《攈古录》明确记为"山东济宁钟养田藏"[2]。这是其作为梁山七器之一，历来为学界认同的主要原因。需要说明的是，许瀚曾入吴式芬幕，助其编撰完成《攈古录》，"吴式芬故后许瀚代为校订"[3]，此条记载的信息应来自许瀚。大史友甗铭有"召公"，与这批器属于召公家族的论断相合，是得到学界认同的又一原因。另外，还需要补充的是，新发现《李氏宝彝堂吉金文字》稿本更添确证，"太保方鼎"条明确记载："同时出土有召公甗、太保敦等器"，"召公甗"就是指大史友甗。

第二说以大保鸮卣替代小臣俞犀尊，不能成立。白川静已指出，大保鸮卣传出自河南浚县，出土不久便流入日本，并非梁山七器之一。但为什么陈梦家以其为梁山器，仍需深入分析。陈梦家以大保鸮卣代小臣俞犀尊，主要理据或有二。

一是大保鸮卣铭与梁山七器中的大保鼎铭文相同，皆为"大保铸"三字，而且文字风格、结构接近，如"大"字的肥笔、"保"字右上部从"王"等皆一致。如图3所示。

二是因为铭文内容，大保鸮卣铭为"大保铸"，"小臣俞犀尊"铭文无"大保及召伯"，不符合方濬益《缀遗斋彝器考释》所称"其铭皆有大保及召伯"，或为合于方濬益这一记载，便以大保鸮卣代小臣俞犀尊。但是，晚清民国藏家皆未著录大保鸮卣，最早著录大保鸮卣的是《白鹤吉金集》[4]，不可能属于梁山器。而自《济州金石志》《函青阁金石记》以来，

---

[1] 唐兰对小臣俞犀尊存疑，认为"似无根据"。见唐兰《西周青铜器铭文分代史征》，第83页。

[2] （清）吴式芬：《攈古录》（1910年）卷二，中国书店，1982，第13页。

[3] 袁行云：《许瀚年谱》，第334页。

[4] ［日］嘉纳治兵卫：《白鹤吉金集》，（日本神户）白鹤美术馆，1934。

小臣俞犀尊皆有著录，并明确作为梁山七器之一。大保鴞卣并非梁山器，而小臣俞犀尊是梁山七器之一，是毋庸置疑的。

各家论争的另一焦点，便是"大保鼎二"与"鲁公鼎"之争。《济州金石志》《函青阁金石记》等各书皆称梁山七器有鼎3件，除确定无疑的"大保方鼎""宪鼎"外，还有一件鼎，只可能是"大保鼎二"或"鲁公鼎"中的一件，但两者未有器型著录，不见流传。故陈梦家、贝冢茂树等各持一说，前者据《函青阁金石记》列"鲁公鼎"，后者据《济州金石志》以"大保鼎二"为是。

究其根本，争论因于学者各据《济州金石志》与《函青阁金石记》之一，而两书的矛盾，以及《济州金石志》自有矛盾，未得到比较辨析，以致疑云仍存。

前文已述，《函青阁金石记》作者杨铎，"随时参与"《济州金石志》编撰，《济州金石志》梁山器考释主要来自杨铎，故与《函青阁金石记》内容大多近同。但两者的差异尤其值得辨析。

与《济州金石志》收录梁山六器不同，《函青阁金石记》仅收前五器，最后一器"周太保鼎"（大保鼎二）未载。值得注意的是，后器的记录也源自杨铎，《济州金石志》曰：

3-1 大保鼎拓片
引自吴大澂《愙斋集古录》第7册第6页

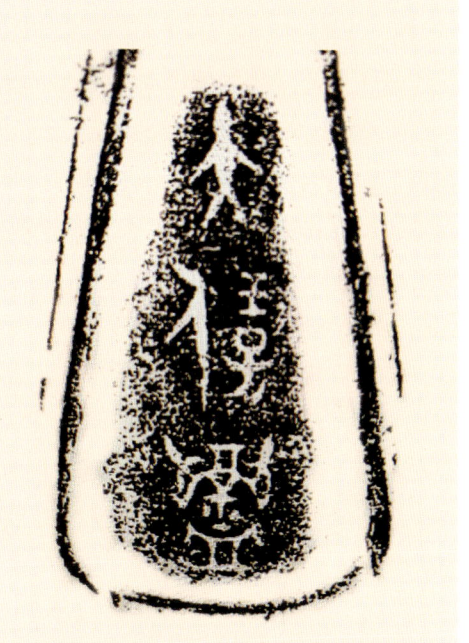

3-2 大保卣拓片（盖）
引自白川静《金文通释》第二辑第40页

图3 大保鼎、大保卣拓片

商城杨石卿云案："……此亦寿张梁山新出土七种之一也。"

又记：

本在任城，今藏曲阜衍圣公府中。[1]

而《济州金石志》《函青阁金石记》梁山首器"周召伯鼎"（宪鼎）载：

商城杨石卿……又云："济宁钟养田近在寿张梁山下得古器七种……其鲁公鼎、牺尊二器已归曲阜孔子（庙）矣。"[2]

无疑，大保鼎二属于梁山七器的说法，也出自杨铎。这便令人困惑，为什么杨铎自撰的《函青阁金石记》未收入大保鼎二？从《济州金石志》此书的矛盾，或者能理解杨铎的选择。

《济州金石志》"周召伯鼎"与"大保鼎二"两条记载，"已归曲阜"二器，存在矛盾。这两器其中一器不同，"周召伯鼎"（宪鼎）条记为"鲁公鼎"，"周太保鼎"（大保鼎二）条则记为本器。"大保鼎二"与"鲁公鼎"两器，只能其中一件属于梁山七器，也即入藏孔庙器。

杨铎编《函青阁金石记》，保留"其鲁公鼎、牺尊二器已归曲阜孔子庙矣"，未录"周太保鼎"（大保鼎二），《济州金石志》梁山七器的自相矛盾得以消解。

作为梁山七器最早的考释者，杨铎的这一选择尤其值得重视。上文已述，他曾亲观亲拓"周召伯鼎"（宪鼎）、"周召伯彝"（伯宪盉），相较而言，对此两器的记载，应较其他器可靠。换言之，《济州金石志》"周召伯鼎"与"大保鼎二"相比，"周召伯鼎"条的记载或更可信。更何况，两种矛盾说法，皆出自他本人，《函青阁金石记》的编定，很有可能是经过重新核对考辨的最终选择。如果这一推断成立，那么大保鼎二不能作为梁山七器之一，而据《济州金石志》将其列入其中的各家说法皆误。换言之，作为梁山七器之一，曾归藏曲阜孔府的，当取杨铎最终论断，是"鲁公鼎"。

综上所述，梁山七器应是大保鼎、大保簋、宪鼎、伯宪盉、大史友甗、小臣俞犀尊、"鲁公鼎"，其中最后一器无器形、拓片，不知所踪。

---

1 （清）徐宗幹：《济州金石志》卷一，第15页。
2 （清）徐宗幹：《济州金石志》卷一，第10页。以《函青阁金石记》校，"孔子"后漏"庙"字。

表 2	梁山七器具体器物器形与铭文拓片	
器名	器形	拓片
大保鼎	大保鼎 引自《铭图》[1] 01065	大保鼎拓片 引自《愙斋集古录》第 7 册第 6 页
大保簋	大保簋 引自《铭图》05139	大保簋拓片 引自《三代吉金文存》8.40.1

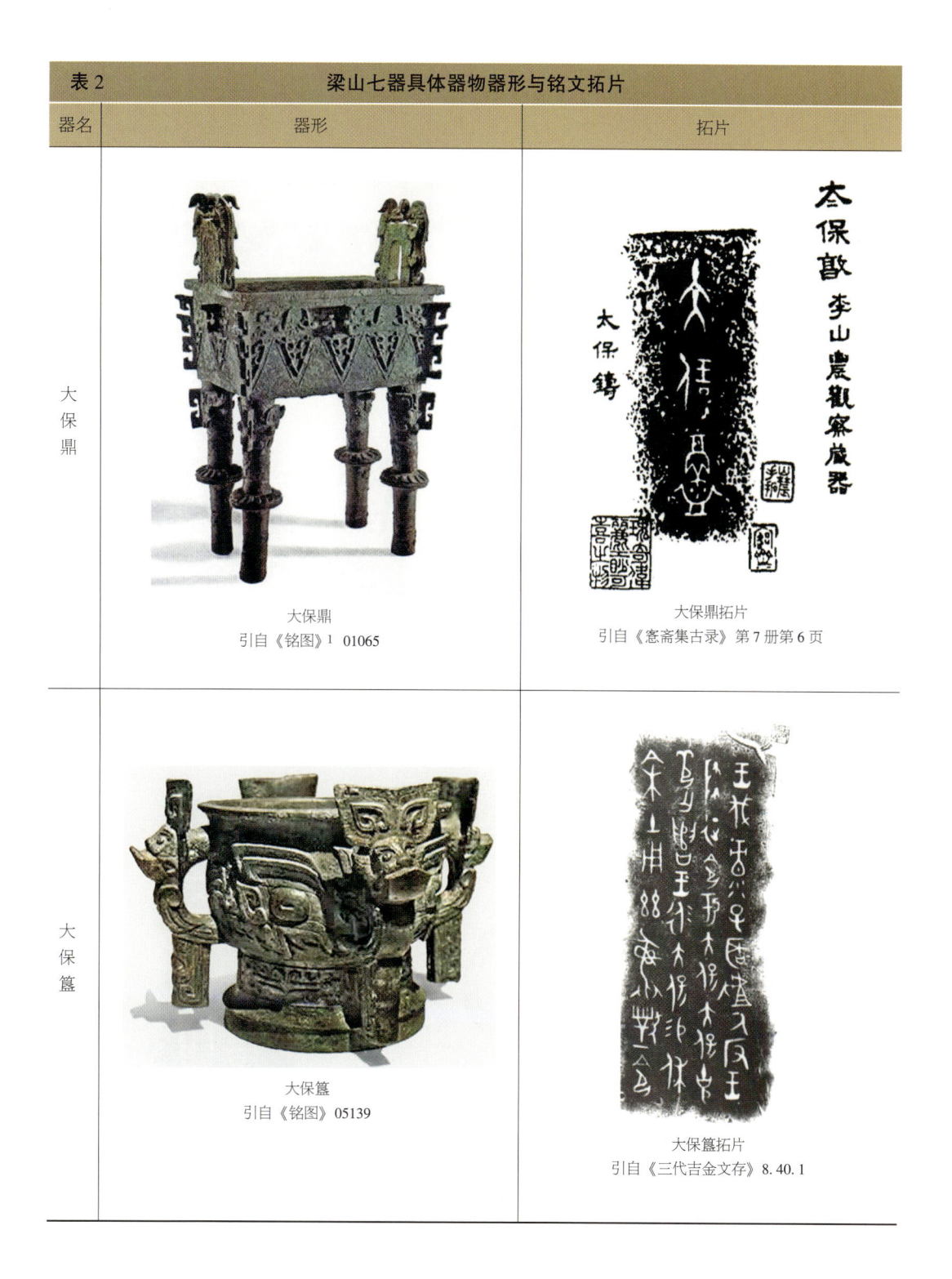

[1] 吴镇烽:《商周青铜器铭文暨图像集成》,上海古籍出版社,2012。本文简称《铭图》。

续表

器名	器形	拓片
宪鼎	宪鼎 引自《西周铜器断代》651 页 70	宪鼎拓片 引自《西周铜器断代》651 页 70
伯宪盉	伯宪盉 引自《铭图》14752	伯宪盉拓片 引自《三代吉金文存》14.9.7

续表

器名	器形	拓片
大史友甗	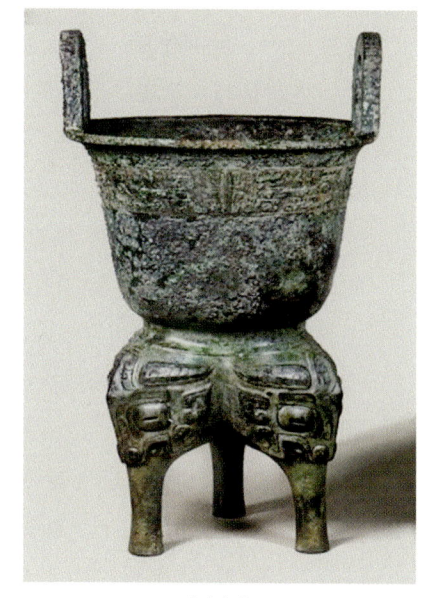 大史友甗 引自《铭图》03305	 大史友甗拓片 引自《郁华阁金文》252.1
小臣俞犀尊	 俞犀尊 引自《铭图》11785	 俞犀尊拓片 引自《郁华阁金文》392.3

余　论

梁山七器,除无争议的五器外,另两器是小臣俞犀尊、"鲁公鼎",这和陈梦家以来各家的说法都不一致。致误原因,主要在于两点,一是据《济州金石志》录有"大保鼎二",二是受《缀遗斋彝器考释》"其铭皆有大保及召伯"的影响。故而产生争议的两器,都不是"大保及召伯"器。

梁山七器主要是召公家族的器物,小臣俞犀尊、"鲁公鼎"为何同出?

小臣俞犀尊与召氏器同见,因为周初东征,史称"周公东征"(《诗·破斧》)。器铭记"征夷方"一事,时在"惟王十祀有五肜日"。卜辞有不少征夷方的记载,结合相关材料,李学勤认为,这位"王"是商末王帝辛,"十五祀征伐夷方,商王途经齐",并举塱方鼎、旅鼎等"周初伐东夷之事"的铭文,重申董作宾、郭沫若等的观点,卜辞中的"夷方","与东夷为一事"[1]。器主小臣俞,陈絜认为,他原拥有"大保簋铭中的榆地,也就是商末田猎卜辞中的主要田猎地点'榆'","但随着周初录子圣叛乱的平定,该地便成为召公奭的私属领地"[2]。综合二者观点,小臣俞犀尊与召氏器同出的原因,便清楚明白。商末、周初的伐东夷,都是对东土的征伐,商末卜辞与铭文等称为"伐夷方",西周铭文或称"伐反夷"(旅鼎)、[3]或称"伐东夷"(塱方鼎)、[4]或称"伐东国"(鲁侯尊),[5]而后者即周初的三年东征。商末帝辛"伐夷方"时,小臣俞因功得封榆地,周初东征时,剿灭商代遗留势力,俞在其列,其封地榆为此次东征中有重大战功的召氏家族所得,而小臣俞犀尊也为召氏所获。

"鲁公鼎"为什么也在召氏器群之中?首先需要说明,所谓"鲁"字,系清人误读,应释为"周"字,[6]"鲁公

---

[1] 李学勤:《重论夷方》,《民大史学》第 1 辑,中央民族大学出版社,1996,第 1—5 页。

[2] 因此,他还认为,榆"大致地望当在今山东肥城句窳亭一带,故'梁山七器'的真实出土地点大体也应在梁山以北的肥城附近,燕召家族在泰山脚下所领有的榆地"。陈絜:《"梁山七器"与周代巡狩之制》,(台北)《汉学研究》第 34 卷第 1 期,2016。

[3] 光绪二十二年(1896 年)山东黄县莱阴出土,现藏中国国家博物馆,著录见《铭图》02353。

[4] 20 世纪 20 年代宝鸡戴家湾盗掘出土,现藏美国旧金山亚洲美术博物馆,著录见《铭图》02364。

[5] 原藏清宫(《西清古鉴》13.9),现藏上海博物馆,著录见《铭图》04955。

[6] 清吴大澂已释"周"字,但当时学者释为"鲁",故仍命名某鼎为"鲁公鼎",而释文作"周",并考释说:"䎽,旧释鲁,大澂以为周字"。周亚已指出,吴氏所释这件"鲁公鼎"铭文系伪刻。(清)吴大澂著,周亚笺注:《鲁公鼎》,《〈憲斋集古录〉笺注》,上海古籍出版社,2012,第 57—59 页。

鼎"实为"周公鼎"[1]。"鲁（周）公鼎"与召氏器同出，也因于周初东征，即"周公东征"。成王初年，三年东征，周、召二公是最重要的指挥者，如塱方鼎铭"惟周公于征伐东夷丰伯薄姑"，旅鼎铭"惟公大保来伐反夷年"，分别记载周、召二公对东征战场的直接领导。传世文献也多有记载，如《逸周书·作雒》曰："周公立，三叔及殷东徐奄及熊盈以畔，周公、召公内弭父兄，外抚诸侯……凡所征熊盈族十有七国"，《史记·周本纪》："召公为保，周公为师，东伐淮夷，践奄，迁其君薄姑。"周召二氏同宗同族，疑或因东征中的共同作用，周公鼎出现于同对东征有重大贡献的召氏家族器群。

记为入藏孔庙的两件梁山器，"牺尊"（小臣俞犀尊）[2]后由潘祖荫收藏，现藏美国旧金山亚洲美术博物馆，但"鲁（周）公鼎"或"大保鼎二"都没有此后藏家的记载，不知踪迹。入藏孔庙的两器最早流散，恰是导致是否属于梁山七器之争的一个重要原因。最早收藏者钟养田，已注意同一家族器物的完整收藏，若确有"大保鼎二"，当系召氏器，相较"鲁公鼎"（周公鼎），最早流散出去的可能性较少。很有可能，正因为这二器不是召氏器，才得以最早散出而流入孔庙。这或可作为"鲁（周）公鼎"是梁山七器的一个补证。

简之，梁山七器中，产生争议的两器，都是"已归曲阜"的二器，恐非巧合。疑正因为这二器与其他五器都不同，并非召公家族器，故而最早与其他五器分开，从收藏者钟养田处流散出去。这是梁山七器具体器物产生争议，乃至各说致误的另一个原因。这二器与召氏器同出，则是周初东征的结果。

附记

本文撰写中，胡培培代查《李氏宝彝堂吉金文字》（稿本）。初稿完成后，苏辉提出修改意见。特此一并致谢！

---

[1] 目前著录最早的周公鼎，北宋哲宗时内府入藏，《博古图》、赵明诚《金石录》等已著录，李学勤指出这"是迄今所知唯一的周公旦自作的青铜器"，而"清代著录，如《西清古鉴》等书，收录与周公方鼎铭文一致，形制纹饰则或有差异的扁足方鼎多件，自王国维、容庚等先生以来都已指出是仿宋伪器"。参见李学勤《论宋代著录的周公方鼎》，载《三代文明研究》，商务印书馆，2011，第118—121页。

[2] 白川静疑牺尊入孔庙说不确。这难以成立。据《小校经阁金文拓本》，此器拓片来自冯云鹓在孔庙所拓。（清）刘体智：《小校经阁金文拓本》卷五，第37页。

战国秦汉时期铁足铜鼎研究*

■ 曾宇（四川大学考古文博学院）　杨硕（四川省文物考古研究院）

铁足铜鼎是战国秦汉时期考古遗存中较为独特的一类器物，其特征为：鼎身铜铸，三足以均为铁质者居多，仅一、二足为铁质的亦占一定比例。铁足铜鼎的出土数量较多，分布范围广泛，学者就其是否为楚文化特有因素曾发表过不同意见[1]，但均未做系统论述，文化属性尚不明晰。此外，在铁足铜鼎的分类与年代、空间分布、起源与衰落等方面，也缺乏基本共识。有鉴于此，本文拟在全面搜集出土材料的基础上，对上述问题进行初步探讨。

一　分类与年代

目前全国范围内具有明确出土背景的铁足铜鼎共计144件（图1；附表），集中分布于两湖地区，中原、齐鲁、江淮、岭南、巴蜀等地区亦有少量发现。陕西渭南[2]、延安[3]等地发现的铁足铜鼎，因缺乏出土单位信息，本文不加讨论。

铜器的修补与改制现象在西周早期即已多见，其发生往往与特定人群、时代背景密切相关[4]。战国秦汉时期的铁足铜鼎同样存在程度不一的修补与改制，但这一现象尚未被学界所注意，其基本特征及所反映的历史文化变迁也未得到充分揭示。有鉴于此，本文根据足、耳等附件是否经过替换或改制及三足材质的差异，将铁足铜鼎分为两大类。

---

* 本成果得到国家社科基金重大项目"西南地区先秦两汉时期冶金遗址调查与研究"（项目编号：15ZDB056）资助。

1　刘彬徽：《楚系青铜器研究》，湖北教育出版社，2019；刘彬徽、王世振：《曾国灭亡年代小考》，《江汉考古》1984年第4期；张昌平：《曾国青铜器研究》，文物出版社，2009，第389页，注②。

2　祁普实、浮克清：《一件带有秦后中府铭文的战国铜鼎》，《首都博物馆丛刊》第22辑，北京燕山出版社，2008。

3　曹玮主编：《陕北出土青铜器》第一卷，巴蜀书社，2009，第51页。

4　林森：《西周早期青铜器修补与改制现象研究》，《边疆考古研究》第27辑，科学出版社，2020。

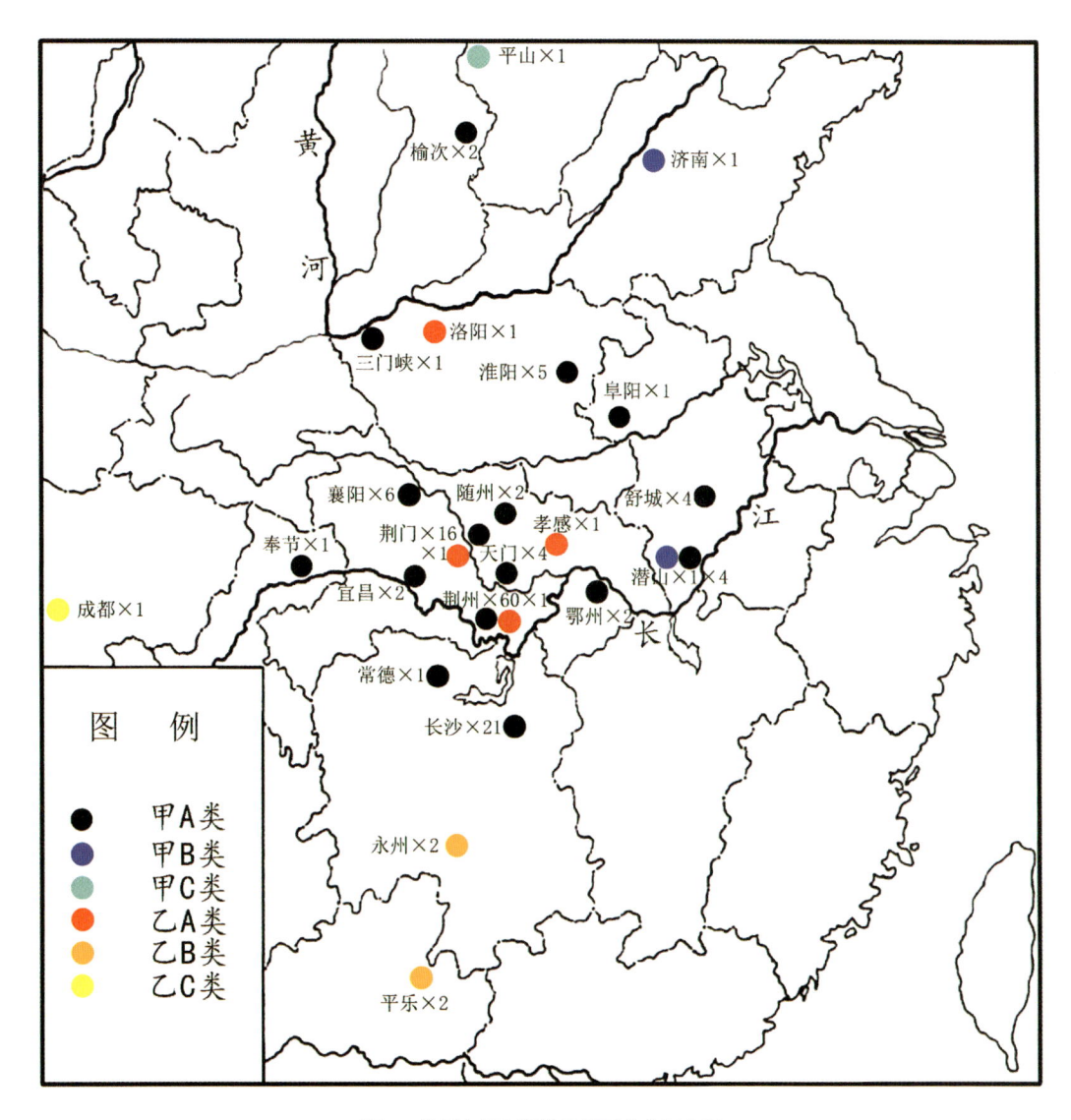

图 1　战国秦汉时期铁足铜鼎分布示意图

甲类：足、耳均为原装，三足铁质。根据整体形态特征的差异，又可分为三小类。

甲 A 类：132 件。附耳外侈，子母口，扁圆盒状腹，三蹄足细高。此类鼎的腹部大多饰有一道凸弦纹，部分鼎足根部饰兽面纹。形态上可归于楚式子母口鼎[1]。江陵李家台 M4 出土的 1 件（图

---

[1] 在高崇文对楚式鼎进行形态分析的基础上，刘彬徽根据口沿及承盖方式的不同，将楚式铜鼎分为折沿鼎、箍口鼎、子母口鼎、束腰平底鼎、小口鼎五类，为学界所广泛接受。见高崇文《东周楚式鼎形态分析》，《江汉考古》1983 年第 1 期；刘彬徽《楚系青铜器研究》，第 96—115 页。

2-1），盖正中有衔环纽，周边有三个半环形纽。腹径22.5厘米、足高16.8厘米、通高25.8厘米[1]。老河口安岗M2：41（图2-2），盖顶有衔环纽，盖边有三卧牛纽。口径22.2厘米、底径17.8厘米、通高29.6厘米[2]。淮阳平粮台战国楚墓M17：61（图2-3），盖面饰鸟形纽，足根部浮雕象面。口径20厘米、腹径24.5厘米、通高27.5厘米[3]。

甲B类：2件。附耳内倾，敛口，深腹，圜底，三细足外撇明显，口沿以下多见一箍圈以承盖。形态上可划归越式鼎[4]。济南天桥战国墓M采：012（图2-4），圆底较尖，三矮足外撇明显。通高24厘米[5]。潜山公山岗M24：1（图2-5），三扁梯形矮足。口径16厘米、腹径21厘米、通高19.5厘米[6]。

甲C类：1件，河北平山中山王墓XK：1（图2-6）。附耳，子母口，扁圆腹，圆底近平，蹄形足较粗壮。盖上等距分布三云形纽，中腹饰凸弦纹一周，近底部有凸环。口径42厘米、腹径65.8厘米、通高51.5厘米，重60公斤[7]。

乙类：足、耳等附件有替换或改造，有的仅一、二足为铁质。根据整体形态特征差异，可以分为三小类。

乙A类：4件。形态与甲A类近同，属楚式子母口鼎。云梦睡虎地M3：4（图3-1），配有木盖，底部有烟熏痕迹，鼎足系铁质，器里有因破损而加的补丁，有一后安的铁耳。口径15.7厘米、通高21厘米[8]。江陵张家山M249：59（图3-2），三足被截短。口径20.8厘米、通高17.4厘米[9]。

乙B类：4件。形态与甲B类相似，属越式鼎。永州鹞子岭AM20：13（图

---

1 荆州博物馆：《江陵李家台楚墓清理简报》，《江汉考古》1985年第3期。
2 湖北省文物考古研究所等：《湖北老河口安岗二号楚墓发掘简报》，《文物》2017年第7期。
3 河南省文物考古研究院：《河南淮阳平粮台战国楚墓M17发掘简报》，《中原文物》2019年第5期。
4 自1980年俞伟超提出"越式鼎"概念以来，学界已基本厘清越式鼎的特征。郑小炉概括为：器壁薄、足细且绝大多数外撇，个别细足竖直，我们即以此为标准进行判定。见俞伟超《关于楚文化发展的新探索》，《江汉考古》1980年第1期；彭浩《我国两周时期的越式鼎》，《湖南考古辑刊》第2集，岳麓书社，1984；向桃初《湘江流域商周青铜文化研究》，线装书局，2008，第358—362页；郑小炉《吴越和百越地区周代青铜器研究》，科学出版社，2007，第92页。
5 于中航：《山东济南市天桥战国墓的清理》，《考古》1997年第8期。
6 安徽省文物考古研究所等：《安徽潜山公山岗战国墓发掘报告》，《考古学报》2002年第1期。
7 河北省文物研究所：《䥬墓——战国中山国国王之墓》，文物出版社，1995，第110—111页。
8 湖北孝感地区第二期亦工亦农文物考古训练班：《湖北云梦睡虎地十一座秦墓发掘简报》，《文物》1976年第9期。
9 江陵张家山M249所出铁足铜鼎的鼎身、盖形态完全同于甲A类，唯三足较矮。从同墓伴出的两件铜鼎均为矮足来看，系有意截短，而非锈蚀残断。此外，三铁足高度一致，也是锈蚀难以形成的。因此，我们将其归入乙A类。见荆州地区博物馆《江陵张家山三座汉墓出土大批竹简》，《文物》1985年第1期。

3-3），盖中有桥形纽，套小环，一足为修补的铁足。口径 17.5 厘米、腹深 11 厘米、通高 23.5 厘米[1]。

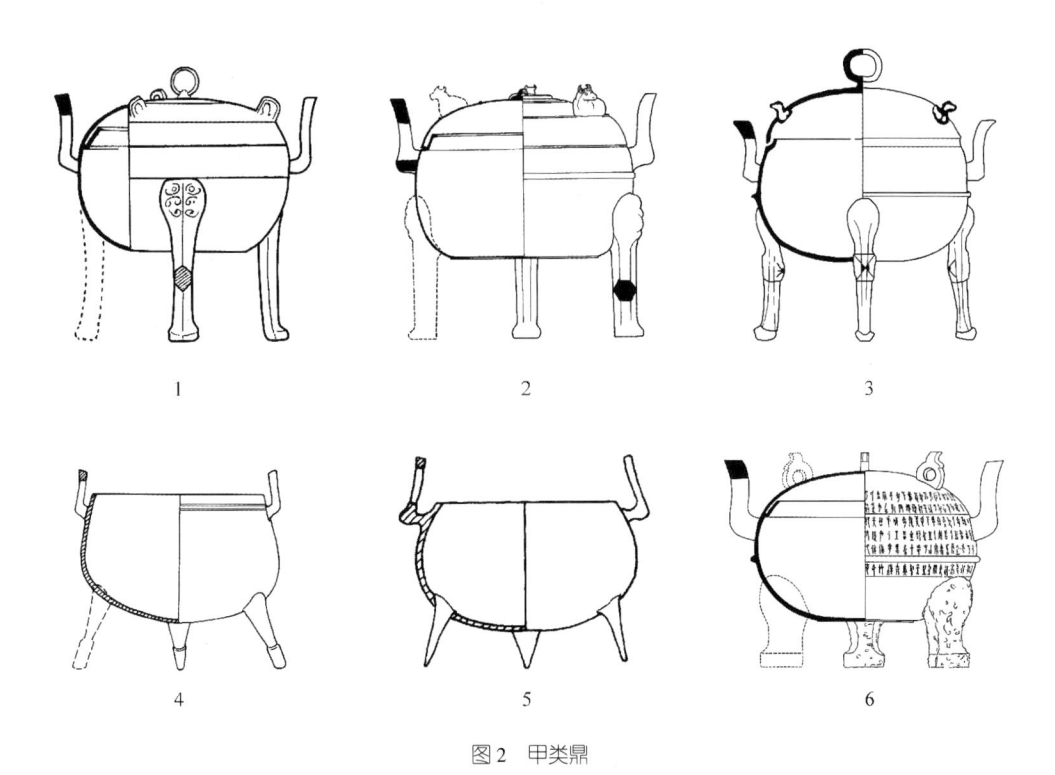

图 2　甲类鼎

1—3. 甲 A 类（江陵李家台 M4 出土、老河口安岗 M2：41、淮阳平粮台 M17：61）；
4、5. 甲 B 类（济南天桥战国墓 M 采：012、潜山公山岗 M24：1）；6. 甲 C 类（平山中山王墓 XK：1）

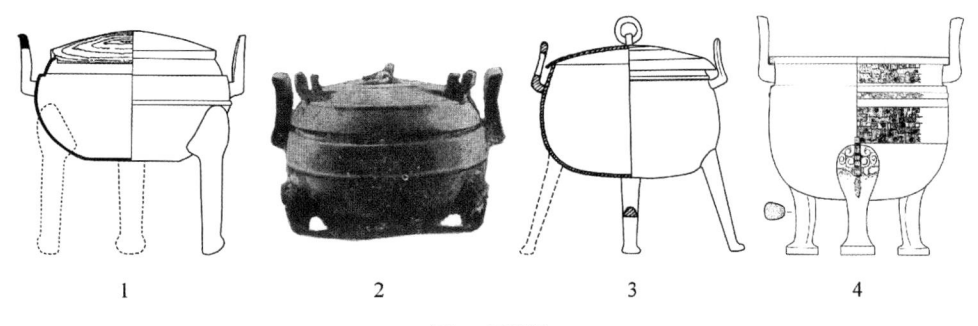

图 3　乙类鼎

1、2. 乙 A 类（云梦睡虎地 M3：4、江陵张家山 M249：59）；3. 乙 B 类（永州鹞子岭 AM20：13）；
4. 乙 C 类（成都羊子山 M172：1）

1　零陵地区文物工作队：《永州市鹞子岭战国墓发掘简报》，《湖南考古辑刊》第 4 集，岳麓书社，1987。

乙 C 类：1 件。成都羊子山 M172：1（图 3-4），方形附耳，折沿，束颈，深腹，圆底，兽蹄足较矮。鼎身有补疤数处，底、腹有烟熏痕迹，出土时尚存肉类鼎实。三足均断裂，其中一足为铁质。通高 50 厘米、口径 50 厘米[1]。

甲 A 类鼎与袁艳玲所划分的楚式子母口鼎中的Ⅳ、Ⅴ式相当，在战国中期晚段出现，流行至战国晚期[2]。实际上，该类鼎一直沿用至西汉初期。如秦代墓葬湖北宜城雷家坡 LM13：2[3]、襄阳王坡 M146：1[4] 等均出土甲 A 类鼎，河南陕县后川 M3411：5[5] 是目前所见年代最晚的一例，在西汉初期（图 4-1 至图 4-3）。甲 B 类鼎深腹外鼓、圆底、细足较直的特征，与郑小炉所划分越式鼎中的 Bb 型Ⅱ式略同，年代在战国晚期[6]。甲 C 类鼎出自河北平山三汲公社 M1，器身刻有长达 469 字的铭文，记载燕国君哙因禅位于子之引发内乱而身亡及中山国参与伐燕之事[7]。经李学勤等考订，该鼎铸造时间为公元前 309 年或前 308 年[8]。

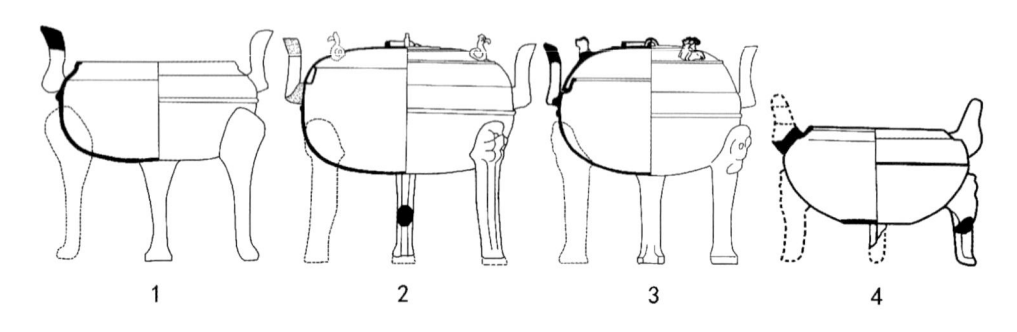

图 4　秦汉墓葬出土铁足铜鼎
1. 宜城雷家坡 LM13：2；2. 襄阳王坡 M146：1；3. 陕县后川 M3411：5；4. 荆门瓦岗山 M2：1

1　四川省文物管理委员会：《成都羊子山第 172 号墓发掘报告》，《考古学报》1956 年第 4 期。
2　袁艳玲：《楚系青铜礼器的生产与流通》，科学出版社，2019，第 23—55 页。
3　武汉大学历史系考古专业等：《宜城雷家坡秦墓发掘简报》，《江汉考古》1986 年第 4 期。
4　湖北省文物考古研究所等：《襄阳王坡东周秦汉墓》，科学出版社，2005，第 157、213 页。
5　中国社会科学院考古研究所：《陕县东周秦汉墓》，科学出版社，1994，第 135、158 页。
6　郑小炉：《吴越和百越地区周代青铜器研究》，第 94 页。
7　河北省文物研究所：《響墓——战国中山国国王之墓》，第 110—111 页。
8　李学勤、李零：《平山三器与中山国史的若干问题》，《考古学报》1979 年第 2 期。

乙A类鼎的形态特征与袁艳玲所划分的楚式子母口鼎中的V式相近，年代在战国晚期。但此类鼎沿用的下限可迟至西汉中期，如荆门瓦岗山 M2∶1（图4-4），发掘者将其年代定为西汉武昭时期[1]。乙B类鼎中的永州鹞子岭 AM20∶13，据彭裕商、向桃初的研究应在战国晚期[2]。广西平乐银山岭 M55 出土者，与湖北江陵九店战国晚期楚墓 M55[3] 所出相近，据此亦可将其年代推定为战国晚期。乙C类鼎的形态与安徽寿县蔡侯墓、湖北随县曾侯乙墓等楚系墓葬所出大鼎相似[4]。该鼎蟠螭纹内填三角纹的做法，则与擂鼓墩 M2 的 II 式鼎、荆门包山 M2 所出鼎相似，是战国早中期流行的形式[5]。综合来看，将其铸造年代定在战国中期较为妥当。发掘者将出土乙C类鼎的成都羊子山 172 号墓的年代定在战国时期。宋治民根据出土的带圈足茧形陶壶及铜鼎、铜鈁、带耳铜鍪的形制，将其改订为秦代[6]，我们认可这一意见。因此，乙C类鼎为战国中期铸造，被沿用至秦代随葬。

二 空间分布与文化属性分析

铁足铜鼎以两湖地区为分布中心，中原、齐鲁、江淮、岭南、巴蜀等地区均有发现（图1），各自的文化属性需结合前述分类方案与出土背景具体分析。

（一）两湖地区

共 119 件，其中 110 件出土于战国中晚期楚墓中，均为甲A类，系楚人之物应无疑义。除典型战国楚墓之外，两湖地区出土铁足铜鼎的墓葬还可分为四类。第一类，为楚遗民之墓，以宜城雷家坡秦代墓葬 LM13 为代表[7]。其中不仅随葬铁足铜鼎、壶、盘、匜等组合，墓底还残留有"人"字形席纹及竹编织纹，在文化面貌上较明显地保留着楚人固有的传统。第二类，为战国晚期至秦代的秦人墓葬，以云

---

[1] 荆门市博物馆：《荆门市瓦岗山西汉墓》，《江汉考古》1986 年第 1 期。

[2] 彭裕商：《战国青铜器年代综合研究》，巴蜀书社，2018，第 35 页；向桃初：《"越式鼎"研究初步》，载北京大学中国考古学研究中心等编《古代文明（辑刊）》第 4 卷，2005。

[3] 湖北省文物考古研究所：《江陵九店东周墓》，科学出版社，1995，第 200 页，图一三四∶9。

[4] 湖北省博物馆：《曾侯乙墓》，文物出版社，1989，第 189—192 页；安徽省文物管理委员会等：《寿县蔡侯墓出土遗物》，科学出版社，1956，图版叁。

[5] 刘彬徽：《楚系青铜器研究》，第 429 页。

[6] 四川省文物管理委员会：《成都羊子山第 172 号墓发掘报告》，《考古学报》1956 年第 4 期；宋治民：《略论四川战国秦墓葬的分期》，载《中国考古学会第一次年会论文集》，文物出版社，1980。

[7] 武汉大学历史系考古专业等：《宜城雷家坡秦墓发掘简报》，《江汉考古》1986 年第 4 期。

梦睡虎地 M3 为典型[1]。公元前 278 年白起拔郢，楚国中心所在的襄宜平原为秦国所占。这些秦人墓中的铁足铜鼎与楚墓所出在形态上别无二致，应得自楚人。第三类，为继承楚地遗风的西汉墓葬。如江陵张家山 M249、荆门瓦岗山 M2 等。江汉地区的西汉早中期墓葬，在形制、葬器、棺椁的使用等方面较多地保留了楚文化因素，业已成为学界共识[2]。此类墓所出铁足铜鼎是楚文化孑遗应无问题。第四类墓葬分布于楚国南部边境，在文化面貌上楚、越共存，如湖南永州鹞子岭 AM20。据学者研究，今永州、郴州至资兴一带，在战国中晚期已为楚国所有，是楚越交境的边界地带[3]。结合这一背景，鹞子岭 AM20 出土的两件乙B类鼎，应是楚越文化融合的产物。

（二）岭南地区

共 2 件，出自广西平乐银山岭墓地。战国秦汉时期，楚越文化的交汇融合是五岭南北两侧考古遗存一大突出特征，而银山岭地处湘桂走廊东侧，是楚越文化接触最为便利的地区之一。因此，我们认同蒋廷瑜[4]等学者的观点，即这两件铁足铜鼎是受楚文化的影响而出现。

（三）江淮地区

共 10 件，主要出自安徽舒城秦家桥和潜山公山岗等墓地。秦家桥墓地已经发表的三座木椁墓中[5]，M1、M2 均随葬有青铜鼎、壶、盘、匜组合，鼎、豆、盒、壶等陶礼器组合则为三墓所共有，应是战国晚期楚人墓葬。公山岗墓地出土铁足铜鼎的墓葬均被划归二期Ⅲ段，陶器以鼎、豆、壶为基本组合，此外还随葬有鼎、壶、铲、匜、剑等青铜器，具有战国晚期楚墓的特征。故此，江淮地区的铁足铜鼎应是战国晚期楚人的遗物。

（四）中原地区

共 10 件。河南淮阳平粮台 M17 出土甲 A 类鼎 5 件，该墓铜器以鼎、罍、匜、鐎壶、洗、勺为组合，系楚都"陈郢"时期的低级贵族墓葬[6]。洛阳道北锻造厂Ⅰ M540 出土 1 件乙 A 类鼎，该墓随葬器

---

1 湖北孝感地区第二期亦工亦农文物考古训练班：《湖北云梦睡虎地十一座秦墓发掘简报》，《文物》1976 年第 9 期。

2 陈耀钧、阎频：《江陵张家山汉墓的年代及相关问题》，《考古》1985 年第 12 期；陈振裕：《湖北西汉墓初析》，《文博》1988 年第 2 期；中国社会科学院考古研究所：《中国考古学·秦汉卷》，中国社会科学出版社，2010，第 461 页；张闻捷：《楚国青铜礼器制度研究》，厦门大学出版社，2015，第 374 页。

3 徐少华：《鄂君启节与战国中期的楚国疆域形势》，《历史地理》第三十六辑，上海人民出版社，2017。

4 蒋廷瑜、蓝日勇：《广西出土的楚文物及相关问题》，《江汉考古》1986 年第 4 期；蓝日勇：《银山岭战国墓并非楚墓说》，《江汉考古》1988 年第 4 期。

5 舒城县文物管理所：《舒城县秦家桥战国楚墓清理简报》，《文物研究》第六辑，黄山书社，1990。

6 河南省文物考古研究院：《河南淮阳平粮台战国楚墓 M17 发掘简报》，《中原文物》2019 年第 5 期。

物的形制、组合与洛阳烧沟附近战国晚期墓[1]、洛阳体育场路西第七期墓葬一致[2]，系典型的东周墓葬。发掘者注意到，这件鼎的形制与铸造方法与中原地区明显不同，而与湖北荆州包山楚墓出土者相同，可能是自南方传入[3]，这是有道理的。据相关学者的研究，除铁足铜鼎外，洛阳地区东周墓出土的"繁阳之金"剑、花叶镜、六山镜等铜器[4]，西工区C1M3943出土的蜻蜓眼式玻璃珠等[5]，都是在周楚两地文化交往的过程中流转而来。

河北中山王䜌墓出土的甲C型鼎，从整体形态分析属三晋风格没有问题。但在铸造技术上，仍可见其楚文化的联系。据苏荣誉的研究，中山王䜌鼎的鼎身与耳、足等部件以泥范块范法通过多块、多次分铸后，铸接成形，其突出特点为：鼎腹铸型由3侧范、1圆形底范与腹芯组成；三足中空，内有泥芯，系铸铁材质铸造；铜鼎身叠压铁足根部，二者结合紧密；铁足先铸成形后，再铸鼎腹时与之铸接一体[6]。这与望山WM2：T81、包山M2：152、荆门左冢M3：12等器的铸造工艺完全一致。基于此，结合铁足铜鼎较早即在楚地盛行的事实，我们认为中山王䜌鼎的制作极有可能曾受到楚文化的启发[7]。

榆次猫儿岭赵国墓地出土甲A类鼎2件，形制上具有战国晚期的特点，但墓葬背景不详[8]。从已经发表的材料看，猫儿岭墓地的战国中晚期遗存中，不乏陶簠（M188：1）、壶形陶罐（M89：4）等典型楚文化因素[9]，楚赵之间应有较为密切的交往。据文献记载，公元前257年赵使平原君合纵于楚，赵楚缔盟解除秦对邯郸之围。在这一背景下，赵国墓地出土铁足铜鼎就不足为奇了。

1　王仲殊：《洛阳烧沟附近的战国墓葬》，《考古学报》第八册，1954。

2　洛阳市文物工作队：《洛阳体育场路西东周墓发掘报告》，文物出版社，2011，第232页。

3　洛阳市第二文物工作队：《洛阳市道北锻造厂战国墓清理简报》，《文物》1994年第7期。

4　徐昭峰：《东周王城研究》，科学出版社，2019，第119、120页，表5-1。

5　赵德云：《西周至汉晋时期中国外来珠饰研究》，科学出版社，2016，第69页。

6　苏荣誉：《"中山三器"的铸造及相关问题》，《中国书法报》2020年7月14日；苏荣誉、李耀光：《论战国中山王䜌鼎及其铭的铸造》，《青铜器与金文》第六辑，上海古籍出版社，2021。

7　除铁足铜鼎外，蔡青从中山国遗存中辨识出一大批从选料到造型、纹饰都同于楚地的楚式玉器，并认为这些玉器系战国中晚期自楚地集中流入。此外，在中山国出土的含Sb元素的蜻蜓眼玻璃珠、犀牛屏风座、银首人俑铜灯等器物及文字特征方面，也表现出与楚的关联。而在楚地墓葬中，也可见来自中山国的玉人形象。这都说明了两国之间存在一定规模的文化交流，特别是中山国对楚文化的认同与吸收。参见蔡青《论战国中山国出土的楚式玉器》，《江汉考古》2018年第6期。

8　铁足铜鼎为2019年笔者在晋中市博物馆"岁月风采——晋中历史文化陈列"展厅所见。

9　猫儿岭考古队：《1984年榆次猫儿岭战国墓地发掘简报》，《三晋考古》第一辑，山西人民出版社，1994；榆次市文管所：《榆次市锦纶厂战国墓清理简报》，《文物季刊》1997年第3期；榆次市文物管理所：《榆次市东环外战国墓发掘简报》，《山西省考古学会论文集（三）》，山西古籍出版社，2000。

（五）巴蜀地区

共2件。重庆的1件出自奉节永安镇的一座战国晚期楚墓，背景材料尚未刊布[1]。据白九江的研究，战国中晚期在沿长江干流一带的奉节、巫山、云阳、万州、忠县等地，发现了大量的随葬以鼎、敦、壶为基本组合的典型楚文化墓葬。这些墓葬的出现与楚国西侵巴地有关[2]。永安镇出土的铁足铜鼎也应是楚人西进过程中带来的。

出土乙C类鼎的四川成都羊子山172号墓，宋治民、俞伟超均认为是蜀人墓葬[3]。但由前文对羊子山大鼎形制、纹饰特点的分析可知，其并非蜀文化之物，系外来的楚文化器物。从成都平原出土铜器来看，至迟不过战国早期，蜀地已明显受到楚的影响[4]。战国早期的成都百花潭10号墓[5]、战国中期的新都马家木椁墓[6]、战国晚期的金沙巷M2[7]等墓葬，均出土有较为典型的楚系青铜器。可见，两地之间的文化交流持续且频繁，羊子山大鼎也应是在这一背景下自楚地输入成都平原的。

（六）齐鲁地区

仅1件，出土于山东济南天桥战国晚期齐墓。该鼎与同时期齐墓常见的铜鼎形制完全不同[8]，而与战国晚期楚墓潜山公山岗M24所出者在形制、铸造工艺方面高度相似，二者应有相同的生产背景。战国中晚期，楚文化在海岱地区的影响力显著增强，山东出土的青铜簠、平盘豆、兽首衔环壶等铜器即为明证[9]。济南所出铁足铜鼎也应是齐楚文化交往的重要物证。

综上所述，铁足铜鼎主要分布于楚国领域之内，战国楚人及其遗民是制作和使用这类器物的主要群体。秦、越、蜀、赵、齐、东周、中山等文化墓葬中出土的铁足铜鼎，数量不多，形制有所差异，多是由楚地流转而来，或者受楚的启发而制作。为便于检索，将不同文化属性墓葬出土的铁足铜鼎列为表1。

---

1. 重庆市文物考古研究所、重庆文化遗产保护中心：《重庆文物考古十年》，重庆出版社，2010，第193页。周勇：《巴楚越秦多元结构文化面貌的呈现——奉节县永安镇遗址》，《红岩春秋》2014年第3期。
2. 白九江：《从三峡地区的考古发现看楚文化的西进》，《江汉考古》2006年第1期；白九江：《巴文化西播与楚文化西渐》，《重庆社会科学》2009年第10期。
3. 宋治民：《关于蜀文化的几个问题》，《考古与文物》1983年第2期；俞伟超：《古史的考古学探索》，文物出版社，2002，第203页。
4. 施劲松：《罗家坝墓葬与成都平原东周时期的文化》，《四川文物》2018年第3期。
5. 四川省博物馆：《成都百花潭中学十号墓发掘记》，《文物》1976年第3期。
6. 四川省博物馆、新都县文物管理所：《四川新都战国木椁墓》，《文物》1981年第6期。
7. 成都市文物考古工作队：《成都市金沙巷战国墓清理简报》，《文物》1997年第3期。
8. 中国社会科学院考古研究所：《中国考古学·两周卷》，中国社会科学出版社，2004，第319页，图8—28。
9. 毕经纬：《问道于器：海岱地区商周青铜器研究》，上海古籍出版社，2019，第342页。

表1　不同文化属性墓葬出土铁足铜鼎与时代对照

时代 \ 类型	甲类 A类	甲类 B类	甲类 C类	乙类 A类	乙类 B类	乙类 C类
战国中期晚段	楚55		中山1			
战国晚期	楚44、秦1、赵2	齐1、楚1		秦1、东周1	越4	
秦代	楚遗民1、秦1					蜀1
西汉早期	汉3			汉1		
西汉中期				汉1		

三　甲类铁足铜鼎出现原因的辨析

从上面的分析可知，战国中期晚段，占据绝对主流地位的甲类铁足铜鼎最先出现并盛行于楚国腹心的江陵地区。关于出现的原因，丹麦学者华道安提出，铁足铜鼎在楚地只发现于较小墓葬中而不见于大型墓葬，生产成本低于铜鼎是其制作和使用的重要原因[1]。吴大林则认为是铜铁复合材料所具有的装饰效果，导致了此类器物的流行[2]。最早的铁足铜鼎是否只出自小型楚墓，装饰性如何，需要进一步讨论。

表2　战国中期晚段出土铁足铜鼎且棺椁信息明确墓葬统计

墓例	棺椁重数	椁内分室数量	铜礼器
江陵施家地M832	2	2	甲A类鼎2、敦2、壶2、盘1、匜1、匕1
鄂城鄂钢M53	2	5	甲A类鼎2、敦1、壶2、匕2
江陵李家台M4	2	3	甲A类鼎2、敦1、壶2、勺1
江陵雨台山M314	2	2	甲A类鼎1、壶1、匕1
江陵雨台山M323	2	2	甲A类鼎1、壶1、匕1
江陵雨台山M391	2	2	甲A类鼎1、匕1

---

[1] ［丹］华道安著，［加］李玉牛译：《中国古代钢铁技术史》，四川人民出版社，2018，第12页。

[2] 吴大林：《试论铜铁合制器的产生与消亡》，《考古与文物》1984年第3期。

续表

墓例	棺椁重数	椁内分室数量	铜礼器
江陵雨台山 M150	2	2	甲 A 类鼎 1、匕 1
江陵雨台山 M169	2	2	甲 A 类鼎 1、壶 1、匕 1
江陵雨台山 M217	2	2	甲 A 类鼎 1、壶 1
江陵九店 M229	2	2	甲 A 类鼎 2、敦 2、盘 1、匕 1
江陵九店 M233	2	2	甲 A 类鼎 1、壶 1、匕 1
荆门左冢 M3	2	2	甲 A 类鼎 2、壶 2、盘 1、匜 1、匕 1

根据目前的资料，战国中期晚段楚国境内随葬铁足铜鼎的中型及以上规模的墓葬为数不少。如包山二号墓，根据出土遣册简可知其为楚左尹邵佗之墓[1]，上大夫级别。望山 2 号墓，系邵氏王族的女性成员之墓[2]，约当下大夫级别。另有荆门左冢 M1、老河口安岗 M2 等同属下大夫级别墓葬。此外，我们将这一时期出土铁足铜鼎且棺椁重数、椁内分室数量明确的楚墓情况制成表 2。从棺椁重数看，都有二重之数，椁内分室的数量在 2—5 室之间，结合伴出的敦、壶、盘、匜、勺、匕等铜礼器，可以将这些墓葬定在"士"及以上等级。显然，楚国境内最早使用铁足铜鼎者是具有一定身份等级与社会地位的中下层贵族。从这一点来看，制作成本较低并非铁足铜鼎出现与流行的主要原因。

铁足铜鼎的装饰特性，可从冶金科技分析中加以确认。战国中晚期楚系青铜礼器的锡含量平均数值为 12%—15.9%[3]，与《六齐》中"钟鼎之齐"的配料比基本相符合。这不仅可使铸件获得较大强度、较高硬度以及一定的韧性，还能具备橙黄似金的色泽[4]。据学者对襄阳陈坡战国晚期楚墓 M10 出土青铜鼎残片的观察，断口呈金黄色[5]，进一步说明了铜鼎身氧化之前应具备金色泽的事实。铁足方面，由于足内大多都有范芯泥保存，且有清晰的范铸痕迹，均应为铸造而成。陕县后川 M3411：5 的铁足经过金相鉴定，为共

---

1 湖北省荆沙铁路考古队：《包山楚墓》，文物出版社，1991，第 335 页。
2 湖北省文物考古研究所：《江陵望山沙冢楚墓》，文物出版社，1996，第 215 页。
3 袁艳玲：《楚系青铜礼器的生产与流通》，第 116 页。
4 吴来明：《"六齐"、商周青铜器化学成分及其演变的研究》，《文物》1986 年第 11 期。
5 孟祥伟等：《湖北襄阳陈坡 M10 出土金属器检测报告》，载湖北省文物考古研究所等《襄阳陈坡》，科学出版社，2013，附录四，第 402 页。

晶白口铸铁[1]，而使用白口铁铸鼎，是楚国自春秋时期以来就已经形成的传统[2]。所谓白口铸铁，是指没有硅或硅含量很低，或者含碳量较低，极大部分都是由碳化铁构成的铸铁，其断口呈白色是突出特点[3]。金黄色的铜鼎身与银白色泽的铁足铸接后，会形成强烈的色彩对比，从而具有较好的装饰效果。即使经过两千余年的掩埋和氧化，仍然清晰可见（图5）。

李学勤、朱凤瀚等学者关注到，铸纹以外的铜器表面装饰技术，从战国中期开始盛行于列国。这是由于战国中期全素面青铜容器的兴起，改变了此前铸造繁缛纹饰的作风，工匠用鎏金、涂锡、嵌错、漆绘等技艺创造出富丽的视觉效果，可弥补素面的单调[4]。这一意见，强调"视觉效果"的重要性，也阐明注重器表装饰是当时铜器制造的共性所在，具有启发性。铁足铜鼎与错嵌金银、彩绘、鎏金铜器的艺术效果近似，具有色彩明丽、对比强烈的特点，当属特定"时代风气"影响下的产物。

1 安岗楚墓 M2：41　　2 中山王䇞墓 XK：1
图5 氧化后的铁足铜鼎

---

1 中国社会科学院考古研究所实验室：《陕县汉墓出土铁器的金相鉴定》，载中国社会科学院考古研究所《陕县东周秦汉墓》，附录三。

2 如湖南长沙杨家山的春秋晚期楚墓M56、长沙窑岭的战国早期楚墓M15所出铁鼎，金相分析结果显示均为白口铁制品。参见长沙铁路车站建设工程文物发掘队《长沙新发现春秋晚期的钢剑和铁器》，《文物》1978年第10期；韩汝玢《中国早期铁器（公元前5世纪以前）的金相学研究》，《文物》1998年第2期。

3 杨宽：《中国古代冶铁技术发展史》，上海人民出版社，2014，"绪论"第6页。

4 李学勤：《东周与秦代文明》，上海人民出版社，2016，第208—209页；朱凤瀚：《中国青铜器综论》，上海古籍出版社，2009，第799、1888页。

在楚国境内，中小贵族群体自春秋以来不断扩张，至战国中期达到顶峰[1]。有学者指出，较少受传统礼制文化束缚的新兴贵族群体，一方面需要新的身份标识物以融入传统的社会分层，另一方面又借助色彩鲜艳的器物进行自我标榜以达到炫耀的目的[2]。此说有一定道理，新兴贵族群体正是最早的铁足铜鼎使用者，在材质、装饰性上均有创新的铁足铜鼎，不仅是契合时代风气的新兴事物，也恰能满足上述需求。

值得提出的是，楚墓所出铁足铜鼎均为子母口鼎，而不及于束腰平底鼎、箍口鼎、折沿鼎等。一般认为，不同形制的楚式鼎，在形态与组合上存在"复古"与"趋新"两种不同的作风。作为新式器物的代表，子母口鼎的产生和流行，本就是对已有楚式鼎形制的扩充，体现出新兴贵族崛起并尝试融入传统贵族阶层的事实[3]。学界过去只关注到子母口鼎在形制、组合及其礼制含义上"趋新"的一面，对鼎足材质更替及由此带来的视觉"新意"的讨论是不够充分的。

四 铁足铜鼎的衰落与乙类鼎的出现

（一）衰落的表征

铁足铜鼎从战国晚期开始衰落，秦汉之际走向消亡。可从两个方面加以分析。

出土数量方面，战国时期的铁足铜鼎有136件，秦汉时期锐减至8件，埋葬年代最晚的为西汉武昭时期的荆门瓦岗山M2∶11，此后便不复使用。

铁足铜鼎衰落的另一表征，是乙类鼎在战国晚期出现。典型标本有云梦睡虎地M3∶4、洛阳道北锻造厂ⅠM540∶16[4]等。乙类鼎的耳、足等部件多经补换，器身修补痕迹明显，所附器盖亦多非原装。器底、腹部常见烟炱等使用痕迹，器内偶见鼎实残存。这些特征表明，乙类鼎是一种反复使用的实用器物，足、耳等附件并非制器之初有意设计为铁质，而是原装铜鼎在长期使用过程出现破损或缺失后，以铁质附件补替而成。从使用人群看，乙类鼎出土于秦、蜀、越、东周、汉等文化系统的墓葬中，其使用者无一楚人。云梦睡虎地M3、成都羊子山172号墓、洛阳道北锻造厂ⅠM540等墓，均以1件铁足铜鼎随葬，与楚墓的"偶鼎制度"不同[5]，显然不具备甲类鼎的礼制内涵。

可见，战国晚期开始出现的乙类鼎，其产生原因、使用人群及文化功能相较于甲类鼎已经发生很大改变，原有的礼制含义趋于丧失，作为身份地位象征的功能弱化，而多以普通实用器物的性质随葬墓中。

---

1 张闻捷：《楚国青铜礼器制度研究》，第53—54页。

2 袁艳玲：《"绘事后素"：战国素面青铜器成因蠡测》，《中国社会科学报》2015年2月4日。

3 袁艳玲：《楚式鼎的分类、组合及其礼制涵义》，《考古》2015年第8期。

4 洛阳市第二文物工作队：《洛阳市道北锻造厂战国墓清理简报》，《文物》1994年第7期。

5 刘彬徽：《楚系青铜器研究》，第523—524页。

（二）衰落原因蠡测

由于楚人及其遗民是制作和使用铁足铜鼎的主体，因此，衰落的原因应从楚国及楚文化在战国秦汉之际发生的变动中探求。

战国中晚期，楚国统治中心频繁移动，但大体不出以纪南郢城为中心的江陵地区与楚国东部的江淮一带。铁足铜鼎的衰落过程，在这两大区域展现得极为清晰。据笔者统计，江陵及附近区域出土战国中期铁足铜鼎的数量达42件，同时期的楚东地区未见铁足铜鼎出土。战国晚期，江陵及附近区域锐减至10件，楚东地区则出土9件，数量与之几乎持平（表3）。到秦汉时期，江陵附近有2件，楚东地区则完全消失。

与铁足铜鼎的衰落同时发生的，是战国晚期秦人墓葬在江汉地区的普遍兴起。如江陵九店的五座洞室墓，被认为是占领江陵后不久即埋葬的秦军下层士卒墓[1]。襄阳的余岗、蔡坡、山湾、郑家山等墓地，相关学者认为是以秦人为主的秦移民墓葬[2]。孝感云梦睡虎地、龙岗属较为典型的秦人墓地已是学界共识[3]。宜昌前坪、葛洲坝共发掘6座年代在战国末期前后的墓葬，陈振裕认为属秦人墓[4]。

表3	战国中晚期楚国不同区域出土铁足铜鼎墓葬统计	
时代＼分区	鄂中片区	淮河中游与长江下游一带
战国中期晚段	江陵李家台M4、雨台山M314、M323、M391、M150、M169、M203、M217、马联M1、九店M229、M47、M511、M233、望山M2、M3、包山M2、荆门左冢M1、M3、荆州施家地M832、M973、沙洋塌冢M1、花果山JCHM2	
战国晚期	荆州张家屋台M56，江陵九店M453、M729，荆门子陵岗M30，天门彭家山M7、M8	舒城秦家桥M1、M2，潜山公山岗M24、M61、M73

---

[1] 湖北省文物考古研究所：《江陵九店东周墓》，第421页；尹弘兵：《江陵地区战国晚期至秦代墓葬初探》，硕士学位论文，武汉大学，2005，第81页。

[2] 黄尚明：《湖北襄樊市区附近的秦移民探讨》，《考古与文物》2006年第1期。

[3] 湖北省文物考古研究所等：《云梦龙岗秦汉墓地第一次发掘简报》，《江汉考古》1990年第3期；湖北省文物考古研究所等：《湖北云梦龙岗秦汉墓地第二次发掘简报》，《江汉考古》1993年第1期；李学勤：《新出简帛与楚文物》，载湖北省社会科学院历史所编《楚文化新探》，湖北人民出版社，1981。

[4] 陈振裕：《略论湖北秦墓》，《文博》1986年第4期。

检诸文献，战国晚期铁足铜鼎在楚国不同区域衰落的动态过程及秦人墓葬在江汉地区迅速扩张的态势，都应与公元前278年秦将白起"拔郢"后，楚人统治中心东迁及秦对南郡的治理有关。铁足铜鼎作为战国中晚期以来楚人社会中兴起的重要礼器，在江陵附近的剧减和楚东地区的流行，与楚国国势衰微背景下贵族阶层的迁徙是分不开的。进入秦汉时期，在大一统背景下以楚文化为代表的列国文化差异逐渐缩小，民族融合趋势增强。铁足铜鼎赖以存在的文化土壤及其使用人群均不复存在，其原有的礼制含义和文化功能已经不被继承和理解，最终随着西汉中期汉文化形成的浪潮而消亡。

结　语

综合上述讨论，可得出如下认识：

1. 战国中期晚段，铁足铜鼎最先出现并流行于楚国腹心的江陵及其附近地区。使用者多为新兴的中下层贵族，铁足铜鼎是其融入传统贵族阶层、表达身份的重要礼器。稍晚，在楚文化的影响下，中山国创制了迄今所见最大的铁足铜鼎。

2. 战国晚期，秦国占领江陵一带后置"南郡"，徙居至附近区域的秦人墓葬中偶见铁足铜鼎，但均为反复修补的实用器，其性质与楚墓所出有很大不同。由于楚国的统治核心向东迁移，楚东地区获得较大发展，楚国与东方、北方诸国的关系更加密切。与之相应，铁足铜鼎在楚东地区的数量快速增加，齐、东周、赵等国墓地中亦有零星发现。在楚国南部，长沙成为楚文化的次中心区，出土铁足铁鼎的数量为同期之最。以长沙为基点，楚国南部边境仍不断向百越之地拓展，在与楚文化的接触中，五岭南北的越人墓始见铁足铜鼎随葬。在楚国西部，楚文化势力沿峡江西进，延续着战国早期以来与成都平原的文化联系。该区域所见的铁足铜鼎是楚与巴蜀之间文化联系的考古证据之一。

3. 秦汉时期，在"三楚"之地仍可见少量沿用自早期的铁足铜鼎，但多经过修补与改制，随着楚文化的逐渐消解与汉文化的形成最终走向消亡。

附表	战国秦汉时期铁足铜鼎统计		
出土地点	时代	分类与数量	资料出处
湖北当阳陈家坡采集	战国中期晚段	甲A类1	《江汉考古》1982年第1期
湖北老河口安岗M2	战国中期晚段	甲A类2	《文物》2017年第7期
湖北沙洋塌冢M1	战国中期晚段	甲A类3	《沙洋塌冢楚墓》
湖北沙洋程新花果山JCHM2	战国中期晚段	甲A类2	《考古》2013年第2期

续表

出土地点	时代	分类与数量	资料出处
湖北随州擂鼓墩 M13	战国中期晚段	甲A类2	《江汉考古》1984年第3期
湖北荆门左冢 M1	战国中期晚段	甲A类4	《荆门左冢楚墓》
湖北荆门左冢 M3	战国中期晚段	甲A类2	《荆门左冢楚墓》
湖北荆门包山 M2	战国中期晚段	甲A类2	《包山楚墓》
湖北荆州施家地 M832	战国中期晚段	甲A类2	《考古》2000年第8期
湖北荆州施家地 M973	战国中期晚段	甲A类2	《考古》2000年第8期
湖北荆州冢十包 M5	战国中期晚段	甲A类2	《考古》1999年第2期
湖北鄂城钢铁厂 M53	战国中期晚段	甲A类2	《考古学报》1983年第2期
湖北江陵李家台 M4	战国中期晚段	甲A类2	《江汉考古》1985年第3期
湖北江陵马山马联 M1	战国中期晚段	甲A类2	《江汉考古》1988年第3期
湖北江陵望山 M2	战国中期晚段	甲A类3	《江陵望山沙冢楚墓》
湖北江陵望山 M3	战国中期晚段	甲A类3	《江陵望山沙冢楚墓》
湖北襄阳蔡坡 M9	战国中期晚段	甲A类2	《江汉考古》1985年第1期
湖南长沙楚墓 M315	战国中期晚段	甲A类2	《长沙发掘报告》
湖北江陵九店	战国中晚期	甲A类35	《江陵九店东周墓》
湖北荆州雨台山	战国中晚期	甲A类9	《江陵雨台山楚墓》
河北平山中山王䰠墓	公元前309或前308年	甲C类1	《䰠墓——战国中山国国王墓》
安徽舒城秦家桥 M1	战国晚期	甲A类2	《文物研究》第六辑
安徽舒城秦家桥 M2	战国晚期	甲A类2	《文物研究》第六辑
安徽潜山公山岗 M61	战国晚期	甲A类2	《考古学报》2002年第1期
安徽潜山公山岗 M73	战国晚期	甲A类2	《考古学报》2002年第1期
安徽阜阳城郊采集	战国晚期	甲A类1	《阜阳博物馆文物集萃》
重庆奉节永安镇	战国晚期	甲A类1	《重庆文物考古十年》
湖南长沙丝茅冲第一工区 M033	战国晚期	甲A类1	《文物参考资料》1955年第11期
湖南长沙烈士公园一号墓	战国晚期	甲A类1	《考古通讯》1958年第6期
湖南长沙识字岭 M1	战国晚期	甲A类2	《考古》1977年第1期
湖南长沙丝茅冲 M787	战国晚期	甲A类4	《长沙楚墓》

续表

出土地点	时代	分类与数量	资料出处
湖南长沙子弹库 M506	战国晚期	甲 A 类 1	《长沙楚墓》
湖南长沙烈士公园 M698	战国晚期	甲 A 类 1	《长沙楚墓》
湖南长沙黑石渡 M871	战国晚期	甲 A 类 2	《长沙楚墓》
湖南长沙识字岭 M1141	战国晚期	甲 A 类 2	《长沙楚墓》
湖南长沙袁家岭 M1160	战国晚期	甲 A 类 1	《长沙楚墓》
湖南长沙长岭 M1274	战国晚期	甲 A 类 2	《长沙楚墓》
湖南常德德山 M37	战国晚期	甲 A 类 1	《考古》1959 年第 12 期
湖北荆门子陵岗 M30	战国晚期	甲 A 类 1	《荆门子陵岗》
湖北荆州张家屋台 M56	战国晚期	甲 A 类 2	《文博》2017 年第 4 期
湖北天门彭家山 M7	战国晚期	甲 A 类 2	《天门彭家山楚墓》
湖北天门彭家山 M8	战国晚期	甲 A 类 2	《天门彭家山楚墓》
湖北宜昌前坪 M23	战国晚期	甲 A 类 1	《考古学报》1976 年第 2 期
河南淮阳平粮台 M17	战国晚期	甲 A 类 5	《中原文物》2019 年第 5 期
山西榆次猫儿岭	战国晚期	甲 A 类 2	晋中博物馆藏
安徽潜山公山岗 M24	战国晚期	甲 B 类 1	《考古学报》2002 年第 1 期
山东济南天桥战国墓	战国晚期	甲 B 类 1	《考古》1997 年第 8 期
湖北云梦睡虎地 M3	战国晚期	乙 A 类 1	《云梦睡虎地秦墓》
河南洛阳道北锻造厂 I M540	战国晚期	乙 A 类 1	《文物》1994 年第 7 期
广西平乐银山岭 M55	战国晚期	乙 B 类 2	《考古学报》1978 年第 2 期
湖南永州鹞子岭 AM20	战国晚期	乙 B 类 2	《湖南考古辑刊》第四辑
湖北襄阳王坡 M146	秦代	甲 A 类 1	《襄阳王坡东周秦汉墓》
湖北宜城雷家坡 LM13	秦代	甲 A 类 1	《江汉考古》1986 年第 4 期
四川成都羊子山 M172	秦代	乙 C 类 1	《考古学报》1956 年第 4 期
河南陕县后川 M3411	西汉初期	甲 A 类 1	《陕县东周秦汉墓》
湖南长沙沙湖桥 D5 号墓	西汉初期	甲 A 类 2	《考古学报》1957 年第 4 期
湖北江陵张家山 M249	西汉初期	乙 A 类 1	《文物》1985 年第 1 期
湖北荆门瓦岗山 M2	西汉武昭时期	乙 A 类 1	《江汉考古》1986 年第 1 期

从宋至明建盏地位的变迁

■ 刘明杉（中国社会科学院古代史研究所）

前 言

建窑是宋代福建烧造黑釉茶盏的著名窑场，窑址有芦花坪、牛皮仑、大路后山、营长乾等。目前古陶瓷学界在建盏上的研究仍然集中在对该产品的时代特征、烧造工艺、艺术风格、辨伪方法等技术层面分析上，以及历史沿革、海外藏品流传等资料的梳理上。目前所见与建盏有关的文化史方向的博士学位论文只有两篇：刘晓婷《中国古典茶道及其美学精神研究》（浙江大学，2018）、王子怡《中日陶瓷茶器文化研究》（清华大学，2004），都是中日文化比较方向；在查到的32篇硕士学位论文中，绝大多数论题的研究方向集中在前述古陶瓷学界拘泥的视野之中，还有少部分论述以建盏为代表的宋代黑釉茶盏的日式美学，也属于中日文化比较方向。当前，从文化史视角出发，立足于中国本土、阐释建盏文化的论文不多。可见杨洵《建窑黑釉茶盏的兴起与宋代斗茶文化》（硕士学位论文，首都师范大学，2012）、吴韦《宋代文人饮茶风尚与茶具关系研究》（硕士学位论文，南京师范大学，2012）、陈曼玉《宋代文人集会茶画中的茶器研究》（硕士学位论文，中南林业科技大学，2021）等，所用的研究方法为考古学、美术设计学等。

本文运用形象史学的研究方法，以文献史料和形象史料作双重互证，立足于中国本土，阐述宋代建盏在中国古代物质文化史上地位的升降变迁。首先论述了宋代建盏得以兴盛的社会背景，即北宋皇室和文人士大夫阶层引领的饮茶风尚——点茶雅事，成为宫廷宴饮和文人雅集中一项不可或缺的助兴娱乐活动，这份生机勃勃的人间烟火气与日本茶道的理念大相径庭。第二部分阐释了宋人对茶碗的审美标准，追求茶器与茶汤的黑白配色，不仅因为出白汤的茶品质更好，口感更佳，也因为黑白色彩对比鲜明，是北宋统治集团遵循传统色彩观，对治国理政原则的一种物化表达。宋代文献里对建盏釉色装饰的描述，除了纯"黑盏"之外，主要为兔毫斑或鹧鸪斑盏。日本人所称"油滴"，属于鹧鸪斑的一种类型。第三部分论述了由于明代饮茶方式从饼茶磨末点饮改成散茶瀹饮之后，所用茶器也由胎体厚重的黑盏转变为胎体轻薄的青花或白釉小盏。随着以建盏为代表的黑釉茶盏退出日常生活领域，明人对建盏的认知发生扭曲，致使建盏身价大跌。宋时作为茶器的主流功能退出历史舞台，只保留了用作炼药坩埚的小众功能。第四部分是第五部分的背景铺垫，讲述了中国古代窑业信俗中一项忌讳文化——视窑变瓷器为不祥之物，列举了不同版本的窑变血祭传说，以仁爱著称的宋仁宗竟对宠妃发怒，亲手摔碎窑变瓷器；又以元曲中"窑变"一词的语义，说明在当时社会的主流价值观中，"窑变"一词的含义指的是心性不稳、嬗变无常，故当时的士大夫纳娼女作妾，称"窑变"，世人称娼家为"窑子"。第五部分论述了由于受到这种窑业信俗的影响，中国主流社会对"窑变"瓷器普遍排斥。从宋至明，一直有相当数量的建盏流入日本。窑变的建盏因器型小，便于藏匿，被某些富贵人家秘购，又利用私觌这种外交制度，将其高价卖与日本人，这就是日本"曜变天目"盏的由来。从日本所藏的三件国宝——幻彩蓝斑曜变建盏的底部均无"供御"款识可知，它们并非进入宋廷内府的供御品，尽管品相完美，却因发生了窑变而落选。

一 宋代茶文化背景下的建盏

建盏产于福建省北部南平市建阳（宋时的建宁府瓯宁县），窑址位于水吉镇后井、池中村、芦花坪、大路后门、牛皮仑等地。唐代创烧，南宋时达到全盛。"兔毫盏，出瓯宁之水吉。黄鲁直诗曰：建安瓷碗鹧鸪斑，又君谟《茶录》建安所造黑盏，纹如兔毫，然其毫色异者，土人谓之毫变盏，其价甚高，且难得之。"[1] 与其他窑口不同的是，建窑只烧造茶盏，在其遗址中尚未发现盘、罐、瓶等器型残片，元代以后衰落。南宋审安老人在《茶具图赞》中，用白描手法绘制了十二件茶具，称"十二先生"，又按宋代官制冠以职名，可见茶具在当时社会生活中的地位。从该书中"陶宝文"茶盏线图来看（图1），建盏的标准器型为敞口，从口沿至圈足处渐收变敛。盏壁内外布满纵向细密的条纹，符合兔毫盏特征。又以建盏比德，"赞曰：出河滨而无苦窳，经纬之象，刚柔之理，炳其绷中。虚己待物，不饰外貌，位高秘阁，宜无愧焉"[2]。随着两宋时期点饮茶汤生活方式的流行，建盏也被广泛使用，而且在福建发展出南平茶洋窑、福清东张窑、武夷山遇林亭窑等建窑系窑口。当点茶时尚席卷全国之后，各地不同窑口也开始仿烧黑釉茶碗，并形成各自的风格。其中河北定窑、山西介休窑、陕西耀州窑等窑口烧造的黑釉兔毫盏和鹧鸪盏多有名品。

---

[1] （宋）祝穆：《宋本方舆胜览》卷一一《福建路·建宁府·土产》，上海古籍出版社，2012，第128页。

[2] （宋）审安老人：《茶具图赞·陶宝文》，浙江人民美术出版社，2013，第23页。

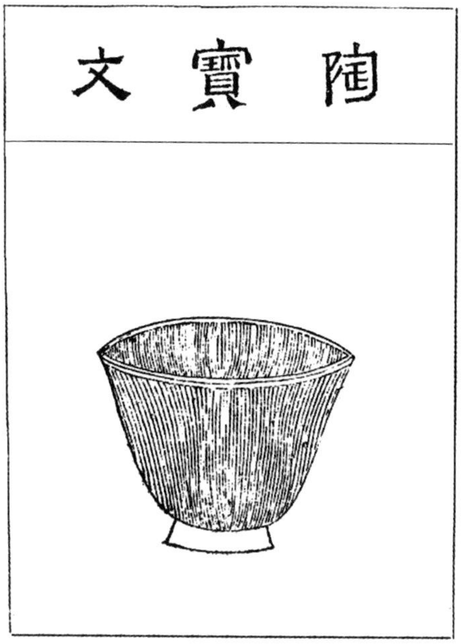

图1 南宋审安老人《茶具图赞》中的"陶宝文"线图

北宋徽宗宠臣蔡京次子蔡绦在《铁围山丛谈》卷六中云:"茶之尚,盖自唐人始,至本朝为盛;而本朝又至祐陵时益穷极新出,而无以加矣。"[1] 建安县(今建瓯)北苑凤凰山一带盛产建茶,据熊蕃《宣和北苑贡茶录》:"圣朝开宝末,下南唐。太平兴国初,特置龙凤模,遣使即北苑造团茶,以别庶饮,龙凤茶盖始于此。"[2] 周绛《茶苑总录》云:"天下之茶建为最,建之北苑又为最。"[3] 据北宋皇祐年间进呈仁宗、后修订于治平元年的蔡襄《茶录》自序:"朝奉郎右正言同修起居注臣蔡襄上进。臣前因奏事,伏蒙陛下谕臣先任福建转运使日,所进上品龙茶,最为精好。臣退念草木之微,首辱陛下知鉴,若处之得地,则能尽其材。昔陆羽《茶经》,不第建安之品;丁谓《茶图》,独论采造之本,至于烹试,曾未有闻。臣辄条数事,简而易明,勒成二篇,名曰《茶录》。伏惟清闲之宴,或赐观采,臣不胜惶惧荣幸之至。谨序。"[4] 南宋建阳人祝穆《方舆胜览》:"贡龙凤等茶:北苑焙在城东二十五里凤凰山,南唐保大间命建州制的乳茶,号曰京铤,腊茶之贡自此始,遂罢阳羡茶贡。郡志其品,大既有四,曰铸曰截曰铤,而最篦为末。国朝太平兴国二年,始置龙焙造龙凤茶,咸平丁晋公为本路漕监造御茶,进龙凤团。庆历间蔡公端明为漕,始改造小龙团茶。仁庙尤所珍惜。是后最精者曰龙团胜雪,外有密云龙一品,号为奇绝。方置芽敦拆之初常,先民焙十余日,异时进发飞骑疾驰,不出中春,头纲已至京师。"[5] 贡茶由历任宰相丁谓、蔡京亲自监造,可知其在宋代皇室生活中的重要性。

---

[1] (宋)蔡绦:《铁围山丛谈》卷六,中华书局,1983,第106页。

[2] (宋)熊蕃:《宣和北苑贡茶录》,上海书店出版社,2015,第48页。

[3] (宋)王象之:《舆地纪胜》卷一二九《建宁府·景物上·北苑之最》,天津古籍出版社,1987,第6页。

[4] (宋)蔡襄:《茶录》"自序",上海书店出版社,2015,第11页。

[5] (宋)祝穆:《宋本方舆胜览》卷一一《福建路·建宁府·土产》,上海古籍出版社,2012,第127—128页。

宋代饮茶风尚的主要推动者是书画圣手宋徽宗，他在所著《大观茶论》序中写道："至若茶之为物，擅瓯闽之秀气，钟山川之灵禀，祛襟涤滞，致清导和，则非庸人孺子可得而知矣；冲淡简洁，韵高致静，则非遑遽之时可得而好尚矣。本朝之兴，岁修建溪之贡，龙团、凤饼，名冠天下，壑源之品，亦自此盛。延及于今，百废俱举，海内晏然，垂拱密勿，俱致无为。荐绅之士，韦布之流，沐浴膏泽，薰陶德化，咸以雅尚相推从事茗饮。故近岁以来，采择之精，制作之工，品第之胜，烹点之妙，莫不咸造其极。"[1] 徽宗认为，饮茶是一种清福，当百姓不再只为温饱奔波，开始追求茗饮生活时，就是国泰民安、四海晏清的盛世。蔡京在《北苑十咏·即惠山煮茶》中进一步解释了徽宗"致清导和""韵高致静"的茗饮体验。"此泉何以珍，适与真茶遇。在物两称绝，于予独得趣。鲜香筯下云，甘滑杯中露。当能变俗骨，岂特湔尘虑。昼静清风生，飘萧入庭树。中含古人意，来者庶冥悟。"[2] 宋徽宗将他推崇的"七汤"点茶法写入《大观茶论》中，"点茶不一，而调膏继刻。以汤注之，手重筅轻，无粟文蟹眼者，调之静面点。盖击拂无力，茶不发立，水乳未浃，又复增汤，色泽不尽，英华沦散，茶无立作矣。有随汤击拂，手筅俱重，立文泛泛，谓之一发点。盖用汤已故，指腕不圆，粥面未凝，茶力已尽，雾云虽泛，水脚易生。妙于此者，量茶受汤，调如融胶。环注盏畔，勿使侵茶。势不欲猛，先须搅动茶膏，渐加击拂，手轻筅重，指绕腕旋，上下透彻，如酵蘖之起面，疏星皎月，灿然而生，则茶面根本立矣。第二汤自茶面注之，周回一线，急注急止，茶面不动，击拂既力，色泽渐开，珠玑磊落。三汤多寡如前，击拂渐贵轻匀，周环旋复，表里洞彻，粟文蟹眼，泛结杂起，茶之色十已得其六七。四汤尚啬，筅欲转稍宽而勿速，其真精华彩，既已焕然，轻云渐生。五汤乃可稍纵，筅欲轻盈而透达，如发立未尽，则击以作之。发立已过，则拂以敛之，结浚霭，结凝雪。茶色尽矣。六汤以观立作，乳点勃结则以筅著，居缓绕拂动而已，七汤以分轻清重浊，相稀稠得中，可欲则止。乳雾汹涌，溢盏而起，周回凝而不动，谓之'咬盏'，宜均其轻清浮合者饮之。《桐君录》曰：'茗有饽，饮之宜人。'虽多不为过也"[3]。徽宗详尽描述了点茶过程中注汤击拂七个步骤的细节，以及每一步汤花呈现出来的效果和审美体验。

在徽宗皇帝的倡导下，点茶艺事兴盛起来。在文人士大夫阶层中开始流行

---

[1] （宋）赵佶著，沈冬梅、李涓编著：《大观茶论》"序"，中华书局，2013，第5—7页。

[2] （宋）蔡京：《北苑十咏·即惠山煮茶》，载赵方任辑注《唐宋茶诗辑注》，中国致公出版社，2001，第215页。

[3] （宋）赵佶著，沈冬梅、李涓编著：《大观茶论》"点"，第41—47页。

一项雅戏——斗茶，亦称"茗战"。徽宗如此描述当时的斗茶盛况："而天下之士，厉志清白，竞为闲暇修索之玩，莫不碎玉锵金，啜英咀华，较箧笥之精，争鉴裁之妙。虽否士于此时，不以蓄茶为羞，可谓盛世之清尚也。"[1] 斗茶是集观赏性、技巧性、趣味性于一体的文人活动，对茶色、茶器、程序、环境、效果等都制定出相应的评判标准。譬如茶色，徽宗认为，"点茶之色，以纯白为上真，青白为次，灰白次之，黄白又次之。天时得于上，人力尽于下，茶必纯白。天时暴暄，芽萌狂长，采造留积，虽白而黄矣。青白者，蒸压微生；灰白者，蒸压过熟。压膏不尽则色青暗，焙火太烈则色昏赤"[2]。蔡襄亦云："茶色贵白。而饼茶多以珍膏油。其面，故有青黄紫黑之异。善别茶者，正如相工之瞟人气色也，隐然察之于内。以肉理润者为上，既已末之。黄白者受水昏重，青白者受水鲜明，故建安人开试，以青白胜黄白。"[3] 关于斗茶决胜的标准，蔡襄写道："茶少汤多，则云脚散；汤少茶多，则粥面聚。钞茶一钱匕，先注汤调令极匀，又添注入，环回击拂，汤上盏可四分则止。视其面色鲜白，著盏无水痕为绝佳。建安斗试，以水痕先者为负，耐久者为胜。故较胜负之说，曰相去一水、两水。"[4] 就是首先看茶面汤花的色泽和沫浡的均匀程度；然后看水痕，以水痕晚出为胜，早出为负。

宋代皇室贵族和文人士大夫在隆重热闹的宫廷宴乐和文人聚会等场合，以点茶雅戏消遣助兴。蔡京在《太清楼特燕记》中记录了"政和二年三月""祐陵癸巳岁"，徽宗"制诏"为他举办的一次宫廷特宴。席间徽宗"又以惠山泉、建溪毫盏烹新贡太平嘉瑞斗茶饮之。上曰：'日未晡，可命乐。'殿上笙簧、琵琶、箜篌、方响、筝箫登陛合奏，宫娥妙舞，进御酒。"[5] 另据蔡京《延福宫曲宴记》："宣和二年十二月癸巳，召宰执亲王等曲宴于延福宫，特召学士承旨臣李邦彦、学士臣宇文粹中与示异恩也。是日，初御睿谟殿，设席如外廷赐宴之礼，然器用渐品，瑰奇精致，非常宴比。……上命近侍取茶具，亲手注汤击拂，少顷，白乳浮盏面，如疏星澹月，顾诸臣曰：'此自布茶。'饮毕，皆顿首谢。既而命坐，酒行无算，复出宫人合曲，妙舞蹁跹，态有余妍，凡目创

1　（宋）赵佶著，沈冬梅、李涓编著：《大观茶论》"序"，第7页。
2　（宋）赵佶著，沈冬梅、李涓编著：《大观茶论》"色"，第53页。
3　（宋）蔡襄：《茶录》上篇《论茶·色》，第11页。
4　（宋）蔡襄：《茶录》上篇《论茶·色》，第13页。
5　（宋）王明清：《挥麈后录余话》卷一《蔡元长作太清楼特燕记》，上海古籍出版社，2012，第182页。

见。"[1] 徽宗皇帝是点茶妙手，他在御宴上兴致盎然地亲力亲为，又"布茶"赐予群臣。继而乐声响起，宫娥舞姿曼妙，更进御酒。黄庭坚在《满庭芳·茶》中记录了他参加的一次文人雅集。"北苑春风，方圭圆璧，万里名动京关。碎身粉骨、功合上凌烟。尊俎风流战胜，降春睡、开拓愁边。纤纤捧，研膏溅乳，金缕鹧鸪斑。相如虽病渴，一觞一咏，宾有群贤。为扶起灯前，醉玉颓山。搜搅胸中万卷，还倾动、三峡词源。归来晚，文君未寝，相对小窗前。"[2] 黄庭坚先将研磨成末、进奉御用的北苑贡茶比作为国家粉身碎骨的将相功臣。再提到茶的功效是解酒驱睡，提神醒脑。席间还有红巾翠袖、纤纤素手的仕女为来宾点茶捧盏，侍奉跟前。又赞了一只"金缕鹧鸪斑"茶盏，这是一种同时具备兔毫和鹧鸪两种斑纹特征的黑釉茶盏。在此高朋满座的雅集上，黄庭坚眼望美貌的奉茶仕女，想起当年司马相如赴卓王孙之宴，用一曲《凤求凰》赢得卓文君芳心的情事。再以司马相如的才华，暗指文士们酣饮集诗，对句酬答，比才斗学的雅兴。词中最后引出卓文君呼应司马相如，为雅集作结。无论是宋徽宗亲自为群臣点茶、布茶，还是黄庭坚面对席间的奉茶仕女想入非非，从这种君臣、男女之间的所谓"越礼"行为可以看出，宋代点茶活动所处的场合是轻松的，氛围是愉悦的，重在娱情尽兴，宾主皆欢，整体氛围充满蓬勃的生机和世俗化的烟火气。

二 宋人对茶碗的审美标准：黑盏白汤、兔毫斑和鹧鸪斑

随着点茶生活方式的普及，建盏迎来了它的鼎盛时期。建盏采用正烧法在窑中高温烧造，故口沿处釉层较薄，器底聚釉较厚。外壁多施半釉，以防成品出窑时器底粘连。釉在高温中易流淌，形成"挂釉"现象，俗称"釉泪"，底部露胎（图2）。用于斗茶的建窑束口盏是该窑的主打产品，实物如2015年香港佳士得拍卖公司以244万港元成交的南宋建窑兔毫束口盏（图3）。这种盏器型饱满、胎体厚重。敞口，腹壁较深，重心稳定性好，实用性强。盏口外沿下约2厘米处微微内收，内壁同一位置有一周浅显的凹槽，称"注水线"。这是为观察水痕而设计，功能是点茶时易于掌握注水量，避免茶汤过满。盏壁外撇，由口沿向下渐收至圈足。徽宗在《大观茶论》中讲明茶盏尚黑、器型为深底敞口的理由，"盏色贵青黑，玉毫条达者为上，取其焕发茶采色也。底必差深而微宽。底深则茶直立，易以取

---

[1] （宋）王明清：《挥麈后录余话》卷一《延福宫曲宴记》，第185—186页。

[2] （宋）黄庭坚：《满庭芳·茶》，载唐圭璋、钟振振《宋词鉴赏辞典》，商务印书馆国际有限公司，2011，第512页。

乳；宽则运筅旋彻，不碍击拂。然须度茶之多少，用盏之小大。盏高茶少，则掩蔽茶色；茶多盏小，则受汤不尽。盏惟热，则茶发立耐久"[1]。《茶录》也称："茶色白，宜黑盏。建安所造者绀黑，纹如兔毫，其坯微厚，熁之久热难冷，最为要用。出他处者，或薄或色紫，皆不及也。其青白盏，斗试家自不用。"[2] 从文中最后一句可知，当时使用的斗茶器必是黑釉盏，而吃茶器中尚有青白釉者。束口盏的口径较大，便于观赏汤花；绀黑的釉面便于观赏汤色，粗糙坚硬的胎体便于茶汤保温。白色的汤花与黑釉盏（图4）之间不但在审美上形成强烈的视觉反差，而且这种配色与太极图、水墨画和书法、徽州建筑等文化符号的黑白搭配一脉相承，都是中国传统色彩观的体现。黑、白是正色，据《淮南子》卷一："色者，白立而五色成矣。"[3]《礼记·檀弓上》："夏后氏尚黑……殷人尚白"[4]，又《史记·秦始皇本纪》："丞相李斯曰：'……今皇帝并有天下，别黑白而定一尊。'"[5] 黑与白，符合中国传统社会长期奉行的外儒内法、皇权至上的国家治理原则。因点茶茗饮的生活方式首先从宋徽宗主导的北宋文人集团内部开始流行，所以对黑盏白汤的追求就不仅局限于色彩反差大的审美层面，而是北宋统治集团对国家治理原则和理念的一种物化表达。点茶风尚逐步普及到民间后，也成为全社会各阶层人士共同的生活方式。

图2 宋代建盏底部的"釉泪"

宋代文献里对建盏釉色装饰的描述，主要集中在兔毫斑和鹧鸪斑。苏轼有诗赞擅长点茶的禅师，"南屏谦师妙于茶事，自云得之于心，应之于手，非可以言传学到者。十月二十七日闻轼游寿星寺，远来设茶作此诗赠之。道人晓出南屏山，来试点茶三昧手。忽惊午盏兔毫斑，打作春瓮鹅儿酒。天台乳花世不见，玉川风腋今安有？东坡有意续《茶经》，

---

1 （宋）赵佶著，沈冬梅、李涓编著：《大观茶论》"序"，第33页。
2 （宋）蔡襄：《茶录》下篇《论茶器·茶盏》，第14页。
3 （汉）刘安：《淮南子》卷一《原道训》，上海古籍出版社，2016，第18页。
4 （汉）戴圣：《礼记·檀弓上》，载陈戍国《礼记校注》，岳麓书社，2004，第33页。
5 （汉）司马迁：《史记》卷六《秦始皇本纪第六》，岳麓书社，1988，第61页。

会使老谦名不朽"[1]。绍兴年间进士杨万里《以六一泉煮双井茶》："鹰爪新茶蟹眼汤，松风鸣雪兔毫霜。细参六一泉中味，故有涪翁句子香。日铸建溪当退舍，落霞秋水梦还乡。何时归上滕王阁？自看风炉自煮尝。"[2] 蔡襄《试茶》："兔毫紫瓯新，蟹眼青泉煮。雪冻作成花，云间未垂缕。愿尔池中波，去作人间雨。"[3] 以上诗中提到用兔毫盏点出沫浡鲜白如雪的茶汤。

图 3　南宋建窑兔毫束口盏

图 4　宋式点茶盏面俯视图

图 5　中华鹧鸪背部的褐色羽毛

图 6　中华鹧鸪胸腹部羽毛上的黑地白色圆点斑

1　（宋）苏轼：《南屏谦师妙于茶事》，载李之亮笺注《苏轼文集编年笺注》附录一《苏轼诗集》卷一，巴蜀书社，2011，第 482 页。
2　（宋）杨万里：《以六一泉煮双井茶》，载《杨万里集笺校》卷二〇，中华书局，2007，第 1025 页。
3　（宋）蔡京：《北苑十咏·试茶》，载赵方任辑注《唐宋茶诗辑注》，第 214 页。

江西石门寺僧惠洪《与客啜茶戏成》："道人要我煮温山，似识相如病里颜。金鼎浪翻螃蟹眼，玉瓯绞刷鹧鸪斑。津津白乳冲眉上，拂拂清风产腋间。唤起晴窗春书梦，绝怜佳味少人攀。"[1] 惠洪描述了自己从煮水到用茶筅绞刷鹧鸪斑盏，使茶汤逐渐绞成白乳状的过程。鹧鸪斑指的是像鹧鸪鸟胸部羽毛那样的圆点状斑和背部褐色的条状斑纹，在太常博士苏颂奉宋仁宗敕编撰的《图经本草》中载："鹧鸪，出江南。今江西、闽、广、蜀、夔州郡皆有之。形似母鸡，臆前有白圆点，背间有紫赤毛，彼人亦呼为越雉，又谓之隋阳之鸟。"[2] 北宋陶毂《清异录》"禽名门·锦地鸥"："闽中造盏，花纹鹧鸪斑点，试茶家珍之，因展蜀画鹧鸪于书馆。江南黄是甫见之，曰：'鹧鸪亦数种，此锦地鸥也。'"[3] 中华鹧鸪有数个品种，通体羽毛的斑纹各有差异，一般背部羽毛为褐色（图5），胸腹部羽毛上有黑地白色圆点斑（图6）或黑地红褐色圆点斑（图7）。宋代文献中所称的"鹧鸪斑"，一种指形态上类似鹧鸪鸟胸腹部羽毛的斑纹，当时在建窑系和各地窑口都仿烧此类产品，如在黑釉盏上用笔蘸白釉，使盏内、外壁呈现白色的圆点斑（图8、图9），或盏面上施褐彩形成的铁锈花圆点（图10）。另一种则类似鹧鸪鸟背部的褐色羽毛斑纹，如宋代建窑黑釉铁锈斑盏（图11），建阳市水吉大路后门窑出土。高6厘米，底径3.9厘米，口径12.4厘米。胎质坚硬，束口，口沿外撇，内沿下有一道凸边，斜腹，圈足。内壁为黑釉铁锈花鹧鸪斑。外壁施黑釉，近底以下露褐胎。笔者认为，日本人所称的"油滴"，属于鹧鸪斑的一种类型，实例见日本大阪市立东洋陶瓷美术馆所藏"国宝"、宋代"油滴天目茶碗"内壁彩斑与中华鹧鸪鸟胸腹部羽毛斑纹对比图（图12）。"油滴"是日语词汇，宋代相关文献中未见此词。鹧鸪鸟分布在中国、印度、缅甸、泰国和中南半岛一带，古代日本不产鹧鸪鸟，因此古代日本人对宋人所说的"鹧鸪斑"无从理解，就以生活中易见的"油滴"进行了命名。

图7 中华鹧鸪胸腹部羽毛上的黑地红褐色圆点斑

---

[1] （宋）僧惠洪：《与客啜茶戏成》，载赵方任辑注《唐宋茶诗辑注》，第403页。

[2] （宋）苏颂：《图经本草（辑复本）》兽禽部卷第十三"鹧鸪"，福建科学技术出版社，1988，第408页。

[3] （宋）陶毂：《清异录》卷上《禽名门·锦地鸥》，上海古籍出版社，2012，第56页。

076　器物研究

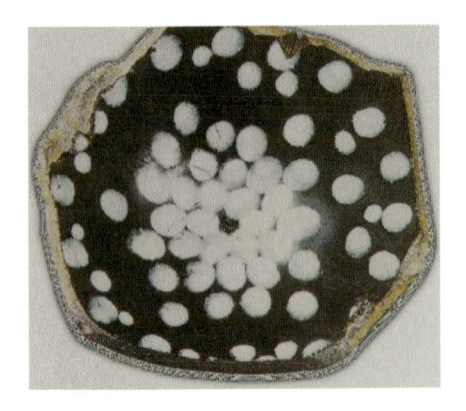

图 8　宋代鹧鸪斑建盏残片
　　　福建建窑窑址出土

图 9　宋代鹧鸪斑建盏

图 10　宋代黑釉鹧鸪斑茶盏
　　　　陕西蓝田县五里头北宋吕大临墓出土

图 11　宋代建窑黑釉鹧鸪斑茶盏内壁
　　　　福建省博物院藏

图 12　日本大阪市立东洋陶瓷美术馆藏宋代"油滴天目茶碗"内壁彩斑与中华鹧鸪鸟胸腹部羽毛斑纹对比

图 13　宋代建窑黑釉兔毫盏内壁釉面上的兔毫斑
东京国立博物馆藏

图 14　北宋定窑黑釉金缕鹧鸪斑茶盏内壁

兔毫斑的生成原因是，在茶盏入窑烧造过程中，当窑温达到 1300℃ 以上，釉层内的铁质被气泡带到釉面并直线流淌，待冷却时析出赤铁矿小晶体，从而在釉面上形成长条状斑（图13）。日本人所称"油滴"斑生成的原因是，茶盏入窑烧造时，含铁的氧化物在此处集结，冷却时呈现饱和状态，从中析出赤铁矿或磁铁矿晶体。可见兔毫斑和鹧鸪斑都是茶盏在烧造过程中窑温冷却时形成的装饰效果，因此二者也可能出现在同一釉面上。南宋《陈蹇叔郎中出闽漕别送新茶李圣俞郎中出手分似》诗云："头网别样建溪春，小璧苍龙浪得名。细泻谷帘珠颗露，打成寒食杏花饧。鹧斑碗面云萦字，兔褐瓯心雪作泓。不待清风生两腋，清风先向舌端生。"[1] 此中所用的茶盏，就同时具备"鹧斑"和"兔褐"两种特征，而前述黄庭坚《满庭芳·茶》中提到的"金缕鹧鸪斑"黑釉茶盏，亦是如此。这是一种在黑釉盏面上同时呈现出圆点（或椭圆形点）和细长线两种斑纹的装饰效果，弥足珍贵。在目前所见的实物中，纽约佳士得拍卖公司于 2018 年 3 月 23 日以 421.25 万美元成交的北宋定窑黑釉金缕鹧鸪斑斗笠盏（图14）可为一例。该盏为日本万野美术馆旧藏，因釉面铁锈斑纹似流星，被冠以"天外飞仙"的美誉。

元代时以黑盏斗茶的风俗虽已衰落，而点茶的生活方式并未断绝。元太宗时期，中书令耶律楚材作《西域从王君玉乞茶（因其韵七首）》其三："高人惠我岭南茶，烂赏飞花雪没车。玉屑三瓯烹嫩蕊，青旗一叶碾新芽。顿令衰叟诗魂爽，便觉红尘客梦赊。两腋清风生坐榻，幽欢

---

[1] （宋）陈蹇叔：《陈蹇叔郎中出闽漕别送新茶李圣俞郎中出手分似》，载赵方任辑注《唐宋茶诗辑注》，第 638 页。

远胜泛流霞。"[1] 其五："长笑刘伶不识茶，胡为买锸谩随车。萧萧暮雨云千顷，隐隐春雷玉一芽。建郡深瓯吴地远，金山佳水楚江赊。红炉石鼎烹团月，一碗和香吸碧霞。"[2] 元代文人姚燧《谢马希声处瓷香鼎》诗中有："吴侯建盏俸紫铁，表里毵毫莹铺雪。每愁射日动精采，倒景过目晴电掣。人云煮茗何足道，黄金百炼终不裂。惠然持饷耽诗兄，供啜幽斋真一绝。"[3] 姚燧描写了友人马希声在鉴赏瓷香鼎之前，先用一只口沿处镶有金属边扣的建窑兔毫盏点茶的情景。

三 明人饮茶方式的转变导致宋代建盏身价大跌

入明以后，饮茶方式由饼茶磨末点饮改成散茶瀹饮。万历时人沈德符在《野获编补遗》中载："国初四方供茶，以建宁、阳羡茶品为上。时犹仍宋制，所进者俱碾而揉之，为大小龙团。至洪武二十四年九月，上以重劳民力，罢造龙团，惟采茶芽以进，其品有四，曰探春、先春、次春、紫笋。置茶户五百，免其徭役。按茶加香物，捣为细饼，已失真味。宋时又有宫中绣茶之制，尤为水厄中第一厄。今人惟取初萌之精者汲泉置鼎，一瀹便啜，遂开千古茗饮之宗，乃不知我太祖实首辟此法，真所谓圣人先得我心也。陆鸿渐有灵，必颡首服，蔡君谟在地下，亦咋舌退矣。"[4] 虽说沈德符在文中对朱元璋多有阿谀之词，却也讲出明太祖对饮茶方式改变所起的决定性作用。明人瀹饮散茶喜用精致小盏，如谢肇淛《五杂俎》中载："宣窑不独款式端正，色泽细润，即其字画亦皆精绝。余见御用一茶盏，乃画'轻罗小扇扑流萤'者，其人物毫发俱备，俨然一幅李思训画也。外一皮函，亦作盏样盛之。小铜屈戍，小锁尤精，盖人间所藏宣窑又不及也。"[5] 文中所述御用茶盏，是胎釉细密、画工精美的仕女题材宣德官窑青花小盏。另据天启时人谷泰《博物要览》："有小白瓯，内烧茶字、酒字、姜汤字，乃世经篆醮坛用器，亦曰坛盆。又有磬口馒心圆，凡外烧三色鱼匾盏、红铅小花合子，其大如钱，亦为世珍。"[6] 此处提到被明人视为"世珍"的"时玩"中，有一款"小白瓯"，为嘉靖

---

[1] （元）耶律楚材：《西域从王君玉乞茶（因其韵七首）》，载叶羽《中国茶诗经典集萃》，中国轻工业出版社，2004，第199页。

[2] （元）耶律楚材：《西域从王君玉乞茶（因其韵七首）》，载叶羽《中国茶诗经典集萃》，第200页。

[3] （元）姚燧撰，查洪德编辑校点：《姚燧集·牧庵集》卷三三"七言古诗·谢马希声处瓷香鼎"，人民文学出版社，2011，第512页。

[4] （明）沈德符：《万历野获编补遗》卷一《列朝·供御茶》，中华书局，1959，第799页。

[5] （明）谢肇淛：《五杂俎》卷一二《物部四》，中华书局，1959，第352页。

[6] （明）谷泰：《博物要览》，《四库全书存目丛书》子部杂家类，第737—738页。

皇帝醮坛道场供器，亦称"坛盆"。内底烧制茶字、酒字、姜汤字，标识出"小白瓯"中所奉之物。由此可知，当时向神明奉茶的容器也变为白釉细薄小盏。

由于此时宋代点茶法已远离社会生活，这使明人对建盏原本的使用方式变得陌生，对其认知也发生扭曲。明初曹昭撰、景泰、天顺年间王佐补《格古要论》中这样评价建盏："建碗器出福建。其碗、盏多是撇口，色黑而滋润，有黄色斑、滴珠，大者真，但体极厚，俗甚，少见薄者。"[1] 这里提到的"滴珠"，即日本人所称的"油滴"，可见明人对这种类型"鹧鸪斑"的认知程度已和日本人接近，都是对其进行了望文生义式的定名。隆庆六年田艺蘅在《留青日札》中云："建安乌泥窑品最下。"[2] 关于明人对建盏评价发生重大转折的现象，清初王世贞点明原因："蔡君谟论云：茶色白宜黑盏，建安所造绀黑，纹如兔毫而厚熠之久热难冷，最为要用。出他处者或薄或色紫，皆不及也。青白盏斗试家皆不用。余偶获一建窑，与君谟所传合而价不能当汝十之一，问之拾遗人不知也。然试茶则宣窑白而尤妙，今烹法亦与君谟不同矣。"[3] 王世贞

道出，正是饮茶方式的改变导致了这种状况的发生。

另外，由于建盏具有胎体粗厚、耐火焙高温的特性，宋明时期还赋予它一个小众功能——做炼丹制药的坩埚。南宋嘉熙元年陈自明《妇人大全良方》："治虚风头眩，吐涎不已。盖此药升降阴阳，补接真气，非止头旋而已。黑铅、水银、硫磺（研）、朱砂（各一两，研），上用建盏一只，火上熔铅成汁，次下水银，用柳杖子打停，取下歇少时，入二味打停，候冷取下，研为粉，以糯米软饭圆如绿豆大。"[4] 在明太祖朱元璋第五子、成祖朱棣胞弟、周定王朱橚组织编撰的《普济方》中，收录了南宋建炎元年成书、张永著《卫生家宝》方："海州圣婆婆眼药，出卫生家宝方。治一切翳障攀睛。赤脉淤肉，或痒或疼。朴硝一两，硼砂研极细，朱砂研细，脑麝各少许，右用建盏一只，于火上镕朴硝成珠子，却入硼砂等细研，用蜜为丸，如芥子大，吹一粒入眼中。"[5] 明太医院院使董宿辑录，方贤续补，刊行于成化六年的《奇效良方》中收录一副治痔疮方："上用猪胆七枚取汁，以建盏盛，

1　（明）曹昭撰，王佐补：《格古要论·古窑器论·古建窑》，载李科友、吴水存《古瓷鉴定指南（二编）》，北京燕山出版社，1993，第93页。

2　（明）田艺蘅：《留青日札》卷六，上海古籍出版社，1985，第1273页。

3　（明）王世贞：《弇州四部稿（三）》卷一七〇《说部》，《景印文渊阁四库全书》第1281册，集部别集类，台北：商务印书馆，1986，第698页。

4　（南宋）陈自明：《妇人大全良方》卷四《妇人虚风头目眩晕及心眩方论第四·养正丹》，中国医药科技出版社，2019，第87页。

5　（明）朱橚：《普济方·身形》卷七八《眼目门·海州圣婆婆眼药》，人民卫生出版社，1982，第745页。

炭火熬成膏，用单纸摊传，须先用槐根白皮温洗后传药。"[1] 万历年间医家王肯堂《证治准绳》中也记一除痔方："却用下枯药，好白矾四两，通明生砒二钱半重，朱砂一钱，生研如粉细。三味，先用砒末安建盏中，次用白矾末盖之，用火煅令烟断，其砒尽从烟去，止是借砒气在白矾中，将枯矾取出为细末，先将痔头大小多寡，将矾末抄上掌中，加朱砂少许，二味以津唾调匀得所，用茜子调涂痔头上，周遭令遍，日三上，须仔细详看痔头颜色，欲其转焦黑，乃取落之。"[2] 在以上药方中，建盏都承担着坩埚的功能。由于明代饮茶方式的改变，建盏在宋代承担的点茶正途功能失传并退出历史舞台，而作为坩埚使用的小众功能得以延续，这也是建盏地位蜕变的写照。

四　中国古代窑业信俗中的"窑变"观

所谓"窑变"，是指瓷器在烧造过程中，由于窑温等不可控因素而使产品发生与预期不符的变化。文献中记载的窑变有三种类型：釉色窑变、器型窑变和质地窑变。据清乾隆年间景德镇人蓝浦《景德镇陶录》云："窑变，一说火之幻化所成，非徒釉色改变，实有器异成奇者。"[3] 又云"窑变之器有三，二为天工，一为人巧。其由天工者，火性幻化，天然而成，如昔傅屏风变为床、舟，冰缸冻为花卉村景，宋碗经暑不腐腥物，乃世不多觏者也；又如均、哥本色釉，经烧忽退变他色，及成诸物状，是所时有者也。其由人巧者，则工故以釉作幻色物态，直名之曰窑变，殊数见不鲜耳。"[4] 该书经其弟子郑廷桂整理，于嘉庆二十年成书，可见直到清代后期，由于窑工已能掌握人为干预釉色窑变的部分技术，才摆脱了对窑变的畏惧心理。器型窑变指入窑时是一种器型，出窑后却烧成预期之外的另一种器型。据明人郭子章《豫章大事记》："万历十五六年间，诏景德镇烧方筯屏风。不成，变而为床，长六尺、高一尺，可卧；又变为船一只，长三尺，舟中什物无一不具。闻主者藏其船，至饶州，郡县官皆见之，后椎碎。"[5] 质地窑变指成品由瓷变异为另一种材质。元明以来，江西永和吉州窑一带流传着南宋末文天祥（江西吉安永和人）路过家乡时，瓷器窑变为玉的传说。据《格古要论》："相传云：宋文丞相过此，窑变成玉，遂不烧焉。今其

1　（明）董宿辑录，方贤续补，杨文翰校正刊行：《太医院经验奇效良方大全》卷五一《治痔猪胆膏》，中国中医药出版社，1995，第374页。

2　（明）王肯堂：《证治准绳》，中国中医药出版社，1997，第223页。

3　（清）蓝浦著，傅振伦详注：《景德镇陶录详注》，书目文献出版社，1993，第117页。

4　（清）蓝浦著，傅振伦详注：《景德镇陶录详注》，第153—154页。

5　（清）谢旻等监修：《（雍正）江西通志》卷二七《土产·饶州府》，景印文渊阁四库全书本，第513册，第865页。

窑尚有遗迹在人家，永乐中或掘有玉杯、盏之类，理或然也。自元至今犹然。"[1] 明末清初人方以智在《物理小识》中也载："吉州永和窑，宋时开，至今有舒翁、舒娇之器。土人传文山时窑变，遂废。"[2] 这三种窑变类型，在实物中最常见的是釉色窑变，还可见极少数器型窑变，而文天祥故里吉州窑发生的所谓质地窑变仅见于文献中记载，应是当地百姓和后世文人缅怀文天祥的抗元气节附会的传说。

对于笃信天人感应的中国古人来说，在物质上追求常态符合传统价值观。而在现代化学知识体系尚未建成的时代，人们认为窑变现象具有非人力可控的神秘性，常令古人心生敬畏。关于窑变的各种离奇解释，又常与当时窑业的现实诉求相关。从隋唐五代开始的贡瓷制度，到明清时期实行的官窑制度，其管理方式和严格程度虽有差异，但中央向地方摊派、索要高品质瓷器的轨迹却一脉相承。因瓷器烧造过程中，窑变效果无法人为干预，不能实现量产，更无法从一定规模的成品中进行优选。一旦官方索烧窑变瓷器，必是一场灾难，因此窑户往往把它们视为妖物，为求避祸，将烧出的窑变瓷器毁掉或隐匿起来。历代各窑场也流传着不同版本的窑变血祭传说，其社会功能就是吓退官府，从而逃避难以完成的差科。《五杂俎》中载："景德镇所造常有窑变云。不依造式，忽为变成，或现鱼形，或浮果影。传闻初开窑时，必用童男女各一人，活取其血祭之，故精气所结，凝为怪耳。近来禁不用人祭，故无复窑变。"[3] "恐禁中得知（窑变），不时宣索，人多碎之。"[4] 《豫章大事记》中也称："瓷器以宣窑为佳，盖宣德间器也。中有窑变者极佳，非人力所可致，故人亦多毁之，不令传。"[5] 这种对窑变瓷器的妖魔化和毁灭性的处理方式，是窑户应付官府索烧风险的社会成本最低，且行之有效的对策。

北宋仁宗皇帝一生践行民本思想，他崇尚节俭，以身作则。"周正夫曰：仁宗皇帝百事不会，只会做官家。"[6] 据南宋朱弁《曲洧旧闻》卷一："仁宗俭德，殆本于天性，尤好服浣濯之衣。当未明求衣之时，嫔御私易新衣以进，闻其声，辄推去之。遇浣濯，随破随补，将偏，犹不肯

---

[1]（明）曹昭著，王佐增补：《新增格古要论》卷七《古窑器论·吉州窑》，影印明天顺刊本，中国书店，1987，第23页。

[2]（明）方以智：《物理小识》（卷八），"窑器本末"，景印文渊阁四库全书本，第867册，第913页。

[3]（明）谢肇淛：《五杂俎》卷一二《物部四》，上海书店出版社，2001，第246页。

[4]（明）谢肇淛：《五杂俎》卷一二《物部四》，第246页。

[5]（清）谢旻等监修：《（雍正）江西通志》卷二七《土产·饶州府》引明郭子章《豫章大事记》，景印文渊阁四库全书本，第513册，第865页。

[6]（宋）施德操：《北窗炙輠录》卷下，载《全宋笔记》第三编，大象出版社，2008，第174页。

易，左右指以相告，或以为笑，不恤也。当时不惟化行六宫，凡命妇入见，皆以盛饰为耻，风动四方，民日以富。比之崇俭之诏屡挂墙壁而汰侈不少衰，盖有间也。"[1] 徽宗时人魏泰《东轩笔录》记载："至于仁民爱物，孜孜惟恐不及。一日晨兴，语近臣曰：'昨夕因不寐而甚饥，思食烧羊。'侍臣曰：'何不降旨取索？'仁宗曰：'此闻禁中每有取索，外面遂以为例。诚恐自此逐夜宰杀，以备非时供应，则岁月之久，害物多矣。岂可不忍一夕之馁，而启无穷之杀也？'时左右皆呼万岁，至有感泣者。"[2] "仁宗尝春日步苑中，屡回顾，皆莫测圣意。及还宫中，顾嫔御曰：'渴甚，可速进熟水。'嫔御进水，且曰：'大家何不外面取水而致久渴耶？'仁宗曰：'吾屡顾不见镣子，苟问之，即有抵罪者，故忍渴而归。'左右皆稽颡动容，呼万岁者久之，圣性仁恕如此。"[3] 这样一位穿洗过的旧衣，宁愿自己忍耐饥渴，也不扰民力、不忍降罪身边侍者的仁君，却因在宠妃处见到一件窑变瓷器而大发雷霆。生于仁宗至和二年的邵伯温在《邵氏闻见录》中记载："仁宗一日幸张贵妃阁，见定州红瓷器，帝坚问曰：'安得此物？'妃以王拱辰所献为对，帝怒曰：'尝戒汝勿通臣僚馈遗，不听何

也？'因以所持柱斧碎之。妃愧谢，久之乃已。……呜呼，仁宗宠遇贵妃冠于六宫，其责以正礼尚如此，可谓圣矣！"[4] 宋代定窑烧造的常规品种是白釉瓷，也有黑釉、酱釉、绿釉产品，而红釉者为偶然烧成的窑变品种，世间鲜有。仁宗赵祯深知，宠妃喜好窑变瓷器会招来更多朝臣进献，若窑户烧造不成，在官府的逼迫下，恐发生民变，甚至可能危害国家稳定。故而以宅心仁厚传名后世的守成之君罕见地对宠妃发威动怒，并亲手用柱斧捶碎了这件窑变瓷器。

窑户间流传的血祭故事和窑工的破坏、藏匿行为，说明窑变瓷器属于行业内避讳的不祥之物。在元曲中"窑变"一词的语义，反映的是当时社会主流价值观对窑变瓷器的认知。因窑变具有不确定性，遂用此词指称那些反复无常、背信弃义之人，特别是爱情中负心的一方。王晔《折桂令·问双渐》："小苏卿窑变了心肠，改抹了姻缘，倒换排场。强拆鸳鸯，轻分莺燕，失配鸾凰。实丕丕兜笼富商，虚飘飘蹬脱了才郎。你试思量，不害相思，也受凄凉。"[5] 丽春园名妓苏卿并未看上江西茶商冯魁的钱财，有人作梗引发误会。张可久《妓怨》

1　(宋)朱弁：《曲洧旧闻》卷一《仁宗好服浣濯之衣》，中华书局，2002，第93页。

2　(宋)魏泰：《东轩笔录》卷三，中华书局，1983，第31页。

3　(宋)魏泰：《东轩笔录》卷一一，第125页。

4　(宋)邵伯温撰，李剑雄等点校：《邵氏闻见录》卷二，中华书局，1983，第13页。

5　(元)王晔：《折桂令·问双渐》，载隋树森《全元散曲》"王晔"，中华书局，1964，第1089页。

中,妓咒骂负心郎:"影外人,怕风声,望天长地久博个志诚。柳下私情,月底深盟,一步步惺惺惺。崔夫人嫌杀张生,冯员外买断苏卿。他山障他短命,您窑变您薄情,听!休想有前程。"[1] 汤式《[南吕]一枝花·春思·采茶歌》:"他指望八仙图,我贪爱七香车。犹恐怕黄金窑变了汉相如,著草占来爻反覆,卦钱儿磨得字模糊。"[2] 薛昂夫《[中吕]朝天子·则天》中对唐代女皇武则天失后妃之德、淫乱专权之事进行了犀利的斥责。"则天,改元,雌鸟长朝殿。昌宗出入二十年,怀义阴功健。四海淫风,满朝窑变,《关雎》无此篇。弄权,妒贤,却听梁公劝。"[3] "《稗史汇编》云:瓷有同是一质,遂成异质;同是一色,遂成异色者,水土所合,非人力之巧所能加,是之谓窑变。数十窑中,千万品而一遇焉。《博物要览》云:官哥二窑,时有窑变,类胡蝶、禽鸟、麟豹,本色泑外变红紫色,乃火之变化,理不可解。高士奇引《说楛》,窑变色红如朱砂,谓荧惑缠度临照而然,近日士大夫盛纳倡女作妾,或戏呼之为窑变。俗谓倡家曰窑子也,殊堪发噱。"[4] 士大夫纳娼门女作妾,称"窑变",世人称娼家为"窑子"。元曲源于宋代市井俗曲,内容反映大众生活,所用词汇来自民间,具有广泛的群众基础。也就是说,"窑变"一词的含义指的是心性不稳、嬗变无常,这是当时全社会的共同认知。

五 日本"曜变天目"的前世今生

受当时窑业信俗的影响,中国主流社会对"窑变"瓷器趋向于排斥,这刺激了宋代窑变建盏流入日本,成为日本人所称的"曜变天目"。南宋至元代,日本从中国进口了大量黑釉茶盏,建盏是其中的珍贵品种。入元以后,尽管中国不再烧造建盏,而它们仍作为古董商品输入日本。1975年,在韩国新安木浦打捞出水了一艘元代沉船,从船上所装货品推测,目的地应是日本。船上共发现瓷器20661件,其中黑釉瓷1467件,主要来自福建、江西、河南等窑口。建盏50余件,置于木盒中,与其他瓷器相比,包装更为精致。其上多有使用痕迹,说明是宋代旧物(图15)。日本室町时代应永年间(1394—1428年)的《禅林小歌》中记有多种茶盏:"胡兹(磁)盘中以建盏居多、油滴、曜变、建

---

[1] (元)张可久:《[越调]妓怨三首》,载隋树森《全元散曲》"张可久",第877页。

[2] (元)汤式:《[南吕]采茶歌》,载隋树森《全元散曲》"汤式",第1502页。

[3] (元)薛昂夫:《[中吕]朝天曲》,载隋树森《全元散曲》"薛昂夫",第706—707页。

[4] 邓之诚著,邓珂增订点校:《骨董琐记》卷五《窑变》,中国书店,1991,第138页。

鼈、胡盏、汤盏、幅州盏、天目……"[1] 明永乐四年正月十六日，成祖朱棣"皇帝颁赐日本国王源道义"第三代将军足利义满（1358—1408年）"黄铜镀金廂口足建盏一十个"[2]。在万历时期编纂的《大明会典》中也记有此事，"日本国，永乐间赐国王冠服、纻丝、纱罗、金银、古器、书画等物"[3]，可知永乐皇帝所赐建盏为内府庋藏的宋代供御建盏古器，实物如日本大阪市立东洋陶瓷美术馆收藏的宋代镶黄铜镀金扣鹧鸪斑（日称油滴）建盏（图16）。

图15 韩国新安元代沉船上发现的部分黑釉建盏

图16 宋代镶黄铜镀金扣鹧鸪斑
（日称油滴）建盏
日本大阪市立东洋陶瓷美术馆藏

图17 金代黑釉鹧鸪斑（日称油滴）茶盏
日本名古屋德川美术馆藏

---

1 [日] 聖冏:《禅林小歌》,《续群书类从》,八木书店,2014,第260页。

2 [日] 汤谷稔:《日明勘合贸易史料》第九章《天文八年の通交》,东京国书刊行会,1983,第453页。

3 （明）李东阳等撰,申时行等重修:《大明会典》第三册《给赐二》,广陵书社,2007,第1644页。

图 18　日本静嘉堂文库美术馆藏宋代窑变（日称曜变）建盏

图 19　日本京都大德寺龙光院藏宋代窑变（日称曜变）建盏内壁

图 20　日本京都大德寺龙光院藏宋代窑变（日称曜变）建盏底足

图21 日本大阪藤田美术馆藏宋代窑变（日称曜变）建盏

图22 日本大阪藤田美术馆藏宋代窑变（日称曜变）建盏内壁

图23 日本大阪藤田美术馆藏宋代窑变（日称曜变）建盏底足

"天目""曜变"等为日本自造词，应是赴宋求法的日本禅僧在浙江天目山参禅，他们将自己在寺中所用的黑釉茶盏带回国，遂以"天目"称之。"天目"茶盏指称的范围很广，包括：（1）中国各窑口烧造的黑釉茶碗；（2）特指建盏；（3）具有茶盏使用功能的器具，如"白天目""黄天目"等。日本文献中出现的"窑变""容变""曜卞""耀变""曜变"等词都是中文"窑变"之意。日本对"曜变"茶盏的定义也比较宽泛，不仅局限于建窑，也包括中国北方窑口烧造的产品。如现藏名古屋德川美术馆的一件金代黑釉鹧鸪斑（日称油滴）茶盏（图17），在其包装木盒上的题签写有"曜变天目"字样，该盏为山西窑口产品。而世人熟知的"曜变天目"，通常指的是黑釉上带幻彩蓝斑的窑变建盏。目前所见的三件完整器都是日本收藏的传世品。分别是：（1）东京静嘉堂文库美术馆藏"禾叶天目"宋代窑变（日称曜变）建盏（图18），日本人称其为"天下第一名盏"。口径12厘米，高6.8厘米，足径3.8厘米，重284克，1951年定为"国宝"级文物；（2）京都大德寺龙光院藏宋代窑变（日称曜变）建盏（图19、图20），口径12.1厘米，高6.6厘米，足径3.8厘米，1951年定为"国宝"级文物；（3）大阪藤田美术馆藏宋代窑变（日称曜变）建盏（图21、图22、图23），口径12.3厘米，高6.8厘米，足径3.8厘米，1953年定为"国宝"级文物。

在日本室町幕府第八代将军足利义政命能阿弥编纂的《君台观左右帐记》中，记载了当时日本人对宋代黑釉茶盏的品评标准。"一、土之物 曜变：乃建盏中无上者也。为世间所无之物也。其地黑，一面为或浓或淡的琉璃状星斑，又有黄色、白色、浓淡琉璃色等种种彩相混的似锦之釉。此为（价值）万定之物也。一、油滴 第二位重宝。底釉亦黑，内外壁为淡紫泛白的星斑。比曜变存世量多，（价值）五千定。一、建盏 不逊于油滴者，黑地釉上流淌着银白色线条的纹理，有油滴盏那般的星斑。（价值）三千定。"[1] 又见《茶道能阿相传集》："曜变：建盏名。天下稀有之物也，釉之色如豹皮，建盏中之上上品也。"[2] 由此可见，日本虽然从中国进口了大量瓷器，但中国窑场避讳窑变瓷器的行业信俗和中国社会主流价值观中"窑变"一词的含义并未传至日本。据《宋稗类钞》记载："饶州景德镇，陶器所自出。大观间窑变，一旦色如丹沙。说者谓荧惑缠度照临而然。物反常为妖，窑户丞碎之，不敢以进御，以非可岁供物也。供上之瓷器，惟取其端正合制，莹无瑕疵，色泽如一者耳。民间烧瓷，旧闻有一二变者，大者亦毁之。盏罂小者藏去，鬻诸富室，价与金玉等。窑变虽珍奇，上之不得用于宗庙朝廷，而下之使人不敢用，不免毁裂，竟同瓦砾。"[3] 宋代景德镇窑以烧造青白瓷著称，文中谈到大观年间景德镇烧出釉色如丹沙的窑变瓷器。宋代进御的贡瓷，必选器型端正、合乎规制，釉色统一，可量产优选，能连年进贡的产品。反常的窑变瓷器系偶发烧成，无法保证按岁供给，因此被窑户视为妖物，宁可销毁也不敢进御。当窑场烧出窑变产品时，不易藏匿的大件被销毁，便于藏匿的小件盏、罂等器型，以高价秘售给富贵人家。窑变瓷器虽然珍奇瑰丽，却不能用于朝廷的宗庙祭祀，民间也不敢使用，只好像瓦砾一样被销毁。南宋周煇在《清波杂志》中恰好记载了此次烧成的窑变瓷器被皇室宗亲秘购收藏之事，"饶州景德镇，陶器所自出，于大观间窑变，色红如朱砂。谓荧惑缠度临照而然。物反常为妖，窑户亟碎之。时有玉牒防御史（仲楫），年八十余，居于饶，得数种，出以相示，云比之定州红瓷器色尤鲜明"[4]。"定州红瓷器"指的就是宋仁宗用柱斧捶碎的张贵妃所收窑变瓷器，八十多岁的赵仲楫是太宗第四子商王元份后人，可见仁宗捶毁窑变瓷器一事在后代皇室宗亲之中仍有余威。

1　[日] 能阿弥、相阿弥：《君台观左右帐记》（下），永禄二年古写本，昭和七年（1932年），第27—28页。

2　[日] 能阿弥：《茶道能阿相传集》，见帛庵文库《君台观左右帐记》复刻本。

3　（清）潘永因：《宋稗类钞》卷八《古玩·二十六》，刘卓英点校本，书目文献出版社，1985，第708页。

4　（宋）周煇撰，刘永翔校注：《清波杂志校注》卷五《定器》，中华书局，1994，第213页。

图 24　宋代窑变幻彩建盏残片
原杭州东南化工厂厂址出土

图 25　宋代窑变幻彩建盏残片
原杭州东南化工厂厂址出土

隋唐至明代以前，宫廷用瓷由贡瓷制度保障，这是地方政府向皇家和朝廷进献土特产或珍宝等财物的一项土贡制度。宋时全国各地很多名窑被选为"供御"窑场，如汝窑、定窑、耀州窑、景德镇窑、龙泉窑、建窑等，产品均以优选方式贡入宫中，如《清波杂记》所载："惟供御拣退，方许出卖。"[1] 这种拣选标准通行全国，入选之器必须符合贡瓷制度要求和社会主流价值观，因此景德镇窑对待"大观间窑变"的处置方式也适用于建窑。无论是宋徽宗、蔡襄等人的著作，还是苏轼、黄庭坚等人的诗词中，记载的都是兔毫斑和鹧鸪斑盏以及纯黑釉盏，称谓有"兔毫盏""紫盏""㨂盏""异毫盏""黑盏""建安黑盏"等。就是因为它们是符合规制、合乎礼法、能实现稳定量产、便于优选、可连年供应的品种。日本所藏黑釉幻彩蓝斑建盏，是建窑偶然烧成的窑变品种，通常这类产品只有两种处置方式，一是体量小、易于藏匿者，以高价秘售于贵室富家；二是如瓦砾一般被销毁。2009年，在浙江杭州上城区原杭州东南化工厂厂址出土了大量南宋瓷片，有越窑、定窑、建窑、吉州窑、汝窑、巩县窑、高丽青瓷等，其中建盏残器中发现了带幻彩蓝斑者（图24、图25）。与日本所藏同类型建盏相比，该残片釉面光泽度更强，从断面看胎质更致密，且无使用痕迹。此处为南宋临安都亭驿所在地，"宣德楼前，左南廊对左掖门，为明堂颁朔布政府。……街北都亭驿"[2]。《梦梁录》卷一〇《诸官舍》："左右丞相、参政、知枢密院使签书府，俱在南仓前大渠口。侍

---

1 （宋）周辉撰，刘永翔校注：《清波杂志校注》卷五，第212页。
2 （宋）孟元老：《东京梦华录笺注》卷二《宣德楼前省府宫宇》，中华书局，2006，第81—82页。

从宅,在都亭驿东。"[1] 可见这一带是南宋政府衙门和核心机关汇聚之地。《梦梁录》卷一〇《馆驿》:"都亭驿在侯潮门里泥路西侍从宅侧次,为馆伴外国使人之地也。"[2] "李濂《汴京遗迹志》卷之十三杂志二宋四馆驿:都亭驿。待辽使之阶。都亭西驿,待西蕃、阿黎、于阗、新罗、渤海使之所。怀远驿,待交趾使之所。同文馆,待青唐、高丽使之所。"[3] "其大辽使人在都亭驿,夏国在都亭西驿,高丽在梁门外安州巷同文馆,回纥、于阗在礼宾院,诸番国在瞻云馆或怀远驿。唯大辽、高丽就馆赐宴。"[4] 两宋政府在国际交往中实行一种外交制度——私觌,就是两国使节互赠礼物,到南宋时发展成双方的私相贸易。在刊行于南宋端平三年的赵升所编《朝野类要》中载:"私觌,俗谓之打博。盖三节人从,各以物货互易也。"[5] 这其实是一种走私交易,主要在宋人和外国使节的随员之间进行。原杭州东南化工厂厂址出土的窑变建盏残器,很可能是为了外销,将它们带到日本人居住的馆驿附近,由于某种原因被损毁。笔者认为,现藏日本的几件带鎏金铜扣的传世建盏应为宋廷内府旧藏的供御品,可能是明永乐皇帝所赐。而被日本定为国宝的三件幻彩蓝斑曜变建盏的底部均无"供御"款识,可知并非供御品,都未入过宋廷内府。应该是被赵仲楫这样的贵戚或者富商高价秘购后,不敢公开使用。恰有机缘结交了住在都亭驿的日本使团随员,遂将此棘手之物高价售予远人,不但赚了一笔大财,还成功解了私匿窑变瓷器之困。此类交易只需成功一次,就可为这种釉面斑斓的窑变建盏找到一个万全出路——远销日本,而宋朝售卖者显然对日本人隐瞒了窑变瓷器背后的信俗文化意涵。

---

1 (宋)吴自牧:《梦粱录》卷一〇《诸官舍》,浙江人民出版社,1980,第83页。
2 (宋)吴自牧:《梦粱录》卷一〇《馆驿》,第86页。
3 (宋)孟元老:《东京梦华录笺注》卷六《都亭驿》,第532页。
4 (宋)孟元老:《东京梦华录笺注》卷六《元旦朝会》,第160页。
5 (宋)赵升:《朝野类要》卷一《私觌》,中华书局,1985,第36页。

明代御窑青花瓷砖的烧造与用途探析

■ 胡舒扬（厦门大学历史系）

万历《江西省大志》卷七《陶书》记载了景德镇烧造瓷器供御的大致情况，对供御瓷器的种类和数量均有述及，除了通常意义上的瓷质容器以外，还提到瓷砖。结合考古发现、博物馆藏品及相关文献，可对《江西省大志》所载嘉靖年间烧制供御瓷砖的种类、样式和用途进行分析，考证"拜砖"的外形、纹饰、用法，并讨论明代青花瓷砖的源流。

明清青花瓷的研究中，瓷砖作为一种不属于容具的陶瓷制品，往往不受重视。就外形而言，瓷砖与瓷板的关系最为密切。在此，有必要对二者的区别和联系稍做说明，以便后文对青花瓷砖讨论的展开。从生产工艺来看，制作瓷质平板的难度大于制作容器，因为瓷板在烧成过程中更容易变形，难以烧制出规整、美观的平面。考古资料显示，瓷质平板最早可追溯到唐代的越窑青瓷墓志，饰有青花的瓷质平板则出现于明中叶，也是用作墓志，主要在景德镇一带流行。清康熙、雍正时期，景德镇开始制作类似于空心砖结构的瓷板，瓷板变形的情况大大减少，随着烧制工艺的改良，到清中期已能制成大而平整的瓷板。[1] 从烧制工艺来说，瓷砖也属于瓷板，但有其特殊性。本文讨论的青花瓷砖主要是面积不大且单面绘饰的瓷板。不同于带有插孔或子口的瓷板——它们一般被镶嵌在家具上或制作成文房摆件，如桌面、桌屏、砚屏等，[2] 还有部分瓷板双面均有图案，单面绘饰的青花瓷砖则更多地作为建筑构件，用来铺饰地面或装饰建筑物外部。

---

1 刘新园：《瓷板与瓷板画》，载赵荣华主编《瓷板画珍赏》，上海科学技术出版社，1999，第10—11页。
2 以瓷板作为嵌件是明清家具的装饰手法之一，称为"嵌瓷"，明初至清中期多以厚度接近瓷砖的瓷板来代替案桌、机凳的面心或罗汉床屏风式围子的石板屏心，清中后期流行将瓷板嵌入椅背框内的装饰方式（参见于江美《明清家具装饰形式流变初探》，硕士学位论文，东北林业大学，2008）；用作插屏屏心的瓷板侧面则大多带有插孔，或在四周留有低于表面的二层台涩边（参见高晓然《瓷板上的"浮世绘"——故宫陶瓷资料整理中发现的康熙瓷板画》，《紫禁城》2006年第3期）。

一 考古出土、博物馆收藏和《陶书》记载的明代青花瓷砖

目前所见年代较早的青花瓷砖是出土于景德镇御窑遗址的贴墙砖（图1），该砖正面绘连续的青花如意纹，两如意纹间饰朵花，一边有卷草纹边饰，侧面、背面涩胎无釉，有火石红痕迹，年代大致为明宣德时期。[1] 御窑厂遗址还曾在1982年的清理中出土过单面有釉的青花龟锦纹瓷砖，残长13厘米、宽8.6—8.9厘米、厚2.2—2.4厘米，据研究者推断是宣德早期制品。[2] 其他被判断为宣德年间产品的还有收藏于故宫博物院的4件长方形青花锁锦纹瓷砖（图2），瓷砖正面绘有色泽浓艳的锁锦纹，图案工整，两侧及背面涩胎无釉，略泛火石红，首都博物馆也收藏有一件相同纹饰的宣德锁锦纹瓷砖，但为正方形。[3] 另有一件年代相近且风格类似的青花瓷砖（图3）收藏于景德镇古窑陶瓷陈列馆。[4] 从这几件青花瓷砖出自景德镇御窑厂和来自故宫旧藏的情况可知，它们属于御窑制品，应该是在朝廷命令下生产的专供官方的建筑用瓷。

图1 明宣德青花如意纹瓷砖

景德镇明清御窑遗址出土，残长9.7厘米、宽15.7厘米、厚3.6厘米

图2 明宣德青花锁锦纹瓷砖

故宫博物院收藏，长27.9厘米、宽8.8厘米、厚2.2厘米

---

1. 北京大学考古文博学院、江西省文物考古研究所、景德镇市陶瓷考古研究所：《江西景德镇明清御窑遗址发掘简报》，《文物》2007年第5期，图一四三。
2. 景德镇市地方志编纂委员会编：《中国瓷都·景德镇市瓷业志（市志·2卷）》下卷，方志出版社，2004，第721页。
3. 高晓然：《瓷板上的"浮世绘"——故宫陶瓷资料整理中发现的康熙瓷板画》，《紫禁城》2006年第3期。
4. 图片由笔者拍摄，展签名称为"明宣德青花图案纹地砖"。

图 3　明宣德青花瓷砖

景德镇古窑陶瓷陈列馆收藏，长 14.6 厘米、宽 14.5 厘米、厚 2.5 厘米

文献方面，较早谈及瓷砖的记录保留在明代刊刻的《江西省大志》卷七《陶书》中。《陶书》较为系统地记录了景德镇御器厂的建置沿革、制瓷技术、用料及工本、产品种类等内容，是研究明代景德镇制瓷业的重要史料。据《陶书》记载，景德镇在嘉靖朝不止一次烧造供御瓷砖，"九年青色瓷砖四百五块"，"三十五年烧瓷砖七千二十一"[1]。嘉靖九年（1530年）烧制的是"青色瓷砖"，嘉靖三十五年（1556年）所烧瓷砖的具体品种则未载明。此外，嘉靖二十六年（1547年）及三十六年（1557年），还烧制过青花拜砖。[2]

"拜砖"之名甚少出现在明清文献中，除《江西省大志》卷七《陶书》以外，可见于清人朱琰所著《陶说》。朱琰根据《江西省大志》的记载，指出拜砖是嘉窑祭器之一，并引据《汉官仪》和《入洛记》作进一步解释，"拜砖者，当拜之地。明光殿省中，以丹朱漆地，故曰丹墀，尚书伏其下奏事，此拜地之饰也"，"含元殿龙尾道，各上六七十步，方达第一级，皆花砖，此饰地之砖也。今移殿省之制于庙，故用瓷砖"[3]。朱琰认为，拜砖原本是用来装饰宫殿拜地的花

---

[1]　（明）王宗沐修纂，陆万垓增修：《江西省大志》卷七，明万历二十五年刻本，第33、36页。

[2]　（明）王宗沐修纂，陆万垓增修：《江西省大志》卷七，第35—36页。

[3]　（清）朱琰：《陶说》卷六，商务印书馆，1935，第71—72页。

砖，后来移用于供祀场所，所以使用瓷砖。再看《江西省大志》卷七《陶书》的相关记载，"拜砖"条谓之"长六尺一寸五分、阔三尺五寸"，尺寸颇大，但该条下亦载"每副计五十四块"，并写明了使用青料的数量，[1] 表明拜砖虽为"大器"[2]，其实是由较小的青花瓷砖拼合而成，据此可知明代景德镇御窑厂曾为统治阶层烧造青花瓷砖当是确凿无疑的。

二 嘉靖年间烧造瓷砖事迹考

《陶书》只是简略提及嘉靖年间曾烧造瓷砖，明臣张孚敬所撰《谕对录》则对此事的来龙去脉有更详细的记载。《谕对录》收录张孚敬所奉嘉靖帝密谕及其奏草，君臣讨论四坛工程时谈到了瓷砖的铺设和烧造，对我们分析上文提到的几件瓷砖标本多有助益。张孚敬初名张璁，字秉用，因"大礼议"事件受到重用，官至首辅，后由嘉靖帝赐名孚敬，字茂恭。[3]

嘉靖九年五月二十一日，世宗谕张璁，"朕近闻内库贮有白磁青花拜砖，传谓拜天用，但于累朝查无用者，止我皇曾祖考尝用，亦未详。今可用砌圜丘坛面，未知可否，与卿计之"[4]。这条记录说明内库所藏青花拜砖在正统或天顺时期曾经使用过，它们的烧造年代虽不明确，但能肯定不晚于英宗朝。张璁随即询问这批青花拜砖的纹样、尺寸、数量，另外还谈到了此前世宗已经制订的施工计划——"今三成之坛，[5] 已钦奉御定丈尺之数见造琉璃砖，中用方片，并环围俱照尺寸作圆嵌小砖"，他进一步提出，如果库内的青花瓷砖数量足够，最好也是中间用方砖，环围取裁嵌砌。[6]

次日，世宗告知张璁，如果瓷砖数量不够，可以立刻命令江西烧造官负责烧造，并对如何使用这批瓷砖提出了自己的设想，"上一层宜用青宝花，二层用如意连环，三层用青花或十字菱花。祝饮及拜位嵌有边者二副，卿等可即议来有边者褥样，五十四块砌成个拜褥样，长六尺一寸，阔三尺五寸，厚一寸一分。其余不成副，可尽算丈尺，围用圆者"[7]。拜褥即

---

[1] （明）王宗沐修纂，陆万垓增修：《江西省大志》卷七，第14页。

[2] （明）王宗沐修纂，陆万垓增修：《江西省大志》卷七，第18页。

[3] 张璁更名为张孚敬是在嘉靖十年二月，本文所引《谕对录》中的相关史料集中于嘉靖十年以前，故文中仍称张璁。世宗谕张璁更名之事参见《谕对录》卷二九，第1—2页。

[4] （明）张孚敬：《谕对录》卷一八，明万历三十四年刻本，第1页。

[5] 圜丘坛共三层，《谕对录》所称"一成（层）""二成（层）""三成（层）"是从上至下的顺序，后文不再另加说明。

[6] （明）张孚敬：《谕对录》卷一八，第1—2页。

[7] （明）张孚敬：《谕对录》卷一八，第2页。

拜位上铺设的垫褥，可在行跪拜礼时保护膝盖。《明史》载，"拜褥，初用绯。洪武三年定制，郊丘席为表，蒲为里"[1]。世宗希望在祝饮位及拜位将青花瓷砖嵌砌成拜褥的样子，应该不是要用它来替代蒲席拜褥，毕竟瓷砖质地坚硬，并无保护膝盖的作用，多半是为了固定方位和装饰坛面。

张璁看过瓷砖的具体纹样和存库数量后，首先根据世宗拟定的四坛图式对所需青花瓷砖进行了估算："青宝花砖外虽方而内实圆"适合用于圜丘的拜位，砌三副拜位褥式预计使用96块青宝花砖，并嵌66块"青十字连环菱花锦条砖"；"如意连环龟背小方砖"宜作方丘拜位，两副需用208块，嵌砌44块"青十字连环菱花锦条砖"；朝日坛和夕月坛也适合采用方丘拜位的砌法，"则如意连环小方砖并青十字连环菱花锦条砖计数尽用之有余"[2]。

结合君臣二人的描述，可以大致明确内库所存青花瓷砖的图案和形状，分别是：尺寸较大的青宝花方砖、青十字连环菱花锦条砖、青如意连环龟背小方砖、较小的青花瓷砖。张璁推荐使用前三种样式的瓷砖。

不过，张璁也注意到如果采用他的方案，圜丘和方丘拜位的褥式尺寸将与世宗所定稍有出入，会影响除去拜位尺寸后烧造所需琉璃砖的规格。另外，虽然现有的瓷砖嵌砌拜位还有剩余，但若想铺砌整个坛面的话就需要用"大样方砖"（青宝花方砖），恐怕来不及烧造，需要世宗定夺。[3]

嘉靖九年五月二十三日，世宗谕张璁，"夫天之色当纯，不可以白地青花设砌。如可将圜丘一成坛面纯用青，自九片环砌之至八十一片，计之止数百片，可速令彼处烧进来用。二成用今花磁砖。三成止砌拜位一铺，余只用砖砌，内官监止烧栏干并内墙青色瓦。方丘只砌拜位，二成俱用砖。其朝日坛面亦当用白琉璃砖砌，夕月坛用砖，俱不砌拜位。"[4] 圜丘为祭天之所，明初定合祀之制，[5] 嘉靖九年改为四郊分祀，[6] 确定了四郊各陵瓷器的用色和样式，令江西饶州府烧造解运，其中圜丘即用青色祭器。[7] 圜丘一成正位祀昊天上帝，即天帝。世宗指出祭天当用纯净的颜色，不能铺设白地青花的瓷砖，所以

1　（清）张廷玉等：《明史》卷四七，中华书局，1974，第1238页。

2　（明）张孚敬：《谕对录》卷一八，第2—3页。

3　（明）张孚敬：《谕对录》卷一八，第3页。

4　（明）张孚敬：《谕对录》卷一八，第3—4页。

5　（明）申时行等修：《明会典》卷八一、二〇一，万历重修本，商务印书馆，1936，第1842、1871、4052页。

6　（明）申时行等修：《明会典》卷八二，第1871页。

7　（明）申时行等修：《明会典》卷二〇一，第4052页。

一成坛面最好单用青色，需要的数量不会太多，可以立刻下令烧造。他希望用青花瓷砖来铺砌圜丘二成坛面、三成拜位以及方丘的拜位，朝日坛面用白琉璃砖，除此以外都只用砖。

次日，张璁再次呈奏，认为圜丘一成坛面单用青色，自九起数至八十一片环砌非常合适，"宜请如圣意，急行烧造，令内官监将一成坛面依大规制计成前项片数。恐有大小不同，每一环各以式用木板做成一片样子，使尺寸不差。厚约用三寸，庶得坚固久远。急当马上差人赍去，限以月日。计数止用四百六片，可令陆运前来，舟行恐或不及。此间先将石工依式砌完，琉璃栏干亦可先完砌，只待磁砖至日铺面，宜无不可"[1]。

从这段文字可以看出，圜丘一成坛面所用青色砖是青色瓷砖而非琉璃砖，要差人送去木样，专门烧造。因为水运太慢，需要陆运，说明烧造这些青色瓷砖的地方距离较远。9为极阳之数，象征天之至高，按照从9起数至81进行环砌的话，所需瓷砖片数实际应是405，[2] "四百六片"可能包括了上层坛面最中间的一片

瓷砖。[3] 万历《江西省大志》卷七《陶书》中景德镇御供的记录即为"（嘉靖）九年青色瓷砖四百五块"[4]，数量与年代都相符，由此也印证了前文"可速令彼处烧进来用"的"彼处"指路途较远的景德镇，烧造的是瓷砖。而这批瓷砖的用途——铺砌圜丘坛面，则进一步表明"青色瓷砖"并非我们通常概念中的青瓷，嘉靖帝在后来给张璁的谕旨中也明确提到"夫用青，苍也；纯色，象也；尊上帝也"[5]，"青色"是祭天所用的蓝色，也就是说这些"青色瓷砖"其实是蓝釉瓷砖，极有可能指霁蓝釉。[6]

至于以现有的青花瓷砖铺砌圜丘二成坛面，张璁认为不太可行。他向世宗解释，"青宝莲花方砖厚有一寸一分，其数止一百六片；若青如意连环龟背砖，厚止七分；青十字连环菱花砖，厚止六分；青花砖，厚止四分。前者议嵌砌拜位则可用，若以各项磁砖通凑砌成第二成坛面，窃恐欠厚。行礼执事之人多所践履，且兼冰冻之时，必不耐承载，难得坚固久远。若三成通烧青磁砖用，极好，计数亦止添

---

[1] （明）张孚敬：《谕对录》卷一八，第4—5页。

[2] 从9起数至81，即9+18+27+36+45+54+63+72+81=405。

[3] 据张璁五月二十四日的另一份奏呈，"除中一大圆片，自九数以至九九八十一数共四百五片……"（参见《谕对录》卷一八，第6—7页）。

[4] （明）王宗沐修纂，陆万垓增修：《江西省大志》卷七，第33页。

[5] （明）张孚敬：《谕对录》卷一八，第6页。

[6] "霁蓝釉"即"祭蓝釉"，亦称"祭青釉"。明代霁蓝器以宣德时期烧造为多，嘉靖年间的霁蓝器亦有存世，霁蓝釉用天然的钴土矿作为着色剂，除含氧化钴（也是青花的主要呈色剂）以外，还含有氧化铁和氧化锰等（参见中国硅酸盐学会编《中国陶瓷史》，文物出版社，1982，第388—389页）。

得大半，但恐烧造不及。合无将二成、三成俱用琉璃砖，亦当以九九数外加数，如一成式样砌造，方得坚固。……但今圜丘第一成既通砌以青磁砖，则第三成拜位之砌用花磁砖亦是尽对越之诚，固礼之宜也"[1]。张璁指出青宝莲花方砖厚度虽够，但只有106片，而另外三种样式的青花瓷砖都比较薄，用它们来砌圜丘第二成坛面不够坚固。他建议除了第三成的拜位用青花瓷砖外，圜丘第二成和第三成的坛面都用琉璃砖，既合礼制，又不用担心延误工期。最终，君臣议定青花瓷砖只用于铺设圜丘和方丘的拜位，祝饮位不砌青花拜砖，以示对神明之敬。[2]

通过这段记载，我们对嘉靖九年库存青花瓷砖的规格也能有更进一步的了解，即：青宝莲花方砖厚1寸1分，青如意连环龟背砖厚7分，青十字连环菱花砖厚6分，青花砖厚4分。按明代营造尺换算，[3] 这四种青花瓷砖的大致厚度分别为：3.53厘米、2.24厘米、1.92厘米、1.28厘米。对照前面谈到的几件青花瓷砖标本，故宫博物院收藏的青花锁锦纹瓷砖（图2）尤其值得注意，锦纹是受织锦业影响而引入的瓷器装饰图案，包括绣球、花卉、龟背、边线、十字纹等，[4] 该砖的构图可见若干六边形以锁纹和圆环连接，围聚成龟背形，应该与"青如意连环龟背砖"有一定联系。尺寸方面，二者的厚度也相差不远，与上文提到的御窑厂遗址1982年清理出土青花龟锦纹瓷砖的厚度也相近。虽然《谕对录》中的记载指明这种青花瓷砖为"小方砖"，但首都博物馆也有与故宫所藏青花锁锦纹瓷砖图案相同的标本，且为正方形，[5] 所以不排除"青如意连环龟背砖"即是此类青花瓷砖的可能性。而"青十字连环菱花锦条砖"或许与景德镇古窑陶瓷陈列馆收藏的明宣德青花瓷砖（图3）有些许关联，景德镇的这件藏品绘饰十字连环纹和花卉图案，形状和尺寸虽有出入，但每一窑的产品存在差异或因不合规格而落选也是完全可能的，至少就纹饰而言，它们应该有一定渊源。

尽管张璁当时已经考虑到瓷砖烧造不易且景德镇路途遥远，为防止工期延误，建议只新烧用于圜丘上层坛面的青色瓷砖，世宗也予以采纳，但实际情况仍不容乐观。嘉靖九年十二月，江西巡按御史傅

---

[1] （明）张孚敬：《谕对录》卷一八，第5页。

[2] （明）张孚敬：《谕对录》卷一八，第5—7页。

[3] 《尺录》著录嘉靖年制牙尺三件，分别长32厘米、30.98厘米、32厘米，结合《律吕精义》中的相关记载，可知明代营造尺长32厘米（参见曾武秀《中国历代尺度概述》，《历史研究》1964年第3期）。

[4] 故宫博物院古陶瓷研究中心编：《故宫博物院藏古陶瓷资料选萃·卷一》，紫禁城出版社，2005，第138—139页。该图录载此标本厚度为2.5厘米，《瓷板上的"浮世绘"——故宫陶瓷资料整理中发现的康熙瓷板画》一文给出的尺寸为厚2.2厘米，因故宫有4件相同纹饰的瓷砖，有可能是不同标本的数据。

[5] 高晓然：《瓷板上的"浮世绘"——故宫陶瓷资料整理中发现的康熙瓷板画》，《紫禁城》2006年第3期。

凤翱、左参议汪漛、佥事陈端甫三人由于督造郊坛瓷砖超出限期被罚俸。[1] 一方面，对于明代的制瓷工艺而言，烧造出光滑平整的瓷砖原就不易，而圜丘瓷砖又需要完全按照木样的尺寸使之能够拼合，要求极高，为如期完成烧造任务带来了困难。这一点从饶州知府祁敕因"稽误圜丘瓷砖"而被降职[2]也能得到佐证：郊坛瓷砖的烧造期限只有七十日，有人提议"以土为胚，饰之以磁，庶可易成"，但祁敕拒绝偷工减料，仍要求工匠如法制作，最终没能按时完工；[3] 另一方面，特定的釉色可能也是导致工期超限的原因之一，从上文的分析可知圜丘所用的青色实际上是雾蓝之类的釉色，根据汪漛、陈端甫因烧造圜丘祭器不合规定于嘉靖十年（1531年）三月被再次罚俸[4]一事可以推测，这类蓝釉瓷器要在规格和品质上完全达到官方的要求并不容易。

嘉靖九年，圜丘坛和方丘坛的拜位所用青花瓷砖为库内所存。据张璁计算，用它们嵌砌成拜位褥样的实际尺寸与世宗定下的"长六尺一寸，阔三尺五寸"[5] 不能完全一致，圜丘坛拜位褥样比之"长三寸，阔同"，方丘坛拜位褥样比之"长阔俱一寸八分"[6]，即实际尺寸分别为：长六尺四寸、宽三尺五寸，长六尺二寸八分、宽三尺六寸八分。而嘉靖二十六年，景德镇烧制的青花拜砖"长六尺一寸五分、阔三尺五寸"[7]，与二者皆有出入，可见嘉靖朝所烧用于嵌砌拜位的青花瓷砖的规格应该与库存瓷砖不完全相同。

《江西省大志》卷七《陶书》"拜砖"条云"每副计五十四块"[8]，与嘉靖九年所定圜丘拜位褥样的用砖数相同——

1　《明世宗实录》卷一二〇，台北"中研院"历史语言研究所，1965，第2861页。

2　《明世宗实录》卷一三五，第3201页。

3　（明）黄佐：《饶州府知府祁公敕墓志》，载（明）焦竑辑《国朝征献录》卷八七，明万历四十四年刻本，第51页。"以稽误圜丘磁砖逮江西饶州府知府祁敕下法司问，降为边方杂职"一事见载于嘉靖十一年二月，距嘉靖九年五月下令烧造圜丘瓷砖已近两年，而傅、汪、陈三人因督造瓷砖超出限期被罚俸则发生在嘉靖九年年末，两起处罚时隔颇久。查《明世宗实录》卷一一九，嘉靖九年十一月乙卯条，"以圜丘工完，大报礼成，告谢太庙、世庙"之语，表明圜丘工程在嘉靖九年十二月前告竣，那么圜丘所用瓷砖应该在这之前就已完成烧造。另据《明世宗实录》卷一三一，嘉靖十年十月辛巳条，"命工部修造圜丘坛祭器，罢祈谷坛诸建造，以祈谷改于圜丘坛行礼故也"，笔者怀疑祁敕督造瓷砖可能与这次修造有关，因祈谷之礼改在圜丘坛进行，圜丘坛的部分青色瓷砖或许需要更换，但时间紧迫，故而有七十日之限，致祁敕因工期超限被问责，在时间上似乎更为贴合。但《江西省大志》卷七《陶书》中，嘉靖十年并无烧造瓷砖的记录，或因烧造数量不多，或因该任务为临时加派，亦未可知。存疑待考。

4　《明世宗实录》卷一二三，第2971页。

5　（明）张孚敬：《谕对录》卷一八，第2页。

6　（明）张孚敬：《谕对录》卷一八，第3页。

7　（明）王宗沐修纂，陆万垓增修：《江西省大志》卷七，第14、35页。

8　（明）王宗沐修纂，陆万垓增修：《江西省大志》卷七，第14页。

32 块大样方砖嵌 22 块条砖，[1] 说明后来烧造的青花拜砖尺寸虽稍有调整，但基本延续了圜丘坛拜位的砌法，以"副"为单位也表明此法固定为制。嘉靖二十六年，除二十副青花白瓷拜砖外，景德镇还烧造了各种式样的青花瓷盘、青花瓷瓶、青花瓷盒、白瓷酒盏、白瓷碗、白瓷酒盅、青色瓷碟、青色酒盏、青色瓷罐、黄色瓷盒等，数量大多在几千件以上，有的甚至多达万件。[2]《明会典》载"（嘉靖）九年，定四郊各陵瓷器。圜丘青色，方丘黄色，日坛红色，月坛白色"，各坛陈设的祭瓷即有碗、盘、爵、酒盏等，瓷盘和酒盏的用量较多。[3] 可以推测，嘉靖二十六年烧造的特定釉色、器形和样式的瓷器有不少是祭器。嘉靖三十六年烧造的瓷器除六副拜砖以外，也包括笾、豆、罍、爵、尊等各种样式的祭器。[4] 拜砖与其他祭瓷的烧造任务一同下达，固定以"副"为单位且数次烧造，暗示这种由 54 块青花瓷砖合嵌而成的拜砖在嘉靖时期的祭祀中持续使用。由此，又从侧面反映出嘉靖三十五年"烧瓷砖七千二十一"[5] 不太会是拜砖，虽未言明具体样式和用途，但从如此巨大的数量上判断，很可能与其他建筑工程有关。

实物方面，景德镇市陶瓷考古研究所收藏的几件嘉靖年间的青花瓷砖（图 4）[6] 也提供了一些有趣的线索。这几件瓷砖标本没有明确的地层信息，均为残件，可能是落选的窑业废弃品。图 4-2 和图 4-4 标本的纹饰里都能看到中绘花卉的六边形几何纹，即龟背纹，这两种瓷砖在近边处的图案均不完整，可以推测它们需要拼嵌使用。图 4-4 的标本还绘饰相互勾连的如意纹，与《谕对录》中提到的如意连环龟背砖基本符合，说明嘉靖朝烧造青花瓷砖时参考了前朝库存瓷砖的纹饰。嘉靖九年，张璁谈到"如意连环龟背小方砖，其象宜作方丘二成拜位，共该用二百八块，外亦嵌青十字连环菱花锦

1　原文为"圜丘……今宝砖（青宝花砖）计砌三拜位褥式该用九十六块，分嵌青十字连环菱花锦条砖六十六块"，"如意连环龟背小方砖，其象宜作方丘二成拜位，共该用二百八块，外亦嵌青十字连环菱花锦条砖四十四块"。据此推测，后来拜砖采用的基本是圜丘坛拜位的砌法（参见《谕对录》卷一八，第 2—3 页）。

2　（明）王宗沐修纂，陆万垓增修：《江西省大志》卷七，第 35 页。

3　（明）申时行等修：《明会典》卷二〇一，第 4052 页。

4　（明）王宗沐修纂，陆万垓增修：《江西省大志》卷七，第 36 页。

5　同上注。

6　藏品图片出自"明代御窑瓷器——景德镇御窑遗址出土与故宫博物院藏传世嘉靖、隆庆、万历瓷器对比展"，茗山金芽拍摄并惠允使用，谨致谢忱。图 4-1 的展签名称为"青花围棋盘标本"，笔者并不认同。目前所见古代围棋盘多在四角星位及中间天元的位置带有标记或完全没有标记，而该标本的标记过于密集（标本左下方破损处亦可见小半个圆圈形标记），双线绘制的围棋盘也极少见。更为重要的是，标本左上方可以看到青花斜边，说明此标本在正向放置的情况下，线条交错形成的并非方格而是正方菱格，近边处则呈三角形，不可能用作围棋盘，当为瓷砖。

条砖四十四块"[1]。嘉靖九年，方丘拜位使用尺寸较小的如意连环龟背砖，上文已述嘉靖二十六年、三十六年烧造拜砖以54块为一副，如果这种新烧的如意连环龟背砖后来仍用于方丘拜位，则表明嘉靖时期烧造此类瓷砖时调大了尺寸，嵌砌方式势必发生变化，也再次解释了为何嘉靖朝所烧青花拜砖尺寸与库存瓷砖拼砌成的拜砖稍有出入。图4-3标本表面绘有连续的如意纹和条带状的卷草纹，与前文提到的景德镇御窑遗址出土的贴墙砖（图1）虽不完全相同，但图案结构和纹饰风格大体一致，反映出一定程度的借鉴和继承关系，说明嘉靖时期烧造青花瓷砖的样式受到宣德年间青花瓷砖的影响。图4-5所示青花八卦纹瓷砖，主体图案为坤卦，卦外辅以圆圈，四角亦有装饰。世宗信奉道教，曾于嘉靖三十七年（1558年）"诏遣官至江西督造磁器三万充内殿醮坛之用"[2]，这种青花八卦纹瓷砖或许就与之有关。而嘉靖三十五年下令烧造的瓷砖数量达到7021件，上文已经讨论过这批瓷砖不大可能用作拜砖，但从它不是整数这点来判断，瓷砖的数量也是经过仔细计算的（比如嘉靖九年的405块青色瓷砖），应该是要用于特定的工程。图4的标本为我们展示了嘉靖时期丰富多元的青花瓷砖样式，嘉靖三十五年烧造瓷砖的具体种类虽不明确，但从目前所见的相关文献及标本情况来看，它们是青花瓷砖的可能性更大。

图4 明嘉靖青花瓷砖
景德镇市陶瓷考古研究所藏

---

[1] 《谕对录》卷一八，第3页。最初讨论拜砖样式时曾将祝饮位考虑在内，故208块如意连环龟背小方砖嵌44块青十字连环菱花锦条砖是两副拜砖所用，即方丘坛一副拜砖由104块小方砖嵌砌22块锦条砖。

[2] 《明世宗实录》卷四六〇，第7781页。

三 明代御窑瓷砖的源流与用途

以青花瓷砖装饰拜位表明它们曾被赋予祭器的功能，而单就瓷砖本身质地坚硬、耐火防水的物理性能而言，青花瓷砖更多还是被当作建筑材料使用。结合景德镇御窑厂还出土了成化至弘治时期的瓷砖残件、[1] 正德时期青花栏板[2]的情况判断，景德镇在明代为皇家烧制青花瓷砖之类的建筑用瓷并不只是宣德和嘉靖朝特有的现象，在其他时期，景德镇应该也曾生产过用于建筑物的青花瓷构件。

但需注意的是，明代瓷砖被用于建筑物并不是从宣德朝才开始的。景德镇御窑遗址出土过一批永乐时期的折角白瓷塔砖，与南京大报恩寺旧址出土的白瓷砖相同，可以推测它们是为大报恩寺琉璃塔制作的构件，因为带有瑕疵或数量冗余而弃用。[3] 此外，景德镇御窑遗址还发现过年代不晚于宣德的局部施有白釉的滴水、鸱吻、贴墙砖等建筑饰件，[4] 明城墙的城墙砖中也有部分高岭土烧制的白"瓷砖"[5]。事实上，位于故宫的元代建筑浴德堂内壁便满砌白瓷砖，据研究，这些瓷砖的白釉处于青白釉向甜白釉过渡的阶段，与湖田窑遗址所见的白釉瓷砖虽不完全相同，但极有可能是该窑场的产品，而考古发掘显示湖田窑还烧造釉里红龙纹瓦当、釉里红凤纹滴水等瓷质建材，进一步表明这类包括白瓷砖在内的产品是为官方生产的。[6]

综合以上信息，可以大致推测明代御窑瓷砖的烧造起初受到元朝烧制瓷质建材的影响，主要产品是白釉瓷砖，而青花瓷砖的烧造可能始于宣德年间，包括瓷砖在内的绘饰青花的瓷质建材在宣德、正德及嘉靖朝均有生产，其他时期也不排除烧造青花瓷砖及青花瓷建材的可能。景德镇御窑厂在嘉靖朝除了烧制用作拜砖的青花瓷砖外，还曾根据木样烧造用来铺设圜丘坛上层坛面的蓝釉瓷砖，用于其他建筑工程

---

1 秦大树、钟燕娣、李慧：《景德镇御窑厂遗址2014年发掘收获与相关问题研究》，《文物》2017年第8期。文中未指明瓷砖残件的具体品种，不排除是青花瓷砖的可能性。

2 北京大学考古文博学院、江西省文物考古研究所、景德镇市陶瓷考古研究所：《江西景德镇明清御窑遗址发掘简报》，《文物》2007年第5期。

3 张露胜：《景德镇珠山官窑遗址出土的折角白瓷塔砖研究》，《博物馆研究》2018年第2期。

4 北京大学考古文博学院、江西省文物考古研究所、景德镇市陶瓷考古研究所：《江西景德镇明清御窑遗址发掘简报》，《文物》2007年第5期。

5 南京市明城垣史博物馆编：《城垣沧桑：南京城墙历史图录》，文物出版社，2003，第31页。明城墙中的"瓷砖"质地坚硬，呈白色或米黄色，有"袁州府……萍乡县"等铭文，虽非真正意义上的施釉瓷砖，但它产自江西且以高岭土为原料，与瓷质建材的生产和使用应有一定联系（参见杨新华主编《南京明城墙》，南京大学出版社，2006，第386页）。

6 王光尧：《明代宫廷陶瓷史》，紫禁城出版社，2010，第69—71页。另有学者根据文献和图档提出，浴德堂内墙面上的白色瓷砖应该是补建后装饰上去的，但这些瓷砖究竟是元代遗存还是清代仿烧，尚需进一步研究（参见王文涛《浴德堂建筑研究补论》，《故宫博物院院刊》2019年第7期）。

的青花瓷砖在这一时期亦有生产，且图案样式更为丰富。

御窑青花瓷砖的生产和使用与明朝统治者直接相关，除了用作建筑装饰材料外，部分青花瓷砖还曾被附加上祭祀的功能，属于礼制性用瓷，这一点已经通过上文所述的《谕对录》等文献得到佐证。嘉靖帝称库内所存的青花瓷砖"止我皇曾祖考尝用"[1]，则它们的烧造时间不晚于正统至天顺，即这些具有方圆之象的青花瓷砖烧造于英宗朝或英宗朝之前。故宫和景德镇的藏品显示此类青花瓷砖的烧造年代集中在宣德时期，而目前的考古发掘和存世藏品中尚未发现正统至天顺时期的青花瓷砖，所以嘉靖九年的这批库存青花瓷砖烧造于英宗朝之前的可能性更大，或许正是宣德时期的产品。嘉靖帝在谈到这些库存青花瓷砖时称其为"白磁青花拜砖"[2]，说明"拜砖"之名此前已经存在，又说它们"传谓拜天用，但于累朝查无用者"[3]，即这些青花瓷砖据说用于拜天，但历朝均无此例。嘉靖帝还说只有英宗时期使用过，"亦未详"[4]。虽然英宗使用过这些青花瓷砖，但具体情况也不清楚，不知道这些"拜砖"用在哪里、怎样使用。倘若如嘉靖帝所言，再结合以上种种信息，或许可以推测是明英宗将宣德时期烧造的青花瓷砖用作"拜天"的"拜砖"，但使用场景和具体用法并不明确。当然，目前考古发现的明代青花瓷砖相对有限，而且正统时期的瓷器风格在一定程度上接近于宣德晚期，[5] 故英宗朝是否烧造过青花瓷砖还是存疑的，随着更多考古资料的揭示，关于青花拜砖的推论仍需不断修正。

除此之外，也存在另一种可能：嘉靖帝称这些青花瓷砖在英宗朝曾用于拜天，或许只是需要一个循礼且合制的理由来把它们用于圜丘坛，也就是说这些青花瓷砖的用途在嘉靖朝才发生变化，此前或许并未被当作拜砖使用。而在世宗初次询问张璁关于使用这些青花瓷砖的意见时，后者有"夫此砖既闻先朝尝用之，必极精洁"[6] 之语，某种程度上反映出张璁支持嘉靖帝将青花瓷砖用于圜丘坛是基于英宗也曾使用瓷砖拜天这一先例，暗示了使用拜砖有史可稽便在礼仪制度上具有正当性。考虑到嘉靖早期的大礼议之争，明世宗对礼仪十分重视，四郊分祀及其连带而来的四坛工程正是这一背景的产物，所以笔者认为也不能完全排除这种可能。而嘉

---

1 （明）张孚敬：《谕对录》卷一八，第1页。

2 同上注。

3 同上注。

4 同上注。

5 耿宝昌：《明清瓷器鉴定》，紫禁城出版社，1993，第86页。

6 （明）张孚敬：《谕对录》卷一八，第1页。

靖帝选择这类青花瓷砖大概是因为它们绘饰的锦纹具有天圆地方之象，锦纹源自织物，用之嵌砌成拜褥样或许还有在视觉效果上模仿蒲席编织纹的作用。

洪武二年规定"祭器皆用瓷"[1]，表明瓷质祭器开始在祭祀礼仪中得到广泛运用。圜丘坛属于礼制性建筑，嘉靖帝最终选用青色瓷砖铺设圜丘上层坛面，一方面符合祭瓷"圜丘青色"[2] 和"天之色当纯"[3] 的用色之制；另一方面，直接将瓷砖用于礼制性建筑也使得"瓷"这一材质与礼制活动有了更为紧密的联系。

由于担心青色瓷砖烧造不及，君臣议定圜丘二、三层坛面以青琉璃砖代替，说明琉璃砖的烧造难度小于瓷砖，但就材质而言本是退而求其次的选择。世宗又指出二层和三层铺琉璃砖"庶奈踏践也，不必同上一成之式，亦所以尊帝所居也"[4]，说明在嘉靖帝看来，圜丘二、三层坛面使用青琉璃砖，区别于最上层使用青色瓷砖，能从仪制上凸显对神明的崇敬。对于初时张璁提出的优先使用青花瓷砖铺砌四坛拜位，嘉靖帝曾表示"朕恐止作拜位近于为己，非为神坛也"[5]，后来张璁也谈到圜丘第一层使用青色瓷砖，则第三层拜位用青花瓷砖铺砌"亦是尽对越之诚，固礼之宜也"[6]，可见在他们的观念中，用砖材质的差异代表着等级之别。圜丘坛最上层供奉天帝神位，采用青色瓷砖以示尊崇；祭天之礼由天子亲祀，[7] 第三层的拜位名义上是给天子使用的，[8] 铺砌青花瓷砖既与最上层的青色瓷砖相呼应，又不致僭越神明；二层和三层坛面多行礼执事之人，难免践履，只铺等级低于瓷砖的青琉璃砖。"天之道，在洁诚而已"[9] 的理

1　(明) 申时行等修：《明会典》卷二〇一，第 4052 页。

2　同上注。

3　(明) 张孚敬：《谕对录》卷一八，第 3 页。

4　(明) 张孚敬：《谕对录》卷一八，第 6 页。世宗同时谈到了祝饮位不砌拜砖亦为敬神，"及祝饮位不嵌拜位砖者，乃以神前之特位也，亦尊神也"。

5　(明) 张孚敬：《谕对录》卷一八，第 3 页。

6　(明) 张孚敬：《谕对录》卷一八，第 5 页。

7　"国初，以郊庙、社稷、先农俱为大祀……凡郊庙、社稷、山川诸神，皆天子亲祀"[(明) 申时行等修：《明会典》卷八一，第 1839 页]；"凡天子所亲祀者，天地、宗庙、社稷、山川"[(清) 张廷玉等：《明史》卷四七，第 1225 页]。

8　嘉靖时期所定的圜丘仪注将圜丘坛的拜位称作"御拜位"。正祭当日，众人入圜丘内墙就位，"上至御拜位"，仪式过程复杂隆重，包括许多环节，而各环节完成后基本都有"上复位"的步骤。如遇风雪天气，则"于圜丘下，上恭就小次，对越行礼，其升降上香奠献，俱以太常执事官代"，说明在实际行礼时仍可能由专人代替。参见《明世宗实录》卷一一八，第 2808—2812 页；(明) 申时行等修：《明会典》卷八二，第 1875—1877 页；(清) 张廷玉等：《明史》卷四八，第 1256 页。

9　(明) 张孚敬：《谕对录》卷一八，第 1 页。

念也表明，瓷砖的"精洁"[1] 是它们被用于圜丘坛的原因之一，从侧面反映出时人观念中"瓷"这一质地具备纯粹、洁净的特性。不论是瓷砖还是琉璃砖，质地虽然有异但整体上都符合"圜丘青色"之制，铺砌圜丘拜位所用青花瓷砖的图案——"外虽方而内实圆"[2] 是天的象征，亦与圜丘为祭天之所的功能相应和。嘉靖帝和张璁对圜丘坛用砖情况的安排，使得整个建筑根据坛面各区域用途的不同铺设相应材质的青色砖片，形成了一套层级有别但又归依于礼的制式。有明一代，不仅以瓷器作为祭器，部分御窑瓷砖也被用于礼制建筑，还出现了样式相对固定的青花瓷拜砖，并在嘉靖时期多次烧造，从而赋予"瓷"这一材质更深的礼制性意涵。

学界对青花瓷的研究大多着力于传统意义上的瓷质容器，瓷砖、瓷板等构件作为不属于容具的陶瓷制品，受到的关注不多。明代景德镇御窑产品类型多样，就数量而言，青花瓷砖在其中所占的比例并不高，但同样包含着丰富的历史信息。御窑瓷砖往往是为一些工程专门烧造的，是特定时代和政治背景的产物，这些留存至今的青花瓷砖不仅反映了当时的制瓷水平和审美情趣，也成为明代营建郊坛等诸多史实的物证。原本只是建筑构件的瓷砖因为使用场景的变化，被赋予特殊的功能。对嘉靖朝烧造瓷砖的情况进行考证和分析只是一个初步的尝试，明代青花瓷砖纹饰的来源，瓷砖、瓷板等构件在清代的发展演变和明清时期民窑瓷砖的烧造及用途等问题，仍有待研究和讨论。

---

[1] （明）张孚敬：《谕对录》卷一八，第1页。

[2] （明）张孚敬：《谕对录》卷一八，第2页。

三

汉画研究

汉画像石中的蹶张图像考

■ 王黎梦（西安美术学院、北京大学汉画研究所）

河南、山东、安徽等地出土的汉画像石上有一种武士形象，一般称为"蹶张"（或"材官蹶张"）。蹶张最初的原型是战国时期诸侯周围有特殊技能即有力气、善走的门客或士兵。《吕氏春秋》载："吴阖庐选多力者五百人，利趾者三千人，以为前陈。"[1] 此后在秦汉军队中逐渐成为定制。张仲立论证了材士、材官与秦汉军制之间的变化关系[2]。秦代称这类士兵为材士，仍然强调军士的技艺。应选材官的重要条件是能引关蹶张，这与选拔骑士的要求不同，后者需有敏捷的反应力及厚重的家资[3]。秦之前未有明确的"材官"军职记载，《史记·张丞相列传》中才有材官申屠嘉，说明秦汉之间经历才士到材官的变化，材官成为正式官职受到国家的重视。闫艳认为蹶张既是一种工具——强弩，又是一种技艺，春秋时期至清代蹶张经历从军事向游戏的发展和演变[4]。以上研究侧重于蹶张的文献记载、军职演变等。蹶张图像也体现出汉画像石中军人的形象[5]。但是，仍需要进一步厘清蹶张图像的特征；所刻场景及由此引发的不同意义等。

一　汉画像石中的蹶张图像

从现存画像石来看，蹶张图像集中于河南、山东等地（见表1）。对图像的定义有三种：一是"桎梏"，瞿中溶（1769—1842年）所著《汉武梁祠画像考》中图三十配文为："此战陈兵乱中拘人之状，其

1　（汉）高诱注，（清）毕沅校：《吕氏春秋》卷八《简选》，上海古籍出版社，1996，第125页。
2　张仲立：《材士材官考论》，载秦始皇兵马俑博物馆《论丛》编委会编《秦文化论丛》第七辑，西北大学出版社，1999，第213—232页。
3　王彦辉：《论秦汉时期的正卒与材官骑士》，《历史研究》2015年第4期。
4　闫艳：《释"蹶张"》，载四川大学汉语史研究所等编《汉语史研究集刊》，巴蜀书社，2009，第303—307页。
5　杨絮飞：《浅析南阳汉画像砖、石中的"军人形象"塑造》，载郑先兴编《汉画研究：中国汉画学会第十届年会论文集》，湖北人民出版社，2006，第206—210页。

物似弓而有柄,当即所谓桎梏也。"[1] 桎梏是一种刑具,《周礼·大司寇》引郑玄注疏指绑手束脚之物。据《汉书·刑法志》载,汉代刑罚分死刑、流放刑、劳役刑、身体刑四类,汉初主要是死刑、肉刑和劳役刑三种。文帝废除肉刑后,身体刑在刑罚中虽不占主导,但仍作出规定,以鞭杖刑和笞刑为主[2]。桎梏在汉代文献中鲜见记载[3],所以仅瞿氏用过这一说法。二是宗布神。陈长山、魏仁华认为蹶张的形象虽然与生人相似,但它要表现的是神而不是人。因后羿死后成为宗布神(《淮南子·氾论训》),汉代人在生宅中有祭祀宗布的习俗,依据它在墓中的位置推断是镇宅除邪的宗布神[4]。唐长寿[5]、牛天伟[6]等也支持此观点。三是蹶张。考古报告或著作中援引《汉书·张周赵申屠传》写作"蹶张""材官蹶张""柴官蹶张"[7]"蹶张士"[8]等,此为大多数研究者认同。如黄运甫、闪修山在《唐河汉郁平大尹冯君孺人画象石墓》中用"脚张"和"蹶张"两词作替换,但意义相同。上述观点是依文献而定,尚未发现带榜题的图像。

表1 汉画像石中部分蹶张图像

序号	《汉画总录》/编号[9]	出土墓/地	年代	文献著录	蹶张所在位置	蹶张组合题材
1	HN-NY-001-57(2)	麒麟岗汉墓	东汉早期	南阳汉画馆:《南阳汉代画像石墓》,河南美术出版社,1998,第157页,图八八	南主室北壁西假门后壁	蹶张

---

[1] 瞿中溶:《汉武梁祠画像考》,北京图书馆出版社,2004,第404—406页。

[2] 连宏:《汉唐刑罚比较研究》,博士学位论文,东北师范大学,2012,第124页。

[3] 见《后汉书·陈蕃传》载:"蕃友人陈留朱震,时为铚令,闻而弃官哭之,收葬蕃尸,匿其子逸于甘陵界中。事觉系狱,合门桎梏。震受考掠,誓死不言,故逸免。"但此处未详细注释"桎梏"的形状。(宋)范晔撰,(唐)李贤等注:《后汉书》卷六六《陈王列传第五十六》,中华书局,1965,第2171页。

[4] 陈长山、魏仁华:《蹶张图考》,《考古与文物》1983年第3期。

[5] 唐长寿:《乐山崖墓和彭山崖墓》,电子科技大学出版社,1994,第72页。

[6] 牛天伟、金爱秀:《汉画神灵图像考述》,河南大学出版社,2016,第139页。

[7] 罗娅玲:《乐山市中区东汉崖墓的调查收获》,《四川文物》1990年第6期。

[8] 雷建金、付成金:《内江市发现东汉岩墓画像》,《四川文物》1987年第4期。

[9] 编号中LS指暂未收录《汉画总录》的零时编号,方便行文。另,本文图片来源除已标明外,其余均出自北京大学汉画研究所,特此感谢。

续表

序号	《汉画总录》/编号	出土墓/地	年代	文献著录	蹶张所在位置	蹶张组合题材
2	HN-NY-009-08	刘洼村汉画像石墓	西汉晚期	徐俊英、张方：《南阳市刘洼村汉画像石墓》，《中原文物》1991年第3期	主室中立柱正面	蹶张
3	HN-NY-017-01（1）	桑园路东汉画像石墓	东汉早期	李伟男：《河南南阳桑园路东汉画像石墓》，《文物》2003年第4期	前室过梁南端顶部	蹶张
4	HN-NY-018-07（3）	安居新村汉画像石墓	新莽—东汉初	南阳市文物考古研究所：《河南南阳市安居新村汉画像石墓》，《考古》2005年第8期	墓门斗形梁柱西侧	蹶张
5	HN-NY-028-08（2）	石桥汉墓	东汉早期	南阳博物馆：《河南南阳石桥汉画像石墓》，《考古与文物》1982年第1期	北墓门南门扉背面	云气纹、龙、蹶张
6	HN-NY-029-18	王寨汉墓	东汉早期	南阳汉代画像石编辑委员会：《南阳汉代画像石》，文物出版社，1985，图136	主室中柱正面	蹶张
7	HN-NY-035-18	高庙汉墓	东汉中晚期	凌皆兵、朱青生：《汉画总录16·南阳》，广西师范大学出版社，2013，第181页	不详	蹶张
8	HN-NY-041-24（2）	唐河县电厂汉墓	新莽	吕品、周到：《唐河县电厂汉画像石墓》，《中原文物》1982年第1期	东主室西壁中柱	蹶张
9	HN-NY-047-08（2）	方城县城关镇汉墓	新莽—东汉初	高桂云：《河南方城县城关镇汉画像石墓》，《文物》1984年第3期	前室南壁东门门扉背面	蹶张
10	HN-NY-061-04	粮校汉墓	汉代	王清建、朱青生：《汉画总录18·南阳》，广西师范大学出版社，2013，第277页	柱石	蹶张
11	HN-NY-081	七孔桥	同上	南阳汉代画像石编辑委员会：《南阳汉代画像石》，文物出版社，1985，图239[1]	不详	阁楼、蹶张、卧犬

---

1 南阳汉画馆藏部分缺少详细出土信息的蹶张图像画像石，现列如下：HN-NY-298、HN-NY-318（1）、HN-NY-319、HN-NY-326（2）、HN-NY-414、HN-NY-464（2）、HN-NY-508、HN-NY-519（2）、HN-NY-522、HN-NY-523、HN-NY-524、HN-NY-527、HN-NY-673（1）、HN-NY-674、HN-NY-777，收录于《汉画总录·南阳卷21—26》。

续表

序号	《汉画总录》/编号	出土墓/地	年代	文献著录	蹶张所在位置	蹶张组合题材
12	LS-HN-001	唐河县	西汉末期	黄运甫、闪修山、南阳地区文物队等：《唐河汉郁平大尹冯君孺人画象石墓》，《考古学报》1980年第2期	南阁室南壁	蹶张、熊
13	LS-HN-002	同上	同上	同上	南主室西壁	蹶张
14	LS-HN-003	同上	同上	同上	西阁室西壁	蹶张、武士
15	LS-HN-004	同上	新莽晚期—东汉初期	南阳地区文物工作队、唐河县文化馆：《唐河县针织厂二号汉画像石墓》，《中原文物》1985年第3期	墓大门西门第二块封门石	熊、蹶张
16	LS-HN-005	襄城县	汉代	黄留春、张照：《河南襄城县发现汉画像石》，《文物》1988年第5期	不详	蹶张
17	LS-HN-006	潘园汉墓	东汉晚期—三国	朱帜、朱振甫：《河南舞阳发现汉代画像石》，《考古》1993年第5期	墓门	蹶张、鸱鸮
18	LS-HN-007	马岗村汉墓	同上	同上	石柱	蹶张、白虎
19	LS-HN-008	郏县	东汉早期	王宏伟等：《河南郏县黑庙墓地汉代画像石墓发掘简报》，《文物》2018年第9期	立柱正面	蹶张
20	LS-SC-001	麻浩大地湾尹武孙墓	东汉中期	罗娅玲：《乐山市中区东汉崖墓的调查收获》，《四川文物》1990年第6期	崖墓洞口上端	蹶张
21	LS-SC-002	内江岩边山4号岩墓	东汉	雷建金、付成金：《内江市发现东汉岩墓画像》，《四川文物》1987年第4期	墓门外两侧	蹶张
22	LS-SC-003	三台黄明月一号崖墓	东汉晚期	钟治：《三台县安居镇东汉崖墓石刻画像》，《四川文物》1997年第5期	前室南壁	蹶张

续表

序号	《汉画总录》/编号	出土墓/地	年代	文献著录	蹶张所在位置	蹶张组合题材
23	LS-JS-001	铜山县洪楼汉墓	东汉	江苏省文物管理委员会：《江苏徐州汉画象石》，科学出版社，1959，图版46，图58 [1]	隔梁前侧面	蹶张
24	LS-JS-004	青山泉白集	东汉末期	尤振尧：《徐州青山泉白集东汉画象石墓》，《考古》1981年第2期	中室南壁	人物众多，蹶张位于末格
25	LS-JS-005	邳县白山故子二号墓	元嘉元年—东汉末	尤振尧、陈永清、周甲胜：《江苏邳县白山故子两座东汉画像石墓》，《文物》1986年第5期	前室东壁北边（后室门外北侧）	蹶张
26	LS-JS-006	泗洪重岗	西汉末—新莽	尤振尧、周晓陆：《江苏泗洪重岗汉画象石墓》，《考古》1986年第7期	西室东壁	厅堂、田猎、蹶张、角抵等
27	SD-ZC-053-02（1）	看庄八里河村	西汉	山东省博物馆、山东省文物考古研究所：《山东汉画像石选集》，齐鲁书社，1982，图115、图116	不详	上：骑马、决斗、蹶张；下：菱形穿环纹
28	SD-YN-001-04	沂南北寨村	东汉	蒋宝庚、黎忠义：《山东沂南汉画象石墓》，《文物参考资料》1954年第8期	墓门中柱上部	蹶张、虎形怪兽、羽人、怪兽
29	SD-AQ-001-070	安丘市董家庄	东汉晚期	安丘县文化局、安丘县博物馆：《安丘董家庄汉画像石墓》，济南出版社，1992，图版28	中室室顶南坡东三石	蹶张、神兽、翼鸟等
30	LS-SD-001	滕州市前进小学门东	延光元年（122年）	陈履生：《中国汉画》，广西美术出版社，2018，第198页，图179	祠堂左壁	凤鸟、猴、三足鸟、女娲、蹶张
31	LS-SD-002	滕州市滨湖镇山头村	西汉	同上，第206页，图191	石椁侧板	蹶张、操蛇人
32	LS-SD-003	滕州桑村镇西户口	延光元年	山东省博物馆、山东省文物考古研究所：《山东汉画像石选集》，齐鲁书社，1982，图209	祠堂左壁	共七层，第七层刻持斧武士、蹶张

---

[1] 徐州汉画像石艺术馆藏两件征集的抱鼓形画像石，其侧边刻蹶张和神兽，编号为LS-JS-002、LS-JS-003。

续表

序号	《汉画总录》/编号	出土墓/地	年代	文献著录	蹶张所在位置	蹶张组合题材
33	LS-SD-004	龙阳店公社附近	汉代	同上,图264	不详	双头鸟、双兽、蹶张
34	LS-SD-005	同上	同上	同上,图274	不详	奇禽、蹶张、龟
35	LS-SD-006	肥城县北大留村	同上	同上,图482、图483	不详	三人狩猎、蹶张、熊、虎、楼阁、人物拜谒
36	LS-SD-007	微山岛M20G1	新莽	杨建东、微山县文物管理所:《山东微山县微山岛汉代墓葬》,《考古》2009年第10期	石椁西侧板	蹶张
37	LS-SD-008	长清孝堂山	章帝或明帝时	罗哲文:《孝堂山郭氏墓石祠》,《文物》1961年第Z1期	东壁	人物众多
38	LS-SD-009	武梁祠	东汉末期	骆承烈、朱锡禄:《嘉祥武氏墓群石刻》,《文物》1979年第7期	前石室第六石	人物众多
39	AH-HB-011(2)	淮北市大唐电厂	东汉	中国画像石全集编辑委员会:《中国画像石全集4:江苏、安徽、浙江汉画像石》,山东美术出版社,2000,第141页	祠堂侧壁	蹶张、翼虎
40	AH-XX-055-04(1)	东黄庄M3	东汉	周水利、朱青生:《汉画总录40·萧县》,广西师范大学出版社,2019,第51页	鼓形祠堂侧壁石正面	蹶张、虎
41	LS-AH-001	洪山南坡粉煤灰池水沟内	东汉中期以后	淮北市文物局:《安徽省淮北市发现汉代画像石祠》,《东南文化》2019年第6期	祠堂C1石三正立面	蹶张、翼龙
42	LS-AH-002	同上	同上	同上	祠堂C2石二正立面	蹶张、翼虎
43	LS-AH-003	淮北动物园内	东汉	考古报告暂未发表	祠堂构建	蹶张(残)

汉画像石上蹶张的造型基本为正面（有两例为侧身坐姿拉弓），腿部弯曲或直立。武梁祠前石室第六石中为侧身坐，脚踩渊，未刻出弦（这可能是瞿中溶判断为桎梏的主要原因）；孝堂山石祠东壁上的蹶张有两组，每组两人为同一姿势。一种同武梁祠画像石上的动作，手拉弓弦；另一种人的身体横卧，坐的姿势不明显。除上述两例图像外，依据蹶张的身体姿势将图像分为两类，一是站立式，二是半蹲式。[1]

站立式蹶张的第一种形式为人物刻3/4侧脸，口中衔矢。胳膊夹紧上半身，双手控弦，挽袖卷裤，脚外翻与渊呈平行状。头戴尖顶冠，如山字形，中间高，两边卷曲上翘，如南阳刘洼村汉墓主室中立柱正面画像 HN-NY-009-08（图1-1）。或戴介帻，如南阳王寨汉墓主室中柱正面 HN-NY-029-18（图1-2）和南阳市 HN-NY-319。或戴尖帽，深目高鼻，似胡人，着短衣短裤；如南阳 HN-NY-508（图1-3）、HN-NY-523（图1-4）等。

站立式的第二种形式为人物正面脸，戴尖帽，短裤，如南阳七孔桥 HN-NY-081。HN-NY-673（1）的尖帽中间呈山字形，左右两角呈圆弧状而上翘。HN-NY-318（1）的山形帽子中间呈圆筒状；冯君孺人墓南阁室南壁的蹶张 LS-HN-001 中将帽子左右两边的角刻在同一边。微山县微山岛石椁墓 M20G1 西侧板的蹶张 LS-SD-007 似戴建华冠，又称鹬冠，明堂乐舞所用，双腿并拢踏弓；与此冠饰相似的另有 LS-HN-003。HN-NY-464（2）中，头顶上有一圆髻，髻两边各有一个圆环；HN-NY-414 的头饰上也是一个圆髻，但髻的两边是半椭圆形，身后插两矢。戴武冠者，唐河县针织厂二号汉墓大门西门第二块封石上的蹶张 LS-HN-004（图1-5）和 HN-NY-524（图1-6），其身后左右两肩垂直各插两矢。

半蹲式蹶张图像中膝盖与腿之间有明显的弯曲姿势，脸为正面和侧面两种，以正面居多。造型表现为头上分两髻，如麒麟岗南主室北壁西假门后壁蹶张 HN-NY-001-57（2）（图2-1），身材魁梧，着力刻画上半身，夸张的双肩及衣袖，脚尖踩渊，脚后跟抬起。LS-HN-008（图2-2）头上也是两髻，但着紧身衣。刻画一髻者，如 LS-JS-002 和 LS-HN-006。戴武冠，如淮北市大唐电厂 AH-HB-011（2）（图2-3）。沂南汉墓墓门中柱蹶张的胳膊前臂向肩部提升（图2-4），短裤；相似的姿势还见于 LS-SD-006。唐河县电厂汉画像石墓主室隔梁中立柱东侧面 HN-NY-041-24（2）的蹶张手臂则保持直立状。戴面具，南阳 HN-NY-326（2）（图2-5）似戴熊形面具，交领，脚上着履。HN-NY-527（图2-6）眼睛大而扁平，嘴巴大张。

---

[1] 秦立凯等将汉代蹶张开弩的方式分为立张、坐张和臂张，笔者认为坐张应是半蹲式。秦立凯、刘超、郑贺、陈威：《汉代巴蜀射箭文化探讨》，《体育文化导刊》2014年第2期。

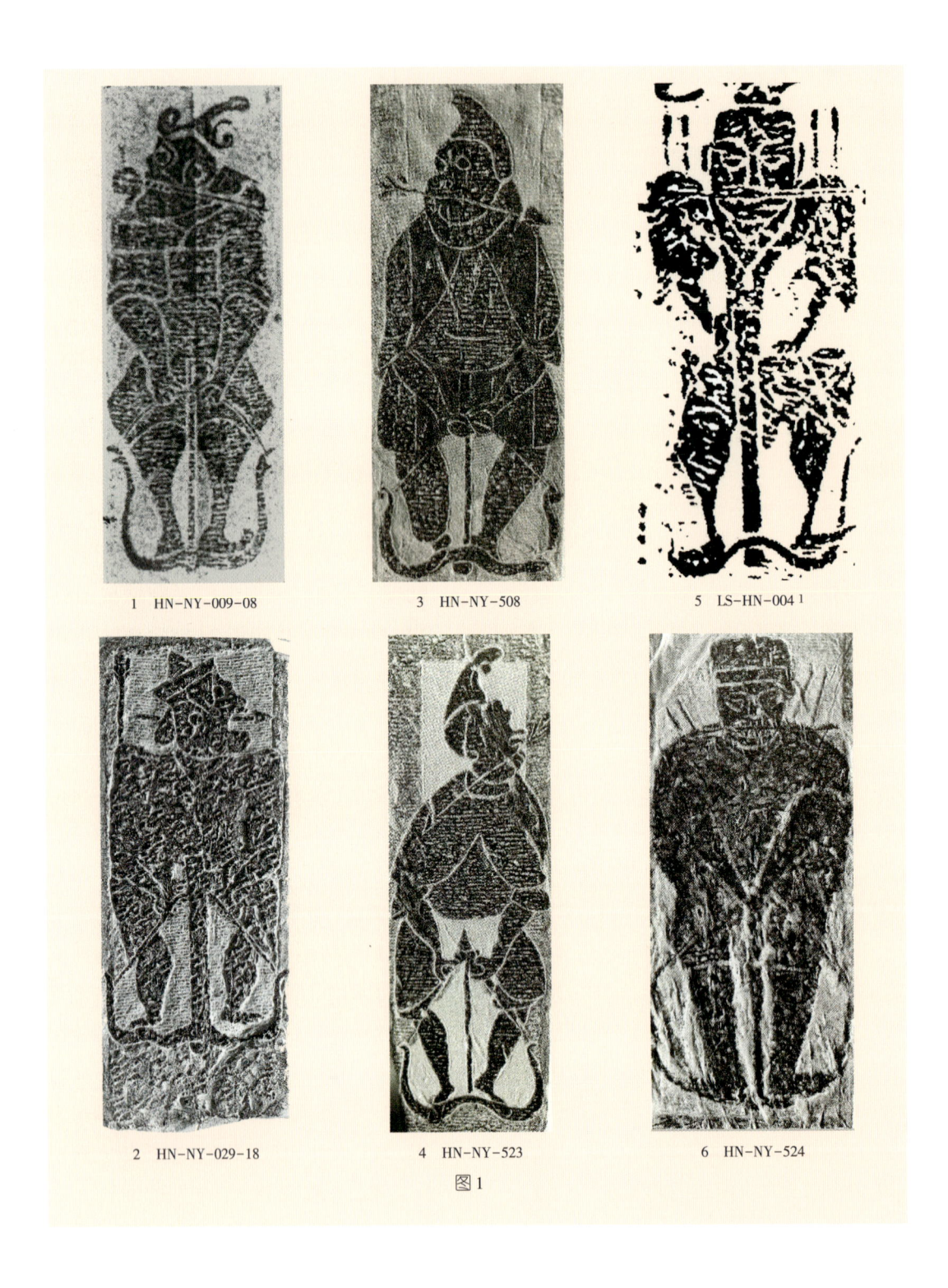

1　HN-NY-009-08　　　3　HN-NY-508　　　5　LS-HN-004 [1]

2　HN-NY-029-18　　　4　HN-NY-523　　　6　HN-NY-524

图1

---

[1] 图片出自考古报告，见表1。

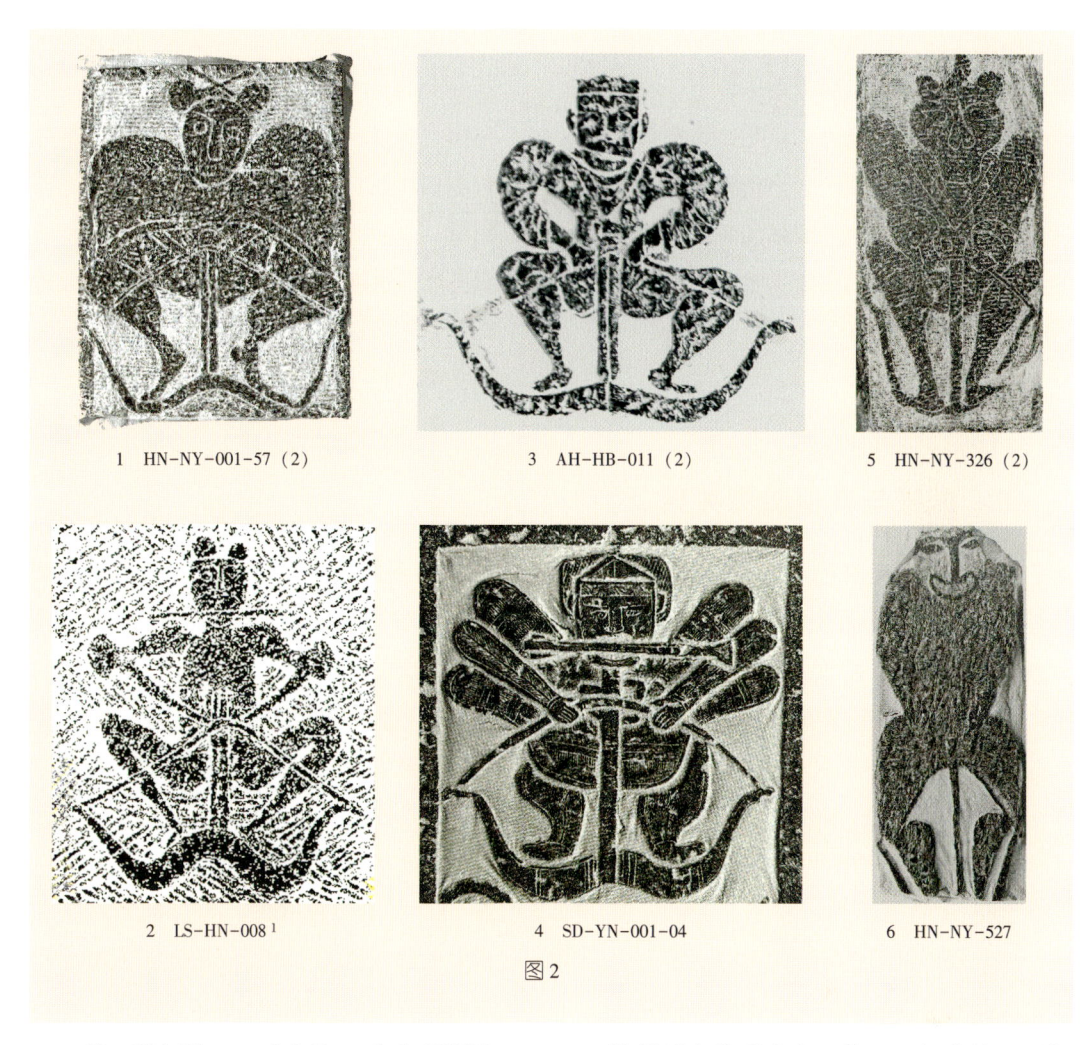

1　HN-NY-001-57（2）　　3　AH-HB-011（2）　　5　HN-NY-326（2）

2　LS-HN-008[1]　　4　SD-YN-001-04　　6　HN-NY-527

图 2

　　第二种侧脸，口内衔矢，未表现服饰细节。戴介帻，如南阳 HN-NY-298；戴尖帽，如南阳 HN-NY-777；这两图中蹶张的胳膊紧紧贴合身体前面。戴武冠，HN-NY-047-08（2）上身裸体、下着短裤及履。

　　由上述分类可知，其一，河南地区现存蹶张图像最多，其次为山东地区，江苏、四川和安徽地区较少，陕北、山西两地暂时未找到个案。其二，河南地区不仅在数量上占据优势，在形式上也非常多样，即站立式和半蹲式皆有，脸部又有正面和侧面之分，服饰也不尽相同。帽饰的区别较大，部分可对应《后汉书·舆服志》。因此汉画像石中蹶张的基本形象为：通过宽大的服饰塑造魁梧的上半身。下半身通常着短裤，刻出小腿的线条，突出人物的职业；部分也着长裤。整个足或

---

[1] 图片出自考古报告，见表1。

脚尖站立于渊上，或表现为跣足。所有的蹶张图像都保持张弓满弦立于柎上，突出蹶张脚的发力点和臂力。蹶张口内是否衔矢及矢的角度并不统一，个别蹶张的背部插箭。除舞阳县的两例蹶张图像之外，弓的宽度往往大于人物肩膀的宽度，以强调用脚力才能使其张开。

二 蹶张与其他图像关系

与蹶张图像组合出现的题材有两类，一是奇禽、怪兽及仙人如三足鸟、翼龙、翼虎、羽人等；二是现实生活场景。对于组合关系的分类与辨析是理解蹶张图像意义的关键。

山东滕州前进小学门东出土的延光元年画像石 LS-SD-001 为祠堂构件，正面从上至下分别刻凤鸟、猴子、女娲、蹶张；侧面刻十只形态各异的鸟兽。沂南北寨村汉墓 SD-YN-001-04 为墓门中柱，依次为蹶张、虎形怪兽、羽人、正面怪兽，正面怪兽头顶生长羽，张口露舌与齿，前两只脚盘曲相交，或称之为铺首图。龙阳店公社附近出土的 LS-SD-004 上刻双头鸟、双兽和蹶张，与 LS-SD-005 相似。上述图例中蹶张一般在画面的最后一层（LS-SD-005 中是四例中唯一有横线分层的画像石，蹶张与龟属同一层）或第一格的纵向布局中，画面通常有三层或四层图像。LS-SD-002 的横向构图与早期画像石椁的布局相同。画面分三层，第一层靠近中间刻尾巴相对、龙首回望的双龙，右下角贴合横线边框处为一小一大的鱼。第二层又分为左中右三格，每格有竖框相隔，分成更窄的区域，框内刻菱形线纹。左刻一人持盾，后有一奔跑的马，其后为一人，动作不明。下边框有尾巴相对的两鱼。中格为两凤鸟，口衔连珠。右格为蹶张和操蛇人。第三层无图像，填刻竖线纹。

蹶张与虎的组合如河南漯河市舞阳县马岗村汉墓 LS-HN-007 为石柱，上刻蹶张与白虎。淮北市大唐电厂 AH-HB-011（2）为祠堂侧壁，画像石呈抱鼓形，蹶张刻于石头侧面（即面向观者）的上部，下刻翼虎。萧县 AH-XX-055-04（1）也是蹶张和虎。这种图式还见于淮北洪山汉代小祠堂 LS-AH-001 和 LS-AH-002，蹶张的组合图像、位置都与大唐电厂画像相同；另有徐州汉画像石艺术馆藏的 LS-JS-002 和 LS-JS-003，可以推断蹶张在祠堂构建上的基本模式。冯君孺人墓中有三组蹶张图像，其中南阁室南壁 LS-HN-001 为熊和蹶张。唐河县针织厂二号墓蹶张 LS-HN-006 的上部也刻一只熊。舞阳县潘园汉墓出土的画像石墓门 LS-HN-006 上为蹶张与鸱鸮；以上为蹶张与单个动物的组合。

第二种是蹶张刻于现实场景。如蹶张与楼阁组合，HN-NY-081 上刻二层阁楼，下为蹶张和一只卧犬。孝堂山石祠中的人物场景复杂，蹶张位于东壁，左起为南向站立的两个武士，另两人脚张蹶，再两人前倾站立，弓箭立于脚旁，头上有三只飞雁。再一人北向跪立，一辎车一马嘶鸣，车上一人北向招手，一人一手执缰绳，另一手扬马鞭，这八个人物可作为一组场景。枣庄市山亭区桑村镇西户口出土的 LS-SD-003，画像石右上方也有延光元年题刻，画面正面以横框分七层，第一层左刻开明兽，脚下有两条鱼。右边为一张口神兽。第二层左刻三鹿驾车，车上坐三人，第一人执绳，后跟一人骑鹿。第三层刻四人，中间二人格斗，左右两侧各站一人观看。第四层刻六人执毕，头上各刻一只鸟。第五层为人物图。第六层为车辆出行。第七层刻画三人，中间为蹶张，背后有弓箭。腿部左右两侧各刻一只仙鹤，正好位于弓与弦形成的闭合区域内。蹶张两侧各有一武士，手中执斧。画像石的侧面刻四层，分别是铺首衔环、一人兽蛇足举圆轮、熊、一人执笏。微山县微山岛 M20G1 的 LS-SD-008 中，蹶张位于石椁西侧挡板。左格上刻两只公鸡，下为两只凤鸟，嘴内衔琅玕。中格一楼阁，上为两人对弈，两人身后各有一人。左侧为两人，一人侧脸呈俯身状，右边一人扶着。楼下中间两人抬酒上楼，右边为车，左边是马。右格为蹶张。虽然上述两石中有凤鸟、开明兽等，但其主要强调生活场景。SD-ZC-053-02（1）中刻画骑马、格斗及蹶张；画像石下方还刻菱形穿环纹；左边缘刻伏羲、女娲。

上述蹶张图像组合的两类题材，不仅体现了蹶张的地域特征，也反映出不同意义。河南和山东两地在使用蹶张图像时有明显不同的意图：河南地区更倾向于将蹶张放置于单独画面而突出其独立意义；后者则是将蹶张刻在多题材的场景中表现从属性。

三 蹶张图像的意义

关于在蹶张图像意义现有的研究中，目前学界主要有三种观点：其一是驱逐阴邪之气，叶舒宪《汉画像"蹶张"的象征意义试解》一文中援引清末丁惟汾《俚语证古》"涨觳"条认为是表现阳物母题的图像[1]。叶舒宪以阿尔及利亚旧石器时代和瑞典青铜时代的岩画、青海海西州天峻县江河乡卢山和阴山岩画等作图像比较，汉画像石中这种图像是以其阳性特征驱逐下界的阴邪之气，以保证墓主阳性力量能像生前一样旺盛。宋艳萍对汉代画像石中厌胜图像的梳理后，认为力士图像如蹶张在墓中所起的作用是厌胜[2]。上述观点局限在忽略蹶张和组合图像的关系，尤其是当蹶张图像处于生活场景时。其二是保护墓主人。冯君孺人墓考古报告中写道："此墓蹶张画象位置在墓主人的棺床后侧和紧挨主室四周的藏阁内，无疑是作

---

[1] 叶舒宪：《神话意象》，北京大学出版社，2007，第 206—211 页。
[2] 宋艳萍：《汉代画像与汉代"厌胜"之风》，载中国社会科学院历史研究所文化研究室编《形象史学研究》下半年，人民出版社，2015，第 59—85 页。

为近身卫士，以保护墓主人的。"[1] 闫艳在其论文中引用这一观点。其三是汉代的一种人物类门神。[2] 根据对蹶张图像的概括分类、图像组合、雕刻位置等研究，笔者认为汉画像石中蹶张形象的意义至少有三种，一是武士身份，作为一般意义上对逝者的保护；二是模仿现实生活中的傩戏而成为墓中驱邪图像之一；三是蹶张图像的神化。蹶张图像施用的二百年间经历过不同意义的变化，不可一概而论。

（一）蹶张作为武士的意义

考古图像中所持之物及装束等明确区分了不同人物的身份[3]，南阳地区画像石中单独的蹶张倾向于墓葬图像内的武士阶层，一是通过与之相对的人物形象来表现，如刘洼村墓主室中立柱除刻蹶张（HN-NY-009-08）之外，立柱南边刻捧奁侍者；安居新村汉墓中蹶张位于墓门斗型梁柱西侧，其余分刻捧盒侍者、执钺、拥彗门吏。这是造墓者有意对墓内侍者图像身份、职能的安排，即对外社交的武士（执钺、蹶张）与对内生活的侍者（捧盒、捧奁）所形成的对比。HN-NY-414 中蹶张脚下刻有带五只矢的箭箙。二是通过图像本身的特征，蹶张形象部分为胡人装束。汉画像石中的胡人形象是解决汉代艺术中关于历史、种族和异域想象的一个支点，也是探讨汉代艺术与域外关系的重要部分[4]。南阳地区出土的汉画像砖石、陶俑中有大量胡人形象，如歌舞、狩猎、奴仆等，或站或跪或骑[5]；而蹶张图像主要借助胡人骁勇善战的民族特性，如 HN-NY-508、HN-NY-523、HN-NY-527 及 HN-NY-777 等。邢义田在《古代中国及欧亚文献、图像与考古资料中的"胡人"外貌》一文中考证，胡人形象的上身外在特征为"被发、辫发、椎髻或戴尖顶帽。着窄袖短衣，衣领有套头、对襟、左右衽交叠为主的三式。以受斯基泰文化影响的遗物而言，左衽者似乎较多。腰束带，下身穿长裤、脚着靴"[6]。由于材质及雕刻手法不同，画像石中尖帽、窄袖短衣是易于识别的特征。HN-NY-508 中能看出蹶张带尖帽，圆眼；衣领为套头式，短衣、短裤。与唐河县电厂画像和冯君孺人墓中人物的宽阔上衣形成鲜明对比。HN-NY-523 的形象似为 HN-NY-508 的镜像，这两例的工匠技法来自同一地区；两图中蹶张的上衣还可作为研究汉

---

1 黄运甫、闪修山、南阳地区文物队等：《唐河汉郁平大尹冯君孺人画象石墓》，《考古学报》1980 年第 2 期。
2 刘兴怀：《南阳汉墓门神浅说》，《美术研究》1990 年第 1 期。
3 黄剑华：《汉代画像中的门吏与持械人物探讨》，《中原文物》2012 年第 1 期。
4 朱浒：《汉画像胡人图像研究》，生活·读书·新知三联书店，2017，第 365 页。
5 顾英华、周巧燕：《略论南阳汉墓中的"胡人"形象文物》，《中原文物》2012 年第 3 期。
6 邢义田：《画为心声：画像石、画像砖与壁画》，中华书局，2011，第 301 页。

画像石中士兵服饰的图像，铠甲从胸前分开以保护两肩及臂。HN-NY-777 中的图像不如前两例清晰，但也可以看出尖帽。HN-NY-527 与马踏匈奴中的胡人面部相似，高直的脖子，厚嘴唇，但没有浓密的胡须。LS-HN-008 中蹶张头上是两个对称的圆形髻，是否为胡人形象还需要考证。

西汉早期的内外战争中常有胡人、胡骑等，如马王堆三号汉墓出土的"遣策"中简 68 书："胡人一人，操弓矢、赎观，率附马一匹。"简 69 书："胡骑两匹，匹一人，其一人操附马。"[1] 简册的内容说明胡人在军中的兵种及职责。景帝至宣帝时共有 32 个匈奴首领归降汉朝，此外还有义渠出身的将领如公孙贺、公孙敖等[2]。胡人因其民族风俗，即使归降汉地也延续军事上的能力："宽则随畜，因射猎禽兽为生业；急则人习战功以侵伐，其天性也。"[3]《后汉书·中山简王刘焉传》载："今五国各官骑百人，称娖前行，皆北军胡骑，便兵善射，弓不空发，中必决眦。夫有文事必有武备，所以重蕃职也。"[4] 这些都表明胡人骑射技艺的优势，所以蹶张图像中才会有胡人的形象。

（二）墓中的驱邪图像之一

南阳画像石如 HN-NY-326（2）中蹶张的脸部如同兽类，脸颊宽而下巴瘦，脸颊向下几乎是垂直过渡，由此判断蹶张戴熊面具。HN-NY-673（1）中也戴有面具。冯君孺人墓中南阁室南壁刻蹶张和熊，这种组合还见于 LS-HN-004。LS-SD-002 中的蹶张服饰似专门为乐舞人所制，上衣束腰，及膝，左右两边的衣角上翘，下身似着胫衣，与右边操蛇人的服饰相似。《汉书·礼乐志》中记载："常从倡三十人，常从象人四人，诏随常从倡十六人，秦倡员二十九人，秦倡象人员三人。"[5] 对"象人"的解释有两种，孟康认为是人为的装扮成某种动物进行表演，韦昭则认为是带假面具，本文从后者。特定的装扮可以给予观者强烈的心理暗示，尤其是面具上的眼睛夸张变形。傩戏是源于商代王室的大型祭祀活动，直到汉代仍然风行傩祭。傩祭的过程见于《后汉书·礼仪志》中："先腊一日大傩，谓之逐疫。其仪：选中黄门子弟年十岁以上，十二岁以下，百二十人为侲子，皆赤帻皂制，执大鼗。方相氏

---

[1] 湖南省博物馆、湖南省文物考古研究所：《长沙马王堆二、三号汉墓·第一卷：田野考古发掘报告》，文物出版社，2004，第 52 页。

[2] 陈连庆：《中国古代史研究》，吉林文史出版社，1991，第 283—284 页。

[3] （汉）司马迁撰，（宋）裴骃集解，（唐）司马贞索隐，（唐）张守节正义：《史记》卷一一〇《匈奴列传》，中华书局，2013，第 3461 页。

[4] 《后汉书》卷四二《光武十王列传》，第 1449 页。

[5] （汉）班固撰，（唐）颜师古注：《汉书》卷二二《礼乐志》，中华书局，1962，第 1073—1074 页。

黄金四目，蒙熊皮，玄衣朱裳，执戈扬盾。"[1] 而"蒙熊皮"或"冒熊皮"是从《周礼·夏官》以来一直延续的形式。这一点在 HN-NY-326（2）的图像上非常明显，其他画像石因石质漫漶而难以辨认。将蹶张与熊表现在同一画面的原因也可能源于此。清代俞樾《茶香室续钞》卷一九《门神之始》中认为除人物成庆之外，还有动物类如"画虎于门"。安徽地区的祠堂画像石中蹶张多与翼虎组合，这与"虎食鬼魅"的观念有关。赵唯、王庆生也认为汉画中的"蹶张画像大都头戴面具，瞪目竖眉，口衔枣矢，双手执桃弓，形象凶悍"[2]。用具有驱邪作用的桃木制成弓的目的显而易见。因此，上述图像中的蹶张以辟邪功能为主。

（三）蹶张图像的神化

蹶张与瑞兽组合时身份从人向神的转变，如滕州市出土的 LS-SD-001、LS-SD-004、LS-SD-006 等。东汉中叶以后蹶张图像的意义变得复杂、多样。梁启超认为"尚武"精神是中华民族最初的天性，汉代表现在刘氏夺取政权后潜移默化的影响、汉代骑兵中胡人的骁勇善战及汉人思想观念中对"尚武"精神的重视。

汉代发展出独特的"猛士"文化，但在之后并没有流行[3]。在汉朝的建立与初期频繁的边界战事中表现得尤为明显，获得军功给予的利益体现在高祖对功臣毫不吝啬的分封，从高祖六年（前201年）十二月甲申曹参的封侯开始，持续至十二年的六月，前后获封的彻侯有140多位，其中张良、灌婴、郦商、郦食其等都是河南籍的武将。封爵的誓词及丹书铁券的凭证对后世影响深远："使河如带，泰山若厉，国以永宁，爱及苗裔。"[4] 至王莽政权后期，刘玄、刘縯和刘秀兄弟等都是从南阳郡蔡阳县起家，东汉初期的政权中南阳籍的将士人数可观，杨炳群、刘安以《后汉书》等统计："南阳籍的人才约220人，其中位居宰相，任职三公（司徒、司空、太尉）的25人，在中央行政管理重要部门任九卿之职的32人，有111人被封为王或侯，成为一国之主。"[5] 可见两次政权的建立中汉人的"尚武"精神。

通过与其他物像的组合强化蹶张图像在武士基础上的"战神"意义。舞阳县 LS-HN-006 蹶张与鸱鸮画像石，两者的组合表明蹶张图像在画像石中已经从"人化"过渡至"神化"阶段。鸱鸮是人类早期鸟图腾崇拜的原型之一，陶、青铜

---

1 《后汉书》卷九五《志第五·礼仪中》，第3127页。
2 赵唯、王庆生：《从汉画像看汉代的傩文化》，载中国汉画学会等编《中国汉画学会第十二届年会论文集》，中国国际文化出版社，2010，第173—176页。
3 李小白：《汉代尚武精神的嬗变与"英雄"文化的生成》，《西南大学学报》（社会科学版）2021年第1期。
4 《史记》卷一八《高祖功臣侯者年表第六》，第1043页。
5 杨炳群、刘安：《东汉南阳人才的作用》，《南都学坛》（哲学社会科学版）1994年第4期。

器的器型及纹饰中常见。鸱鸮是商周以来的神鸟，象征战神。妇好墓中曾出土两件立鸮形尊；海昏侯墓中的"大刘记"印钮代表刘贺对出生地昌邑地区鸱鸮崇拜的一种向往和纪念[1]。淮北市相山区原上海餐厅建筑工地出土一块带两层楼阁的画像石[2]，上层屋脊正中央栖一鸱鸮。鸱鸮为正面蹲坐，突出两个圆眼及钩形鼻。练春海认为鸱鸮是汉代的引魂鸟，尤其是当它栖息在树巅、屋顶的时候[3]。这种说法体现鸱鸮与阴间的关系。滕州市汉画像石馆藏的一件《建鼓乐舞》画像石[4]，左上角刻一鸱鸮，右边为七神兽，画面正中则表现建鼓乐舞的场景，这一场景中鸱鸮寓意夜间。不同场景中鸱鸮的意义不同，鸱鸮和蹶张的组合象征军事战争。《诗经·鲁颂·泮水》中的"鸮"就是指鸱鸮，将鸱鸮的鸣声比作战争的胜利。汉武帝时置"枭骑都尉"的武职，《史记·建元以来侯者年表》中记载高昌侯董志为枭骑都尉。虽然鸱鸮与蹶张组合的图像不多，但也可以为蹶张图像的神化提供侧面证据。

从蹶张图像意义的演变看，汉初申屠嘉以蹶张的身份随刘邦起义，至西汉晚期墓中出现蹶张图像，东汉早期大多出现于现实场景中。刘洼村汉墓、冯君孺人墓等是西汉晚期的代表，安居新村、唐河县电厂、方城县城关镇等墓为新莽或东汉初期。蹶张图像最早出现南阳地区，多是柱子上的单个人物形象，柱子其他面刻执节（钺）门吏、捧盒（奁）侍者等。这一时期倾向生活化的意向，笔者认为是对墓主人为官身份的一种证明。蹶张与其他如执棒、盾、戟、刀斧的门吏或武士是相同的作用，则此类图像是保护墓主人及重建逝者熟悉的环境，或墓主人仍希望继续武官职业。此后在东汉中后期同一画面上有蹶张与其他物像的组合，如羽人、翼虎、凤鸟等；也表现在大型的军事场景中，如孝堂山石祠的东壁、武氏石祠等，这是蹶张图像意义增多、变化的阶段。

综上所论，蹶张形象最初是有明显识别性的军事人物图像之一，也是汉代"尚武"精神尤其是东汉初期南阳军士阶层崛起的体现。因申屠嘉为人果敢而刚毅，蹶张也就进入画像石人物题材之中，受中下层阶级民众的推崇。过去学界对于蹶张的研究多限于其在军事官职中的演变，对蹶张图像及组合物像的地域性特征与表现方式的考察可探究蹶张图像在汉代墓葬中的意义，这也是本文论证的观点。

1　谢伟峰：《殷周传统与鸱鸮之吉凶二意——从海昏侯"大刘记"印鸮纽说起》，《延安大学学报》（社会科学版）2018年第6期。
2　陈履生：《中国汉画》，广西美术出版社，2018，第335页。
3　练春海：《汉代艺术与信仰中的天梯》，《民族艺术》2009年第4期。
4　陈履生：《中国汉画》，广西美术出版社，2018，第207页。

汉代画像与汉代人观念中的"合"

■ 宋艳萍（中国社会科学院古代史研究所）

"合"，《说文解字》释为"合口也"[1]，众口相合即为合。"合"不仅是个哲学概念，还渗透到政治、宗教、社会生活等领域，对汉代人的思想观念产生了重要影响。汉代画像中有很多画面，蕴含了"合"的意境，充分体现了汉代人对"合"的崇尚与追求。

一 汉代人观念中的"合"

从先秦时开始，人们对"合"这一观念有着特殊感情。庄子从空间上，将天地四方称为六合，并将"合"引入哲学领域，认为万物是由天地相合而成。《庄子·达生》曰："天地者，万物之父母也，合则成体，散则成始。"[2] 这是庄子提出的宇宙生成论，认为天与地相合而生成万物，两者是万物之父母。先秦时期，"合"被引申为两性之合。《老子》第五十五章曰："未知牝牡之合而全作，精之至也。"[3] 牝牡之合即为两性相合。夫妇是得到社会承认的具有合法性的两性相合，"得耦为合，主合其半，成夫妇也"[4]。《诗经·大雅·大明》将男女婚配称为"天作之合"[5]，这是对礼制下两性相合的肯定和升华。

到了汉代，对"合"更为重视。董仲舒认为"凡物必有合"[6]，现实存在的万物，都必然处于"合"的状态中。上

---

* 本文为"古文字与中华文明传承发展工程"规划项目"汉代画像与观念世界"（项目号 G3612）的阶段性研究成果。

1 （汉）许慎撰，（宋）徐铉校定：《说文解字》，中华书局，2013，第 103 页。

2 （清）郭庆藩撰，王孝鱼点校：《庄子集释》，中华书局，2012，第 631 页。

3 （魏）王弼注，楼宇烈校释：《老子道德经注校释》，中华书局，2016，第 145 页。

4 （清）孙诒让：《周礼正义》卷二六《地官·媒氏》，郑玄注，中华书局，2013，第 1033 页。

5 王秀梅译注：《诗经·大雅·大明》，中华书局，2015，第 584 页。

6 （清）苏舆撰，钟哲点校：《春秋繁露义证》卷一二《基义》，中华书局，2015，第 342 页。

与下合、左与右合、前与后合、表与里合、美与恶合、顺与逆合、喜与怒合、寒与暑合、昼与夜合，万物都是相对相合的。汉代人在思索宇宙生成模式时，继承了庄子的宇宙生成论，认为"物莫无合，而合各有阴阳。"[1] 万物相合，相合的双方必然阴阳相对。天为阳，地为阴，"此阴阳合德，气钟于子，化生万物者也"[2]。万物生成的动因，便是阴阳合德而成。万物是由天地阴阳相合而生成，其中也包括民，"夫五六者，天地之中合，而民所受以生也"[3]。民是由天地中合而生。连唯物主义思想家王充也赞同这种宇宙生成论，他认为："天地合气，万物自生。"[4]

汉代人认为，天、地、人，构成宇宙的基本元素。董仲舒曰："天地人，万物之本也。天生之，地养之，人成之。天生之以孝悌，地养之以衣食，人成之以礼乐，三者相为手足，合以成体，不可一无也。"[5] 天地人相合相通，缺一不可。首先是天地相合。董仲舒认为："地，天之合也。"[6] 董仲舒的观点被汉代人普遍接受，人们甚至将天地比喻为夫妇，认为"然天地，夫妇也，合为一体。天在地中，地与天合，天地并气，故能生物。"[7] 天地相合，正如夫妇合体，故能生成万物。其次是天人相合。董仲舒认为："为生不能为人，为人者天也。人之人本于天，天亦人之曾祖父也。"[8] 人的形体、血气、德行、好恶、喜怒等，都是由天感化而成，"天人之际，合而为一"[9]。天和人是合一的，人由天生，与天相互感应。这种沟通天人关系的思想，被汉代人普遍接受。《淮南子》亦曰："天之与人，有以相通也。"[10] 再次是人伦相合。人伦，包括三纲和六纪。君臣、父子、夫妇，构成了人伦之三纲。六纪，即诸父、兄弟、族人、诸舅、师长、朋友。三纲六纪，就构成了个人所有的社会关系。汉代人认为，人伦是相合的，相合的基础，为"义"。"义者，所以合君臣、父子、兄

---

1 （清）苏舆撰，钟哲点校：《春秋繁露义证》卷一二《基义》，第342页。
2 《汉书》卷二一上《律历志》，中华书局，1962，第964页。
3 《汉书》卷二一上《律历志》，第981页。
4 黄晖撰：《论衡校释》卷一八《自然篇》，中华书局，1990，第775页。
5 （清）苏舆撰，钟哲点校：《春秋繁露义证》卷六《立元神》，第165页。
6 （清）苏舆撰，钟哲点校：《春秋繁露义证》卷一一《阳尊阴卑》，第318页。
7 黄晖撰：《论衡校释》卷一一《说日篇》，第490页。
8 （清）苏舆撰，钟哲点校：《春秋繁露义证》卷一一《为人者天》，第310页。
9 （清）苏舆撰，钟哲点校：《春秋繁露义证》卷一〇《深察名号》，第281页。
10 （汉）刘安等著，许匡一译注：《淮南子全译》卷二〇《泰族训》，贵州人民出版社，1993，第1178页。

弟、夫妻、朋友之际也。"[1] 不仅君臣、父子、夫妇三纲以"义"合，兄弟、朋友等六纪亦以"义"合。

《周易·乾卦·文言》曰："夫大人者，与天地合其德，与日月合其明，与四时合其序，与鬼神合其吉凶。"[2] 能与天地合德，与日月合明，与四时合序，与鬼神合吉凶者，被称为"大人"。谁可以称得上"大人"？王充认为："黄帝、尧、舜，大人也，其德与天地合。"[3] 黄帝、尧、舜，为传说中的五帝，他们因品德高洁，与天地合德，所以称得上"大人"。王充又认为："大人与天地合德，孔子，大人也。"[4] 孔子为圣人，堪当与天地合德者。可见在王充心目中，能称得上"大人"者，既包括像黄帝、尧、舜这样的帝王，也包括像孔子这样的圣人。

帝王为天之子，异于常人，所以兴起或继体时，天必出受命之符。周文王有赤乌之符；武王有白鱼入舟之瑞，而五星聚东井，为刘邦的受命之符。刘邦称汉王那年冬十月，出现了五星聚东井现象。五星为辰星、太白、荧惑、岁星、镇星，先秦秦汉时人们将它们与五行相配，分别为水星、金星、火星、木星、土星。五星单独相合时，皆为凶兆，只有五星全部相合，才为吉兆。据《汉书·天文志》记载："凡五星所聚宿，其国王天下：从岁以义，从荧惑以礼，从填以重，从太白以兵，从辰以法。……五星若合，是谓易行：有德受庆，改立王者，掩有四方，子孙蕃昌；亡德受罚，离其国家，灭其宗庙，百姓离去，被满四方。五星皆大，其事亦大；皆小，其事亦小也。"[5] 看来五星相合，确实是有德者将王天下的征兆。五星相合，必以一星为中心，其他四星从之而合，而所从何星，又有不同意义：从岁星，以义取天下；从荧惑，以礼取天下；从填星，以威重取天下；从太白，以兵取天下；从辰星，以法取天下。刘邦入关时，五星聚东井。东井，地理分野为秦。星象家甘公分析此事道："汉王之入关，五星聚东井。东井者，秦分也。先至必霸。楚虽强，后必属汉。"[6] 刘向在分析此事时也认为："汉之入秦，五星聚于东井，得天下之象也。"[7] 班固亦在《汉书·天文志》中曰："汉元年十月，五星聚于东井，以历推之，

---

1 （汉）刘安等著，许匡一译注：《淮南子全译》卷一一《齐俗训》，第597页。

2 （清）李道平：《周易集解纂疏》卷一，中华书局，1994，第64—65页。

3 黄晖撰：《论衡校释》卷一八《自然篇》，第782页。

4 黄晖撰：《论衡校释》卷一八《感类篇》，第799页。

5 《汉书》卷二六《天文志》，第1286—1287页。

6 《史记》卷八九《张耳陈馀列传》，中华书局，2014，第3132页。

7 《汉书》卷三六《楚元王传》，第1964页。

从岁星也。此高皇帝受命之符也。"[1] 甘公、刘向、班固，都将"五星聚东井"作为刘邦得天下的受命之符。班固《汉书·叙传》中总结道，刘邦之所以得天下，是因为"始受命则白蛇分，西入关则五星聚"[2]。斩白蛇、五星聚，都是刘邦受命于天的符应。刘邦时五星聚，为从岁星，也就意味着以"义"取天下，正如门客对张耳所言："东井秦地，汉王入秦，五星从岁星聚，当以义取天下。"[3]

据《汉书·天文志》记载："五星分天之中，积于东方，中国大利；积于西方，夷狄用兵者利。"[4] 以中天为界，五星合于东方或西方，有着不同寓意。东方代表中国，而西方代表蛮夷。五星合于东方，预示着中国将有大利；五星合于西方，则预示着夷狄用兵有利。汉宣帝时，五星合于东方。此时先零与羌族联合反叛，后将军赵充国领兵抵抗，但进展并不理想。宣帝下诏书责备赵充国，认为"今五星出东方，中国大利，蛮夷大败"[5]，应该乘此大好时机，一举击溃蛮夷。"五星出东方利中国"，成为汉代人的吉祥语。1995年10月，中日尼雅遗址学术考察队成员在新疆和田地区民丰县尼雅遗址一处古墓中发现一件织锦（图1）。织物的中间，有青龙、白虎、朱雀及云纹，织物的上下方，分别绣着一行字，为"五星出东方利中国"。"五星出东方利中国"被绣在织物上，可知汉代人对这句话的认可和喜爱，将之作为吉祥语，以起到祈福、厌胜的目的。

图1 新疆博物馆藏"五星出东方利中国"织锦[6]

五星相合，也称为五星连珠。五星连珠，在汉代画像中没有直接表现。连云港汉墓中出土了一种五个星状圆环相连的画像（图2），画像中有两组五个星状圆环十字相连的图像，中心和四隅分别有一星状圆环，五者被十字相连。有人称这种图像为五星连珠纹，[7] 此说有一定道理。从

---

1 《汉书》卷二六《天文志》，第1301页。
2 《汉书》卷一〇〇上《叙传》，第4212页。
3 《汉书》卷二六《天文志》，第1301页。
4 《汉书》卷二六《天文志》，第1283页。
5 《汉书》卷六九《赵充国辛庆忌传》，第2981页。
6 楼婷：《"五星出东方利中国"汉式织锦》，《北方文物》2002年第2期，图版一。
7 刘凤桂：《五星连珠纹与汉代的阴阳五行思想》，《1982年江苏省考古学会第三次年会论文集》，第1页。

形状上看，符合以一星为中心，其他四星从之而聚的"五星聚"，但因无榜题，我们无法判定，只能采取阙疑态度。

在汉代，"日月如合璧，五星如连珠"[1] 被视为祥瑞之象。汉代画像中有很多日月合璧的画面，如安徽省淮北市博物馆藏画像（图3）。画像中有两个圆球，上面圆球中有玉兔捣药和蟾蜍，为月；下面圆球中有三足乌，为日。日月画在一幅图像中，表达的含义应该就是"日月合璧"。山东枣庄市出土画像中，也表现了这一场景（图4）。画像被分成两格，左边圆球内有三足乌，为日；右边圆球中有玉兔和蟾蜍，为月。日、月被刻画于一幅画像中，表达的含义即为"日月合璧"。山东滕州市出土的一幅画像，与上两幅画像主题相同（图5）。画像上部为一蛇状物，环绕一个圆球，内有玉兔和蟾蜍，表明为月；下部为一鸟鸟，身上有一圆球，内有三足乌，表明为日。这幅画像所表达的含义亦为"日月合璧"。汉代画像中还有一些同样母题的画像，限于篇幅，不再赘述。"日月合璧""五星连珠"，都是汉代人心目中的祥瑞之象。汉代人之所以将之视为祥瑞，追根溯源，是其体现了"合"，这是汉代人追求的理想和信念。

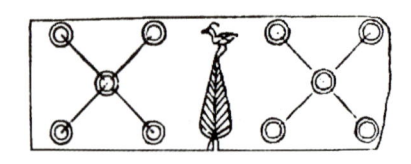

图2　连云港汉墓出土画像[2]

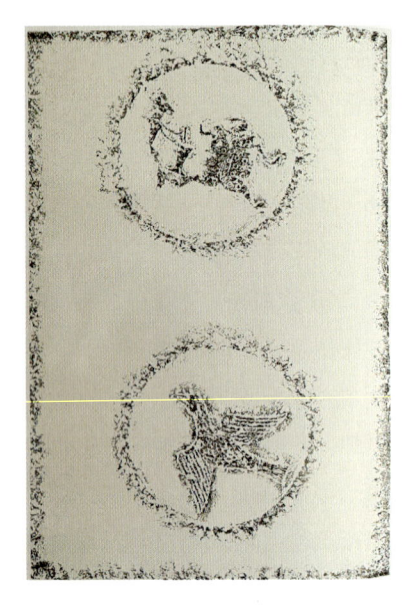

图3　安徽省淮北市博物馆藏画像[3]

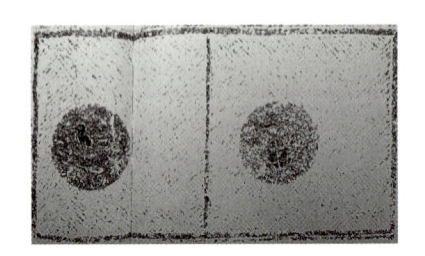

图4　山东枣庄市山亭区西集镇出土画像[4]

1　《汉书》卷二一上《律历志上》，第976页。
2　李洪甫：《连云港市锦屏山汉画像石墓》，《考古》1983年第10期。
3　《中国画像石全集》4《江苏、安徽、浙江汉画像石》，山东美术出版社、河南美术出版社，2000，图版第145页。
4　《中国画像石全集》2《山东汉画像石》，山东美术出版社，2000，图版第137页。

图 5　山东滕州市官桥镇大康留庄出土画像 1

汉代人认为，不仅新受命王有受命之符，继体之君也有自己的符命。对于与天合德的帝王，上天会降下祥瑞对其加以肯定和褒奖。汉文帝时，赵人新垣平善于望气，上疏道："长安东北有神气，成五采，若人冠冕焉。或曰东北神明之舍，西方神明之墓也。天瑞下，宜立祠上帝，以合符应。"[2] 新垣平认为，长安东北的五彩神气，即为上天给予文帝的符应。汉武帝元狩元年（前122），获一角兽，众人以为是麟。谒者给事中终军曰："今郊祀未见于神祇，而获兽以馈，此天之所以示飨，而上通之符合也。"[3] 汉武帝于是"赐诸侯白金，以风符应合于天地"[4]。后又获鼎，群臣以为："唯受命而帝者心知其意而合德焉。鼎宜见于祖祢，藏于帝廷，以合明应。"[5] 认为汉武帝就是那个与天合德的受命之帝，鼎即为上天对他的褒奖和肯定。汉昭帝驾崩后，大将军霍光"黜亡义，立有德，辅天而行"[6]。所黜"亡义"，即为刘贺；所立"有德"，便是汉宣帝。刘贺和汉宣帝之所以一黜一立，是因上天的授命与否。刘贺之所以被黜，是因为"天不授命，淫乱其心，遂以自亡"。宣帝之所以被立，是因为"皇天之所以开至圣也"。汉代士人大多赞同这种说法，廷尉史路温舒认为，宣帝登上至尊之位，是因"与天合符"[7]。看来在时人眼中，能否"与天合符"，是刘贺之黜而宣帝之立的原因所在。

在政治领域中，"合"是天下一统，

1　《中国画像石全集》2《山东汉画像石》，图版第 156 页。
2　《史记》卷二八《封禅书》，第 1661 页。
3　《汉书》卷六四下《严朱吾丘主父徐严终王贾传下》，第 2816 页。
4　《史记》卷一二《孝武本纪》，第 582 页。
5　《史记》卷一二《孝武本纪》，第 591 页。
6　《汉书》卷五一《贾邹枚路传》，第 2368 页。
7　《汉书》卷五一《贾邹枚路传》，第 2369 页。

四夷宾服的理想局面,成为先秦以来统治者孜孜以求之事。秦始皇统一全国后,"合"的局面得以实现,可惜很快土崩瓦解,直到汉高祖结束楚汉战争,重新统一,"合"才最终形成。在"大一统"体制下,六合同风,九州共贯,实现了自先秦以来统治者及士人所追求之政治理想——"合"。

汉代人认为,治理国家的关键,是要礼乐相合,"乐以治内而为同,礼以修外而为异;同则和亲,异则畏敬;和亲则无怨,畏敬则不争。揖让而天下治者,礼乐之谓也。二者并行,合为一体"[1]。礼修外,乐治内,两者合为一体,才能内外兼修,最终达到天下大治的理想境界。

在汉代,"合"的观念,甚至渗透到祭祀领域。汉平帝时,王莽对祭礼进行了改革。依据"天地合精,夫妇判合"[2]的原则,将天地合祭,并以先祖配天,以先妣配地。先祖为高帝,先妣为高后。因天地一体,所以在南郊祭祀天时,以地配。祭坛之上,天地皆南向,同席,地在天的东边,两者共牢而食。高帝、高后配于坛上,西向,高后在高帝的北边,两者也是同席共牢。

在汉代,"合"渗透到政治、思想、宗教、社会生活等各个领域,尤其在社会生活中,这种观念几乎无处不在。在农业生产中,讲求合月令时节;在家庭生活中,追求家族合和,父慈子孝,妻子好

合。"合"在汉代人观念中确实占据重要地位。

汉代人"合"的观念,在汉代画像中有充分体现。天人合一、两性相合、阴阳和合等观念,透过画像,展露无遗。

二 汉代画像中的天人之"合"

汉代画像中出现的神仙世界和现实世界沟通、合一的图像,正反映了汉代人的天人合一观念。马王堆一号汉墓和三号汉墓分别出土了一幅 T 型帛画(图 6、图 7)。马王堆一号汉墓 T 型帛画,由三部分组成:神仙世界、人间、地下。最上面刻画的是神仙世界:一人首蛇身的神仙坐于正中,两旁是日月,下面是神仙、应龙、星辰、建鼓、神兽、天马等,共同构成了神仙世界。帛画中间部分刻画的是人间:一身着华服的妇人侧身拄杖而立,其身后站立三个侍女,其前方有两个官员跪地,手捧竹书。帛画下部分刻画的应该是地下场景:一力士托起地面,其下面为两条交尾的蛟鱼,旁边还有两个小怪兽。神仙世界、人间、地下,这三部分看似各自独立,但却彼此相连。两条长龙从中间穿璧,将地下和人间连接在一起。而神仙世界和人间之中,由天门相接。如此,天、地、人便构成了一个有机整体,使得整幅

---

[1]《汉书》卷二二《礼乐志》,第 1028 页。

[2]《汉书》卷二五下《郊祀志下》,第 1266 页。

画面和谐有序。

马王堆三号汉墓 T 型帛画和一号汉墓 T 型帛画相似,也是刻画了神仙世界、人间、地下三部分。在神仙世界中,虽然没有最高神灵,但其他构成要素基本相同:日月、神仙、应龙、建鼓、神兽等。帛画中间部分为人间:一着华服的男子岿然而立,身后有几个侍从。帛画下部和一号墓帛画刻画相同。帛画的地下和人间,也是由两条龙相连,神仙世界和人间,亦由天门相通。

图 6　马王堆一号汉墓 T 型帛画 [1]　　　　图 7　马王堆三号汉墓 T 型帛画

---

[1] 《长沙马王堆汉墓集成》第七册,广西师范大学出版社,2017,第 325 页。

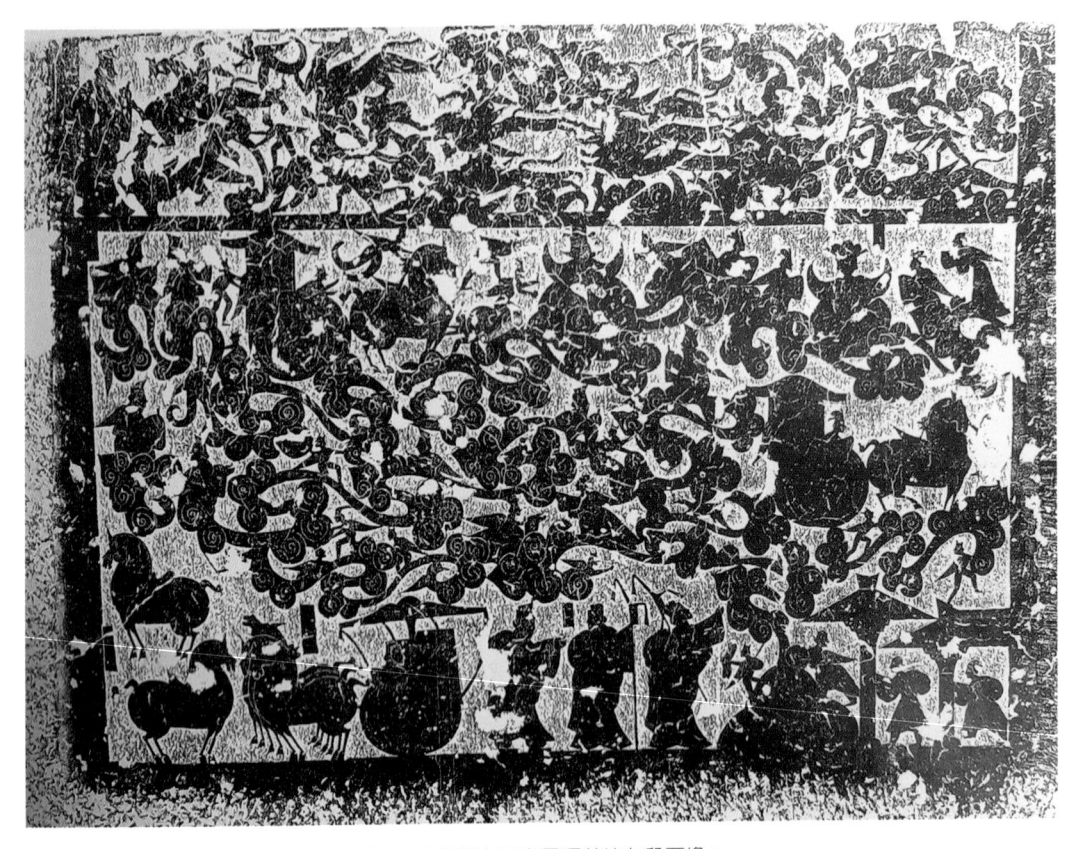

图 8　武氏祠左石室屋顶前坡东段画像 [1]

　　马王堆汉墓的两幅 T 型帛画，内容虽有区别，但大致构成相同，反映了西汉初期人们的天人观：他们相信天地人虽然属于不同的世界，但三者之间有着相通的媒介和渠道。从马王堆汉墓两幅帛画可以看出，神仙世界和人间是帛画刻画的重点。神仙世界的缥缈、梦幻，人间的尊卑等级、繁华富贵，透露着帛画主人对神仙世界的向往和对现实世界的满足。相比之下，地下部分刻画得非常简陋，甚至透着阴森恐怖的气氛，反映了汉代人对于地下世界的忌惮和恐惧。

　　在东汉时期的画像中，有很多反映汉代人天人观念的画面。如山东嘉祥武氏祠左石室屋顶前坡东段画像（图 8）。画像的最下部，左边有一辆三马拉的轺车，车右有一官员侧身而立，手指前方。其前面有两个持棨戟侍卫，一人回头看向官员，一人扬首手指上方。下部右侧，有一座房屋、一个阙，房屋和阙下分别有一个人，

---

[1]　《中国画像石全集》1《山东汉画像石》，山东美术出版社，2000，图版第 62 页。

皆向左侧奔跑。从房屋、阙、轺车、官员等要素看，整个画像的下部，刻画的为人间场景。在阙与持棨戟侍卫中间，有一座坟墓状物，而从坟墓状物中，飘出一股云气。这股云气向上飘移，变成枝枝蔓蔓的大片云朵。从云中跃出一辆天马拉的轺车，正向前方飞驰。云端上面，也出现了一辆天马拉的轺车，而轺车前方，西王母和东王公端坐于云端之上，周围有一些羽人随侍。整幅画面，描绘了神仙和人间两个世界，而沟通两个世界的媒介，是从坟墓状物中飘出来的云气。有人说这幅图描绘的是升仙场景，这种说法似乎可通。无论是否为升仙，都反映了汉代人的天人观念：他们认为天和人是相通的，通过某种媒介，便可以将人间与神仙世界联系在一起。这幅画像中，联系两者的媒介，便是云气。

山西离石出土的一幅画像，也表达了相似的意境（图9）。在这幅画像最下端，有两人正骑马攀登山峦。前面的人手持弓箭，后面的人手持幡旗。这显然描绘的是人间世界。越过这座山，便来到了神仙世界。一辆四龙拉的云车正在奔驰，车上坐一尊者，一驭者，车后有"节"，节上的旄正随风飘扬，显示车上的尊者应为天帝使者。云车上面，为巍峨高耸的昆仑山，西王母戴胜，坐于山上。画面两旁由两根树干状物支撑，不时伸出枝丫，托住仙人或仙兽。西王母的昆仑山，也是由左右侧树干伸出的枝丫托起。在这幅画像中，刻画了神仙和人间两个世界，而左右两侧的树干，将两者结合在一起，构成了一幅完整的画面。画面两侧的树或为"建木"，为传说中沟通天地的神树。《淮南子·地形训》曰："建木在都广，众帝所自上下"[1]，认为建木是天帝神仙在天地间上下行动的媒介。画像中的树，沟通了神仙世界和人间，与建木的作用相同。

图9 山西离石马茂庄三号墓前室西壁右侧画像[2]

山东滕州市出土的一幅画像，也表达了天人合一的构思和意境（图10）。这幅画像中，刻画了神仙和人间两个世界。神

---

[1]（汉）刘安等著，许匡一译注：《淮南子全译》卷四《地形》，第234页。

[2]《中国画像石全集》5《陕西、山西汉画像石》，河南美术出版社，2000，图版第197页。

仙世界在最上层：西王母端坐于伏羲、女娲交尾组成的座位上，两边有玉兔捣药等场景。这幅画像重点刻画的是现实世界，从上向下分别为：讲经图、六博图、建鼓图、宴乐图、车马出行图。这幅画像将神仙世界和现实世界刻画于一幅画面中，没有任何违和感，一幅和谐肃穆的场景。

图 10　山东滕州市桑村镇西户口村出土画像[1]

---

[1]《中国画像石全集》2《山东汉画像石》，图版第 216 页。

这样的画像还有很多，如山东嘉祥宋山出土画像（图11）。画像分为三层，最上层为神仙世界。西王母端坐正中，右边为鸡首人身神灵和犬首人身神灵，左边为马首人身神灵，三者皆跪拜，手持名刺。马首人身神灵后面为玉兔捣药。画像第二层和最下面一层为现实世界。第二层为庖厨图，最下面一层为车马出行图。这幅画像将神仙世界和现实世界刻画在一幅画面中，天和人之间共融合一。

再如陕西绥德出土画像（图12）。这幅画像，是刻画在墓门楣之上。中间有一门状物，将画面分成两部分。右边为神仙世界，西王母端坐正中，头上戴胜。右边有两仙人捧物随侍。左边一鸡首人身神灵持物跪拜。旁边还有玉兔捣药、三足乌、九尾狐等。画面左边为拜谒图：一尊者跽坐，戴进贤冠，正接受官员拜谒。一官员跪拜于前，将帽子放于地上。其身后有三个官员弯腰揖拜，等待拜谒。尊者身后有两人随侍。拜谒图明显刻画的是现实世界场景。这幅画像，将神仙世界和现实世界刻画于一幅图像中，中间仅隔一门状物，将天、人两个世界有机结合在一起。

图11　山东嘉祥县满硐乡宋山出土画像[1]

汉代画像中，这种将神仙世界和现实世界刻画于一幅画像中的例子还有很多，限于篇幅，不再一一列举。这类画像，充分反映了汉代人沟通天人的尝试与希冀，体现了汉代人"天人合一"的观念。

图12　陕西绥德四十里铺墓门楣画像[2]

---

[1] 《中国画像石全集》2《山东汉画像石》，图版第91页。

[2] 《中国画像石全集》5《陕西、山西汉画像石》，图版第134页。

三　汉代画像中的两性之"合"

在汉代画像中，有不少表现两性之"合"的画面。首先来看神仙世界。伏羲、女娲，在大多数画像中，两者的形象都是交尾相合。如山东嘉祥武氏祠画像（图13），伏羲、女娲手持规、矩，伏羲在右，头上戴冠，为男性形象；女娲在左，头上梳髻，为女性形象。两者皆人身蛇尾，尾部紧紧缠绕在一起。两者中间，还有一对羽人交尾、牵手。画面所表达的，是两性相"合"的意境。

山东嘉祥县纸坊镇出土的画像中，不仅有伏羲、女娲，两者中间还有另一神人（图14）。神人头戴三山冠，右边抱着伏羲，左边抱着女娲。山东、江苏、浙江等地，都出土了相似画像。所有抱持神所表达的含义，除了有政治史观的意义外，[1] 还应该有合两性之好的寓意。

除了伏羲、女娲，汉代画像中还有日神、月神。他们的形象也是人首蛇身，与伏羲、女娲不同之处为：伏羲、女娲手持规、矩，而日神、月神手中所托，为日、月。日神、月神有时也是交尾状态。如河南出土的画像（图15），上面为月神，手托一圆球，里面有蟾蜍，表示为月亮；下面为日神，亦手托一圆球，里面有三足乌，表示为太阳。日神头上戴冠，为男性形象；月神头上梳髻，为女性形象。日神、月神都是人首蛇身，两者交尾，体现了日月合璧、两性相合的意境。

图13　山东嘉祥武氏祠左石室后壁小龛西侧画像[2]

---

[1] 参见宋艳萍《汉画像石研究二则》，《南都学坛》2010年第5期。

[2] 《中国画像石全集》1《山东汉画像石》，图版第56页。

汉代画像与汉代人观念中的"合"　135

图 14　山东嘉祥县纸坊镇敬老院出土画像 1

图 16　四川郫县出土画像 2

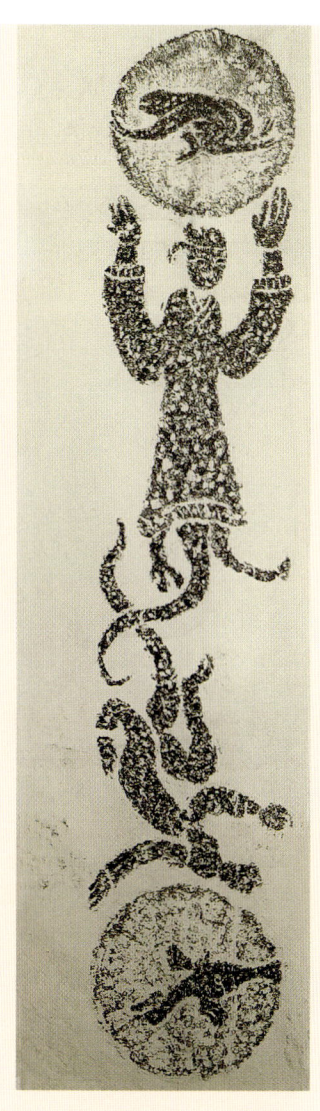

图 15　河南唐河湖阳出土画像 3

在四川汉代画像中，还出现了日神、月神交尾接吻的画面（图 16）。画像中，左边神灵头戴三山冠，手托里面有三足乌的太阳，为日神；右边神灵梳髻，手托里面有蟾蜍、桂树的月亮，为月神。两者拥抱在一起，交尾，亲吻。

1　《中国画像石全集》2《山东汉画像石》，图版第 107 页。
2　《中国美术全集》绘画编 18《画像石画像砖》，上海人民美术出版社，1988，第 80 页。
3　《中国画像石全集》6《河南汉画像石》，河南美术出版社，2000，图版第 21 页。

伏羲、女娲、日神、月神，都是神仙世界的神人形象，他们也和现实世界的男女一样，被赋予了夫妻身份，他们的相合方式为交尾、亲吻。汉代人理想中的神仙世界，也因这种相合观念，变得温情脉脉。

图 17　燕居画像砖一（东汉）[1]

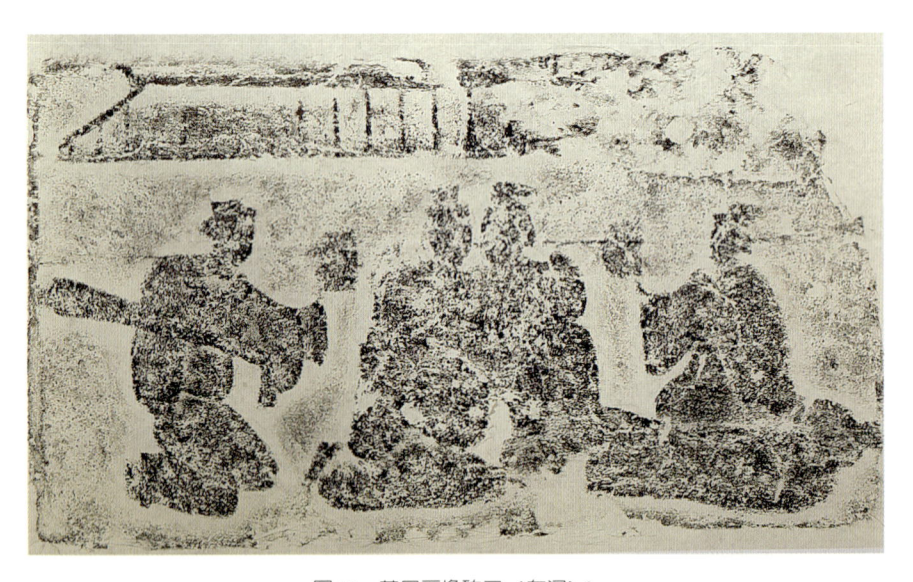

图 18　燕居画像砖二（东汉）[2]

---

[1]　《中国画像砖全集·四川汉画像砖》，四川美术出版社，2006，第 62 页。

[2]　《中国画像砖全集·四川汉画像砖》，第 62 页。

图19 山东微山县出土画像 1

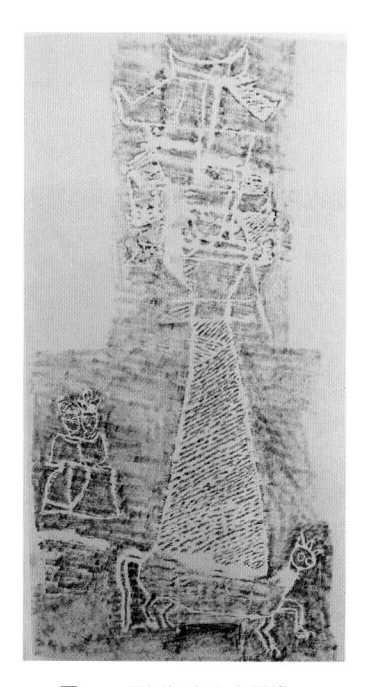

图20 四川长宁出土画像 2

除了神仙世界，汉代画像刻画的现实世界中，有大量两性相合的画面。在四川出土的汉代画像砖中，有一些燕居图，其中有刻画夫妻恩爱的场景。如图17、图18，都描绘了夫妻拥抱，深情款款的画面。夫妻二人跪坐于厅堂之下，紧紧相拥，情意绵绵。两旁有侍女及仆人随侍。

汉代画像中，有很多男女深情相拥的画面。如山东微山出土的画像（图19）。在画像中间部位，有一对拥抱在一起的男女。男右女左，相拥而立，深情凝视。四川长宁也出土了一幅男女相拥画像（图20）。画像中有一高阙，一对男女站在阙下。从形象看，右边为男子，左边为女

---

1 《微山汉画像石选集》，文物出版社，2003，第111页。
2 《中国美术全集》绘画编18《画像石画像砖》，第90页。

子。两者相互拥抱，深情缱绻。

在山东、安徽、四川等地的画像中，有不少男女相拥亲吻的画面。如山东邹城出土的画像（图21）。画像分为左右两部分，在左边的最下层，为一对男女相拥亲吻的画面。山东临沂也出土了相似画像（图22）。画像分为上下两层，上层最左边，刻画了一对男女相拥亲吻的画面。右边之人戴冠，为男性形象；左边之人梳髻，为女性形象。两人跽坐，执手拥吻。

图21　山东省邹城市师范学校附近出土画像[1]

图22　1972年冬山东省临沂市白庄出土画像[2]

---

[1]《中国画像石全集》2《山东汉画像石》，图版第85页。

[2]《中国画像石全集》3《山东汉画像石》，山东美术出版社，2000，图版第4页。

汉代画像与汉代人观念中的"合" 139

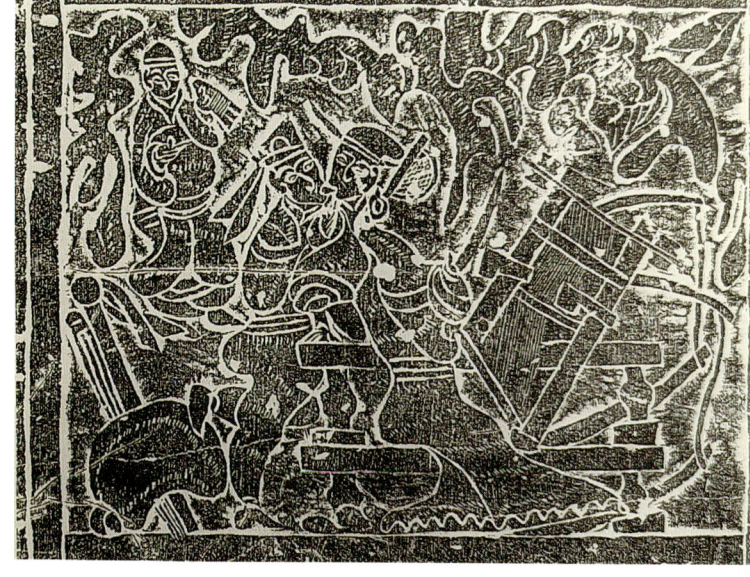

图23　山东省莒县沈刘庄出土画像[1]

图24　安徽灵璧县九顶镇出土画像[2]

山东莒县出土的画像中也有这样的画面（图23）。画像分上下两层，下层为一对相拥亲吻的男女。男右女左，女子身后还站有一侍女。安徽灵璧县也出土了相似画像（图24）。一女子正一边织布，一边回头和一男子拥抱亲吻。男子戴冠，从后面紧紧抱着女子。

四川崖墓中，发现了亲吻雕像（图25）。雕塑为一男一女，男右女左，两人正拥抱亲吻，相互抚摸。

图25　四川彭山崖墓接吻图[3]

---

[1]《中国画像石全集》3《山东汉画像石》，图版第110页。

[2]《中国画像石全集》4《江苏、安徽、浙江汉画像石》，图版第138页。

[3]《中国画像石全集》7《四川汉画像石》，河南美术出版社，2000，图版第18页。

图 26 四川荥经石棺画像 [1]

四川出土的石棺上,也有亲吻图(图26)。画像中有一对男女,男左女右,相对跽坐,拥抱亲吻。

四川出土了两幅"野合"画像砖,为我们了解汉代两性之"合"观念提供了最直观史料(图27、图28)。这两幅画面虽稍有差别,但基本元素相同,都有桑树,野合的男女,裸身男子。野合画像虽与上层儒家伦常相异,属于正声之外的杂音,但却是汉代人观念中"合"的最直接表现方式。合男女之性,就是合阴阳,即为天地合。

图 27 社日野合画像砖一(东汉) [2]

---

[1] 《中国画像石全集》7《四川汉画像石》,图版第 89 页。

[2] 《中国画像砖全集·四川汉画像砖》,第 149 页。

图 28　社日野合画像砖二（东汉）[1]

汉代画像中神仙世界的伏羲、女娲，日神、月神交尾、亲吻，以及现实世界中男女相拥、亲吻、野合，皆为两性之"合"的表现方式，体现了汉代人合两性之好的观念。

四　汉代画像中的祥瑞之"合"

在汉代画像中，有很多双头共身神灵形象。我们从画像题记可以看出，这些形象大多与祥瑞有关。在山东嘉祥武梁祠顶石中，有很多祥瑞图，可惜大部分已漫漶不清，我们只能从中看出一些模糊的图像和题记。其中部分题记为：

> 比目鱼，王□明无不衔则至。
> 比肩兽，王者德及鳏寡则至。
> 比翼鸟，王者德及高远则至。
> 木连理，王者德纯洽八方为一家则连理生。[2]

此处的木连理、比翼鸟、比肩兽、比目鱼，都与王者之德有关，内容和传世文献记载相差不大，可见这些祥瑞之物的代表

---

[1] 《中国画像砖全集·四川汉画像砖》，第150页。
[2] 蒋英炬、吴文琪：《汉代武氏墓群石刻研究》，人民美术出版社，2014，第90页。

意义在汉代已经固定。

图29 甘肃摩崖图像[1]

依据武梁祠题记，木连理为"王者德纯洽八方为一家则连理生"，盛赞王者之德及"合"的观念。八方合为一家，即为大一统。这种"合"的政治局面形成，木连理就会出现，所以，木连理所体现的，就是汉代人观念中的"合"。传世文献中有木连理的相关记载，如《白虎通义》中曰："德至草木，则朱草生，木连理。"[2] 强调王者之德的浩大，无所不及，甚至恩及草木。《艺文类聚》中曰："《瑞应图》曰：'木连理：王者德化洽，八方合为一家，则木连理。'"[3]《瑞应图》的撰者不明，是汉唐时期流传的一种图文并茂的瑞物图典。[4]《瑞应图》中木连理的说法和武梁祠题记高度一致。《艺文类聚》还引《晋中兴征祥说》曰："王者德泽纯洽，八方同一，则木连理。连理者，仁木也，或异枝还合，或两树共合。"[5]《晋中兴征祥说》是由刘宋时期的何法盛编撰，其说法和武梁祠题记基本一致。

在汉代画像中，多处出现木连理形象。如甘肃汉代摩崖石刻画像（图29）。图像中有两棵树，树干部各自独立，树枝却合在一起。树旁边有榜题曰："木连理。"可知木连理为两棵树干各自独立，树枝合二为一的树木形象。

依据这一榜题，可以确知汉代画像中的相似形象皆为木连理。如山东微山出土的画像（图30）中，刻画了两棵大树，从树干看是两棵，但树枝却合二为一，紧紧生长在一起。这与甘肃摩崖图像中木连理形象一致，所以也应为木连理。河南出土的画像砖中，也有木连理的图像（图31）。画像中有翼马、仙鹤等瑞兽，还有两个木连理形象：下部为两个树干，上部合二为一。浙江海宁出土画像石中，也有

1　丁瑞茂：《朴古与精妙——汉代武氏祠画象》，"中研院"历史语言研究所，2007，第20页。

2　（清）陈立撰，吴则虞点校：《白虎通疏证》卷六《封禅》，中华书局，1994，第284页。

3　（唐）欧阳询：《宋本艺文类聚》卷九八《瑞应》，上海古籍出版社，2013，第2512页。

4　参见胡晓明《图说精灵瑞物——论〈瑞应图〉》，《社会科学战线》2014年第11期。

5　（唐）欧阳询：《宋本艺文类聚》卷九八《瑞应》，第2512页。

木连理形象（图32）。画像中都是祥瑞之物，最左边为木连理。木连理，代表着八方合为一家，天下一统，为祥瑞之兆。在汉代人观念中，不仅木连理，其他植物相合，亦为祥瑞之象。"椒桂连，名士起。"[1] 椒、桂，为两种有香味的植物，两者相连而生，预示着将有名士出现，为国之幸事，自然是瑞象。

图30　山东微山县两城镇出土画像[2]

1　（清）赵在翰辑，钟肇鹏、萧文郁点校：《七纬》卷二六《春秋运斗枢》，中华书局，2012，第500页。
2　《中国画像石全集》2《山东汉画像石》，图版第33页。

图 31　河南画像砖[1]

图 32　浙江海宁祥瑞画像[2]

比翼鸟、比肩兽、比目鱼等动物，因与王者之德相关，被汉代人视为瑞兽。在《尔雅·释地》中，这些瑞兽分属不同方位："东方有比目鱼焉，不比不行，其名谓之鲽。南方有比翼鸟焉，不比不飞，其名谓之鹣鹣。西方有比肩兽焉，与邛邛岠虚比，为邛邛岠虚啮甘草，即有难，邛邛岠虚负而走，其名谓之蹷。北方有比肩民

1　《中国画像砖全集·河南汉画像砖》，四川美术出版社，2006，第10页。
2　《中国画像石全集》4《江苏、安徽、浙江汉画像石》，图版第169页。

焉，迭食而迭望。中有枳首蛇焉。此四方中国之异气也。"[1] 比目鱼在东方；比翼鸟在南方；比肩兽在西方；比肩民在北方；枳首蛇在中部。比目鱼，裴骃的《史记集解》引韦昭曰："各有一目，不比不行，其名曰鲽。"[2] 可知比目鱼名鲽，一只眼睛，要两条鱼相合才能行动，为"不比不行"。"比"，甲骨文为两个人紧紧靠在一起的形象，紧密相依，并肩向前。"不比不行"，意思为两条鱼必须靠在一起，互相帮助，才能游动。《韩诗外传》亦描绘比目鱼曰："东海之鱼名曰鲽，比目而行，不相得不能达"[3]，更强调了比目鱼相合的必要性。比翼鸟，裴骃《史记集解》引韦昭曰："各有一翼，不比不飞，其名曰鹣鹣。"[4] 可知比翼鸟名鹣鹣，各有一翼，必须两只鸟合在一起才能飞行，为"不比不飞"。《山海经·海外南经》亦有比翼鸟的记载："比翼鸟在其东，其为鸟青、赤，两鸟比翼。"[5] 比翼鸟在南山的东部，两鸟比翼才能飞行。这与韦昭的说法大致相同，皆为比翼而飞。比肩兽，据《尔雅·释地》描述，名蟨，身体前半部为鼠状，后半部为兔状。善食甘草，但行动不便。有只动物叫蛩蛩岠虚，身体构造和蟨正好相反，前为兔，后为鼠，善于奔跑，但因前高后低，无法正常吃到甘草。正因蟨和蛩蛩岠虚形体的互补，造成两者合而共存：蟨为蛩蛩岠虚咀嚼甘草以存活，而遇到危险，蛩蛩岠虚便背负蟨一起逃生。正因两者的共存性，被人们称为比肩兽。《吕氏春秋》和《韩诗外传》亦有相关记载。《吕氏春秋·不广》曰："北方有兽，名曰蹶，鼠前而兔后，趋则跲，走则颠，常为蛩蛩距虚取甘草以与之。蹶有患害也，蛩蛩距虚必负而走，此以其所能，托其所不能。"[6] 《韩诗外传·五》中记载："西方有兽名曰蹷，前足鼠，后足兔，得甘草必衔以遗蛩蛩距虚，其性非爱蛩蛩距虚，将为假足之故也。"[7] 两者虽然没有直接称之为比肩兽，但和《尔雅义疏·释地》中比肩兽的特点一致，只不过《吕氏春秋》认为比肩兽在北方，与《尔雅》和《韩诗外传》所说"西方"方位不同。枳首蛇，郭璞注："歧头蛇也。或曰：今江东呼两头蛇为越王约发，亦名弩弦。"[8] 从注释可

---

1 （清）邵晋涵撰，李嘉翼、祝鸿杰点校：《尔雅正义》卷一〇《尔雅卷中·释地·五方》，中华书局，2017，第590—594页。
2 《史记》卷二六《封禅书》，第1640页。
3 （汉）韩婴撰，许维遹校释：《韩诗外传集释》卷五，中华书局，2020，第184页。
4 《史记》卷二六《封禅书》，第1640页。
5 方韬译注：《山海经·海外南经》，中华书局，2011，第222页。
6 许维遹撰，梁运华整理：《吕氏春秋集释》卷一五《不广》，中华书局，2009，第382—383页。
7 （汉）韩婴撰，许维遹校释：《韩诗外传集释》卷五，第184页。
8 （清）邵晋涵撰，李嘉翼、祝鸿杰点校：《尔雅正义》卷一〇《尔雅卷中·释地·五方》，第594页。

知,枳首蛇应该就是双头蛇,两个头,共享一个身体。比肩民,为半体之人,各有一目、一鼻孔、一臂、一脚,必须两个人合在一起才能行走、生活。比肩民或许与《山海经·海外西经》中一臂国相关。《山海经·海外西经》曰:"一臂国在其北,一臂、一目、一鼻孔。"[1]《尔雅》郭璞注:"此即半体之人,各有一目、一鼻、一孔、一臂、一脚,亦犹鱼鸟之相合,更望备惊急。"[2] 这和比肩民的形象一致。

我们从各地出土的汉代画像中,可以找到比翼鸟、比目鱼、比肩兽、枳首蛇等瑞兽形象。

第一,比翼鸟。山东嘉祥武氏祠画像中有一幅比翼鸟形象(图33)。画像中有两只鸟,两个头,身体合在一起,比翼齐飞,这个应该是比翼鸟的形象。山西离石的画像石中亦有比翼鸟形象(图34),画像最下层有个双头共身的鸟形象,两个头,身体合二为一,翅膀展开,似乎要展翅高飞。这应当也为"比翼鸟"。山东沂南出土的瑞兽图(图35)中,有两个双头共身鸟形象:一个双头共身鸟形象如图36,两头,鸟身,身体合二为一,或为比翼鸟。另一个双头共身鸟形象如图37,两个人首,皆戴进贤冠,肩生双翼,身体合二为一,身为鸟型。这个亦似为比翼鸟。山东沂南汉墓出土画像中,亦有比翼鸟形象(图38)。画像中有很多瑞兽,其中有一个双头共身鸟形象如图39,两个鸟头,身体合二为一,比翼齐飞,此应为比翼鸟。

图33 山东嘉祥武氏祠前石室后壁小龛东壁画像[3]

图34 山西离石马茂庄二号墓前室西壁左侧画像[4]

---

[1] 方韬译注:《山海经·海外西经》,第231页。
[2] (清)邵晋涵撰,李嘉翼、祝鸿杰点校:《尔雅正义》卷一〇《尔雅卷中·释地·五方》,第594页。
[3] 《中国画像石全集》1《山东汉画像石》,图版第43页。
[4] 《中国画像石全集》6《陕西、山西汉画像石》,河南美术出版社,2000,图版第187页。

图35　山东沂南汉墓前室北壁横额画像 [1]

图36　山东沂南汉墓前室北壁横额画像局部 　　图37　山东沂南汉墓前室北壁横额画像局部

第二，比目鱼。浙江海宁出土画像石中，有比目鱼形象（图40）画像中有两条鱼，分别有一目。两者紧紧贴在一起，尾部合二为一，与《尔雅·释地》"东方有比目鱼焉，不比不行"的形象一致，这应当就是"比目鱼"。

第三，比肩兽。山东沂南汉墓出土画像中，有两只动物合体的画像，如图41，画面中有两只神兽，两个头，似为兔头，又似鼠头，身体紧紧贴在一起，比肩而行，或许这就是汉代人心目中的比肩兽形象。杨絮飞将之称为比肩兽，[2] 似有一定道理。

第四，枳首蛇。山东沂南汉墓前室北壁横额画像中有双头共身蛇神灵形象（图42），两个头，面目似人，头上戴冠，肩生双翼，蛇身，身体合二为一。这应该为枳首蛇形象。

---

[1]《中国画像石全集》1《山东汉画像石》，图版第138页。
[2] 杨絮飞、杨蕴菁编著：《中国汉画造型艺术图典·祥瑞》，大象出版社，2014，第153页。

图 38　山东沂南汉墓中室过梁西面画像[1]

图 39　山东沂南汉墓中室过梁西面画像局部

图 40　山东海宁出土画像局部

图 41　山东沂南汉墓中室过梁西面画像局部

图 42　山东沂南汉墓南室北壁横额画像局部[2]

1　《中国画像石全集》1《山东汉画像石》，图版第 168 页。
2　《中国画像石全集》1《山东汉画像石》，图版第 138 页。

图 43　山西离石马茂庄二号墓前室西壁右侧画像 1

除了上面的比翼鸟、比目鱼、比肩兽和枳首蛇，汉代画像中还有不少双头共身的神灵形象，如：

1. 双头共身马。图 43 是山西离石出土画像石，第二层中有两匹马，两个头，肩生双翼，身体合二为一。这是双

1　《中国画像石全集》6《陕西、山西汉画像石》，图版第 186 页。

头共身马形象。相似形象还出现于陕西绥德画像中（图44）。从下面数第二层中，左右立柱上分别有一个双头动物。头为两个，身体合二为一。头上长一角状物，类鹿头，身体为马形。山东滕州出土画像中，亦有相似形象（图45）。画面中为双头共身神灵形象，头为人首，身似马形。

图44　陕西绥德墓门左、右立柱画像[1]

图45　山东滕州市桑村镇西户口村出土画像[2]

图46　山东安丘汉墓中室室顶西坡画像[3]

1　《中国画像石全集》6《陕西、山西汉画像石》，图版第107页。

2　《中国画像石全集》2《山东汉画像石》，图版第214页。

3　《中国画像石全集》1《山东汉画像石》，图版第112页。

图47 山东济宁市喻屯镇城南张出土画像[1]

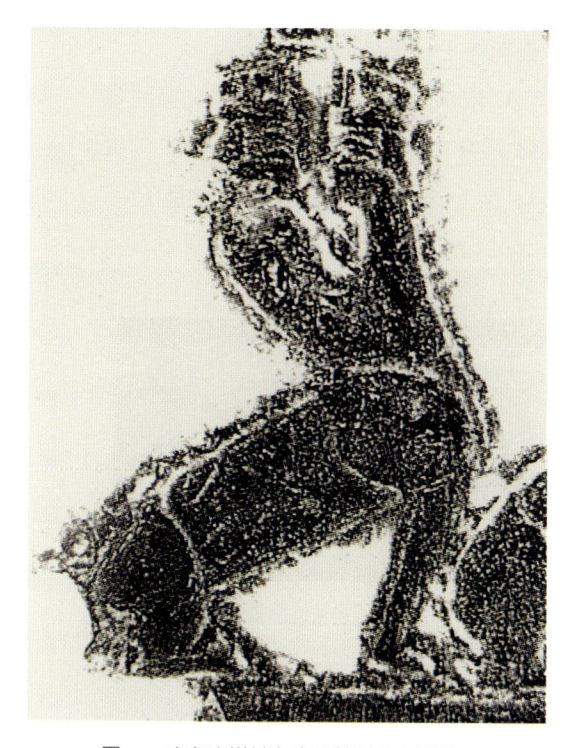

图48 山东嘉祥城东南花林村出土画像[2]

图49 山东济宁市喻屯镇城南张出土画像局部[3]

2. 双头共身虎。图46是山东安丘出土画像，这是一个双头共身神灵形象。头为人首，身为虎型。山东济宁也出土了一幅相似画像（图47）。图像中有一只双头兽，两头共身，头似人首，身似虎身。山东嘉祥亦出土一幅类似画像（图48）。图像中为一双头神兽，两个头，为人首，戴进贤冠，身体合二为一，为虎身。山东济宁还出土了另一幅画像（图49）。图像中有一双头共身神灵，整

---

[1] 《中国画像石全集》2《山东汉画像石》，图版第7页。
[2] 《中国画像石全集》2《山东汉画像石》，图版第116页。
[3] 《中国画像石全集》2《山东汉画像石》，图版第2页。

理者称其为"双头虎"：两个虎头，身体合而为一。

3. 双头共身龙。山东沂南汉墓前室过梁画像中，有双头共身龙形象（图50），两个龙头，肩生双翼，身体合二为一。

图50　山东沂南汉墓前室过梁画像局部[1]

汉代画像中，神仙世界亦存在双头共身神灵形象。我们以山东嘉祥武氏祠画像为例：图51是武氏祠前石室东壁上石画像。最高层刻画的是神仙世界，东王公端坐正中，其左右两边，分别有一个双头共身神灵形象。头皆为人首，身似蛇形。右边双头共身神灵两个头皆望向同一方向，左边神灵则两头相对，互相凝望。这种双头蛇身神灵形象，与山东沂南汉墓前室北壁横额画像中的双头共身蛇神灵形象（图42）相似，或许与枳首蛇有关。山东嘉祥武氏祠左石室东壁上石画像，神仙世界中出现了双头虎身神灵形象（图52）。画像中，东王公端坐正中，其右边有两个双头共身神灵形象。头皆为人首，身为虎形。左边神灵两头望向同一个方向，右边神灵则两头相对，互相凝望。这两个双头虎身神灵形象，与山东济宁市喻屯镇城南张出土画像（图47）及山东嘉祥城东南花林村出土画像（图48）中的双头虎身神灵形象非常相似。山东嘉祥满硐乡宋山出土画像，神仙世界中出现了双头鸟身神灵形象（图53），双头，人首，戴冠，共身，身为鸟形。两头相对，互相凝望。这一神灵形象，或与比翼鸟有相似之处。

图51　山东嘉祥武氏祠前石室东壁上石画像[2]

---

[1] 《山东沂南汉墓画像石》，齐鲁书社，2001，第31页。
[2] 《中国画像石全集》1《山东汉画像石》，图版第36页。

图 52　山东嘉祥武氏祠左石室东壁上石画像 1

图 53　山东嘉祥满硐乡宋山出土画像 2

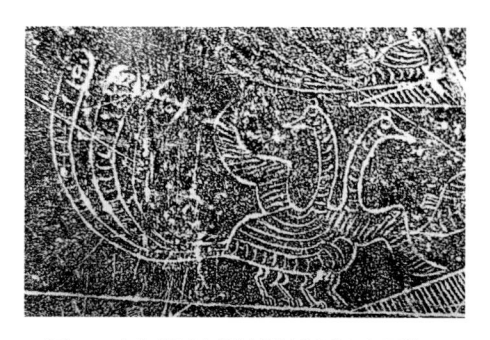

图 54　山东邹城市师范学校附近出土画像 3

汉代人从动物求生存的本能出发，认为两个动物能相合在一起，力量自然会变得更大，生存能力会变得更强。郭璞注比肩民时曰："此即半体之人，各有一目一鼻一孔一臂一脚，亦犹鱼鸟之相合更望备惊急。"比目鱼、比翼鸟，两两相合的目的是为"更望备惊急"。"更望"为交替守望；"备惊急"为随时防备紧急危险情况发生。两个动物相合，能让彼此更加强大，更具安全感，这应该是比目鱼、比翼鸟、比肩兽、枳首蛇及其他双头共身神灵相合而共存的原因所在。比肩民亦是如此，半体之人，只有相合才能互相帮扶，彼此成就。

汉代画像中还出现了动物交合的场景。如山东省邹城市出土的画像（图54）中，有两只凤凰正在交合。江苏徐州出土的画像中，亦有鸟交合场景（图55）。画像分为四层，最下面一层中有一长亭，两人站在长亭下，似在话别。亭子右侧斜梁上有两只鸟，正在交合。

1　《中国画像石全集》1《山东汉画像石》，图版第 52 页。

2　《中国画像石全集》2《山东汉画像石》，图版第 98 页。

3　《中国画像石全集》2《山东汉画像石》，图版第 83 页。

画像最上层的左侧，有两只鸟。一只鸟站在另一只鸟的背上，似乎正欲交合。右侧有两条龙，交颈，面部贴近，相互凝望。

图 55　江苏徐州画像 1

汉代画像中还有两鸟交颈的图像，如江苏徐州画像（图56），两只凤鸟交颈，面部贴近，深情凝视。江苏睢宁亦有相似画像（图57），两只凤鸟，交颈，亲吻。江苏睢宁还有另一幅画像（图58），两只鸟相向而立，身体贴得很近，喙部合在一起，作亲吻状。

汉代画像中所刻画的鸟交合、交颈、亲吻画面，以及龙交颈画像，将动物世界中两性相合的生动形象充分表现出来。汉代人之所以选择刻画这样的形象，是对两性相合观念持赞同且欣赏态度。两性，既包括人世间的男女，也包括动物的牝牡，植物的雌雄。归其类，也就阴阳。两性之合，也就是阴阳相合。正如王夫之所说："天下之物，皆天命所流行，太和所屈伸之化，既有形而又各成其阴阳刚柔之体，故一而异，惟其本一，故能合；惟其异，故必相须以成而有合。"[2]"必相须以成而有合"，正是天地万物阴阳相合，彼此成就的根本所在。

图 56　江苏徐州画像 3

1　《中国画像石全集》4《江苏、安徽、浙江汉画像石》，图版第45页。
2　（明）王夫之：《张子正蒙注》卷九《可伏篇》，载《船山全书》第12册，岳麓书社，2011，第365页。
3　《中国画像石全集》4《江苏、安徽、浙江汉画像石》，图版第98页。

汉代画像与汉代人观念中的"合"　155

《周易参同契》中曰："关关雎鸠，在河之洲；窈窕淑女，君子好逑。雄不独处，雌不孤居；玄武龟蛇，蟠虬相扶；以明牝牡，竟当相须。"[3] 在汉代人的观念中，龟为阳，为牡；蛇为阴，为牝。正因雌雄不能独立，牝牡须相合而存在，所以玄武为龟蛇相缠相合形象。玄武形象，充分体现了汉代人阴阳相合的观念。

图 57　江苏睢宁县博物馆藏画像[1]

图 58　江苏睢宁县博物馆藏画像[2]

图 59　安徽濉溪县古城出土画像[4]

汉代人用阴阳相合的观念来解释四神中的玄武。在汉代画像中，玄武的形象如图 59，一条蛇缠绕在一只乌龟上，两者嘴部相合，作亲吻状。东汉魏伯阳在

在汉代人的观念中，政治、伦理、社会生活，无不遵循"合"的原则。不仅天人合，而且要阴阳合、君臣合、父子合、夫妻合。夫妻琴瑟和谐，被认为是人世间最美好的情愫。木连理、比翼鸟、比肩兽、比目鱼等，"合"而共存，被人们认为是祥瑞之物。日月合璧、五星连珠，被汉代人视为吉瑞天象。汉代画像中的双头共身形象，以及男女相拥、相吻、相交

1　《中国画像石全集》4《江苏、安徽、浙江汉画像石》，图版第 90 页。
2　《中国画像石全集》4《江苏、安徽、浙江汉画像石》，图版第 89 页。
3　章伟文译注：《周易参同契》卷中《君子好逑章》，中华书局，2014，第 319 页。
4　《中国画像石全集》4《江苏、安徽、浙江汉画像石》，图版第 155 页。

画面，还有动物交合、交颈画面，以艺术化，神秘化的形式，生动地体现了汉代人"合"的观念。从"天人合一"、阴阳合一的哲学思想，到君臣、父子、夫妇相合的伦理观念，"合"成为汉代人普遍接受的价值观念。

汉代画像是"绣像的汉代史"，是研究汉代社会的重要史料。汉代画像中反映"合"的图像，以最直观的形式，充分表达出汉代人对"合"的信奉与追求。透过画像，令我们洞悉汉代人的思想观念，触及汉代人的时代脉搏。

(四)

文本研究

南北朝造像记著录源流述略*

■ 王连龙（吉林大学考古学院，"古文字与中华文明传承发展工程"协同攻关创新平台）
  黄志明（吉林大学考古学院，"古文字与中华文明传承发展工程"协同攻关创新平台）

  南北朝时期，佛教造像活动频繁，造像记数量激增，目前公开刊布4000余种。造像记作为人们祈盼美好生活的真实记录，保存了造像者身份、造像时地、宗教信仰、祈愿内容等信息，可适用于史学、宗教学、艺术学、社会学等众多研究领域，具有重要的学术价值。南北朝造像记早期著录于佛教典籍和集部文献，宋代始纳入金石学体系。清代以来，南北朝造像记目录主要是《寰宇访碑录》及其增补系列，以及现代研究专著附录简目，数量不足，信息简单，尚未见造像记专门性目录。图录是造像记重要载体形式，有拓本与摹本之分。自清末始，得益于技术革新和社会需求，众多高质量造像记图录先后出版。在图录地区分布上，国内以文博单位及高校科研机构出版为主，国外集中于日美英法等博物馆所藏实物及拓本。释文为学术研究提供基础材料，在传统金石整理中处于核心地位，具备出土文献和传世文集两个来源。目前南北朝造像记释文著录，以邵正坤《北朝纪年造像记汇编》和韩理洲《补遗》系列为代表，收录不足1500种。作为造像记研究最初形式之一，题跋逐渐为现代学术研究取代，但其原有的研究角度、内容布局、结论观点等一直影响着当下造像记整理和研究。南北朝造像记研究虽然成果丰硕，但亟须一部集目录、图版、释文、研究、索引为一体的集成性著述，同时也需要建立起史料、史学、文化学层次递进的研究体系。

  作为学术研究的重要资料，出土文献一直受到学者的重视。20世纪以来，甲骨文、敦煌遗书、居延汉简及内阁大库档案的先后发现，引发了一次次历史研究的热潮，传统金石证史方法与现代考古学理论的结合，每每推动了中国现代史学的前进与发展。近年来，石刻文献研究逐渐成为学术热点和前沿区域，甚至存在等观四大新史料，成为专门之学的趋势。不过，

---

* 本文为国家社科基金重大项目"中国古代石刻文献著录总目（项目号19ZDA288）"阶段性成果。

在石刻学繁荣发展的同时，我们也要看到当下研究中存在的问题。一方面是石刻文献研究发展不均衡，碑碣、墓志等研究较为深入，其他石刻种类研究相对不足。另一方面是石刻文献研究结构不协调，重研究，轻整理，理论薄弱，已经成为石刻学发展的制约因素。这两点在南北朝造像记研究中体现尤为明显。两汉之际，佛教东传并逐渐兴盛。至南北朝，兵祸日炽，民生荼毒，民众相率造像刻铭，以求佛佑，成为这一时期佛教实践活动的重要特征，造像记数量也随之急剧增加。根据笔者统计，目前已公开刊布的南北朝造像记达4000余种，数量远远超过南北朝墓志。[1] 鉴于造像记的重要学术价值，笔者拟在前贤研究基础上，从存目、图录、释文、研究等角度，对古今所见南北朝造像记著录源流作一宏观概述，以期于南北朝造像记及相关问题研究有所裨益。

一 存目

存目，即造像记目录之存。目录学是书目编撰之学，功在"辨章学术，考镜源流"。古今学者读书治学，览录而知旨，观目而悉词，由此问道，得门而入。石刻目录，分类繁多，但凡核之以对象、时代、地域等标准，又横生诸种次级目录。虽然这些目录形式有所区别，但在著录内容上，均包括时地、形制、书体、容字、归属、藏地等基本信息。这些信息既可以呈现出历代石刻出土数量和种类，也可以反映出不同时期石刻整理及研究状况。

关于南北朝造像记存目，学者习以北宋为最早，实则不然。以现存文献观之，南北朝造像记目录最早见于南朝僧祐《出三藏记集》。[2] 佛教兴盛，教义广传，均与佛经翻译密切相关。魏晋南北朝时期，随着佛经大量传入，佛典目录也应运而生。僧祐《出三藏记集》是现存最早的全本佛经目录，辑录110篇佛典前序及后记。值得注意的是，《出三藏记集》所辑《法苑杂缘原始集目录序》录有29种造像记，来自《龙华像会集》和《杂图像集》。其中，《宋明皇帝初造龙华誓愿文》《宋明皇帝造丈四金像记》《宋明帝陈太妃造法轮寺大泥像并宣福卧像记》《宋明帝齐文皇文宣造行像八部鬼神记》《宋明帝陈太妃造白玉像记》《宋孝武皇帝造无量寿金像记》《宋路昭太后造普贤菩萨记》《齐文皇帝造白山丈八石像并禅岗像记》《齐武皇帝造释迦瑞像记》《齐文皇帝造旃檀木画像记》《齐文皇帝造绣丈八像并仇池绣像记》《齐竟陵文宣王龙华会记》12种为宋齐皇室所造，其余《京师诸邑造弥勒像三会记》《吴郡台寺释慧护造丈六金像记》《瓦官寺释僧供造

1　参见拙著《南北朝墓志集成》，上海人民出版社，2021。

2　（南北朝）僧祐撰，苏晋仁、萧炼子点校：《出三藏记集》，中华书局，1995。

丈六金像记》《长干寺阿育王金像记》《定林献正于龟兹造金槌鍱像记》《林邑国献无量寿鍮石像记》《谯国二戴造挟纻像记》《晋孝武世师子国献白玉像记》《河西国造织珠结珠二像记》《太尉临川王成就摄山龛大石像记》《河西释慧豪造灵鹫寺山龛像记》《禅林寺净秀尼造织成千佛记》《光宅寺丈九无量寿金像记》《婆利国献真金像记》《皇帝造纯银像记》《佛牙并齐文宣王造七宝台金藏记》《荆州沙门释僧亮造无量寿丈六金像记》等未录确切年代,应出自南朝及以前。

隋唐时期,造像记存目较少,佛教典籍中偶有记载。如唐释道世《法苑珠林》卷十二《西晋海浮维卫迦叶二石像》记述西晋至南齐间瑞像浮海事,其中涉及齐武帝造像活动。[1] 与之相类,释道宣《集神州三宝感通录》也辑录汉唐造像显瑞诸事五十则。[2] 值得一提的是,《感通录》所载东晋太元二年(377年)沙门慧护于吴郡绍灵寺造释迦文佛,可增补《法苑杂缘原始集目录》中无纪年造像记《吴郡台寺释慧护造丈六金像记》之年月。

两宋之际,金石专门目录产生,南北朝造像记也成为关注对象之一,其中以欧阳棐《集古录目》[3] 影响较大。《集古录目》元代已佚,清人黄本骥、缪荃孙等通过《宝刻丛编》《隶释》等见存文献,录成辑本。民国时期陈汉章又为增补,撰《集古录补目补》。[4] 今见《集古录目》录有北朝造像记20种,不见南朝造像记。该书所收北朝造像记,以北魏、东魏、北齐为主,未及西魏与北周。此后,赵明诚又撰《金石录》。[5] 与《集古录目》略有不同,《金石录》录有西魏《后魏造像记》及北周《宇文众造像记》二种,可视为西魏、北周造像记之最早的目录著录。在内容之外,《金石录》在著录体例上亦有所创新。该书共三十卷,融合《集古录目》《集古录跋尾》二书著录方式,采用前目后跋体例,前十卷为目录,后二十卷为题跋,互为对应。后郑樵《金石略》[6] 承袭赵书前十卷体例及内容,仅新增北魏《化政寺石窟铭》、北齐《开明寺弥勒像碑》两种造像记。从地域上看,以上诸书倾向于著录北朝造像记。直到南宋沈作宾、施宿等人修纂《嘉泰会稽志》,[7] 这种情况才有所改观。《嘉泰会稽志》共二十卷,分细目一百一十七目,

---

1　(唐)释道世撰,周叔迦、苏晋仁校注:《法苑珠林校注》,中华书局,2003。

2　(唐)释道宣:《集神州三宝感通录》,民国金陵刻经处刻印本。

3　(宋)欧阳棐:《集古录目》,光绪江阴缪氏刻本。

4　陈汉章:《集古录补目补》,民国二十五年铅印本。

5　(宋)赵明诚:《金石录》,乾隆二十七年德州卢氏雅雨堂刻本。

6　(宋)郑樵:《金石略》,光绪八年至三十年刻本。

7　(宋)沈作宾修,(宋)施宿纂:《嘉泰会稽志》,嘉庆十三年采鞠轩重刻本。

在卷七"宫观寺庙"分类目中有"寺院"一类，其中"会稽县"条目下记载了"石佛妙相寺"，下属《南齐永明六年造维卫尊佛像》一种，并附释文，是宋代时期南朝造像记的重要著录。同一时期，王象之《舆地碑记目》[1] 分郡编目，卷一"绍兴府碑记"录有《齐永明中石佛铭》，亦附有释文，与《嘉泰会稽志》所录为同一方造像记。细审之，《舆地碑记目》所在之《舆地纪胜》，与《嘉泰会稽志》同为南宋地志，说明南宋时期南朝造像记著录与地方志存在密切关系。这种情况的出现，首先是受到地方志编撰传统的影响。早在大业年间，隋廷就普诏天下诸郡大规模编修地方志，上于尚书。[2] 唐宋承隋制，要求地方按时编送图经，组织多次大规模修志活动。[3] 南宋虽偏居一隅，难修全域图经，各地区仍自发修志，并在体例和内容上有所创新，碑记录目即是其一。其次，地方志多见南朝造像记也与北宋金石学著录体例密切相关。据《宋史》所载，《金石录》外，赵明诚还撰有《诸道石刻目录》十卷。[4] 该书虽已亡佚，但以书名考之，当为分域著录。以此为端，分域著录之法在金石学著作中得到广泛推广。临安人陈思所撰《宝刻丛编》[5] 即以南宋地方行政区划为次，各县石刻又以年代列出，共著录南北朝造像记 61 种。其中北朝 59 种，南朝 2 种，数量为宋代南北朝造像记目录著录之最。值得探讨的是，陈思所收 2 种南朝造像记取自《复斋碑录》，分别为《永明二年纪僧真造像记》及《永元元年周僧徽等造像记》，未见《嘉泰会稽志》《舆地碑记目》所载《南齐永明六年造维卫尊佛像》，说明《宝刻丛编》资料来源多为金石著录，而非方志。这说明南宋时期著录造像记存在方志著录和金石著录两条脉络。此外，《宝刻丛编》汇集前人所录金石，亡佚诸书所载金石篇目，赖陈书得以保存，为其又一功劳。

至元明时期，金石学中衰，南北朝造像记存目未见新意。元代纳新《河朔访古记》[6] 录有《唐卢舍那珉像碑》等造像记数种，时代未及南北朝。相比之下，元代张铉《金陵碑碣新志》[7] 收录金陵地区汉代至宋代碑刻 160 余种，其中造像相关者虽可追溯到晋《维摩居士像碑》，仍未见南北朝造像记，略为遗憾。明代金石目

1　（宋）王象之：《舆地碑记目》，《粤雅堂丛书》本。

2　（唐）魏徵：《隋书》卷三三《经籍志二》，中华书局，1973，第 988 页。

3　（宋）王溥：《唐会要》卷五九《尚书省诸司》，中华书局，1955，第 1032 页。

4　（元）脱脱等：《宋史》卷二〇四《艺文三》，中华书局，1977，第 5147 页。

5　（宋）陈思：《宝刻丛编》，光绪十四年吴兴陆氏十万卷楼刻本。

6　（元）纳新：《河朔访古记》，光绪二十五年广雅书局刻本。

7　（元）张铉：《金陵碑碣新志》，至正三年刊本。

录对南北朝造像记的关注，也仅见于奕正《天下金石志》[1] 一书，录有东魏《嵩阳寺碑》一种。《嵩阳寺碑》作为寺碑，属于广义造像记范畴。这种情况一方面说明造像记尚未从一般石刻中分离出来，另一方面反映出元明金石志书对南北朝造像记关注无多。

进入清代，随着金石学复兴，各类金石著录层出不穷，南北朝造像记也被广泛地收录于诸多石刻著述之中，数量远超前代。其中，造像记存目以孙星衍、吴式芬、缪荃孙等人为代表。孙星衍《寰宇访碑录》[2] 虽不录南朝造像记，但收录北朝造像记 373 种，系有宋以来荟萃诸家所录最丰者。该书虽然存在重复、漏收及部分时地信息舛讹等问题，仍对后来造像记著录产生重要影响。自《寰宇访碑录》问世之后，学者们相继撰写续补、勘误之作。如赵之谦《补寰宇访碑录》[3]、罗振玉《再续寰宇访碑录》[4]《补寰宇访碑录刊误》[5]、刘声木《续补寰宇访碑录》[6]《寰宇访碑录校勘记》[7]《补寰宇访碑录校勘记》[8]《再续寰宇访碑录校勘记》[9] 等，在增加碑刻数量、完善石刻信息之外，还总结《寰宇》诸书著录经验，其中对南北朝造像记多有涉及。鉴于《寰宇访碑录》时空信息简略，检阅不便，吴式芬又撰《攈古录》[10]《金石汇目分编》[11] 二书。《攈古录》以器物分类，选器严谨，录有北朝造像记 453 种，南朝造像记 8 种。其中，南朝《永明铜造象》等五种为铜造像，有别于诸家所录石刻，现代研究金铜佛的学者对此书关注不多。此外，《攈古录》所收器物，标注年代信息，说明著录来源，尊重前贤所论，可为研究之典范。比较之下，《金石汇目分编》承袭赵明诚、陈思诸书体例，以分域为特色，分州县编之，所录南北朝造像记数量与《攈古录》相当。在吴书之外，缪荃孙所

1　（明）于奕正：《天下金石志》，民国十七年石印本。

2　（清）孙星衍：《寰宇访碑录》，嘉庆七年刻本。

3　（清）赵之谦：《补寰宇访碑录》，同治三年刻本。

4　罗振玉：《再续寰宇访碑录》，光绪十九年面城精舍石印本。

5　罗振玉：《补寰宇访碑录刊误》，光绪二十年古吴朱氏槐庐家塾补校刊本。

6　刘声木：《续补寰宇访碑录》，民国十八年直介堂丛刻本。

7　刘声木：《寰宇访碑录校勘记》，民国十八年直介堂丛刻本。

8　刘声木：《补寰宇访碑录校勘记》，民国十八年直介堂丛刻本。

9　刘声木：《再续寰宇访碑录校勘记》，民国十八年直介堂丛刻本。

10　（清）吴式芬：《攈古录》，光绪二十一年刻本。

11　（清）吴式芬：《金石汇目分编》，海丰吴氏刻本。

撰《艺风堂金石文字目》[1] 也是一部大型目录著录之书。缪荃孙以广罗金石拓本见长，30年间收集一万零八百余种，其中有北朝造像记558种。后其子缪禄保又撰《艺风堂金石文字续目》，[2] 增补102种北朝造像记。上述孙星衍、吴式芬、缪荃孙等人著作仅是清代金石目录中代表性较强、影响较大的全域性目录。即便如此，诸书所录南北朝造像记数量已不容小觑。与此同时，地域性金石著录也出现兴盛之势。如顾燮光关注河朔地区金石，撰有《河朔访古新录》[3]《河朔金石目》[4]《河朔金石待访目》[5]《河朔新碑目》[6] 四种。再如田士懿著录山左地区金石，撰有《山左汉魏六朝贞石目》[7]《山左汉魏六朝贞石目续》[8]《山左汉魏六朝贞石目再续》[9] 三书。此外，罗振玉、樊彬等金石学家也编撰多部地方金石著述，可一并关注。这些金石目录的刊行，为1949年后各地石刻整理与著录奠定了基础。在著录地方金石之外，清代金石学家往往收藏有大量原石或拓片，并将之整理刊行，如钱大昕《潜研堂金石文跋尾目录》、[10] 赵魏《竹崦盦金石目录》、[11] 范邦甸《天一阁碑目》[12] 等，其中多见南北朝造像记著录。

清代金石复兴，顾炎武、朱彝尊等人开考据之风，提倡朴学，继前贤，开后学，时人能言金石者，莫不以证经订史为能事。其时访碑风气盛行，金石学家亲力亲为，访遍名山大川，以求佳拓。后出现专门为金石学家访求碑刻的拓工，吴大澂、陈介祺、缪荃孙等皆有线人，足不出户即可得到天下碑刻拓本。与此同时，社会上也出现专门售卖碑帖的商人，即碑估。学术考据风气之下，拓工与碑估的出现，都为清代金石学的兴盛提供了有利条件。

中华人民共和国成立后，文博事业繁荣发展，大量南北朝造像不断出土，

1　（清）缪荃孙：《艺风堂金石文字目》，光绪三十二年刻本。

2　（清）缪禄保：《艺风堂金石文字续目》，缪氏艺风堂抄本。

3　顾燮光：《河朔访古新录》，民国十九年上海会稽顾氏金佳石好楼刻本。

4　顾燮光：《河朔金石目》，民国十九年上海会稽顾氏金佳石好楼刻本。

5　顾燮光：《河朔金石待访目》，民国十九年上海会稽顾氏金佳石好楼刻本。

6　顾燮光：《河朔新碑目》，民国十五年聚珍印书局铅印本。

7　田士懿：《山左汉魏六朝贞石目》，民国十一年高唐田氏刻本。

8　田士懿：《山左汉魏六朝贞石目续》，民国十一年高唐田氏刻本。

9　田士懿：《山左汉魏六朝贞石目再续》，民国十一年高唐田氏刻本。

10　（清）钱大昕：《潜研堂金石文跋尾目录》，光绪十年长沙龙氏刻本。

11　（清）赵魏：《竹崦盦金石目录》，道光十一年味经书屋刘如海抄本。

12　（清）范邦甸：《天一阁碑目》，嘉庆十三年扬州阮氏文选楼刻本。

相关目录简介多发表于《考古学年鉴》《考古学报》《考古》《文物》《考古与文物》《江汉考古》《北方文物》《四川文物》等学术刊物中。如20世纪80年代末至90年代初，山东诸城南郊先后出土佛教造像四百余种。在出土石刻之外，专家学者也加强了博物馆、图书馆等馆藏原石及拓片的整理研究。如徐自强《北京图书馆藏北京石刻拓片目录》、[1] 孙贯文《北京大学图书馆藏历代石刻拓本草目》、[2] 上海博物馆图书馆《戚叔玉捐赠历代石刻文字拓本目录》、[3] 中国科学院图书馆《中国科学院图书馆藏石刻编年草目》[4] 等都是基于馆藏品的著录，为南北朝造像记及相关问题研究提供了重要信息。

在专门造像记存目之外，学者在利用造像记进行学术研究时，往往会在著作后附录造像记目录。这类情况多见于硕博论文和专著，尽管其多以简目形式呈现，相关著录信息仍不可忽视。如侯旭东《五六世纪北方民众佛教信仰与心态研究——以造像记为中心的考察》、[5] 宋莉《北魏至隋代关中地区造像碑的样式与年代考证》、[6] 岳红记《北朝关中地区造像题记书法艺术研究》、[7] 符永利《南朝佛教造像的考古学研究》、[8] 郭洪义《晋唐间佛教石刻文字词语研究》、[9] 谷圆圆《魏晋南北朝时期河北佛教造像题记整理与研究》、[10] 侯平《北齐造像记书法研究》、[11] 王晓《北朝青齐地区造像题记研究》[12] 等研究著述都附有造像记目录，方便检索。

二　图录

图录，又称图谱，是通过拓本、摹

---

[1] 徐自强：《北京图书馆藏北京石刻拓片目录》，书目文献出版社，1994。

[2] 孙贯文：《北京大学图书馆藏历代石刻拓本草目》，三晋出版社，2020。

[3] 上海博物馆图书馆：《戚叔玉捐赠历代石刻文字拓本目录》，上海古籍出版社，2006。

[4] 中国科学院图书馆：《中国科学院图书馆藏石刻编年草目》，油印本，1959。

[5] 侯旭东：《五六世纪北方民众佛教信仰与心态研究——以造像记为中心的考察》，博士学位论文，北京师范大学，1996。

[6] 宋莉：《北魏至隋代关中地区造像碑的样式与年代考证》，博士学位论文，西安美术学院，2011。

[7] 岳红记：《北朝关中地区造像题记书法艺术研究》，博士学位论文，西安美术学院，2011。

[8] 符永利：《南朝佛教造像的考古学研究》，博士学位论文，南京大学，2012。

[9] 郭洪义：《晋唐间佛教石刻文字词语研究》，博士学位论文，西南大学，2016。

[10] 谷圆圆：《魏晋南北朝时期河北佛教造像题记整理与研究》，硕士学位论文，河北大学，2016。

[11] 侯平：《北齐造像记书法研究》，硕士学位论文，吉林大学，2017。

[12] 王晓：《北朝青齐地区造像题记研究》，硕士学位论文，山东师范大学，2016。

本、照片等呈现金石原貌的文献形式。与目录不同，图录在历史信息的还原及传递过程中，更多呈现出直观和具象等优势。这一点在造像记石刻上体现更为明显：其一，造像石刻多在远郊荒野，不便近至观览，即使私人收藏，也不轻易示人。其二，自然风化、人为破坏都会造成造像石刻的泐损，甚至亡佚，早期拓本和摹本可以最大程度上保留造像原貌。其三，石刻造像兼有图文，文附图而存在，文赖图以延伸。图录在空间和时间上的穿越，可视为其在造像记图样保存上的最大贡献。

前文已言，南朝僧祐《出三藏记集》辑录《法苑杂缘原始集目录》所录《龙华像会集》《杂图像集》造像记29种，以《龙华像会集》《杂图像集》书名揆之，应为图录，惜已亡佚，无从实证。

南朝之后，历代造像记图录不见，及至两宋金石学兴起，考古图录日渐滋多。其中，以欧阳修《集古录》为代表。《集古录》前有拓本，后有跋尾，后拓本部分亡佚，只剩跋尾，故成《集古录跋尾》。此后，又有王溥《宛炎集》、刘敞《先秦古器记》、曾巩《金石录》、李公麟《考古图》等，但均已亡佚。今见传世文献中，吕大临《考古图》、[1] 宋代官修《宣和博古图》[2] 等以图录青铜器为主，直到洪适《隶释》《隶续》、[3] 朱熹《家藏石刻集》、[4] 王俅《啸堂集古录》[5] 等始图录石刻文献，可惜不见造像记著录。元明时期，理学日盛，金石学逐渐没落。图录不若宋代之众，只是零星出现《乐善堂帖》《碧落碑文正误》《石鼓文音释》《金石遗文》等著述，与造像记无涉，故从略。

相比前代，清代图录取得长足发展。尤其清后期，随着石印技术传入，印刷技术出现革命性的变革和发展，大量的石刻图录赖此技术得以印刷发行。1882年，日本印书局影印杨守敬《寰宇贞石图》、[6] 是见存文献中最早收录南北朝造像记拓片的著述。1915年，鲁迅购得《寰宇贞石图》，与其他拓本互校，收获颇丰。1940年，藤原楚水又对《寰宇贞石图》删减增录，成《增订寰宇贞石图》。[7] 后沈勤卢、陈子彝又编制《寰宇贞石图目录》，可供检索。在《寰宇贞石图》刊行稍后，

1　（宋）吕大临：《考古图》，乾隆十八年亦政堂刻本。

2　（宋）王黼：《宣和博古图》，文渊阁《四库全书》本。

3　（宋）洪适：《隶释》《隶续》，中华书局，1986。

4　（宋）朱熹撰，郭齐、尹波点校：《朱熹集》，四川教育出版社，1996。

5　（宋）王俅：《啸堂集古录》，民国十一年涵芬楼《续古逸丛书》本。

6　（清）杨守敬：《寰宇贞石图》，光绪八年日本印书局石印本。

7　[日] 藤原楚水：《增订寰宇贞石图》，兴文社，1940。

1908，端方辑《陶斋吉金录》，[1] 收录商周至隋唐时期青铜礼器、兵器、权量、造像等 359 件。该书卷八专录金铜造像，既有佛像图像摹本，又有文字拓片，包括南北朝隋唐金铜造像 30 种，南北朝 17 种，隋唐 13 种。《陶斋吉金录》将文字拓片与佛像图版相结合，使石刻造像更为完整，信息更为丰富，是为创建。

民国时期，《鼎裔》《河北第一博物院半月刊》《河北月刊》《金石书画》《考古》《中国营造学社汇刊》等刊物对当时出土的南北朝造像记均有图录刊印，较为完整地保留了出土时地等重要信息。只是这些刊物发行不定时期，又过于零散，易为现代学者所忽视。

1949 年以后，印刷技术获得突飞猛进的发展，摄影、扫描及现代印刷技术迎来革新，为高质量石刻原图和拓本印刷提供了技术保障。与此同时，随着文博事业的发展，历史、考古、书法、美术等领域均出现高质量造像记图录需求，进一步刺激图录的印刷出版。主要表现以下三方面：

一是大学、研究所、图书馆等科研机构的图录出版。如河南文史研究馆《翰墨石影·河南省文史研究馆馆藏拓片精选》、[2] 大同北朝艺术研究院《北朝艺术研究院藏品图录·石雕》、[3] 北京图书馆《北京图书馆藏中国历代石刻拓本汇编》[4]《北京图书馆藏龙门石窟造像题记拓本全编》、[5] 北京大学图书馆《北京大学图书馆藏历代金石拓本菁华》[6]《1996—2012 北京大学图书馆新藏金石拓本菁华》[7]《1996—2017 北京大学图书馆新藏金石拓本菁华（续编）》、[8] 南京大学《南京大学珍藏金石拓本》、[9] 西北民族大学图书馆《西北民族大学图书馆于右任旧藏金石拓片精选》[10] 等。其中，影响最大的当属《北京图书馆藏中国历代石刻拓本汇编》。该书以时间为序，共 101 册，第 3 册至第 8 册收录《曹天度造像记》《赵知法造像记》《崔承宗造像记》等南北朝造像记 579 种，并在造像记拓片图版下简要

1　（清）端方：《陶斋吉金录》，宣统元年石印本。

2　李源河：《翰墨石影·河南省文史研究馆馆藏拓片精选》，广陵书社，2003。

3　大同北朝艺术研究院：《北朝艺术研究院藏品图录·石雕》，文物出版社，2016。

4　北京图书馆金石组：《北京图书馆藏中国历代石刻拓本汇编》，中州古籍出版社，1989—1991。

5　吴元真：《北京图书馆藏龙门石窟造像题记拓本全编》，广西师范大学出版社，2000。

6　北京大学图书馆金石组：《北京大学图书馆藏历代金石拓本菁华》，文物出版社，1998。

7　胡海帆、汤燕：《1996—2012 北京大学图书馆新藏金石拓本菁华》，北京大学出版社，2012。

8　胡海帆、汤燕：《1996—2017 北京大学图书馆新藏金石拓本菁华（续编）》，北京大学出版社，2018。

9　张昇宾、柯君恒：《南京大学珍藏金石拓本》，科学出版社，2015。

10　郭郁烈：《西北民族大学图书馆于右任旧藏金石拓片精选》，上海古籍出版社，2008。

介绍刊刻时间、出土时地、现藏地、书体、拓片来源、拓片尺寸、撰书人等信息。不足之处是部分拓片清晰度不高，个别石刻存在时间误断、书体误判、重复著录等情况。相关勘误情况可参见王丽华、章红梅、刘本才等学者的研究。[1]

二是博物馆（含非国有博物馆）、碑林、遗址（含石窟寺）等文博单位的图录出版。如山西省博物院《山西省博物馆馆藏文物精华》、[2] 河南博物院《品鉴·卷2·中原藏珍》、[3] 甘肃省博物馆《甘肃省博物馆文物精品图集》、[4] 青州市博物馆《青州北朝佛教造像·中英文本图集》、[5] 长武县博物馆《长武北朝造像石刻录》、[6] 保利艺术博物馆《保利藏珍——石刻佛教造像精品选》、[7] 西安碑林《西安碑林全集》[8]《西安碑林古刻集粹·石刻造像卷》、[9] 药王山《陕西药王山碑刻艺术总集》[10]《药王山碑刻》[11]《药王山石刻集萃》、[12] 龙门石窟《龙门石窟碑刻题记汇录》[13]《中国石窟·龙门石窟》[14]《北京图书馆藏龙门石窟造像题记拓本全编》《龙门石窟造像题记精粹》[15]《龙门雅集》、[16] 巩县石窟《巩县石窟北朝

---

[1] 王丽华：《〈北京图书馆藏中国历代石刻拓本汇编〉正误》，《文献》2003年第3期；章红梅：《〈北京图书馆藏中国历代石刻拓本汇编〉碑拓著录考辨》，《江海学刊》2011年第4期；《〈北京图书馆藏中国历代石刻拓本汇编〉刻石时间考辨二则》，《江海学刊》2011年第6期；《〈北京图书馆藏中国历代石刻拓本汇编〉隋前部分校正》，《中华中医药学会医古文分会成立30周年暨第二十次学术交流会论文集》，2011；《〈北京图书馆藏中国历代石刻拓本汇编〉著录标题校正（一）》，《江海学刊》2012年第2期；《〈北京图书馆藏中国历代石刻拓本汇编〉著录标题校正（二）》，《江海学刊》2012年第3期；《〈北京图书馆藏中国历代石刻拓本汇编〉勘误》，《中国文字研究》2013年第2期；刘本才：《〈北京图书馆藏中国历代石刻拓本汇编〉著录校正》，《三峡论坛（三峡文学·理论版）》2017年第4期。

[2] 夏路、刘永生：《山西省博物馆馆藏文物精华》，山西人民出版社，1999。

[3] 河南博物院：《品鉴·卷2·中原藏珍》，中州古籍出版社，2014。

[4] 俄军：《甘肃省博物馆文物精品图集》，三秦出版社，2006。

[5] 王建琪、王华庆等：《青州北朝佛教造像·中英文本图集》，北京出版社，2002。

[6] 长武县博物馆：《长武北朝造像石刻录》，长武县博物馆，2009。

[7] 保利藏珍编辑委员会：《保利藏珍——石刻佛教造像精品选》，岭南美术出版社，2000。

[8] 高峡：《西安碑林全集》，广东经济出版社、海天出版社，1999。

[9] 武天合：《西安碑林古刻集粹·石刻造像卷》，西安地图出版社，1996。

[10] 张燕：《陕西药王山碑刻艺术总集》，上海辞书出版社，2013。

[11] 陕西省古籍整理办公室：《药王山碑刻》，三秦出版社，2013。

[12] 王福民：《药王山石刻集萃》，中国传媒大学出版社，2009。

[13] 刘景龙、李玉昆：《龙门石窟碑刻题记汇录》，中国大百科全书出版社，1998。

[14] 龙门文物保管所、北京大学考古系：《中国石窟·龙门石窟》，文物出版社、株式会社平凡社，1991。

[15] 白立献、梁德水：《龙门石窟造像题记精粹》，河南美术出版社，2012。

[16] 刘景龙：《龙门雅集》，文物出版社，2002。

造像全拓》[1] 等。

三是书法研究、雕塑及美术研究等艺术研究领域的图录出版。如刘正成《中国书法全集》、[2] 沃兴华《碑版书法》、[3] 李炳武《中华国宝·陕西珍贵文物集成·碑刻书法卷》、[4] 史岩《中国雕塑史图录》、[5] 金申《佛教雕塑名品图录》、[6] 林树中《中国美术全集·雕塑编3·魏晋南北朝雕塑》、[7] 孙振华《中国美术史图像手册·雕塑卷》、[8] 李静杰《中国金铜佛》、[9] 季崇建《中国金铜佛》[10] 等。这些艺术图版著录中，以刘正成《中国书法全集》最为精良，也是目前校勘造像记文本的重要参考资料。另外，上举图录包含个人收藏资料，拓片来源较为复杂，需要研究者慎重使用。

技术革新性和拓本多样性也促进了拓本鉴定研究的发展，比较有代表性的著作是方若《校碑随笔》。[11] 该书以石刻泐损情况、古碑缺字多寡裁定拓本新旧，书后附有伪刻一节，列举伪刻56种。后王壮弘为之增补，成《增补校碑随笔》，[12] 录有南北朝造像记117种。此外，张彦生《善本碑帖录》、[13] 宗鸣安《碑帖收藏与研究》[14]、仲威《中国碑帖鉴别图典》[15]《龙门石窟造像题记廿品》[16] 等于碑帖鉴定研究亦多有创见，可供参考。

关于造像记整理，港台地区也出版了大量图录。台湾"中央"图书馆、"国立"历史博物馆、高雄市立美术馆、"中研院"历史语言研究所等机构都藏有数

1　周国卿：《巩县石窟北朝造像全拓》，北京图书馆出版社，2008。

2　刘正成：《中国书法全集》16《北朝造像题记一》、《中国书法全集》17《北朝造像题记二》，荣宝斋出版社，2010。

3　沃兴华：《碑版书法》，上海人民出版社，2005。

4　李炳武：《中华国宝·陕西珍贵文物集成·碑刻书法卷》，陕西人民教育出版社，1999。

5　史岩：《中国雕塑史图录》，上海人民美术出版社，1983。

6　金申：《佛教雕塑名品图录》，北京工艺美术出版社，1995。

7　林树中：《中国美术全集·雕塑编3·魏晋南北朝雕塑》，人民美术出版社，1988。

8　孙振华：《中国美术史图像手册·雕塑卷》，中国美术学院出版社，2003。

9　李静杰：《中国金铜佛》，宗教文化出版社，1996。

10　季崇建：《中国金铜佛》，台湾艺术图书公司，1995。

11　方若：《校碑随笔》，民国十二年华璋书局石印本。

12　方若原著，王壮弘增补：《增补校碑随笔》，上海书画出版社，1981。

13　张彦生：《善本碑帖录》，中华书局，1984。

14　宗鸣安：《碑帖收藏与研究》，陕西人民美术出版社，2008。

15　仲威：《中国碑帖鉴别图典》，文物出版社，2010。

16　仲威：《龙门石窟造像题记廿品》，文物出版社，2019。

量众多的南北朝造像记原石和拓片。其中,"中央"图书馆藏有南北朝造像记近百种,相关信息可参考《"国立中央"图书馆拓片目录(金石部分)》。[1] "国立"历史博物馆和高雄市立美术馆收藏情况见《佛雕之美——北朝佛教石雕艺术》[2]《历代雕塑珍藏·石刻造像篇》[3] 等著作。"中研院"史语所成立佛教拓片研读小组,对傅斯年图书馆所藏拓片进行系统整理,从4万件拓本中,析出北魏佛教造像,编成《"中研院"历史语言研究所藏北魏纪年佛教石刻拓本目录》。[4] 该书录有254种北魏纪年造像记,包含北魏时期佛教造像、塔铭,标注品名、年代、尺寸、出土地、收藏地、著录来源及拓片缩印图。此外,颜娟英从傅斯年图书馆所藏北朝拓片中选取保存完整、内容翔实者100种,汇编《北朝佛教石刻拓片百品》,[5] 既著录图版,又提供释文,具有较高学术价值。

海外地区南北朝造像记著录与研究,以日本为代表。前文已言,藤原楚水曾对杨守敬《寰宇贞石图》进行删减增录,撰成《增订寰宇贞石图》,是为日本南北朝造像记图录早期代表作。此后,关野贞、常盘大定、大村西崖、日比野丈夫、水野清一、长广敏雄、神冢淑子、佐藤智水、仓本尚德等学者通过造像记材料探寻中国佛教史迹,也出版有部分造像记图录。[6] 其中,影响较大的是大村西崖《中国美术史·雕塑篇》(下文简称《雕塑篇》)。该书图文并茂,分道教、佛教两类,录有600余种南北朝造像记。宏观地看,《雕塑篇》对日本造像记研究存在三方面影响:一是引导后继大量南北朝造像记等石刻研究专著的出现,二是促成以造像记来研究雕塑艺术的风气,三是推动日本学者从造像记角度对中国佛教和道教进行研究。当然,《雕塑篇》也存在一些纰漏。例如北魏《徐常乐造像记》已见录于《陶斋吉金录》等金石志书,大村西崖未见,因此缺录前人著录研究情况。近

---

[1] "国立中央"图书馆:《"国立中央"图书馆拓片目录(金石部分)》,"国立中央"图书馆,1990。

[2] "国立"历史博物馆:《佛雕之美——北朝佛教石雕艺术》,"国立"历史博物馆,1997。

[3] 高雄市立美术馆:《历代雕塑珍藏·石刻造像篇》,高雄市立美术馆,1996。

[4] 佛教拓片研读小组:《"中研院"历史语言研究所藏北魏纪年佛教石刻拓本目录》,"中研院"历史语言研究所,2002。

[5] 颜娟英:《北朝佛教石刻拓片百品》,"中研院"历史语言研究所,2008。

[6] 参见[日]关野贞、[日]常盘大定《中国佛教史迹》,金尾文渊堂,1923;[日]大村西崖《中国美术史·雕塑篇》,佛书刊行会,1915;[日]水野清一、[日]日比野丈夫撰,孙安邦等译《山西古迹志》,山西古籍出版社,1993;[日]水野清一、[日]长广敏雄《河南洛阳龙门石窟研究》,座右宝刊行会,1941;[日]神冢淑子《南北朝时代的道教造像》,京都大学人文科学研究所,1993;[日]佐藤智水《北朝造像铭考》,《史学杂志》第86号第10卷,1977,第1421—1467页;[日]仓本尚德《北朝佛教造像铭研究》,株式会社法藏馆,2016。

些年来，石松日奈子《北魏佛教造像史研究》，[1] 玄美社《六朝造像记五十种》[2] 以及松原三郎翻译《埋もれた中国石仏の研究——河北省曲阳出土の白玉像と编年铭文》[3] 等著述也录有大量南北朝造像记拓片，可参考。

此外，日本博物馆、美术馆、纪念馆及部分大学藏有大量中国南北朝造像文物。今见东京国立博物馆、大和文化馆、根津美术馆、藤井有邻馆、泉屋博古馆、东洋美术馆、出光美术馆、浜松市美术馆、香雪美术馆、藤田美术馆、静嘉堂文库美术馆、正木美术馆、大原美术馆、佐野美术馆、大和文华馆、驹泽大学禅文化历史博物馆、畠山纪念馆、福冈市立美术馆、和泉市久保惣纪念馆、正木美术馆、大阪市立美术馆等机构，以及东京大学、东京艺术大学、京都大学、大东文化大学、早稻田大学、大谷大学、龙谷大学、东洋文库、永青文库等大学和机构收藏有丰富的南北朝造像记石刻原物或拓本。相关收藏情况可参见《日本京都大学藏中国历代碑刻文字拓本》[4]《东洋文库所藏中国石刻拓本目录》[5]《大东文化大学书道研究所藏宇野雪村文库拓本目录》[6]《大阪市立美术馆纪要——中国金石拓本目录》[7] 等。

在日本之外，欧美学者对中国古代石刻造像也高度关注。早在 1907 年，法国汉学家沙畹便带领团队到达中国收集古迹信息，通过记录、摄影、刊拓等活动获得拓片及照片，足迹遍布华北、西北、西南、华中和东北地区。沙畹回到巴黎以后，于 1909 年出版了 *Mission archéologique dans la Chine septentrionale. Paris，Imprimerie nationale*，[8] 公布考察内容和图版，推动了中国雕塑艺术在西方的传播。该书涉及大量北朝造像记，仅北魏造像就达近百种。1918—1930 年间，瑞典学者喜仁龙也多次来到中国，踏访北京、洛阳、开封、苏州、杭州、西安、上海、郑州、安阳、潍坊文化遗迹，拍摄大量珍贵照片。1925 年，喜仁龙出版 *Chinese Sculpture*

1　［日］石松日奈子撰，［日］筱原典生译：《北魏佛教造像史研究》，文物出版社，2012。

2　玄美社：《六朝造像记五十种》，玄美社，1980。

3　杨伯达撰，［日］松原三郎译：《埋もれた中国石仏の研究——河北省曲阳出土の白玉像と编年铭文》，东京美术，1985。

4　日本京都大学藏中国历代碑刻文字拓本编委会：《日本京都大学藏中国历代碑刻文字拓本》，新疆美术出版社，2015。

5　东洋文库：《东洋文库所藏中国石刻拓本目录》，东洋文库，2002。

6　［日］玉村清司：《大东文化大学书道研究所藏宇野雪村文库拓本目录》，大东文化大学书道研究所，2004。

7　大阪市立美术馆：《大阪市立美术馆纪要——中国金石拓本目录》，大阪市立美术馆，1979。

8　Edouard Chavannes，*Mission archéologique dans la Chine septentrionale. Paris，Imprimerie nationale*（1909）.

from the Fifth to the Fourteenth Century,[1] 对中国古代雕塑进行分期研究，系统阐述了5—14世纪中国雕塑发展历程。该书附有623组珍贵影像资料，其中大部分为喜仁龙个人拍摄，小部分购买或欧美收藏机构赠予。这也反映出喜仁龙与中国、日本、美国及欧洲收藏家、古董商的密切交往。1929年，喜仁龙又出版 A History of Early Chinese Art。[2] 全书共四卷，其中第三卷专门阐述中国雕塑发展史，附有1000余幅图片，较为真实地保留了石刻原貌。

艺术研究离不开收藏，因于中国雕塑实物与图像资料的匮乏，西方对中国艺术史的早期研究多停留在文艺复兴以来形成的艺术理论中。沙畹、喜仁龙等人的研究奠定了中国艺术史的基本内容，同时也极大地刺激了西方对中国艺术品的向往。大量南北朝造像在这一时期流失海外。英国大英博物馆及维多利亚和阿尔伯特博物馆、法国巴黎吉美博物馆及巴黎赛努奇博物馆、德国柏林东亚艺术博物馆及科隆东亚艺术博物馆、意大利罗马国立东方艺术博物馆、荷兰亚洲艺术之友协会及莱顿国立民族学院、俄罗斯圣彼得堡国立艾尔米塔什博物馆、瑞士瑞特保格博物、瑞典斯德哥尔摩远东古物馆等多家欧洲博物馆收藏有众多中国南北朝时期造像文物。当然，与美国相比，这些博物馆藏品数量只是小众。美国纽约大都会艺术博物馆、芝加哥艺术中心、芝加哥美术馆、芝加哥富地博物馆、菲尔德自然史博物馆、华盛顿史密森学会弗瑞尔美术馆、波士顿美术馆、波士顿博物馆、波士顿伊莎贝尔·斯图尔特·加德纳博物馆、克利夫兰艺术博物馆、旧金山亚洲艺术博物馆、辛辛那提艺术博物馆、哈佛大学赛克勒博物馆、西雅图艺术博物馆、堪萨斯城纳尔逊和雅坚斯艺术博物馆、美国圣路易士美术馆、宾夕法尼亚州大学考古学及人类学博物馆、夏威夷火奴鲁鲁艺术学院、德克萨斯纳尔逊艺术博物馆、菲利尔美术馆、明尼法尼亚艺术中心等数十家机构都藏有南北朝造像，遍及美国数十个州，数量仅次于日本。

除此之外，澳大利亚新威尔士州艺术陈列馆及维多利亚国立美术馆、加拿大多伦多皇家安大略博物馆等机构也藏有中国古代造像记原石，尚未专门著录图录，应引起学界重视。

近年来，金申、吴晓丁、林树中、张林堂、孙迪、陈文平等学者开始关注海外流失造像。其中，金申用力最勤，先后整理出版《中国历代纪年佛像图典》[3]《海外及港台藏历代佛像·珍品纪年图鉴》[4] 等著述。《中国历代纪年佛像图典》以时

---

[1] Osvald Sirén, *Chinese Sculpture from the Fifth to the Fourteenth Century*（1925）.

[2] Osvald Sirén, *A History of Early Chinese Art*（1929）.

[3] 金申：《中国历代纪年佛像图典》，文物出版社，1994。

[4] 金申：《海外及港台藏历代佛像·珍品纪年图鉴》，山西人民出版社，2007。

代为序，录有十六国至清代单体造像 334 种，既著录旅日研学期间所获照片，又兼收端方、罗振玉、大村西崖等人著作所载图像，并在图版说明中简介造像年代、尺寸、材质、现藏地及发愿文信息。之后金申又系统考察欧美及我国港台地区造像藏品，2007 年出版了《海外及港台藏历代佛像·珍品纪年图鉴》。该书在单体造像之外，还收录石窟造像及金铜佛像、木雕佛像、瓷佛像、泥塑佛像等近千种，彩色图像 1500 余幅。与金氏造像图典相补充，孙迪《中国流失海外佛教造像总合图目》[1] 综合著录海外造像存目，收录海外中国历代造像共计 1170 件，图版 1470 幅，注明年代、尺寸、材质出土时地及现藏地，部分造像还附有简介。遗憾的是，该书对发愿文关注无多，缺少文字拓片和系统的释文著录。此外，所录图像多取自大村西崖、喜仁龙、松原三郎等人作品，照片清晰度不佳，不及松原三郎《中国佛教雕刻史论》。

三　释文

造像记是造像等宗教实践活动的忠实记录者，具备造像时地、造像者身份、宗教信仰、祈愿内容等信息，为史学、文学、宗教学、社会学等学术研究提供重要资料。造像记释文辑录有两条线索：一是作为文体类型，出现在不同时代的传世文集和类书中。二是作为出土文物，出土后被隶定释文，编辑成出土文献集。两条线索，一早一晚，泾渭分明，时有交叉印证，皆为造像记释文的重要来源。与存目、图录相比，释文著录出现的时间要更早。从史籍记载来看，早在晋宋之际，谢灵运已撰《佛影铭》《无量寿像颂》2 种，[2] 其中《佛影铭》作于东晋义熙九年，《无量寿佛颂》作于元嘉二年。齐梁之间，沈约、刘潜、刘勰、萧纲、萧绎等人文集中有多篇造像记流传后世，录有全文，且多为名篇。其中沈约撰有《释迦文佛像铭》等造像记 7 种。[3] 梁武帝年间，刘潜曾奉敕作《雍州平等寺金像碑》。[4] 同一时期，刘勰撰有《剡县石城寺弥勒石像碑》。[5] 而后，梁简文帝萧纲撰有《梁安寺释迦文佛像铭》等造像记 8 种，[6] 梁元帝萧绎亦撰有《荆州长沙寺阿

1　孙迪：《中国流失海外佛教造像总合图目》，外文出版社，2005。

2　（刘宋）谢灵运撰，顾绍柏校注：《谢灵运集校注》，中州古籍出版社，1987。

3　（梁）沈约撰，陈庆元校笺：《沈约集校笺》，浙江古籍出版社，1995。

4　（唐）姚思廉：《梁书》卷四一《刘潜传》，中华书局，1973，第 594-595 页。

5　《梁书》卷五〇《刘勰传》，第 712 页。

6　（梁）萧纲撰，肖占鹏、董志广校注：《梁简文帝集校注》，南开大学出版社，2015。

育王像碑》1种。[1] 至陈末隋初，江总"有文集三十卷，并行于世"，曾撰《优填像铭》。[2] 此外，文集所见寺碑题记同样值得关注，根据传世文集记载，南朝文人中，沈约、王僧孺、陆倕、王筠、刘孝绰、刘潜、任孝恭、张缵、萧纲、萧绎、徐陵、江总等人文集中皆有佛寺碑铭流传后世，可用于研究南朝佛教传播历史。

北朝造像记释文著录与南朝相似，也始见于文集。北齐邢邵撰有《文襄王帝金像铭》等，或为传世典籍所见北朝造像记释文最早者。史载邢邵"有集三十卷，见行于世"[3]，多亡佚，《文襄王帝金像铭》记文见于唐宋类书及明人辑本，与江总《优填像铭》情况相似。到了北周时期，庾信撰有《秦州天水郡麦积崖佛龛铭》等，见于其文集《庾子山集》。[4] 上述造像记中，仅秦州天水郡麦积崖佛龛见存，其余已难寻所在，但得益于文集记载，像佚记存。

进入唐代，南北朝造像记释文多著录于类书，继承南北朝文集而来。其中《艺文类聚》收录数量最多，影响最大，明清类书多有转录。该书录有谢灵运、沈约、刘潜、刘勰、邢邵、萧纲、萧绎、江总等人所撰造像记15种，惜未收庾信《秦州天水郡麦积崖佛龛铭并序》，沈约、萧纲等人所作造像记亦未悉数收录。[5]《初学记》则录有沈约《千佛颂》《释迦文佛像铭》2种，其中《千佛颂》为《艺文类聚》未收。[6] 此外，唐代佛教经典对南北朝造像记释文也有所著录。如释道宣撰《广弘明集》[7] 卷十六收录前文所言沈约作造像记六种，可与《沈约集》互校。《广弘明集》还记载梁简文帝萧纲作《千佛愿文》，明人据此辑录至《梁简文帝集》。

此后，宋、元、明传世文献对造像记的著录，往往承袭前代文集或类书。如《文苑英华》卷七八五"纪德"录有庾信《秦州天水郡麦积崖佛龛铭》，[8] 已见《庾子山集》。高似孙《纬略》录有《文襄金像铭》，亦见于《邢邵集》。[9] 梅鼎祚《释文纪》、[10] 张溥《汉魏六朝百三家集》[11] 等

---

1 （梁）萧绎撰，陈志平、熊清元校注：《萧绎集校注》，上海古籍出版社，2018。
2 （唐）姚思廉：《陈书》卷二七《江总传》，中华书局，1972，第347页。
3 （唐）李百药：《北齐书》卷三六《邢邵传》，中华书局，1972，第479页。
4 （北周）庾信：《庾子山集》，光绪十六年成都试院刻本。
5 （唐）欧阳询撰，汪绍楹校注：《艺文类聚》，中华书局，1985。
6 （唐）徐坚等：《初学记》，中华书局，1962。
7 （唐）释道宣：《广弘明集》，四部丛刊景明本。
8 （宋）李昉等：《文苑英华》，中华书局，1966，第4149页。
9 （宋）高似孙：《纬略》，光绪十五年上海鸿文书店石印本。
10 （明）梅鼎祚：《释文纪》，文渊阁《四库全书》本。
11 （明）张溥：《汉魏六朝百三家集》，文渊阁《四库全书》本。

所录造像记释文，均不出《艺文类聚》《文苑英华》著录范围之外。尽管宋代金石学已经兴起，也出现了洪适《隶释》《隶续》类专门著录石刻释文的著作，但均未收录南北朝造像记释文。相比之下，宋代目录及题跋中虽偶见释文，多系征引或节录，未能窥探全文。元末明初陶宗仪《古刻丛钞》[1] 收录南朝永明二年《石佛识》（即《纪德真造像记》）一种，并辑录全文，可视为特例。此后，都穆《金薤琳琅》、杨慎《金石古文》等仍未见录南北朝造像记释文。直至清初，情况才发生改变。顾炎武、朱彝尊、叶封等人搜集金石，所撰《金石文字记》[2]《曝书亭金石文字跋尾》[3]《嵩阳石刻集记》[4] 等著录数篇北朝造像记释文，距陶宗仪已有近三百年。随后，吴玉搢《金石存》录有东魏《嵩阳寺碑》、北齐《马天祥等造像记》两种，且附有题跋考证，[5] 说明清初南北朝造像记释文著录未有中断。

在清代，南北朝造像记不仅著录增多，而且从一般石刻中分离出来，呈现独立成类的趋势。王昶《金石萃编》卷三九《北朝造像诸碑总论》，开宗明义，系统论述了北朝造像记形成和发展历程。[6] 在王氏之后，叶昌炽、马衡、朱剑心、毛远明等学者对《总论》多有继承和发展。[7] 造像记成为独立的石刻类型，日益受到世人的关注。在开创意义之外，《金石萃编》在释文整理方面也是典范。王氏集录南北朝造像记 71 种，撰写释文、汇集诸家考释，并附按语，成为金石释文整理之通例。《金石萃编》成书后，为学界所重，并引发续补热潮。其中，以陆增祥《八琼室金石补正》[8] 影响最大。该书共 130 卷，沿袭《金石萃编》体例，在王昶基础上补正讹误，增补南北朝造像记 322 种，是继《金石萃编》之后，又一部大型释文著录专著，具有重要学术价值。《八琼室金石补正》书末附有《八琼室金石祛伪》一篇，从辨伪的角度对造像记的真伪进行筛选判断，收录疑伪金石，亦有鉴别之功。除此之外，严可均《平津馆金石萃编》、[9]

---

1 （元）陶宗仪：《古刻丛钞》，光绪十一年吴县朱氏刻本。
2 （清）顾炎武：《金石文字记》，光绪十四年上海扫叶山房刻本。
3 （清）朱彝尊：《曝书亭金石文字跋尾》，光绪十年刻本。
4 （清）叶封：《嵩阳石刻集记》，康熙十二年刻本。
5 （清）吴玉搢：《金石存》，光绪年间山阳李氏刻本。
6 （清）王昶：《金石萃编》，光绪十九年上海醉六堂石印本。
7 参见（清）叶昌炽撰，姚文昌点校《语石》，浙江大学出版社，2018，第 152—162 页；马衡《凡将斋金石丛稿》，中华书局，1977，第 69—74 页；朱剑心《金石学》，上海书店出版社，1996，第 178—180 页；毛远明《碑刻文献学通论》，中华书局，2009，第 141—158 页。
8 （清）陆增祥：《八琼室金石补正》，民国十四年（1925 年）吴兴刘氏希古楼刻本。
9 （清）严可均：《平津馆金石萃编》，嘉业堂抄本。

陆耀遹《金石续编》、[1] 王言《金石萃编补略》、[2] 毛凤枝《金石萃编补遗》[3] 等依照《金石萃编》体例，增补王书失收，亦有可观之处。比较之下，黄本骥《金石萃编补目》、[4] 罗振玉《金石萃编未刻稿》、[5] 刘青藜《金石续录》、[6] 刘承干《希古楼金石萃编》[7] 等突破前文后跋体例，通过不同的著录方式对《金石萃编》进行补充和订正，更具开创意义。

在《金石萃编》及其增补系列盛行的同时，严可均《全上古三代秦汉三国六朝文》[8] 也开启了新的释文著录方式。与王书前文后跋体例，以及侧重出土金石不同，严书全面系统收录文字释文。该书著录53种南北朝造像记释文，虽然数量不多，又不录题名，但大量原石已佚的造像记释文赖此书得以保存。韩理洲参照《全上古三代秦汉三国六朝文》体例，补充严氏之后所见各类资料，撰有《全北魏东魏西魏文补遗》[9]《全北齐北周文补遗》[10]《全三国两晋南北朝文补遗》（以下简称《补遗》），[11] 共收录1380种南北朝造像记。同样著录造像记释文的还有邵正坤《北朝纪年造像记汇编》（以下简称《汇编》），[12] 收录北朝造像记1305种。上述二书是目前南北朝造像记释文著录代表性著作，各有侧重：一是《补遗》收录各类石刻，《汇编》专收录造像记；二是《补遗》收录造像记包括无纪年造像记，而《汇编》仅收录有纪年造像记；三是《补遗》南北朝造像记俱收，而《汇编》仅收录北朝造像记；四是《汇编》出版晚于《补遗》，对后者多有参考，并补充了部分地方志等文献资料中的北朝造像记。《补遗》与《汇编》的出版，为学术界研究南北朝造像记提供了足够丰富的文本资料，推动了南北朝造像记的整理和研究。二书学术贡献良多，但也存在一些问题。首先是文字不精，部分造

---

1. （清）陆耀遹：《金石续编》，同治十三年毗陵双白燕堂刻本。
2. （清）王言：《金石萃编补略》，光绪八年王氏刻本。
3. （清）毛凤枝：《金石萃编补遗》，《石刻史料新编》第二辑第二册，台北：新文丰出版公司，1979。
4. （清）黄本骥：《金石萃编补目》，光绪二十九年贵池刘氏刻本。
5. 罗振玉：《金石萃编未刻稿》，台湾艺文印书馆，1976。
6. （清）刘青藜：《金石续录》，康熙四十九年傅经堂刻本。
7. （清）刘承干：《希古楼金石萃编》，民国二十二年吴兴刘氏希古楼刻本。
8. （清）严可均：《全上古三代秦汉三国六朝文》，光绪十三年广州广雅书局刻本。
9. 韩理洲：《全北魏东魏西魏文补遗》，三秦出版社，2010。
10. 韩理洲：《全北齐北周文补遗》，三秦出版社，2008。
11. 韩理洲：《全三国两晋南北朝文补遗》，三秦出版社，2013。
12. 邵正坤：《北朝纪年造像记汇编》，吉林人民出版社，2014。

像记释文错误较多，缺乏校勘。其次是数量不足，仅录千余种造像记，距已见四千余种数目，相差甚远。造成这些问题的原因，多与造像记拓本清晰度较差及所收资料来源相对有限有关。仅以《北齐波罗寺僧昙瑞造像记》为例。该造像记，金申《中国历代纪年佛像图典》仅著录阳面释文，未著阴面，《补遗》《汇编》又沿袭金书，造成部分释文遗失。实际上，该造像记完整释文已见大村西崖《中国美术史·雕塑篇》。

前文提到，自南宋以来，历代学者在编撰方志时，已将古迹碑刻作为方志著录内容之一。至清代时期，官方倡导修志，各级政府纷纷响应，故省有通志，府有府志，县有县志。顾炎武、孙星衍等金石学家在积极参与地方志书编修工作的同时，也将各自的学术思想带入修志实践中，形成了不同的方志学流派，影响深远。其中，就包括对各地区南北朝造像记的著录。据笔者统计，现存《河南府志》《重修怀庆府志》《洛阳县志》《东光县志》《河内县志》等数十种清代至民国时期地方志录有大量南北朝造像记，遍及河南、河北、山东、山西、湖北、安徽等地，甚至广东《番禺县续志》中亦记载《王永寿造弥勒像记》《比丘凝玄造像记》两种。[1] 这种现象应当引起学者重视。以目

---

[1] 参见施诚修，童钰、裴希纯、孙枝荣纂《河南府志》，乾隆四十四年刻本；胡德琳修，李文藻、周永年等纂《历城县志》，乾隆三十八年刻本；黄本诚纂修《新郑县志》，乾隆四十一年刻本；陆继萼修，洪亮吉纂《登封县志》，乾隆五十二年刊本；唐侍陛修，洪亮吉等纂《重修怀庆府志》，乾隆五十四年刻本；于于垣修，杨元锡纂《长垣县志》，嘉庆十五年刊本；陆蓉修，武亿纂《宝丰县志》，嘉庆二年刻本；魏襄修，陆继辂纂《洛阳县志》，嘉庆十八年刻本；袁通修，方履籛纂《河内县志》，道光五年刊本；金玉麟修，韩亚熊纂《澄城县志》，咸丰元年刻本；方汝翼等修，周悦让等纂《增修登州府志》，光绪七年刻本；谢应起修，刘占乡等纂《宜阳县志》，光绪七年刊本；周植瀛修，吴浔源纂《东光县志》，光绪十四年刻本；樊增祥等修，谭麐纂《富平县志稿》，光绪十七年刊本；周铭旂《乾州志稿补正》，光绪十七年乾阳书院刻本；麻兆庆纂修《昌平外志》，光绪十八年刻本；刘嘉树修，苑荣池等纂《增修诸城县续志》，光绪十八年刻本；葛士达纂修《平定州志补》，光绪十八年刻本；王立勋修，李清芝等纂《南和县志》，光绪十九年抄本；李桢等监修，杨笃鼎纂《长治县志》，清光绪二十年刊本；周际华修，戴铭纂《辉县志》，光绪二十一年刻本；李敬修等修，刘宝鼎等纂《费县志》，光绪二十二年刻本；张承燮修，法伟堂、孙文楷纂《益都县图志》，光绪三十三年益都官舍刻本；祝嘉庸修，吴浔源纂《宁津县志》，光绪二十六年刊本；吴汝纶纂《深州风土记》，光绪二十六年文瑞书院刻本；沈兆祎修，王景祜纂《临沂县志》，民国六年刊本；李傅煦、陈同善修，王永贞纂《乐安县志》，民国七年石印本；余宝滋修，杨祓田纂《闻喜县志》，民国八年石印本；舒孝先修，崔象谷纂《临淄县志》，民国九年石印本；韩邦浮修，田芸生纂《新乡县续志》，民国十二年铅印本；刘海芳等修，卢以洽纂《续荥阳县志》，民国十三年铅印本；毛承霖纂修《续历城县志》，民国十五年铅印本；朱兰修，劳乃宣纂《阳信县志》，民国十五年铅印本；潘守廉修，袁绍昂、唐烃纂《济宁直隶州续志》，民国十六年铅印本；葛延瑛修，孟昭章纂《重修泰安县志》，民国十八年泰安县志局铅印本；徐昭俭修，杨兆泰纂《新绛县志县志》，民国十八年铅印本；史延寿修，王士杰纂《续武陟县志》，民国二十年刊本；王自尊修，李林奎等纂《元氏县志》，民国二十年铅印本；梁鼎芬修，丁仁长纂《番禺县续志》，民国二十年重刊本；马子宽修，王蒲园纂《重修滑县志》，民国二十一年铅印本；翟文选等修，王树柟等纂《奉天通志》，民国二十三年铅印本；何其章修，贾恩绂纂《定县志》，民国二十三年刊本；王全岳等《昌乐县续志》，民国二十三年铅印本；王文彬等《续修广饶县志》，民国二十四年铅印本；周钧英修，刘仞千纂《临朐续志》，民国二十四年铅印本；宋宪章修，邹允中、崔亦文纂《寿光县志》，民国二十五年铅印本；沈淮修，李图等纂，戴杰续纂《陵县志》，民国二十五年铅印本；杨保东、王国璋修，刘莲青、张仲友纂《巩县志》，民国二十六年刊本；宋大章、冯舜生修，周存培、张星楼纂《涿县志》，民国二十五年铅印本；张其丙修，张元钧纂《重修博兴县志》，民国二十五年本；高廷法修，沈琮等纂《咸宁县志》，民国二十五年重印本；杜济美修，郝济川纂《武安县志》，民国二十九年铅印本；续俭、田屏轩修，范凝续纂《乾县新志》，民国三十年铅印本；钱仲仁修，王尚义等纂《固安县志》，民国三十一年铅印本。

前所见资料来看，尚未发现出土于岭南地区的南北朝造像记。至于广东《番禺县续志》著录南北朝造像记的原因，乃系《王永寿造弥勒像记》《比丘凝玄造像记》均为南海吴荣光筠清馆旧藏，故载入县志，且录有释文。这也提醒整理者应当注意收藏活动对造像记流通的影响。同属广东地区的收藏家，顺德邓秋枚、番禺梁杭叔也曾收藏东魏和北齐造像记，同样值得学界关注。近些年随着国家对地方志、文物志的重视，各级方志办、文管所等部门对辖区县志、文物志等资料多有整理，如《山东省志·文物志》《洛阳文物志》《扶风县文物志》《晋城市志》《富平县志》等史志资料都著录有南北朝造像记释文。[1]

地方志、文物志在著录本地石刻时，往往收录辖区全部文物，并非针对造像记进行整理。与之不同的是，现代学者或科研机构可以专门对某一地区造像记进行全面著录与研究。下文简略介绍部分北朝地区造像记释文整理情况。

龙门石窟造像，历来受到国内外学者的关注。日本学者中较早开始龙门造像记整理的是冢本善隆、水野清一、春日礼智等，其编撰的《龙门石刻录》收录在水野清一、长广敏雄《河南洛阳龙门石窟の研究》。[2] 此后，久野健、杉山二郎、石井久雄、渡边俊文、中田勇次郎、曾布川宽、稻村云洞等学者也对龙门石窟进行了不同程度的研究。[3] 相比之下，国内整理研究龙门石窟造像的学者更多，成果也更为丰硕。如龙门文物保管所与北京大学考古系共同编撰的《中国石窟·龙门石窟》，集中对龙门北朝小龛进行分期，并对洞窟进行排年，在佛教考古方面取得重

---

[1] 参见山东省地方史志编纂委员会《山东省志·文物志》，山东人民出版社，1996；徐金星、黄明兰《洛阳文物志》，洛阳市文化艺术开发公司，1985；乾县文物志编辑委员会《乾县文物志》，乾县文物志编辑委员会，1983；天水县文物志编写委员会《天水县文物志》，天水县文物志编写委员会，1984；沁水县志编纂办公室《沁水县志》，山西人民出版社，1987；临淄文物志编辑组《临淄文物志》，中国友谊出版公司，1990；姚生民《淳化县文物志》，陕西人民教育出版社，1991；宜君县地方志编撰委员会《宜君县志》，三秦出版社，1992；陕西省文物志编纂委员会、扶风县文物志编纂委员会等《扶风县文物志》，陕西人民教育出版社，1993；麟游县地方志编纂委员会《麟游县志》，陕西人民出版社，1993；黎城县志编纂委员会《黎城县志》，中华书局，1994；蓝田县地方志编纂委员会《蓝田县志》，陕西人民出版社，1994；富平县地方志编撰委员会《富平县志》，三秦出版社，1994；永靖县志编纂委员会《永靖县志》，兰州大学出版社，1995；户县文物志编纂委员会《户县文物志》，陕西人民教育出版社，1995；中国人民政治协商会议山东省新泰市委员会文史资料委员会《新泰文史资料》第9辑，1996；秦海轩《晋城市志》，中华书局，1999；郑州历史文化丛书编纂委员会《郑州市文物志》，河南人民出版社，1999；袁富民《乾县志》，陕西人民出版社，2003；延安市文物志编纂委员会《延安市文物志》，陕西旅游出版社，2004；王树新《高平金石志》，中华书局，2004；咸阳市文物事业管理局《咸阳市文物志》，三秦出版社，2008。

[2] ［日］水野清一、［日］长广敏雄：《河南洛阳龙门石窟の研究》，座右宝刊行会，1941。

[3] 参见［日］久野健、［日］杉山二郎、［日］石井久雄、［日］渡边俊文《龙门·巩县石窟》，东京六兴出版，1982；［日］中田勇次郎《龙门造像题记》，日本"中央公论社"，1980；［日］曾布川宽《龙门石窟石刻集成》，京都大学人文科学研究所附属东洋学文献中心，2000；［日］稻村云洞《龙门小品造像记百选》，玄同社，2006。

要突破。[1] 在题记著录方面，有刘景龙、李玉昆《龙门石窟碑刻题记汇录》、[2] 宫大中《龙门石窟艺术》、[3] 贺玉萍《北魏洛阳石窟文化研究》、[4] 张乃翥《龙门区系石刻文萃》、[5] 白立献、梁德水《龙门石窟造像题记精粹》[6] 等，相关著录不胜枚举。

在龙门石窟之外，北魏至隋唐间，洛阳、新乡、许昌等地造像活动频繁，保存有众多石窟造像精品。河南地区南北朝造像释文整理，以王景荃《河南佛教石刻造像》[7] 为代表。王景荃及其团队全面搜集、调查现存河南造像，对每件造像记进行测绘、拍照、传拓，再整理释文，终成《河南佛教石刻造像》。该书是目前研究河南南北朝佛教造像记不可多得的一手资料，具有重要学术价值。略为遗憾的是，该书对一些泐损模糊的造像未能收入，若能一并著录，以待其他学者进一步考证，必将有利于疑难造像记的整理和研究。

关中地区南北朝造像记，也是学界研究热点之一。罗宏才《中国佛道教造像碑研究——以关中地区为考察中心》、[8] 张泽珣《北魏关中道教造像记研究：附造像碑文录》、[9] 魏宏利《北朝关中地区造像记整理与研究》、[10] 于春《长安地区北朝佛教造像考古学研究》、[11] 郑文《魏晋南北朝时期关中地区氐羌民族的宗教信仰——以造像碑为中心的考察》、[12] 张方《关中北朝造像碑图像专题研究》、[13] 宋莉《北魏至隋代关中地区造像碑的样式与年代考证》等专著或学位论文都有相关整理和研究。

关于山西地区石刻造像，尽管自

1　龙门文物保管所、北京大学考古系：《中国石窟·龙门石窟》，平凡社，1991。

2　刘景龙、李玉昆：《龙门石窟碑刻题记汇录》，中国大百科全书出版社，1998。

3　宫大中：《龙门石窟艺术》（增订本），人民美术出版社，2002。

4　贺玉萍：《北魏洛阳石窟文化研究》，河南大学出版社，2010。

5　张乃翥：《龙门区系石刻文萃》，国家图书馆出版社，2011。

6　白立献、梁德水：《龙门石窟造像题记精粹》，河南美术出版社，2012。

7　王景荃：《河南佛教石刻造像》，大象出版社，2009。

8　罗宏才：《中国佛道教造像碑研究——以关中地区为考察中心》，上海大学出版社，2008。

9　张泽珣：《北魏关中道教造像记研究：附造像碑文录》，澳门大学出版社，2009。

10　魏宏利：《北朝关中地区造像记整理与研究》，中国社会科学出版社，2017。

11　于春：《长安地区北朝佛教造像考古学研究》，博士学位论文，西北大学，2015。

12　郑文：《魏晋南北朝时期关中地区氐羌民族的宗教信仰——以造像碑为中心的考察》，硕士学位论文，陕西师范大学，2006。

13　张方：《关中北朝造像碑图像专题研究》，硕士学位论文，陕西师范大学，2007。

2009年以来，《三晋石刻大全》[1] 已整理出多地区石刻信息，但因重视程度不同，各地造像记著录水平存在参差不齐的情况。相比之下，胡春涛《山西五至八世纪造像碑的图像志研究》[2] 可视为山西地区南北朝造像记整理代表作。胡春涛以实地调查为基础，核实纠正以往著录错误，补充图像及释文信息，增补新见碑刻，对山西境内和山西省外保存的山西造像碑进行了系统梳理，意义重大。该书不足之处是仅著录碑形造像记，图像处理较为模糊，排版模式有待改善，同时，释文的准确性需进一步提高。

山东地区的北朝造像记同样值得关注，山东各区域均有北朝造像记出土，其中潍坊、滨州及济南出土北魏、北齐造像记数量甚多，尤其青州龙兴寺、临朐明道寺、博兴龙华寺、诸城南郊遗址、历城黄石崖等地区出土的北朝造像备受学界重视，释文的系统整理也以上述区域为主。早在民国七年，孙葆田编撰《山东通志》便已开始系统收录山东地区金石资料，遗憾的是所收造像记以存目著录为主。[3] 中国台湾学者李玉珉曾对山东早期造像记进行系统研究，系统梳理了山东早期造像记，录有北魏造像记释文95种，虽未系统收录整个北朝时期，且采用节录，但对系统研究山东地区造像风格大有裨益。[4] 而后，朱正昌等学者编撰《山东文物丛书》，系统梳理山东地区碑石、墓志及造像等各类资料，撰有《碑刻造像》一书，遗憾的是，该书仅展示部分造像精品，未能全部著录。[5] 因此，山东地区造像记数量虽多，但全域的释文整理需进一步开展。

相比北朝造像记，南朝造像记数量不多，相关释文整理著述也不若北朝研究之众。前文已言，南宋陈思《宝刻丛编》、明陶宗仪《古刻丛钞》、清阮元《两浙金石志》等对南朝造像记释文偶有著录，不过数种。直到陆增祥增补《金石萃编》，撰《八琼室金石补正》，收录南齐《维卫尊佛背题字》、南梁《王世成造象记》《大通造象题字》《宫容造象题字》《慧影造象记》《安庆造象题字》、南陈《赵连成造象题字》《马忠造象题字》等8种造像记，始成规模。真正系统著录南朝造像记释文，是在中华人民共和国成立后。如龙显昭《巴蜀佛教碑文集成》[6] 关注巴蜀地区石刻，收录南朝造像记释文14种。还有前文介绍的韩理洲《全三国两晋南北朝文补遗》，收录南朝造像记释

---

1 刘泽民、李玉明等：《三晋石刻大全》，三晋出版社，2009—2021。
2 胡春涛：《山西五至八世纪造像碑的图像志研究》，广西美术出版社，2017。
3 孙葆田：《山东通志》，民国七年山东通志刊印局铅印本。
4 李玉珉：《山东早期佛教造像考——刘宋到北魏时期》，《故宫学术季刊》第21卷第3期，2004。
5 朱正昌等：《碑刻造像》，山东友谊出版社，2002。
6 龙显昭：《巴蜀佛教碑文集成》，巴蜀书社，2004。

文18种。在此之外，还有部分以南朝石刻为研究对象的学位论文，也得值得重视。如符永利《南朝佛教造像的考古学研究》[1] 注重考古遗迹，整理出《中大通元年释迦像》等南朝造像释文24种。比较之下，刘晓蒙《南朝石刻研究综述与文献整理》[2] 兼顾出土文献与传世文献，收录42种南朝造像记释文。后来，王雪薇《南朝造像记整理与研究》[3] 增至130种，其中宋21种，齐19种，梁78种，陈12种，并考订释文，编撰相关名物索引，便于使用。

造像记释文著录还有一种形式是图录与释文结合。这种著录方式图文并茂，相互照应，便于学术研究，可视为未来石刻整理理想范式之一。这类整理著作以毛远明《汉魏六朝碑刻校注》[4] 为代表。《碑校》收录汉魏六朝石刻1400余种，其中南北朝造像记437种，依拓隶定释文，保留异体字、俗体字，并对疑难字词进行校注。由于该书收录截至2007年，且不录没有图版的造像记，存在漏收情况。后来毛远明弟子杨宁、杜莹、朱遂、王迟迟等以学位论文加以增补，情况有所改善。[5]《校注》

之外，曾晓梅、吴明冉《羌族石刻文献集成》[6] 也是一部图文结合的石刻整理著作。该书选取"羌族石刻"作为整理范围，搜集羌族相关墓志、造像记、买地券等石刻390余种，释文精审，为羌族文献的断代与研究提供了可靠的依据。美中不足是，《集成》图版多取自《北京图书馆藏中国历代石刻拓本汇编》等资料，清晰度较低，部分造像记图版不易辨识。

四　研究

在存目、图录、释文之外，南北朝造像记还有研究一类。从发展角度来看，造像记的最初研究形式是题跋，内容包括史实分析、信息订正、史籍考证、风格赏评等。题跋文体出现也早，学者习引徐师曾《文体明辨序说》所言"题跋者，简编之后语也。凡经传、子史、诗文、图书之类，前有序引，后有后序，可谓尽矣。其后览者，或因人之请求，或因感而有得，则复撰词以缀于末简，而总谓之题跋。至

---

[1] 符永利：《南朝佛教造像的考古学研究》，博士学位论文，南京大学，2012。

[2] 刘晓蒙：《南朝石刻研究综述与文献整理》，硕士学位论文，吉林大学，2018。

[3] 王雪薇：《南朝造像记整理与研究》，硕士学位论文，吉林大学，2018。

[4] 毛远明：《汉魏六朝碑刻校注》，线装书局，2008。

[5] 参见杨宁《近五年（2008—2012）新见汉魏六朝石刻搜集与整理》，硕士学位论文，西南大学，2014；杜莹《〈汉魏六朝碑刻校注〉未收北魏碑刻整理与研究》，硕士学位论文，西南大学，2014；朱遂《〈汉魏六朝碑刻校注〉未收北齐北周碑刻辑补》，硕士学位论文，西南大学，2014；王迟迟《〈汉魏六朝碑刻校注〉未收石刻整理与研究——三国、两晋及南朝时期》，硕士学位论文，西南大学，2014。

[6] 曾晓梅、吴明冉：《羌族石刻文献集成》，巴蜀书社，2016。

综其实，则有四焉：一曰题，二曰跋，三曰书某，四曰读某……题、读始于唐，跋、书起于宋。曰题跋者，举类以该之也"[1]。徐氏谓"题跋者，简编之后语"，较为中肯，至于"跋、书起于宋"，则不确。今以体例及内容观之，题跋可追溯至刘向《别录》。刘向校书，"每一书已，向辄条其篇目，撮其指意，录而奏之"[2]。今见《战国策叙录》等多见校书过程、版本信息、作者介绍、主旨评介等，可为后世典籍题跋之源。

造像记题跋，前代不见，自宋有之，且视为宋代金石学重要特征之一。以今见文献观之，欧阳修《集古录跋尾》[3] 题跋所录北朝造像记，开金石学题跋著录之先河。《集古录跋尾》虽然题跋北朝造像记9种，数量不多，但涉及书法特征、造像风格、史料价值等问题，角度广泛，考证翔实，反映出欧阳修严谨的治学态度和广博的知识体系，对后世金石学题跋产生深远影响。紧随《集古录跋尾》之后的赵明诚《金石录》，前10卷是目录著录，后20卷为题跋著录，收录了前赵光初五年《赵浮图澄造释迦像碑》，其刊刻时间早于沈约、梁简文帝和庾信等人所撰造像记。上举二书之外，宋代南北朝造像记题跋还有曾巩《元丰题跋》，[4] 尽管仅跋《常乐寺浮图碑》一种，但由于成书年代较早，也存在一定指导意义。总体而言，宋代金石学家对南北朝造像记的关注首先表现在书画价值上，并未对造像记蕴含的宗教信仰、心理寄托等给予过多的关照。元明两代金石学成就相对有限，虽有金石题跋著录，但未涉及南北朝时期造像记。

进入清代，金石学盛兴，清初顾炎武《金石文字记》、朱彝尊《曝书亭金石文字跋尾》、叶封《嵩阳石刻集记》等都出现石刻题跋，前文已言，此不赘述。加之叶奕苞《金石录补》、[5] 林侗《来斋金石刻考略》[6] 等，构成清代早期题跋著录。总体上看，诸书虽然题跋南北朝造像记篇目不多，但对后来乾嘉学者仍有启发意义。此后，南北朝造像记题跋获得迅速发展，并出现两种形式：第一种形式是先著录释文，后作题跋。如前文已经介绍的《金石萃编》《八琼室金石补正》等，汪鋆《十二砚斋金石过眼录》及《续录》、[7]

---

1 （明）徐师曾著，罗根泽校点：《文体明辨序说》，人民文学出版社，1962，第136页。
2 （汉）班固撰，（唐）颜师古注：《汉书》，中华书局，1962，第1701页。
3 （宋）欧阳修：《集古录跋尾》，光绪十三年朱氏槐庐校刊本。
4 （宋）曾巩：《元丰题跋》，明崇祯年间虞山毛氏汲古阁刻本。
5 （清）叶奕苞：《金石录补》，咸丰元年海昌蒋氏宜年堂刻本。
6 （清）林侗：《来斋金石刻考略》，道光二十一年刻本。
7 （清）汪鋆：《十二砚斋金石过眼录》，民国二十年扬州陈恒和书林刻本；（清）汪鋆：《十二砚斋金石过眼续录》，民国二十年扬州陈恒和书林刻本。

毛凤枝《关中石刻文字新编》、[1] 端方《陶斋藏石记》[2] 等也属此类。第二种形式是不录释文，仅作题跋。如钱大昕《潜研堂金石文跋尾》、[3] 武亿《授堂金石一跋》及《续跋》、[4] 严可均《铁桥金石跋》、[5] 洪颐煊《平津读碑记》、[6] 张廷济《清仪阁题跋》、[7] 许瀚《攀古小庐杂著》、[8] 陈汉章《缀学堂河朔碑刻跋尾》、[9] 范寿铭《循园金石文字跋尾》、[10] 丁绍基《求是斋碑跋》、[11] 罗振玉《雪堂金石文字跋尾》、[12] 牛诚修《定襄金石考》[13] 等。其中，钱大昕还撰有《潜研堂金石文跋尾目录》，[14] 目录、跋尾互有分工，与欧阳修父子《集古录跋尾》《集古录目》、赵明诚《金石录》有异曲同工之妙。比较之下，洪颐煊《平津读碑记》八卷附《续》一卷、《再续》一卷、《三续》二卷，著录南北朝造像记75种，从干支纪年、典章制度、职官称谓、俗字异文等方面考经证史，不拘泥书画价值，为上述跋尾著录中收录造像最丰、用功最专者。

民国时期，鲁迅曾辑校石刻790余种，其中南北朝造像记322种，依据拓片摹写，泐损处予以补全。在《陶斋藏石记》《山右石刻丛编》《常山贞石志》《金石萃编》《偃师金石遗文记》等资料来源外，鲁迅还有意识地吸收《河内县志》《陵县志》等地方志中的造像记信息，有别于前代金石学家。《鲁迅辑校石刻手稿》所录造像记中有数十种造像记附有题跋，其中部分内容直接引自《陵县志》《河内县志》《临沂县志》《闻喜县志》等地方志，其余自

1　（清）毛凤枝：《关中石刻文字新编》，民国二十四年会稽顾氏金佳石好楼石印本。

2　（清）端方：《陶斋藏石记》，宣统元年石印本。

3　（清）钱大昕：《潜研堂金石文跋尾目录》，光绪十年长沙龙氏刻本。

4　（清）武亿：《授堂金石一跋》，道光二十三年《授堂遗书》刻本；（清）武亿：《授堂金石文字续跋》，道光二十三年《授堂遗书》刻本。

5　（清）严可均：《铁桥金石跋》，光绪三十一年秀水王氏刻本。

6　（清）洪颐煊：《平津读碑记》，光绪十一年德化李氏木犀轩刻本。

7　（清）张廷济：《清仪阁题跋》，光绪年间刻本。

8　（清）许瀚：《攀古小庐杂著》，日照许氏刻本。

9　陈汉章：《缀学堂河朔碑刻跋尾》，民国十二年顾氏金佳石好楼石印本。

10　（清）范寿铭：《循园金石文字跋尾》，民国十二年金佳石好楼石印本。

11　（清）丁绍基：《求是斋碑跋》，民国五年乌程张氏《适园丛书》刻本。

12　罗振玉：《雪堂金石文字跋尾》，民国九年上虞罗氏贻安堂刻本。

13　牛诚修：《定襄金石考》，民国二十一年雪华馆铅印本。

14　（清）钱大昕：《潜研堂金石文跋尾目录》，光绪十年长沙龙氏刻本。

为跋尾，具有一定学术价值。[1]

进入现代以后，传统意义上的题跋多见于书画艺术创作中，在学术实践中逐渐消失，取而代之的是单篇论文考证和系统著作研究。但不论形式如何变化，深度如何拓展，前人关于造像记题跋研究都是不可忽略的研究积累，也是学术研究的规范所在。作为宗教实践和社会生活的产物，造像记得涉及学术研究的各方面。考虑到造像记实际研究情况和本文论述体例，下面从题跋索引、艺术研究、宗教研究等几个角度略作概括。

首先，造像记题跋索引。从前面的论述中可以看到，前人关于石刻的题跋多散见于个人文集及著述中，数量巨大，形式分散，不易查找。有鉴于此，杨殿珣编撰了具有题跋目录性质的《石刻题跋索引》（以下简称《索引》）。[2] 该书分墓志、墓碑、刻经、造像、题名题字、诗词、杂刻七大类，于每一类下每一种石刻著录题跋出处。杨殿珣早年入职北平图书馆（后改名北京图书馆，今国家图书馆），长期从事目录类著述的研究与整理，具有丰富的目录书编撰经验。《索引》于1941年由商务印书馆刊行，选用前代金石志书134种，石刻条目4万余种。至1957年出修订本时，又增加叶奕苞《金石录赓跋》等4种征引书目。1977年台北：新文丰出版公司，及1990年商务印书馆又出修订本影印本。关于《索引》的编撰刊行及优缺点，时贤邵友诚、冀亚平等多有评述，此处仅就《索引》中南北朝造像记题跋索引情况略作介绍。从内容上看，《索引》录有南北朝造像记671种，王昶《金石萃编》、陆增祥《八琼室金石补正》、端方《陶斋藏石记》等大宗石刻著录书目皆有收录，为南北朝造像记的整理研究提供了较为可靠的索引信息。但是，《索引》也存在一些不足。一是该书虽于1957年增订，但仅增叶奕苞、段嘉谟、容庚、赵万里四人著作，增补范围有限，新增检索工具舛讹较多，1990年再次影印增订版，未及订正，颇为遗憾。二是造像记一品多名的情况较为严重。造像记命名标准不一，历代学者多自命名，遂造成一品多名现象。《索引》沿用旧书所录诸名，未作考辨和说明，对于不熟悉造像记的读者，检索是书多有不便。三是部分造像记索引存在著录混淆、年代有误等纰漏，部分书名也有错误。四是成书年代较早，收录造像记数量种类有限，未及新出材料，亟须增补。

其次，造像记与艺术研究。这方面代表性著作有水野清一《中国の佛教美术》，[3] 松原三郎《中国佛教雕刻史论》、[4]

---

[1] 李新宇、周海婴编：《鲁迅大全集》，长江文艺出版社，2011。

[2] 杨殿珣：《石刻题跋索引》，商务印书馆，1990。

[3] ［日］水野清一：《中国の佛教美术》，东京平凡社，1968。

[4] ［日］松原三郎：《中国佛教雕刻史论》，吉川弘文馆，1995。

逢成华《北朝造像碑设计艺术研究》、[1] 李凇《陕西佛教艺术》[2]《中国道教美术史（第一卷）》、[3] 张豫《中国佛教石窟造像艺术探究》、[4] 张晶莹《魏晋南北朝的中国佛教及其佛像雕塑艺术》[5] 等。其中，松原三郎《中国佛教雕刻史论》（以下简称《史论》）由于流布不广，学术价值不为世人所知，下文重点介绍。《史论》全书分文本一册，图版三册，全面收录中国十六国至宋代金石造像，尤其关注流失海外馆藏造像资料。其重要性表现在以下四个方面：其一，佛教石刻和道教石刻并重。该书虽名为"佛教雕刻史论"，但也收录道教造像记，并专列一章进行叙述，南北朝及隋唐造像记的整理与研究构成该书的主体内容。其二，系统著录海外造像石刻。近年来出版的部分海外石刻研究著作多是著录目录或佛像图录，缺乏系统的释文整理，无法开展深入研究。《史论》坚持文本、图版与研究并重，框架合理，资料丰富，论证系统。其三，关注新史料，与时俱进。《史论》虽然出版于1995年，但对20世纪50年代河北曲阳、90年代山东诸城等地新出造像均有著录，实属不易。其四，注重传承，完善学术体系。前文已言，沙畹、喜仁龙等学者曾对中国古迹进行实地考察，并撰有相关研究著述。松原三郎在继承沙畹、常盘大定、喜仁龙学术思路和研究方法基础上，注重造像风格和地域特色，使研究体系更加成熟。遗憾的是，国内学者对该《史论》关注不多，仅见侯旭东、吴荭、释见证、孙迪等人在著录时有所征引，[6] 其余如毛远明《汉魏六朝碑刻校注》（以下简称《碑校》）、韩理洲《补遗》、邵正坤《汇编》等皆未将该书作为校勘对象或收录来源。这也造成了部分造像记误收或错录。如《弟子□德□造像记》《桓俭之等造像记》等，《史论》已录释文，《碑校》《补遗》《汇编》等皆未见收录。又如北魏《盖氏造像记》，其形态为道教三尊像，像身刻有造像时间，底座刻有"盖氏"一族题名，像身与底座共同记录了盖氏造像活动，而部分整理者误将像身与底座分离，造成像身无题名、底座无年月的情况。[7] 再如《乐氏造弥勒像记》

---

1 逢成华：《北朝造像碑设计艺术研究》，博士学位论文，苏州大学，2006。

2 李凇：《陕西佛教艺术》，文物出版社，2008。

3 李凇：《中国道教美术史（第一卷）》，湖南美术出版社，2012。

4 张豫：《中国佛教石窟造像艺术探究》，硕士学位论文，武汉理工大学，2008。

5 张晶莹：《魏晋南北朝的中国佛教及其佛像雕塑艺术》，硕士学位论文，四川师范大学，2010。

6 参见侯旭东《佛陀相佑·造像记所见北朝民众信仰》，社会科学文献出版社，2018；吴荭《北周石窟造像研究》，博士学位论文，兰州大学，2009；吴荭《北周石窟造像研究》，甘肃教育出版社，2017；释见证（古骧瑛）《南北朝至隋唐时期的弥勒图像与信仰》，硕士学位论文，四川大学，2006；孙迪《中国流失海外佛教造像总合图目》，外文出版社，2005。

7 ［日］松原三郎：《中国佛教雕刻史论》，第260页。

等造像泐损严重，释文不全者，亦可借助《史论》进行校补。当然，《史论》也存在一些问题。如《比丘道和等造像记》等造像记重复著录，《破六汗阿奴造像记》等造像记释文校勘不精，《比丘道和等造像记》等造像间阙疑字、误释字较多等。学者引用时，需要核对图版，多加注意。

最后，造像记与宗教研究。通过造像记来研究南北朝时期佛教、道教发展与民众信仰，也是中古学术研究重要内容之一。如研究佛教信仰的侯旭东《五六世纪北方民众佛教信仰：以造像记为中心的考察》、仓本尚德《北朝佛教造像铭研究》、刘莉莉《河洛地区北朝佛教造像碑研究》、[1] 冯健《陕西北朝佛教造像碑初探》、[2] 周晓冀《泰山地区佛教石窟造像研究》、[3] 李啸《莫高窟北朝佛龛研究》[4] 等，研究道教信仰的神冢淑子《南北朝时代の道教造像》、胡文和《中国道教石刻艺术史》、[5] 张勋燎及白彬《中国道教考古》、[6] 胡玉涵《从造像题记看中古时期山东民间宗教信仰》、[7] 张泽珣《北魏关中道教造像记研究：附造像碑文录》、刘睿《北朝道教造像碑研究》、[8] 汪小洋等《中国道教造像研究》[9] 等。这其中，影响最大的当属侯旭东《五六世纪北方民众佛教信仰：以造像记为中心的考察》一书。该书在较为系统地梳理造像记数量与种类基础上，解析造像记文辞内容，阐述佛教在中国北方产生的背景，探索北朝民众的精神世界，论述信众崇奉对象的历史演进，研究佛教信仰的社会影响。该书利用造像记材料，从理论上探讨了北朝时期北方地区的佛教信仰状况，建立了完备的理论框架，尝试地区角度研究北朝造像记，在研究方法和研究内容上均具重要学术价值。该书以作者1996年博士学位论文为基础，于1998年出版，一经问世，备受推崇，多次修订再版，足见其影响之大。另外，侯旭东还曾撰文《造像记与北朝社会史研究的回顾与展望》，[10] 探讨未来造像记研究方向，对当下造像记整理及北朝佛道信仰研究具有启发意义。近年来从事造像记研究的李晓敏《从造像记看

---

1 刘莉莉：《河洛地区北朝佛教造像碑研究》，硕士学位论文，郑州大学，2004。
2 冯健：《陕西北朝佛教造像碑初探》，硕士学位论文，西北大学，2005。
3 周晓冀：《泰山地区佛教石窟造像研究》，硕士学位论文，山东大学，2008。
4 李啸：《莫高窟北朝佛龛研究》，硕士学位论文，山西大学，2021。
5 胡文和：《中国道教石刻艺术史》，高等教育出版社，2004。
6 张勋燎、白彬：《中国道教考古》，线装书局，2006。
7 胡玉涵：《从造像题记看中古时期山东民间宗教信仰》，硕士学位论文，曲阜师范大学，2006。
8 刘睿：《北朝道教造像碑研究》，硕士学位论文，中山大学，2009。
9 汪小洋、李彧、张婷婷：《中国道教造像研究》，上海大学出版社，2010。
10 侯旭东：《造像记与北朝社会史研究的回顾与展望》，《中国史研究动态》1999年第1期。

隋唐民众的佛教信仰》、[1] 陶涛《南朝佛教造像艺术研究——以南朝纪年佛教造像为中心》、[2] 王雅慧《北魏平城民间佛教信仰心态研究——以云冈石窟造像记为中心的考察》、[3] 王凌虹《洛阳北朝佛教造像与佛教仪式研究——以龙门石窟石刻铭文为中心》、[4] 孙亚蒙《魏晋南北朝邺城地区佛教信仰研究——以现存石刻文献为中心》[5] 等，都可视为侯旭东造像记研究思路、视角、方法、理论的应用和延伸。当然，该书在材料使用等方面也需进一步完善。如据书后简目所示，该书研究材料多取自《八琼室金石补正》《陶斋藏石记》《中国美术史·雕塑篇》《中国佛教雕刻史论》《北京图书馆藏中国历代石刻拓本汇编》等22部著述，及当时较为重要的期刊论文，涉及造像记材料相对有限。至于简目本身，著录信息较少，也存在个别造像记标注错误等情况。[6] 瑕不掩瑜，不影响该书在造像记研究领域的学术地位和指导作用。

此外，南北朝造像记还涉及社会组织、书法艺术、女性生活、文学价值等问题。郝春文、华人德、逢成华、丛文俊、宫大中、邵正坤、魏宏利、马健中、郑文君、赵永恒、王维亚、石越婕、牛驰、李裕群、崇秀全、徐津、肖丁、唐仲明、唐成良、赵锋、谢志斌、邱乐乐、张鹏等学者都做了相关研究，可为关注。[7]

---

[1] 李晓敏：《从造像记看隋唐民众的佛教信仰》，博士学位论文，南开大学，2003。

[2] 陶涛：《南朝佛教造像艺术研究——以南朝纪年佛教造像为中心》，硕士学位论文，南京大学，2009。

[3] 王雅慧：《北魏平城民间佛教信仰心态研究——以云冈石窟造像记为中心的考察》，硕士学位论文，苏州大学，2011。

[4] 王凌虹：《洛阳北朝佛教造像与佛教仪式研究——以龙门石窟石刻铭文为中心》，硕士学位论文，上海师范大学，2014。

[5] 孙亚蒙：《魏晋南北朝邺城地区佛教信仰研究——以现存石刻文献为中心》，硕士学位论文，河北大学，2016。

[6] 如标注北魏《郭臣造像记》录自李静杰《中国金铜佛》第70页，有误。《中国金铜佛》第70页所录造像记为《吴保显造像记》，非《郭臣造像记》。

[7] 参见郝春文《东晋南北朝佛社首领考略》，《北京师范大学学报》（社会科学版）1991年第3期；《东晋南北朝时期的佛教结社》，《历史研究》1992年第1期；华人德《分析〈郑长猷造像记〉的刊刻以及北魏龙门造像记的先书后刻问题》，《中国书法》2002年第8期；逢成华《北朝造像记书法研究》，硕士学位论文，苏州大学，2002；丛文俊《魏碑体考论》，《中国书法》2003年第3期；崇秀全《略论佛像造像艺术中国化》，硕士学位论文，南京大学，2003；李裕群《北朝晚期石窟寺研究》，文物出版社，2003；徐津《药王山碑林北魏造像碑研究——以供养人群体和造像风格为中心》，硕士学位论文，北京大学，2007；马健中《巩县石窟北朝造像题记及书法研究》，中州古籍出版社，2012；肖丁《西安地区北周佛教造像及其渊源研究》，硕士学位论文，南京艺术学院，2012；郑文君《北魏书法艺术风格研究——以龙门造像题记为例》，硕士学位论文，山东师范大学，2012；唐成良《南北朝时期山东地区民间造像组织研究》，硕士学位论文，曲阜师范大学，2014；谢志斌《中土早期观音造像风格流变及其文化内涵》，硕士学位论文，西北大学，2014；邱乐乐《文体学视野下的北魏造像记研究》，硕士学位论文，华侨大学，2015；张鹏《北魏石刻文献的文学研究》，中国社会科学出版社，2015；石越婕《北魏女性佛教造像记整理及研究》，硕士学位论文，中山大学，2016；牛驰《北魏女性在家佛教徒研究——以造像记为中心》，硕士学位论文，吉林大学，2017；赵永恒《山西长治北魏造像记书法研究》，硕士学位论文，山西大学，2017；王维亚《五墨共舞——北朝造像题记书法艺术随想》，西安出版社，2018；赵锋《天水地区北周佛教石窟造像研究》，硕士学位论文，西北师范大学，2020；唐仲明《东魏——北齐石窟造像研究》，科学出版社，2022。

结　语

金石之学，滥觞于两汉，演进于魏唐，极盛于两宋，中衰于元明，复兴于清代。相比之下，造像记虽南北朝肇端，隋唐式微，存在时间较短，却在金石学中占有一席之地，受到古今学者的重视和研究，为其他石刻类型所不及。

南北朝造像记受宗教和体裁的影响，早期著录多附于佛教典籍和集部文献，形成独有的著录特色。进入宋代后，造像记被纳入金石学体系，杂糅于一般石刻之中，宗教色彩逐渐减弱。同时受地域等因素影响，呈现北朝造像记多，多见金石目录，南朝造像记少，并见金石目录与地方志的著录状态。元明时期，金石学衰落，造像记存目新意无多。清代以来，出现以《寰宇访碑录》及其增补系列为代表的全域性目录，信息丰富，但数量不足。进入现代，文博事业繁荣发展，大量馆藏目录、石刻目录、拓本目录、著录索引得以刊行，呈现出分散的特点。在数量上，仍以专业研究论著附录简目为代表，但因信息简单，无法满足日益增长的学术研究需求。作为造像记重要载体形式，图录有拓本与摹本之分，前者众，后者寡，并见于宋元明时期，较少涉及造像记。自清末始，得益于技术革新和社会需求，众多高质量造像记图录先后出版。在地区分布上，国内图版以大学、博物馆、美术馆等文博单位及艺术研究出版为主，国外图版集中于日本、美国、英国、法国等学者研究著述和研究机构所藏实物及拓本。释文为造像记及相关问题研究提供基础材料，在传统金石整理中处于核心地位。南北朝造像记释文著录：体例上分为先文后跋和仅录释文两种形式，分别以王昶《金石萃编》和严可均《全上古三代秦汉三国六朝文》为代表；来源上存在出土文献和传世文集两条线索，分别以邵正坤《北朝纪年造像记汇编》和韩理洲《补遗》系列为代表。不同形式，多条线索，并行发展，时而交叉。题跋是造像记研究的最初形式，随着宋代金石学盛兴而出现，贯穿宋清之际。近现代以来，西学东渐，题跋让位于学术研究，转向于书画创作领域，但其原有的研究角度、内容布局、结论观点等一直影响着现代造像记学术研究。

可以看到，目前南北朝造像记整理和研究都取得了较为丰硕的成果，但也存在一些需要改善的地方：一是加强南北朝造像记的基础整理。在现有研究基础上，重视《金石萃编》《八琼室金石补正》等之外金石志书的著录梳理，关注最新考古发掘报告，深入地方志、文集、总集等传世文献著录研究，熟悉域外造像记的收藏与刊布，并能进行整理。当下学术界需要一部集目录、图版、释文、研究、索引等内容为一体的南北朝造像记集成性著述。二是建立南北朝造像记研究体系。一方面重视造像记著目、校勘、辨伪、辑佚等文献学系统研究，开展造像记起源、分类、演变、消亡等专题研究；另一方面完善南北朝造像记史料、史学、文化学递进研究体系，夯实史料整理，拓展史学维度，升华文化学高度，引入社会学、宗教学、文化学等理论方法，建立完备的南北朝造像记研究体系。

韩朋故事演进与《韩朋赋》写本的时代

■ 孙丽萍（武汉大学历史学院暨中国三至九世纪研究所、新疆博物馆）

2019年，经国家文物局批准，新疆文物考古研究所对新疆巴州尉犁县境内的克亚克库都克烽燧遗址（唐代属焉耆都督府管辖）实施考古发掘，该遗址出土遗物1300余件，其中包括文书（纸文书、木简）861件。[1] 这批简纸文书中见有唐代开元的明确纪年，又多处见有武周新字，其时代大致在武周至开元前后。其中一件文书残存六行文字，兹参考胡兴军录文[2]重新校录并标点如下：

（前缺）
1. □□□篋看，若其 不开 ，新妇有叛（归）。 语 （？）未尽，出门
2. 便 （？）拜使者[3]。使者连（速？） 把 接（？）待上车，疾如风

雨。朋母于是
3. 呼天唤地。贞夫曰："呼天何益，踏地何晚，四（驷）马一去，
4. 何时可返！"朋母[4]新妇去后，乃开篋看，艳色
5. 光影忽然唤出，飞及贞夫。此光明到 宋 国
6. ▨▨▨▨▨□集会诸臣入

（后缺）

这段文字出现了贞夫、朋母和使者等人物，涉及贞夫被使者接上车，与朋母诀别等情节，其与敦煌本《韩朋赋》高度相似，属武周至唐开元前后的《韩朋赋》写本无疑。

---

1 新疆维吾尔自治区文物考古研究所：《新疆尉犁县克亚克库都克唐代烽燧遗址》，《考古》2021年第8期。
2 胡兴军：《新疆尉犁县克亚克库都克烽燧遗址出土〈韩朋赋〉试析》，《西域研究》2021年第2期。
3 "使者"之"使"字后有重文符号，"者"字后的重文符号遗漏。此处录文不再以重文表示。
4 该句在"朋母"之后疑有脱字。

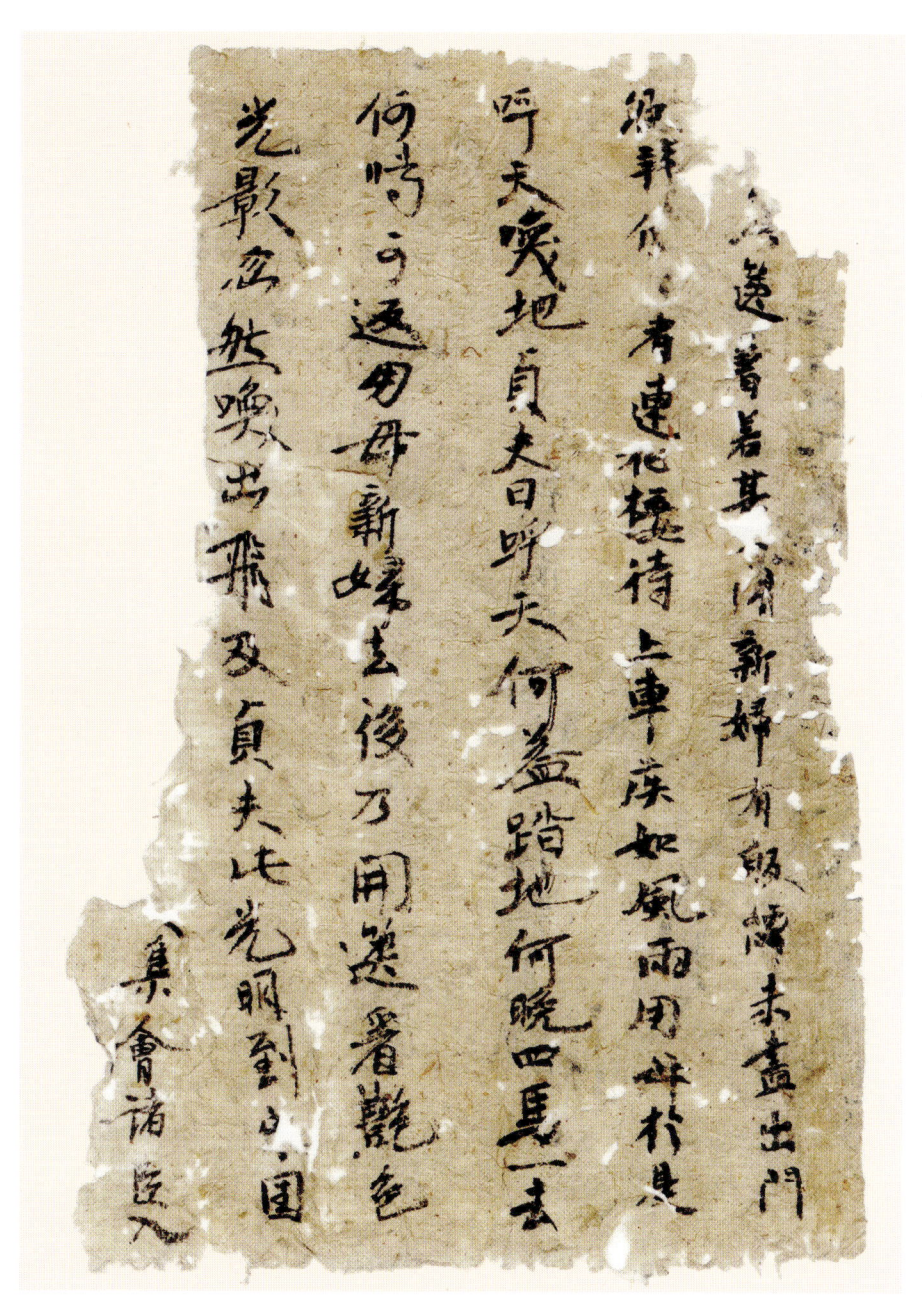

图 1 焉耆出土《韩朋赋》写本

图片采自新疆维吾尔自治区文物考古研究所《新疆尉犁县克亚克库都克唐代烽燧遗址》[1]

---

[1] 新疆维吾尔自治区文物考古研究所：《新疆尉犁县克亚克库都克唐代烽燧遗址》，《考古》2021 年第 8 期。

《韩朋赋》是敦煌俗赋中的名篇，民国时期的刘复曾根据敦煌卷子复原出了两千余字的《韩朋赋》故事文本，该赋的故事梗概是：韩朋新婚出游，三年六秋不归，其妻寄书予朋，朋怀书不谨遗失殿前，宋王见书欢喜，大臣梁伯献计谋取朋妻，宋王使者来到朋家，骗取贞夫入宫，贞夫憔悴不乐，梁伯献计毁去韩朋容貌，命其刴草喂马筑台，贞夫登台见到韩朋，韩朋怨贞夫去贱就贵，贞夫射书予朋，明其心意和死志，韩朋见书自杀，贞夫临丧，投墓而死，两人墓前生连理树，宋王出游见树，命人伐之，木札变为鸳鸯，飞回故乡，而宋王得一鸟羽，鸟羽割下宋王头颅，不久宋国灭亡，梁伯也被发配边疆。该故事在中古时期曾经十分流行，仅敦煌藏经洞所出写本就有英藏 S.3227、S.2922、S.3904＋S.4901＋S.10291、法藏 P.2653、P.3873、俄藏 ДХ.10277V 等 6 种，再加上焉耆所出《韩朋赋》，目前共发现有 7 种写本。

自敦煌写本《韩朋赋》问世以来，容肇祖、[1] 郑振铎、[2] 刘复、[3] 向达、王重民、王庆菽、[4] 潘重规、[5] 周绍良、启功、[6] 王利器、[7] 伏俊琏、[8] 赵逵夫、[9] 李纯良[10]等众多大方名家都曾对其从文学、史学、音韵学等诸多角度进行过著录、校录、编目及研究、考订等工作。在韩朋故事的渊源方面，容肇祖指出韩朋故事的原型应来源于战国末期的宋国，故事中的宋王即宋康王偃；[11] 裘锡圭通过解读敦煌马圈湾出土的韩朋故事简牍，揭示了韩朋故事在"西汉后期和新朝的范围"[12] 流行的事实，并指出："关于韩朋及其妻的民间

---

1 容肇祖：《敦煌本〈韩朋赋〉考》，载周绍良、白化文编《敦煌变文论文录》，上海古籍出版社，1982，第649—681页。该文原载1935年出版之《庆祝蔡元培先生六十五岁论文集》。

2 郑振铎：《中国俗文学史》，上海书店，1984年据1938年商务印书馆版复印本，第161—167页。

3 刘复复原出的《韩朋赋》，编入《敦煌掇琐》一书。参见刘复《敦煌掇琐》，载黄永武主编《敦煌丛刊初集》，台北：新文丰出版有限股份公司，1985，第25—31页。

4 人民文学出版社1957年出版王重民、王庆菽、向达等六先生编著的《敦煌变文集》一书，书中王庆菽根据六个写卷校录了《韩朋赋》。参见王重民等编《敦煌变文集》，人民文学出版社，1957，第137—153页。

5 潘重规：《敦煌变文集新书》，文津出版社，1994，第961—980页。

6 启功：《敦煌俗文学作品叙录》，《文献》2009年第2期。

7 王利器：《敦煌文学中的〈韩朋赋〉》，《敦煌变文论文录》，第683—690页。

8 伏俊琏的多篇关于敦煌俗赋的文章中均涉及《韩朋赋》，如《韩朋故事考源》，《敦煌研究》2007年第3期；《敦煌俗赋的类型与体制特征》，《南京大学学报》（哲学·人文科学·社会科学版）2007年第4期。

9 赵逵夫：《〈韩朋赋〉补校》，《社科纵横》1993年第1期。

10 李纯良：《敦煌本〈韩朋赋〉创作时代考》，《敦煌研究》1989年第1期。

11 容肇祖：《敦煌本〈韩朋赋〉考》，载周绍良、白化文编《敦煌变文论文录》，第658页。

12 裘锡圭：《汉简中所见韩朋故事的新资料》，《复旦学报》（社会科学版）1999年第3期。

传说,很可能在战国后期就已经出现,以后经历汉、唐等时期不断有所发展变化"[1];陈秀慧则通过解读画像资料认为《韩朋赋》故事根源于两汉。[2] 在《韩朋赋》的创作时间方面,容肇祖推定为"初唐以前,或为晋至萧梁间"[3];启功则认为是唐代作品,敦煌各抄本出自唐末五代人之手;[4] 李纯良推论《韩朋赋》作于"北魏太和改制(477年)后至初唐中宗莅政(705年),大约220余年间"[5]。概而言之,长期以来,韩朋故事形成的时间和《韩朋赋》的创作时间,以及敦煌各写本的抄写时间学界仍有较大争议,也仍有很大的探讨空间。尤其是近年来新资料、新发现不断涌现,如浙江汉代画像镜中发现了韩朋故事图像,[6] 曹操高陵M2中发现有韩朋故事画像石,新疆克亚克库都克烽燧出土有《韩朋赋》写本(后文简称其为焉耆本《韩朋赋》)等,也给韩朋故事和《韩朋赋》的研究提供了新的线索和契机。本文拟梳理简纸文书、画像砖石等资料中出现的韩朋故事,从图像、文本、写本等角度解读韩朋故事内容的形成和演变,并试图通过比较分析,寻找《韩朋赋》诸写本的差别,并进而发现韩朋故事在汉唐间的演化轨迹,希望能对《韩朋赋》写本的抄写时代判定有所帮助。

一 两汉时期的韩朋故事

《韩朋赋》中造成韩朋和贞夫悲剧的人物是宋王,学界一般认为历史上仅有宋元王称王,其余称公,故认为宋王为战国末年的宋王偃。但民间传说毕竟不比信史,其加工改造的成分较多,又经过了长期的流传,故事内容的演化、情节的增删讹变在所难免。既称宋王,大致表明故事发生的时间是在先秦时期。

韩朋故事从先秦流传到唐代,大致有三种传播形式:第一种是民间的口耳相传,包括歌谣、故事、俗讲等形式;第二种是以画像砖、石、镜等为载体的图像形式;第三种是以文字为载体的文本形式。在教育并不普及于基层民众的古代,民间的口耳相传是故事最重要的传播方式,但也是最容易发生讹变和演化的形式。因是口耳相传,也就无从得知秦汉之际民间流传的韩朋故事的具体内容,但幸赖有图像和文本记录下了部分故事情节。

---

1 裘锡圭:《汉简中所见韩朋故事的新资料》,《复旦学报》(社会科学版)1999年第3期。
2 陈秀慧:《汉代贞夫故事图像再论》,《南方文物》2017年第4期。
3 容肇祖:《敦煌本〈韩朋赋〉考》,载周绍良、白化文编《敦煌变文论文录》,第679页。
4 启功:《敦煌俗文学作品叙录》,《文献》2009年第2期。
5 李纯良:《敦煌本〈韩朋赋〉创作时代考》,《敦煌研究》1989年第1期。
6 王牧:《东汉贞夫画像镜赏鉴》,《收藏家》2006年第3期。

目前所见最早的韩朋故事文本出自敦煌西北马圈湾西汉简牍。马圈湾是汉代的烽燧遗址，该遗址所出纪年简最早的是宣帝本始三年（前71年），最晚为新莽始建国地皇上戊三年（22年），裘锡圭认为韩朋简的抄写年代不会超出西汉后期和新莽的范围。[1] 马圈湾汉简是西汉戍守在此的将士使用的简牍，韩朋故事简目前只发现有一枚，其文曰：

"☐书，而召幹偝问之，幹偝对曰：臣取妇二日三夜，去之来游，三年不归，妇☐" [2]

裘锡圭考证幹偝即韩朋。对比敦煌本《韩朋赋》可知，这枚简记述的是宋王召见韩朋，朋回答问话的情节。该简出土时自有编号"百一十二"，可知该故事篇幅较长，惜仅存一枚，但从这枚汉简的寥寥数语，再结合后世流传的《韩朋赋》，也可知至晚在西汉时期，敦煌地区流传的韩朋故事已经具备了韩朋娶妇二日三夜出游，三年不归，贞夫寄书予朋，朋遗失书信，宋王见信召问韩朋等情节。马圈湾汉简虽只保留了韩朋故事的些许片段，但显然意义重大，它不仅记录下了西汉时流传的部分故事情节，还证实了该故事在西汉时已经传播到了敦煌地区。

除了汉简中记述的韩朋故事，洛阳八里台汉墓壁画中也发现有韩朋故事图像（图2）。该壁画收藏于美国波士顿美术馆，壁画中部漫漶，可看清画面中共有五人，左侧一人似正在一土堆旁回头望，第二人作引弓状，中间一人只余头部和大体轮廓，右侧二人侍立。陈长虹、陈秀慧都认为该壁画表现的是贞夫射书予朋的情节，[3] 可从。壁画中贞夫出现在宋王身边，也说明西汉流传的韩朋故事中可能已有宋王夺贞夫入宫的情节。洛阳八里台汉墓的时间据考为西汉晚期，[4] 再结合马圈湾汉简中韩朋故事，我们可以勾勒出西汉时期流传的韩朋故事的大致情节：韩朋出游三年不归，其妻寄书予朋，朋遗失书信，宋王见信，召韩朋问话，谋夺贞夫入宫，贞夫射书予朋。

东汉时期韩朋与贞夫的故事主要保存在墓葬画像砖、石、镜中。据陈秀慧统计，截至2016年，学界解读出的东汉时期贞夫画像砖、石共13幅，画像镜3面，此外，姜生也提到一幅嘉祥所出民间收藏的东汉韩朋故事画像石，上有榜题"孺子妻""孺子""宋王"，姜生考订其为贞

---

[1] 裘锡圭：《汉简中所见韩朋故事的新资料》，《复旦学报》（社会科学版）1999年第3期。

[2] 张德芳：《敦煌马圈湾汉简集释》，甘肃文化出版社，2013，第504页。该书录文作"乐游"，本文参考裘锡圭先生录文，录为"来游"。参见裘锡圭《汉简中所见韩朋故事的新资料》。

[3] 陈长虹：《汉魏六朝列女图像研究》，科学出版社，2016，第78—79页；陈秀慧：《汉代贞夫故事图像再论》，《南方文物》2017年第4期。

[4] 黄明兰、郭引强：《洛阳汉墓壁画》，文物出版社，1996，第101页。

夫故事图像，孺子当为韩朋，孺子妻当为贞夫。[1] 再加上曹操高陵墓葬所出画像石，则目前所知东汉时期韩朋故事画像石已经达到了 15 幅（件）。

图 2　洛阳八里台汉墓壁画

图片转引自陈秀慧《汉代贞夫故事图像再论》

图 3　嘉祥洪山村画像第 3 石

图片采自朱锡禄《嘉祥汉画像石·图版》，山东美术出版社，1992，图 103

---

[1] 姜生：《韩凭故事考》，《安徽史学》2015 年第 6 期。陈秀慧认为该石存在作伪的可能。

196 文本研究

图 4 嘉祥纸坊镇敬老院画像第 9 石

图片采自《中国画像石全集》1 第 2 册，图 119

图 5 嘉祥武氏祠左石室后壁小龛东壁画像

图片采自《中国画像石全集》第 1 册，图 83

图 6 嘉祥宋山 2 号小祠堂西壁画像

图片采自《中国画像石全集》第 2 册，图 100

---

1 中国画像石编辑委员会编：《中国画像石全集》第一卷，山东美术出版社，2000。文中所引该书均为此版本。

图 7　嘉祥宋山 3 号小祠堂西壁

图片采自《中国画像石全集》第 2 册，图 96

图 8　嘉祥南武山小祠堂西壁

图片采自《中国画像石全集》第 2 册，图 133

图 9　泰安大汶口汉墓前室隔梁东面画像

图片采自《中国画像石全集》第 1 册，图 232

图 10　山东长清孝堂山石祠东壁

图片采自《汉代画像全集》1（初编），图 5

图 11　莒县东莞 1 号石阙

图片采自《中国画像石全集》第 3 册，图 140

图 12　松永美术馆藏山东画像石

图片引自《"中研院"历史语言研究所藏汉代石刻画像拓本精选集》图 79，转采自陈秀慧文

1　巴黎大学北京汉学研究所编：《汉代画像全集》（初编），学苑出版社，2013。

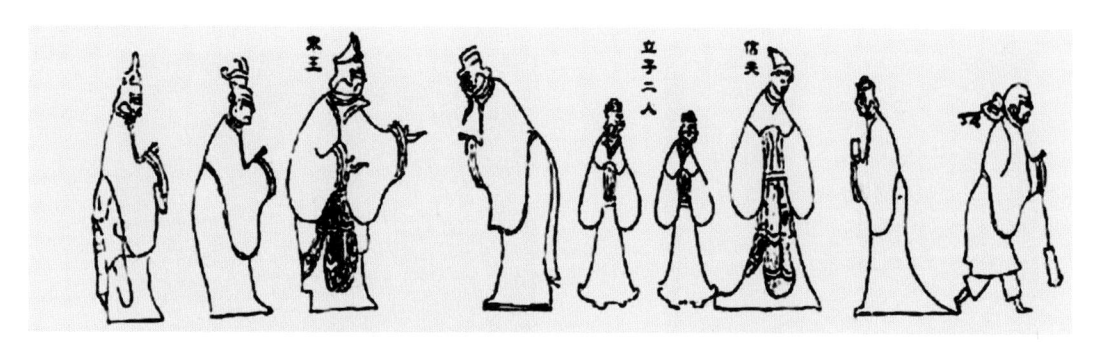

图13　山东东平石马庄汉墓前室东门楣（线描图）

图片转采自陈秀慧文

图14　山东平邑皇圣卿东阙西面

图片采自《中国画像石全集》第1册，图9

图 16　孔震藏贞夫射书铜镜[2]

图 17　孔震藏宋王、皇后铭铜镜

图片采自《古镜今照：中国铜镜研究会成员藏镜精粹》，第 300 页

图 15　陕西榆林横山墓门右立柱[1]

图 18　浙江杭州余杭区蜡烛庵出土铜镜[3]

1　赵延梅：《榆林新出韩凭故事及蚕神吐丝汉画像石初探》，《敦煌研究》2019 年第 2 期。
2　浙江省博物馆编：《古镜今照：中国铜镜研究会成员藏镜精粹》，文物出版社，2012，第 297 页。
3　王士伦编著，王牧修订：《浙江出土铜镜·修订版序言》，文物出版社，2006，第 2 页，彩版 11。

图 19　姜生所见民间收藏之贞夫故事画像石

图片采自姜生《韩凭故事考》

图 20　曹操高陵 M2 画像石摹本（局部）[1]

---

[1] 河南省文物考古研究院编著：《曹操高陵》，中国社会科学出版社，2016，第 233 页。

相较于西汉的韩朋故事图像，东汉时期的韩朋故事内容更加丰富，画面中增加了楼阁、飞鸟等形象。东汉时期的韩朋故事画像砖、石、镜的基本情况可以简单列表如表1。

表1			东汉韩朋故事画像砖、石、镜		楼阁	榜题
序号	名称	时代	画面内容		楼阁	榜题
1	浙江余杭蜡烛庵砖椁墓画像镜	东汉早期	贞夫射书，韩朋喂马，宋王与侍郎、武夫图像		楼阁高耸，阁下有一人	贞夫、宋王、侍郎
2	孔震藏宋王、皇后铭东汉铜镜	东汉早期	宋王与侍郎等对话、女子乘车、女子端坐，身后立一侍者		无	宋王、皇后、侍郎
3	孔震藏贞夫铭画像镜	东汉早期	贞夫引弓射书，前后有三立人		无	贞夫
4	山东平邑皇圣卿东阙西面壁画	东汉章帝元和三年（86年）	画面只有三人，贞夫居中，射书予朋，朋背笼前行，宋王立于贞夫之后		无	信夫、孺子、宋王
5	山东长清孝堂山石祠东壁壁画	约东汉章帝时（76—88年）	贞夫射书，韩朋手持一锸，肩背一笼		无	无
6	山东东平石马庄汉墓前室东门楣	东汉早期	宋王与近臣对话，信夫与侍女对话，韩朋手持一锸，肩背一笼		无	信夫、立子二人、宋王
7	山东嘉祥洪山村画像第3石	东汉早期	贞夫射书，左为宋王和近臣，右为韩朋肩荷锸笼		无	无
8	山东纸坊镇敬老院画像第9石	东汉早期	贞夫射书，左为宋王和近臣，右有孺子二人和韩朋，韩朋背一笼		无	无
9	陕西榆林横山墓门右立柱画像石	东汉早中期	上层为韩朋背笼持锸，被监督劳作，第二层为贞夫射书，第三层为宋王与臣下，最后一层为二女并坐		无	无
10	山东宋山3号小祠堂西壁画像石	东汉晚期	画面中心为贞夫射书，左右楼阁，韩朋正登台，右为佩剑的宋王及近臣		有，阁下二人	无
11	山东宋山2号小祠堂西壁画像石	东汉晚期	贞夫射书，左为楼阁，阁下二人一大一小，正在对话，楼梯上韩朋荷锸笼登台，楼梯下有一犬。贞夫身后二人，一人手持袋状物，一人肩背袋状物。天上二鸟并飞，一只凤凰在侧		有，阁下二人	无
12	山东嘉祥武开明祠小龛东壁画像石	东汉晚期	贞夫射书，左为楼阁，楼阁下二人对话，韩朋荷锸、笼登台，贞夫身前一人抱琴状物，贞夫后有二人对话		有，阁下二人	漫漶不清

续表

序号	名称	时代	画面内容	楼阁	榜题
13	山东嘉祥南武山小祠堂西壁画像石	东汉晚期	贞夫射书，左有楼阁，楼阁下二人对话，韩朋荷锸笼登台，楼阁上有一鸟蹲卧，空中一鸟飞翔，贞夫身前一人持琴状物，身后二人对话	有，阁下二人	无
14	山东泰安大汶口汉墓前室隔梁画像石	东汉晚期	贞夫射书、左侧有楼阁，楼阁下似有二人对话，韩朋登台，天上有羽人飞舞，右侧有宋王及近臣等	有，阁下可见一人	有
15	松永美术馆藏山东画像石	东汉晚期	贞夫射书、左侧有楼阁，楼阁下二人并坐，韩朋持锸荷笼登台，贞夫身前有四人	有，阁下二人并坐	无
16	莒县东莞一号石阙画像石	汉灵帝光和元年（178年）	中间以圆圈隔开画面，左为韩朋喂马，右为贞夫射书给正登台的韩朋	无楼阁，但有表示楼阁的阶梯	无
17	姜生所见之民间收藏嘉祥汉画像石	汉代	贞夫射书，左为楼阁，楼阁下有一大一小二人，韩朋背笼登台，贞夫身前立有三人	有，阁下二人	孺子妻、孺子、宋王
18	曹操高陵画像石	东汉建安二十五（220年）	贞夫射书，韩朋单手捧一敞口收腹的容器，箭羽插在容器上。箭杆上带一长条形的东西，韩朋回头张望	无，但有表示楼阁的台阶	无

从画像资料和表1可以看出，在图像表现的内容上，东汉画像石、镜基本都以贞夫射书予韩朋这一情节为中心，画面中的人物一般都具备宋王、贞夫、韩朋三人，另外还有一些近臣和侍者等。[1] 贞夫居于画面的中心，重点表现其拉弓射箭的动作。无论是西汉还是东汉，韩朋故事的核心都是贞夫射书。判断一幅汉代的画像砖、石、镜或壁画刻画的是否为韩朋故事，除了借助标明身份的榜题外，最重要的应该就是看其是否有贞夫射书的画面。从图像资料也不难推测，贞夫射书在东汉民间的故事文本或口头流传中必然是着重强调、叙述的部分。韩朋或负笼持锸登台城旦，或肩荷锸笼准备劳作，或立于马旁喂马，不管是城旦劳作还是喂马，都与敦煌本《韩朋赋》中"使筑青陵之台""乃见韩朋刈草饲马"的语句相符。宋王或

---

[1] 陈秀慧认为贞夫面前立着的体型较小的人物绝非侍者，而是孩童。参见陈秀慧《汉代贞夫故事图像再论》，《南方文物》2017年第4期。陈长虹认为当为侍者，身形较小是为了顺应画面空间的安排。参见陈长虹《汉魏六朝列女图像研究》，第75页。陈长虹所论为是。孩童在韩朋故事中并无相关故事情节，立人是贞夫的侍者，在画像镜和画像砖石中常见。侍者在整个故事中是非常重要的角色，用以表示宋王对贞夫的重视，立子二人表现的是贞夫在宫中仆役成群的生活、贞夫地位的尊贵，以此衬托贞夫抛弃富贵信守承诺的高洁品质。

立于贞夫身后，或坐于楼阁之下与大臣密谋。在两汉时期流传的韩朋故事中，宋王与大臣谋害韩朋的情节可能已经产生。

在东汉早期的韩朋故事图像中，多有贞夫、宋王、侍郎等的榜题，在东汉中晚期之后贞夫射书的榜题变得少见，甚至不再出现，或许是因为图像中都有贞夫射书这一标志性画面，不易引起误解，且贞夫故事已经广为人知不需特别提示了。画像榜题中韩朋妻已被称为贞夫或信夫，这自然不是韩朋妻的本名。坚定不屈曰贞，不违前约曰信，贞与信都是汉代推崇的道德准则，无论是贞夫还是信夫，都是汉人眼中韩朋故事的精神价值所在。贞夫榜题出现在东汉早期的图像中，贞夫之得名显然不晚于东汉早期。画像中还有榜题为"侍郎"的近臣，近臣立于宋王身后或身侧，从其持笏躬身及与宋王对话的画面来看，侍郎已经是两汉时期韩朋故事的又一个关键人物。敦煌本《韩朋赋》中有近臣梁伯数次为宋王出谋骗取贞夫、毁去韩朋容貌的情节，图像中的侍郎和文本中的梁伯或许在故事中起着相同的作用，只不过两汉时还没有具体到个人，只以官职呼之，到唐代时则已演化为有名有姓的梁伯了。

东汉早期韩朋故事图像中楼阁并不常见，唯有蜡烛庵画像镜中出现了高耸的楼阁，楼阁位于画面远处，楼阁前方为韩朋，正手握一工具立于马旁。西汉八里台汉墓和其他东汉早期汉墓图像资料中并未见有楼阁和楼梯，可见此时的韩朋故事尚未将韩朋和城旦登台联系起来。到了东汉中晚期，高台成为韩朋故事画像必备的元素，往往在画面中重点刻画，有的图像中即使未见楼阁，也特意表现出韩朋登台的动作和细节。楼阁从无到有再到每幅必备，由此可见楼阁或青陵台在故事中的作用从无关紧要到越来越重要，很可能在东汉中晚期人们创作出韩朋城旦的故事内容，并塑造、丰富了青陵台这一重要场景和故事情节。楼阁之下往往有2人，或对坐，或并坐，以对坐为多，人物一大一小，两人作对话状，表现的大概是宋王与大臣密谋。

在贞夫射书的画面之中，还常见有鸟儿高飞或羽人的形象。羽人仅在大汶口汉墓前室隔梁东面画像中一见（图9），可能是偶然为之的填白。鸟儿高飞的图像中或有三鸟，或为两鸟，最少一鸟。鸟是汉代画像资料中常见的元素，但东汉早期韩朋故事画像中飞鸟很少出现，最初或许也是为了填白和装饰画面，但随着韩朋故事的传颂，飞鸟与故事内容渐渐联系了起来，被赋予了特殊的含义，尤其是在三鸟共同出现，其中两只为鸟，一只为凤凰时，它对应的可能是《韩朋赋》中"三鸟并飞，两鸟相搏"及"燕雀群飞，不乐凤凰"等语句，以鸟来指代和映射故事的内容与结局。此外，东汉时期画像资料中还有一些细节，如宋山2号小祠堂画像石（图6）中贞夫身后有两人，其中一人手持一袋状物，另一人身后背一包袱状物。南武山小祠堂画像石（图8）中，贞夫身后2人正在对话，其中一人也手持袋状物。通过这一细节，推测在东汉流传的韩朋故事中应有相应的情节。贞夫身前一抱持琴状物的立人、与韩朋对话的人物等都是《韩朋赋》中所没有提及的,东汉时流传的韩朋故事可能有许多小的细节,但这些小细节在长期辗转流传中渐渐丢失了。

总体来说,根据马圈湾汉简和洛阳八里台汉墓壁画可知,至晚在西汉中晚期韩朋故事中已经有韩朋出游、新妇寄书、韩朋遗失书信等情节。从东汉画像资料来看,至晚在东汉早期,韩朋妻已被命名为贞夫,东汉时期流传的韩朋故事以贞夫射书予朋为中心,画像资料重点颂扬的是贞夫的贞与信的品格。东汉时期又是韩朋故事发展、丰富、再创作的重要时期,飞鸟、楼阁的作用开始凸显,宋王命韩朋筑台、城旦劳作的故事情节也已经出现。从文本和图像资料可以看出,后世《韩朋赋》的绝大部分情节都已经形成并大致固定了下来。这一时期韩朋故事可能还有很多细节,惜已不存。从流传地域来看,两汉时韩朋故事已经出现在甘肃敦煌、陕西榆林、河南洛阳、安阳、山东济宁、泰安、临沂、日照、浙江杭州等地,从东海之滨到西域边陲,从黄河沿线到长江以南,从庶民生活到贵族墓葬,两汉时期的人们都在传颂、传播着贞夫的故事,该故事的流行程度可见一斑。韩朋故事在两汉时期如此流行,甚至连曹操高陵中都绘制有画像,该故事显然已经突破民间自发传播的阶段,得到了官方的认可和推崇,这是韩朋故事传播过程中一个极大的跨越,无疑也会推动该故事在魏晋之时,向更深更广的社会各层面、各地域传播。

两汉时期的韩朋故事被上升到道德标准的高度,被汉人视为精神的楷模。众所周知,汉人重视事死如事生,现实世界流行的韩朋故事被带到坟墓中,继续为死者和生者服务。关于汉代墓葬画像图案的布局,宋山第二批画像第 29 石左方题刻文字就明确记载:

……募使名工高平王叔、王坚、江胡、栾石、连平,采石县西南小山、阳山、琢砺磨治,规矩施张、褰帷反月,各有文章。……上有云气及仙人,下有孝友贤仁,遵者俨然,从者肃侍,煌煌濡濡,其色若□……[1]

这里明确交代了该墓中的画像布局是"上有云气及仙人,下有孝友贤仁",这也是汉代画像砖石常见的布局方式。具体来说,在汉代祠堂建筑中常绘有天界、仙界和人间的图像,屋顶图像描绘的是上天征兆,山墙是神仙世界,而墙壁表现的是人类历史。[2] 汉代祠堂画像的基本叙事结构大体如此。在表现现实世界的图像中,历史故事是重要的一个大类,重在宣扬忠孝节义等各种封建伦理,这些历史故事包

---

[1] 朱锡禄:《嘉祥汉画像石》,山东美术出版社,1992,图 75 图版说明,第 125 页。

[2] [美] 巫鸿著,柳扬、岑河译:《武梁祠——中国古代画像艺术的思想性》,生活·读书·新知三联书店,2006。

括管仲射小白、二桃杀三士、赵宣子行仁义、周公辅成王、闹朝击犬、泗水捞鼎、七女复仇以及历代先贤圣母列女孝子义士，等等，贞夫故事图像被安排在与先贤节义故事的同一层面，说明贞夫射书所代表的贞与信如孝友贤仁一样，都是当时的道德行为标准，可与周公、赵宣子、齐桓公等历史人物相提并论，换言之，在两汉时期韩朋故事已经上升到道德准则的层面，是民间和贵族上层都推崇的道德规范，两汉时期韩朋故事的思想地位之高，是其他时代所无法比拟的。

二 魏晋时期韩朋故事的演变

两汉时期韩朋故事在基层民众和贵族之间如此流行，它自然也会进入文人的视野，马圈湾西汉韩朋故事简的发现，说明已经有文人参与抄写和传播此故事，我们也相信两汉之时会有大量文人将这一故事书于竹帛。目前所知最早记载韩朋故事的书籍有三国曹丕的《列异传》和晋干宝的《搜神记》等，这些书大都早已亡佚，其文散见于《艺文类聚》《太平寰宇记》《太平御览》等唐宋诸大型类书和笔记小说等书籍中。唐初成书的《艺文类聚》卷九二记载：

《列异传》曰：宋康王埋韩凭夫妻，宿夕文梓生。有鸳鸯雌雄各一，恒栖树上，晨夕交颈，音声感人。[1]

《列异传》将两汉时榜题中的宋王称为宋康王，显然在文人的记载中已经添加了一定的考证和溯源的成分。《艺文类聚》作为类书，引《列异传》的目的是为汇集有关鸳鸯的记载，故只着重引述韩朋故事中树栖鸳鸯的部分，对整个故事的介绍过于简略，读来感觉无头无尾，恐是对《列异传》文的简单概括，而非《列异传》原文。

唐代流传至今、最早引述《搜神记》的书籍是《法苑珠林》，该书成书于唐高宗总章元年（688年），书中引述韩朋故事，其文曰：

宋时大夫韩冯，娶妻而美，康王夺之。冯怨，王囚之，论为城旦。妻密遗冯书，缪其辞曰：其雨淫淫，河大水深，日出当心。既而王得其书，以示左右，左右莫解其意。臣贺对曰：其雨淫淫，言愁且思也。河大水深，不得往来也。日出当心，心有死志也。俄而冯乃自杀，其妻乃阴腐其衣。王与之登台。其遂因投台下。左右揽之，衣不中手而死。遗书于带曰：王利其生，妾利其死。愿以尸骨，赐冯合葬。王怒弗听，使里人埋之，冢相望也。曰：尔夫妇相爱不

---

[1] （唐）欧阳询撰，汪绍楹校注：《艺文类聚》卷九二《鸟部下·鸳鸯》，中华书局，1985，第1604页。

已，若能使冢合，则吾弗阻也。宿昔之间，便有交梓木，生于二冢之端，旬日而大盈抱，屈体以相就，根交于下，枝错于上。又有鸳鸯，雌雄各一，恒栖树上，晨夜不去，交颈悲鸣，音声感人。宋人哀之，遂号其木曰相思树。[1]

唐人李冗（宂）在其笔记小说《独异志》中引述了晋朝干宝的《搜神记》，其文曰：

> 《搜神记》曰：宋康王以韩朋妻美而夺之，使朋筑青凌台，然后杀之。其妻请临丧，遂投身而死，王令分埋台左右。期年，各生一梓树。及大，树枝条相交。有二鸟哀鸣其上，因号之曰"相思树"。[2]

晚唐五代人刘恂在《岭表录异》中也引用了《搜神记》的记载：

> 干宝《搜神记》云：大夫韩朋（原注：一云冯），其妻美。宋康王夺之，朋怨，王囚之，朋遂自杀。妻乃阴腐其衣。王与之登台，自投台下。左右捉衣，衣不胜手。遗书于带曰："愿以尸还韩氏而合葬"。王怒，

令埋之，二冢相望。经夜，忽见有梓木生二冢之上，根交于下，枝连其上。又有鸟如鸳鸯，恒栖其树，朝暮悲鸣。[3]

韩朋夫妻死后化为树、鸟是《列异传》和《搜神记》两书都有的情节，首先可以大致确定的是在魏晋时期流传的韩朋故事已经有了化为树、鸟的结局。既然魏晋时期的曹丕和干宝记录下了这一结局，那么，该情节出现的时间显然在魏晋时期或此之前。

同是唐人引用《搜神记》的记载，《独异志》引文中韩朋为宋王杀害，朋妻临丧投身而死，《岭表录异》却录为韩朋自杀，朋妻投台而死；前者称期年才生梓树，后者则一夜之间生梓木，且后者还增加了"阴腐其衣""左右捉衣，衣不胜手"及"遗书于带"的细节描写，两书录《搜神记》的不同，一种可能是《搜神记》在唐代有不同的写本系统，李冗和刘恂所看到的不是同一个本子，但这一点目前没有直接证据；另一种可能是两人中有一人记载较为忠实于《搜神记》原文，另一人所记则添加了后世的情节。古人引用他书，特别是引述故事时多非逐字句援引，往往是重新组织语言复述故事，只引其义，有时也会有记忆不准确甚至引

---

[1] （唐）释道世撰，周叔迦、赵晋仁校注：《法苑珠林》卷二七《至诚篇·济难部·感应缘》，中华书局，2003，第840—841页。

[2] （唐）李冗撰，张永钦、侯志明点校：《独异志》，中华书局，1983，第37—38页。

[3] （唐）刘恂著，鲁迅校勘：《岭表录异》卷中，广东人民出版社，1983，第22—23页。

文错乱的情况。对比这两种可能，本文倾向于认为第二种可能性更大，李冗和刘恂所引用的韩朋故事可能有一个远离了《搜神记》的记载。

李冗和刘恂生活的时代，都晚至唐代中晚期至五代时期，而释道世《法苑珠林》成书时代最早，所引《搜神记》也远比《独异志》《岭表录异》所记详细得多，除了有化为树、鸟的情节，还增加了韩朋妻的书信内容以及遗书的部分文字，出现了臣贺[1]及其解释贞夫遗书的内容。同引一部书，引文竟会有如此大的差距，除了与引述者大多仅凭记忆复述故事有关外，大概还与引述者引用的目的有关。《独异志》和《岭表录异》重在志怪和录异，故叙事多取其梗概及故事的特异之处；释道世引用此故事重在验证佛家因缘感应之说，他自然关注故事内部的细节和细节之间的联系。

除上述三种书外，唐代中晚期的段公路也在《北户录》中较详细地引用了《搜神记》，引文曰：

> 干宝《搜神记》云：大夫韩凭妻美，宋康王夺之，凭怨。王囚之，凭自杀。妻乃阴腐其衣，王与之登台，自投台下，左右揽衣不中手，遗书于带，愿以尸骨赐韩氏而合葬。王怒，弗听，埋之，令冢相望。宿昔有文梓木生二冢之端，根交于下，枝错其上。又有鸳鸯雌雄各一，恒在树上。宋王哀之，因为号其木曰相思树。[2]

韩朋之死，唯有《独异志》称被杀，其余均作自杀，也只有《独异志》称朋妻为临丧而死，其余均为投台而死。韩朋自杀、贞夫临丧不见于唐之前的文本和图像资料，恐怕是李冗将唐代流传的故事掺入到了《搜神记》中。各家都是引用《搜神记》，文字内容却各有出入，那么哪种书的引文最接近《搜神记》原文呢？韩朋自杀之前的情节，各本无大出入，甚至连所用词句都高度相似，推测《搜神记》原文与此相去不远。段公路所引之《搜神记》中也记载有朋妻阴腐其衣，投台而死，遗书于带，宿夕之间梓树生长，甚至有相思树得名等细节，对比来看，《岭表录异》《北户录》两个本子更为接近。《独异志》少了一些神话色彩，更加接近故事的本来面貌，但《搜神记》为志怪小说，它的记载更应该偏向神话志怪一些，韩朋故事能够被干宝选中编入《搜神记》，最重要的应该就是夫妻二人化为树鸟的结局，正因为《独异志》比较写实，它的记载反不如《岭表录异》和《北户录》更接近《搜神记》的原文。《法苑珠林》文字多于他本，但比较来

---

[1] 臣"贺"之名不见于他本。
[2] （唐）段公路纂，（唐）崔龟图注：《北户录》卷三《相思子蔓》，王云五主编《丛书集成初编》本，中华书局，1985，第49页。

看，只不过是将个别细节抄录了下来，除去这些细节，其与《岭表录异》《北户录》并无多大出入，也就是说此三种书都比较忠实于《搜神记》原文故事，只是作者出于不同的目的做了或繁或简的引用。《法苑珠林》成书最早，内容最详，本文怀疑《法苑珠林》所引更接近《搜神记》原文，它比他本多出的正是《岭表录异》《北户录》删减略过的部分。一言以蔽之，唐人引述魏晋时期文人著作中的韩朋故事，以《法苑珠林》最为详细，也最为接近《搜神记》原文。

除了唐人，宋人也在引用《搜神记》中的韩朋故事，如《太平寰宇记》引《搜神记》曰：

> 韩凭冢。《搜神记》："宋大夫韩凭取妻美，宋康王夺之，凭怨王自杀。妻阴腐其衣，与王登台，自投台下，左右揽之，着手化为蝶。"又云："凭与妻各葬相望，冢树自然交柯，有鸳鸯鸟栖其上，交颈悲鸣。"[1]

《太平寰宇记》为北宋初期的地理著作，该书所引《搜神记》与唐人所引相比，增加了"着手化为蝶"一句。大概因为是地理著作，除化蝶的情节外，该书摒弃了一些神话色彩。《太平御览》引干宝《搜神记》曰：

> 大夫韩凭，其妻美，宋康王夺之，凭怨，王囚之。凭遂自杀。妻乃阴腐其衣，王与之登台，自投台下，左右揽衣，衣不胜手。遗书于带曰："愿以尸还韩氏而合葬。"王怒，令埋之，二冢相对。经宿，忽有梓木生二冢之上，根交于枝，下连其上。有鸟如鸳鸯，雌雄各一，恒栖其树，朝暮悲鸣，音声感人。[2]

《太平御览》所引《搜神记》之韩朋故事，与《法苑珠林》《北户录》《岭表录异》所引文字高度相似，这也可佐证前文所论三书较为接近《搜神记》原貌的结论大致不误。而从唐宋人引用的韩朋故事来看，仅有宋人记述"着手化为蝶"，余本均无，则魏晋时期化蝶的情节很可能还没有产生，《太平寰宇记》所记恐怕也是掺杂了唐代以后的故事内容。

两汉时期备受推崇、高度流行的韩朋故事，被文人广泛记述应该是不争的事实，但经过魏晋南北朝两三百年的战乱，书籍散佚在所难免，至唐之世，唐人只能从《列异传》和《搜神记》这类志怪小

---

[1] （宋）乐史撰，王文楚等点校：《太平寰宇记》卷一四，中华书局，2007，第281页。

[2] （宋）李昉等撰：《太平御览》卷九二五《羽族部十二·鸳鸯》，中华书局影印本，1960，第4108页。

说中引述韩朋故事了。[1]《搜神记》所记韩凭妻的故事与图像资料及汉简中的韩朋故事为同一故事，这一点毋庸置疑，不管是图像还是文字资料，他们所依据的或许是口耳相传的民间传说，或许是书于竹帛的文本故事。从《法苑珠林》引文来看，干宝在《搜神记》中记述的韩朋故事并非如唐宋人摘录的那样简短，而是已经具备了贞夫书信的内容、大臣解读书信以及夫妻殉情后化为树鸟等情节。综合起来看，魏晋时期流传的韩朋故事中大致有韩朋妻美、宋王夺之、命韩朋锉草喂马、城旦劳作、贞夫射书、韩朋自杀、大臣解读书信、朋妻投台而死、遗书请求合葬、宋王怒、将其分葬、宿夕两冢间有梓树生、鸳鸯悲鸣其上这些情节。

唐人引述的《搜神记》中对韩朋妻的称呼不再是贞夫和信夫，这种变化也反映了汉唐时期人们思想和价值观的转变。经过南北朝战乱和频繁的政权更迭，分裂动荡的历史政治环境下，"贞"与"信"在上层贵族中已经变得不合时宜，良禽择木而栖瓦解了汉代以来君臣间的忠诚观念，汉代时被上升到道德标准和品行楷模的韩朋故事，在魏晋南北朝时期其精神价值渐渐低落，人们赞颂的不再是贞、信的品质，而是志怪猎奇、跌宕起伏的爱情故事，而到了唐代，文人的著述中已经鲜少见到贞夫之名，宣扬贞、信的韩朋故事也在贵族墓葬中销声匿迹。文人和民间歌颂的是贞夫与韩朋的爱情故事，是一女不事二夫的"贞烈"，将精神信仰转变成了狭隘的爱情故事和女性礼教，从这个意义上说，韩朋故事的鼎盛期在两汉，而不是在唐代。

尽管自南北朝以降上层贵族群体对韩朋故事渐渐失去了热忱，但长期以来民间对其的喜爱和追捧似乎从未改变，其在民间仍有强大的生命力，《韩朋赋》的七个写本在敦煌和新疆被发现，便是其强盛生命力的体现。

三　《韩朋赋》写本的时代

在敦煌、焉耆出土的七种写本中，保存最完整的为 P. 2653 号写本，全篇无残损，S. 2922 残缺了开头的少许文字，P. 3873 前半部分残损较多，后半部分完整，S. 3904+S. 10291+S. 4901 三片缀合后也残损了开头的部分内容。S. 3227 残存开头至使者到达朋家的部分，缺少后半部分内容。俄藏 ДХ. 10277V 从左至右书写，仅抄写了两行半就放弃了。尽管多个写本都有残损，但残损位置不同，又有完整的本子可以互相对校，《韩朋赋》的基本内

---

[1] 宋初编纂的《太平寰宇记》曾引用《郡国志》中韩朋故事的记载："青陵台。《郡国志》云：宋王纳韩凭之妻，使凭运土筑青陵台。至今台迹依然。"汉代以来，书名为"郡国志"的书籍有《后汉书》中的《郡国志》，晋袁山松撰《郡国志》和皇甫谧的《郡国志》等，唐朝贾耽也著有《郡国志》一书，惜这些书大多亡佚，目前所见诸本《郡国志》书中并未见有引韩朋故事者。元和中所修《元和郡县图志》又可简省为《郡国志》，则《太平寰宇记》中所称的《郡国志》当指唐朝李吉甫的《元和郡县图志》。

容也就不难被复原出来，刘复的《韩朋赋》复原本就是通过敦煌各本间的对校和互校而形成的。

焉耆本《韩朋赋》的出土为判定《韩朋赋》的创作时代和敦煌卷子本的抄写年代提供了帮助。敦煌本《韩朋赋》大都没有记录明确的抄写时间，但敦煌卷子大都是南北朝末期至唐宋之间的写本，《韩朋赋》各本的抄写时代大约也在此时间段内，启功先生独具慧眼，认为敦煌本《韩朋赋》的抄写时代是在中晚唐至五代时期，实为高论。有较为明确抄写时间的是英藏 S. 2922 号写本，卷末书："癸巳年三月八日张庆通书了。"此癸巳年学界或认为是吐蕃统治敦煌的癸巳年，即唐宪宗元和八年（813 年），[1] 或认为是沙州归义军时期之癸巳年，即公元 933 年，但认可后说者较多。P. 2653 号写本中或称有武周新字"臣"者，但检核 P. 2653 图版，"诸臣集聚，王得好妇"中的臣字作：，而非武周新字"恶"，且该写本中其他"臣"字均为正字，该本抄写于武周时期的结论并不成立。又因该写本与《燕子赋》抄在同一写卷中，《燕子赋》开头有"此歌身自合，天下更无过，雀儿与燕子，合作开元歌"的诗句，有观点认为此篇创作于开元年间，但"合作开元歌"中的"开元"二字释为年号恐有不妥，从"此歌身自合，天下更无过"两句来看，这里的开元是以前没有，今天才第一次出现的意思，不宜解释为开元年间写作此歌，也就是说 P. 2653 的抄写年代问题仍然没有解决。时间较为明确的还当属新出土的焉耆本《韩朋赋》，它的出土说明至迟在武周至开元初期，《韩朋赋》已经在西域流传，《韩朋赋》文本形成的时间也要早于武周时期。克亚克库都克遗址位于唐代龟兹都督府辖内，属军事遗址，焉耆都督府将士征发自唐朝全国各地，有府兵，有兵募，和马圈湾汉简一样，焉耆本《韩朋赋》也是唐代戍边将士的遗物。该写本在西域边陲出土，折射的却是《韩朋赋》在武周至开元时期在唐朝各地广泛传播的事实。焉耆本虽只有宋使骗取贞夫的片段，但它的出土将《韩朋赋》的创作时间确定无疑地提到了武周之前，其价值不言而喻。

七个写本的内容文字互有交织、重复之句，也各有歧异之语。写本毕竟不同于雕版印刷，抄写质量受书手个人因素影响更大，抄写时往往有错讹衍脱的现象，即便在底本完全相同的情况下，各写本也可能出现具体细节上的出入。七个写本间的异同，很多时候是由书手抄写时的不慎造成的，但也有一些和底本有关。现综合七种写本，择其出入较大者列于表 2。

1　张锡厚：《关于敦煌赋集整理的几个问题》，《敦煌学辑刊》1987 年第 1 期。

表2　七种《韩朋赋》版本对比

P. 2653	S. 4901+S. 3904+S. 10291	P. 3873	S. 2922	S. 3227	ДХ. 10277V	焉耆本
少小孤单遭丧遂失又独养老母谨身行孝用身为主意远仕忆母独注（住）	少小孤单遂失其父独养老母	残	少小孤单遂失其父独养老母故取贤妻	少小孤单遂失其父独养老母故取贤妻	少小孤单遂失其父独养老母故取贤姓	残
已贤至圣明显绝华形容窈窕天下更无虽是女人身明解经书凡所造作皆今天符	与贤至圣名曰贞夫	残	与贤至圣名曰贞夫	与贤至圣名曰显贞夫	与贤至圣明（名）曰贞夫	残
朋母忆之心烦恼[1]其妻寄书与人	妻念（中缺）笔其自（字）班班文辞碎锦如珠如玉	残	其妻念之内白（自）苑（愿）心忽自执笔其自班班文□碎金如珠如玉	其妻念之内自发心忽然执笔遂字造书其文斑斑而珠而玉	无	残
新妇闻客此言面目变青变黄……上堂拜客使者扶誉（舆）贞夫上车疾如风雨朋母于后呼天唤地天（大）哭邻里惊聚贞夫曰呼天何益唤地何免驷马一去何归返梁伯信（迅）速日日渐远	新妇问（闻）客此言面目变青变黄……上堂拜客使者扶举贞夫上车疾而风雨朋母于后呼天唤地号啕大哭邻里惊惧贞夫曰呼天何益唤地何兑（晚）驷马一去何时得再归梁伯迅速日日渐远	面目变青变黄……上堂（中缺）疾如风雨朋母于后唤天（中缺）迅速日日渐远	朋母年老不能察意将其贞夫还国	残	无	□□□箧看若其不开新妇有饭语未尽出门便拜使者速把接待上车疾如风雨朋母于是呼天唤地贞夫曰呼天何益踏地何晚驷马一去何时可返
初至宋国九千余里光照空中宋王怪之	初至宋国九十余里光照空中宋王怪之	初至宋国九千余里光照宫中宋王怪之	无	残	无	朋母新妇去后乃开箧看艳色光影忽然唤出飞及贞夫此光明到宋国……

---

[1] 此字书写从"物"从"心"，黄征、张涌泉释为"恼"之俗字。参见黄征、张涌泉校注《敦煌变文校注》，中华书局，1997，第217页，注24。

续表

P. 2653	S. 4901+S. 3904+S. 10291	P. 3873	S. 2922	S. 3227	ДХ. 10277V	焉耆本
宋王即遣人城东掘[1]百丈之圹三公葬之贞夫乞往观看不敢分高（亭）宋王许之……百官天能报恩一马不披二安一女不事二夫言语未此（讫）遂即至室苦酒侵衣遂脆如葱左揽右揽随手而无	残	往到墓所贞夫下车绕墓三匝咷（啕）大哭悲声入云临圹唤君君亦不闻回头辞百官天能报恩好马不被两重安一女不事两夫婿言语未讫遂即苦空须侵衣衣脆如悲（韭）叶随手而无	宋王即遣城东掘百仗临圹三公葬之礼也贞夫乞往观看不敢分停宋王许之……百官天能报此恩一马不披两重鞍一女不事二夫言语未讫遂即容苦[2]须捉衣慈随手如无	残	无	残
不见贞夫遂得两石一青一白宋王睹之青石埋游（于）道东白石埋于道西生于桂树道东生于梧桐	残	不见贞夫唯得两一青一白宋王观之青石埋于道东白石于道西东道生于桂树道西生于梧桐	不见贞夫遂得两石一青一白宋王睹之青石埋于道东白石埋于道西道东生于桂树道西生于梧桐	残	无	残
二札落水变成双鸳鸯举翅高飞还唯有一毛相甚好端政（正）宋王得之即磨芬其身	残	二札落水变成鸳鸯举翅高飞还我本□唯有一毛甚好端正宋王爱之遂即磨弗大好光彩唯有项上未好即将摩弗其头即落生夺庶人之妻往煞贤良未至三年宋国灭亡梁伯父子配在边疆行善权福行恶得殃	二札落水变成双鸳鸯举翅高飞还本唯有一毛白甚好端正宋王爱之遂则磨拂身□大好光彩唯有项上未好即将磨拂项上其头即落夺庶人之妻枉煞贤良未至三年宋王灭亡梁伯父子配在边疆（中缺）恶德（得）羊（殃）	残	无	残

《韩朋赋》各写本的内容高度相似，大都有韩朋娶妇、出游、寄书、遗失书信、宋使骗取贞夫、贞夫射书、韩朋自杀、贞夫投墓、化为树鸟、羽毛杀宋王等

---

1 此字左"车"，右上"人"，下"王"，他本多写作左"木"或"扌"，上"人"，下"土"，为同一字，今参考黄征、张涌泉意见，直接录作"掘"字。参见黄征、张涌泉校注《敦煌变文校注》，第227—228页，注193。

2 此字上"艹"中"一"下"口"，应为"苦"字之讹。

情节，部分语句文字甚至完全一致，不难看出各写本之间可能有一个共同的祖本来源，且为赋体的祖本来源。《韩朋赋》来源于西汉时已经广泛流传的韩朋故事，但韩朋故事并不等同于《韩朋赋》。从《法苑珠林》所引《搜神记》来看，魏晋时期的韩朋故事已经杂用韵语和散句写成，这些韵语应非干宝首创，大概是节录了当时流传的韩朋故事歌谣，或当时已经形成文本的《韩朋赋》。换言之，魏晋时期，赋体形式的韩朋故事或《韩朋赋》可能已经产生。敦煌马圈湾汉简只存韩朋故事的短短数语，虽都是散句，但也不排除有用韵语的可能。从内容上说，汉简所叙故事和《韩朋赋》情节十分相似；从叙事风格来看，韩朋简"幹僃对曰：臣取妇二日三夜，去之来游，三年不归"与《韩朋赋》中"韩朋云游，往于宋国，其去三年，六秋不归"也比较相似，故而不排除汉代时韩朋故事就以赋的形式流传的可能。汉代诗体、骚体、散体赋创作都比较兴盛，广为流传的贞夫故事用赋的形式表达出来，也自是情理中事，只是史料缺乏，目前尚无法遽断。易言之，马圈湾汉简中的内容也有可能就是《韩朋赋》的祖本形式之一。韩朋故事和《韩朋赋》的内容和表现形式有一个长期发展演变的过程，汉代流传的韩朋故事中已经使用了韵语，而魏晋时期的韩朋故事中散句和韵语相杂，已可以将其视为《韩朋赋》的一种版本了。学界常将《韩朋赋》视为唐代流行的敦煌俗赋，却忽略了《搜神记》中透露出的韩朋故事已经采用赋体传播的事实。简言之，《韩朋赋》的祖本形成时间不会晚于魏晋，汉晋时流传的韩朋故事歌谣和故事文本都有可能是《韩朋赋》的祖本来源。

尽管《韩朋赋》七个写本之间大致有一个共同的祖本来源，但在长期传抄的过程中，在不同的地域，各写本之间不可避免地产生了或多或少的差别，形成了不同的写本系统。焉耆本仅存文字6行，与他本相比，该本增加了"□□□箧看，若其不开，新妇有饭。语未尽"以及"朋母新妇去后乃开箧看，艳色光影忽然唤出，飞及贞夫"的情节。这两处文字他本均无，显然此本与他本并非来自同一底本系统。焉耆本对新妇出门前的行为进行了铺陈，增加与朋母约定开箧看及光照贞夫的情节，这一部分比较突兀，但在朋妻被使者接走后，有"初自宋国九十余里，光照空中"的语句，即在距离宋国九十余里处出现光照，此光也就与前述的箧中光做了呼应。藏经洞所出各本都有光照空中的部分，却丢失了开箧和飞光的情节，致使文中突然出现光照空中的细节，令人十分费解。从情节、文字角度看，焉耆本的底本较敦煌本更为古老。焉耆和敦煌地域不同，底本出现差别也属正常，但敦煌地扼汉唐丝路南道，从文化传播途径上说，敦煌居于焉耆之东，更何况唐朝在焉耆驻军、治理的时间要晚于敦煌，《韩朋赋》在敦煌的流传理应早于焉耆，焉耆本的《韩朋赋》却较敦煌各本古老，恐怕只能是敦煌各写本的抄写年代晚于焉耆本所致。易言之，敦煌各写本的抄写时

与他本相比，P.2653 号写本的文字敷衍铺陈较多，增加了韩朋谨身行孝、贞夫外貌及明解经书等内容。添加明解经书，是为下文给韩朋寄书埋下伏笔，而在其他本子中，贞夫都是内心发愿，忽然就能持笔写字，书信随心飘到韩朋面前，这种感应发愿方面的内容，表现出了浓郁的宗教和民间参与创作的风格。P.2653 号写本不仅没有这些感应的描写，还保留了一些必要的故事细节，如增加贞夫临圹后返回室内，苦酒腐衣；遂即至室，苦酒侵衣，遂脆[1]如葱。左揽右揽，随手而元（无）。[2] 这一细节 S.2922 作："遂即容苦须捉衣葱，随手如无"，明显语句不通，逻辑不明；P.3873 作："遂即苦空须侵衣，衣脆如悲（韭）叶，随手而无"[3]，虽大意可解，却也多有晦涩。尽管 P.2653 号写本可能也不完整，但相比来看，P.3873 与 S.2922 两个写本的书手似乎并不明白该细节具体如何，只是机械地抄录，他们所依据的底本可能不同于 P.2653 号写本。概而言之，P.2653 号写本文字与他本多有不同，与 S.2922、P.3873、S.4901+S.3904+S.10291 的版本关系相对较远。

图 21　P.2653 号写本（局部）

图片采自《法藏敦煌西域文献》，第 17 册，第 109—110 页

1　该字图版模糊不清，参照他本，应为"脆"字。参见上海古籍出版社、法国国家图书馆编《法藏敦煌西域文献》，第 17 册，上海古籍出版社，2001，第 110 页。

2　这一部分情节变化过快，可能有漏脱之文。

3　上海古籍出版社、法国国家图书馆编：《法藏敦煌西域文献》，第 29 册，第 44 页。

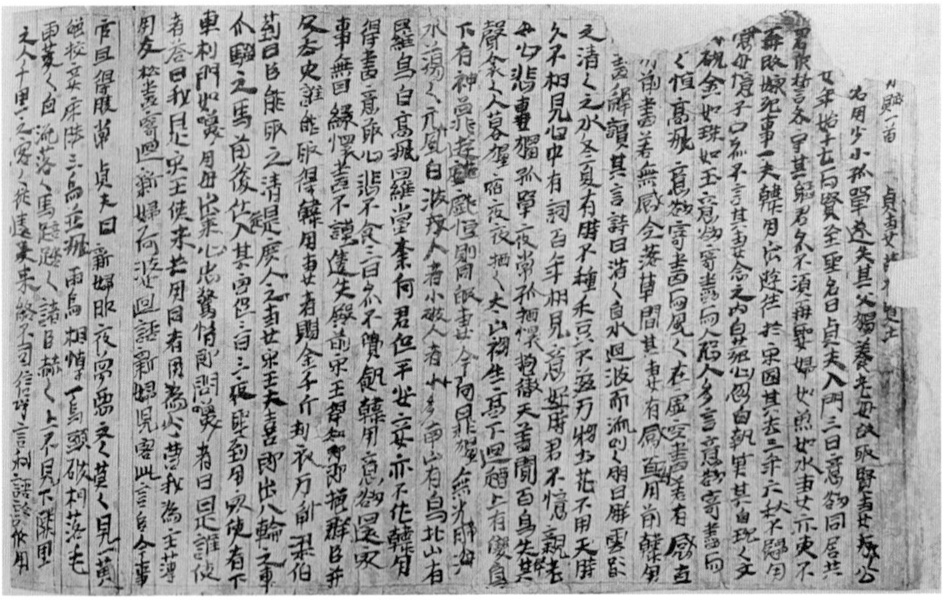

图 22　S.2922 号写本（局部）[1]

S.2922 号写本为张庆通于癸巳年抄写完成，其与 S.4901＋S.3904＋S.10291、S.3227 在语句上高度相似，三个本子大概有较近的底本渊源。根据前人的研究，此三者的抄写时代大致都在中晚唐至五代时期，[2] 具体抄写时间可能比较接近。相比之下 S.2922 内容相对简略，该本删减了贞夫临走时面对庭院、菜蔬、卧室等抒发其依依不舍之情的语句，跳过了贞夫上车时使者急切赶路、朋母呼天唤地的情节，而这两部分内容都是抒发情感渲染悲剧气氛的经典名句，用韵语写成，是描写、讲唱的重点，尤其是"贞夫曰：呼天何益，唤地何免，驷马一去，何时可返"等句读来朗朗上口，富有感染力，且在时代最早的焉耆本中已经出现，这两处文字又长达近百字，整段抄漏的可能性并不大，有可能是抄写者出于某种目的的有意删减。P.3873 号写本文字多有脱讹之处，从内容看，该本与 S.2922 号写本高度相似，但又兼具 P.2653 号写本的语句和情节，融合了版本关系较远的两个本子的内容，与这两个写本表现出了一定程度的承袭关系，其时代可能不会早于此两者。换言之，在这七个写本中，焉耆本时代最早，P.3873 的时代可能稍晚，其他写本的抄写时代大致都在中晚唐至五代时期。

---

[1] 中国社会科学院历史研究所等编：《英藏敦煌文献（汉文佛经以外部分）》第 4 卷，四川人民出版社，1991，第 256 页。

[2] 启功：《敦煌俗文学作品续录》，《文献》2009 年第 2 期。

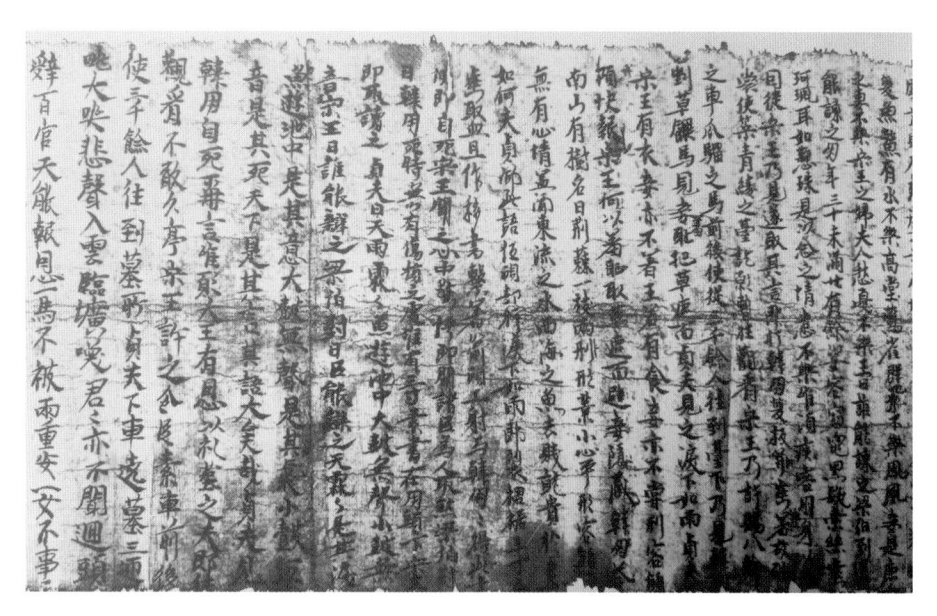

图 23　P. 3873 号写本（局部）

图片采自《法藏敦煌西域文献》，第 29 册，第 43 页

从各写本间的内容变化也可以发现《韩朋赋》文本和情节的变化。七个写本中四个本子均为贞夫临丧投墓而死，而魏晋文人记述的均为投台而死，由此可见韩朋故事从投台到投墓的演化大约发生在南北朝至隋唐时期。临丧而死的情节出现在《独异志》中，此书的成书时间据考大致在唐咸通年间，[1] 则临丧而死的情节至晚在唐咸通年间就已经产生了。化石的内容在《搜神记》中并没有出现，可能是在南北朝至隋唐时期逐渐演化出来的部分。之所以创造出一青一白两块石头化为树的离奇情节，大概与道家思想和民间道教信仰有关。敦煌写本还一改魏晋时期精魂化鸟的悲剧结局，将鸳鸯交颈悲鸣修改为木札化鸟，举翅高飞返回本乡，敦煌本《韩朋赋》追求故事的圆满，冲淡了原本的悲剧气氛，表现出浓郁的民间再创作风格。这种羽毛杀宋王及赋末的因果报应在《列异传》《搜神记》中均未出现，在唐宋文人的记述中也未见任何踪迹，他们出现的时代可能都比较晚，是民间自发再创作的结果。魏晋之后，《韩朋赋》中出现越来越多的民间再创作元素，也是南北朝以来该故事主要在民间流传的反应。

概而言之，韩朋故事以散、韵相间的形式传播有可能早至汉代，至晚在魏晋时已经有了《韩朋赋》的祖本。在长期的流传过程中，《韩朋赋》逐渐形成了不同的写本系统，目前发现的《韩朋赋》写

---

[1]　于方：《独异志考论》，硕士学位论文，山东师范大学，2018，第 10 页。

本中，从残存的文字来看，敦煌本丢失了焉耆本的一些情节，又保留了焉耆本的孑遗，敦煌本的抄写时间可能没有早于武周时期的。相对来说，P. 2653 号抄本与他本的版本关系较远，S. 4901 + S. 3904 + S. 10291、S. 3227 与 S. 2922 关系较近，P. 3873 的抄写时代可能最晚。《韩朋赋》的情节是在长期的流传过程中不断演化、再创作而形成的，新的细节和语句时有出现，旧的情节也在慢慢被改造，甚至是消失。投墓、化石、化蝶、返乡、宋王被杀等情节大约是在南北朝至隋唐时期才开始形成的。因为是长期演化的产物，赋中往往有多个时代的烙印，不宜根据其中的某一个时代特征用语来判断其文本形成或抄写的时间。

结 论

韩朋故事产生于先秦，而在汉代达到了传播的极盛期，上至贵族墓葬，下自民间生活都喜欢描绘和讲述这一故事。根据马圈湾汉简和洛阳八里台汉墓壁画可知，至晚在西汉中晚期韩朋故事的主要故事情节已经具备。从东汉图像资料来看，至晚在东汉早期，韩朋妻已被命名为贞夫，东汉时期流传的韩朋故事以贞夫射书予朋为中心，图像资料重点颂扬的是贞夫的贞与信的品质，飞鸟、楼阁的情节开始凸显，宋王命韩朋筑台、城旦劳作的故事内容也已经出现，后世《韩朋赋》的绝大部分情节都已经形成并大致固定了下来。该故事在东汉末期突破了民间自发传播的阶段，得到了上层贵族的认可和推崇。

魏晋时期流传的韩朋故事已经有了化为树、鸟的结局，《搜神记》的开头可能和《法苑珠林》《岭表录异》《北户录》等书籍的记载相差不大。韩朋故事在经过两汉时期的传播鼎盛期后，在魏晋南北朝时期地位渐渐低落。唐人关注的重点不再是两汉时期推而广之的贞信观，而是将其局限于韩朋夫妻的爱情故事和世俗的封建礼教思想中。临丧投墓而死的情节出现于南北朝至唐代咸通年间，化石、化蝶、返乡、宋王被杀等情节也是魏晋之后逐渐形成的。总体来看，时代越往后，韩朋故事表现出越多的民间参与再创作的元素。这也是汉代之后韩朋故事在社会上层渐渐失去市场，隋唐之后主要在民间传播的反应。

焉耆本《韩朋赋》的出土，说明至迟在武周至开元时期《韩朋赋》已经在西域流传。《韩朋赋》各写本间可能有一个共同的祖本来源，从《搜神记》中的韵语可以看到赋体形式的韩朋故事已经在魏晋之时传播，其中部分语句被《韩朋赋》承袭。在长期的传抄过程中，《韩朋赋》各写本间产生了或多或少的差别，形成了不同的写本系统，大致说来，焉耆本保存的故事情节要多于敦煌本，敦煌本可能不早于武周时期者。P. 3873 兼具敦煌各本的特征，表现出了一定的承袭关系，时代可能较他本稍晚。

莫高窟第3窟系列研究之一[*]
——《大乘庄严宝王经》与西壁主尊身份考释

■ 李志军（河南大学历史文化学院）

莫高窟第3窟为覆斗顶结构，西壁开龛，龛内现存清修多臂趺坐像一身，龛内外共八身菩萨立像。目前学术界关于第3窟的研究更多的是集中在对本窟壁画的艺术成就从不同角度进行探讨。[1] 除此之外，相关研究可分为以下几个方面：

首先，关于本窟的断代，有"元代说"和"西夏说"两种观点。《敦煌石窟内容总录》认为该窟为元代洞窟，经清代重修，[2] 刘永增持相同观点。[3] 沙武田、李国在前辈学者霍熙亮[4]、关友惠[5]、谢继胜[6] 等研究的基础上，针对"元代说"所依据的甘州史小玉题记进行了深入的辨析，并综合考虑西夏时期敦煌石窟的营建、敦煌佛教艺术、观音信仰、供养人画像表现形式等相关问题，对"西夏说"做了全面的论证。[7] 笔者表示赞成。

---

[*] 本文为河南省高等学校哲学社会科学创新团队建设计划（2021-CXTD-02）、国家社科基金重大招标项目"敦煌西夏石窟研究"（16ZDA116）中期成果之一。文中图片除注明外，均为敦煌研究院提供，版权归敦煌研究院所有。

[1] 李月伯：《从莫高窟第3窟壁画看中国画线描的艺术成就》，《敦煌研究》2001年第2期。金钟群：《敦煌千佛洞三号窟元代壁画艺术初探》，《美术》1992年第2期。王慧琴：《灵之光——敦煌千佛洞三号窟元代壁画的艺术风貌》，《美与时代·美术学刊》2009年第10期。郝秀丽：《敦煌莫高窟第三窟千手千眼观音像的造型艺术》，《当代艺术》2011年第3期。

[2] 敦煌研究院编：《敦煌石窟内容总录》，文物出版社，1996，第5页。

[3] 刘永增：《敦煌石窟摩利支天曼荼罗图像解说》，《敦煌研究》2013年第5期。

[4] 霍熙亮：《莫高窟回鹘和西夏窟的新划分》，载敦煌研究院编《1994年敦煌学国际学术研讨会论文提要》，1994，第54页。

[5] 关友惠：《敦煌宋西夏石窟壁画装饰风格及其相关的问题》，载敦煌研究院编《2004年石窟研究国际学术会议论文集》（下），上海古籍出版社，2006，第1110—1141页。

[6] 谢继胜：《莫高窟第465窟壁画绘于西夏考》，《中国藏学》2003年第2期。

[7] 沙武田、李国：《敦煌莫高窟第3窟为西夏洞窟考》，《敦煌研究》2013年第4期。

其次，关于第 3 窟西夏修建时西壁龛内主尊身份的讨论。刘永增认为应是摩利支天坐像一身。[1] 沙武田、李国则认为是水月观音造像。[2]

塑像是一个洞窟的主尊，是地位最重要的造像，其他题材都是在主尊的提领之下发挥作用，主尊身份变化就意味着全窟的设计理念也会随着发生重大的变动，因此本文将从全窟造像组合的角度对西壁龛内主尊身份进行重新讨论，不当之处，祈请方家教正。

一 摩利支天说和水月观音说辨析

莫高窟第 3 窟西壁龛内现存一身清修八臂跌坐像，头部残缺，其背后有假山，左手持羂索、弓、无忧树枝和线，右手执金刚杵、针、钩、箭，座下两侧共七只小猪（图1）。关于西壁龛内主尊身份的讨论，主要有两种观点：水月观音说和摩利支天说。本节则针对上述两种观点分别进行辨析。

图 1 莫高窟第 3 窟西壁龛内清修道教斗姆造像

---

[1] 刘永增：《敦煌石窟摩利支天曼荼罗图像解说》，《敦煌研究》2013 年第 5 期。

[2] 沙武田、李国：《敦煌莫高窟第 3 窟为西夏洞窟考》，《敦煌研究》2013 年第 4 期。

（一）水月观音说辨析

郭祐孟、沙武田认为该窟西壁龛所存假山及多臂跌坐像皆为后期所塑，假山两侧保留的墨绘竹子则是西夏原作（图2），因此他们认为"龛内正壁原作应为一尊彩塑菩萨，竹子作为主尊彩塑的背景，颇为独特，有可能属一身类似水月观音之菩萨像"[1]。沙武田则从西夏时期水月观音造像流行的时代背景以及"绘画水月观音，必有岩石，观音身后有竹林与如月轮的背光"[2]等图像元素特点肯定了莫高窟第3窟主尊原为水月观音造像的观点。马莉在此基础上，进一步对水月观音说做了补充论证。[3]

总结起来，水月观音说的支撑理由主要是龛内背景的双勾墨书竹子和西夏时期水月观音信仰流行的时代背景。

首先，水月观音图中出现竹子是十分常见的一种构图样式，然而水月观音与竹子的结合并没有明确的经典依据，王胜泽指出湖石和竹子结合出现在水月观音图像中"是宋代文人画常用的手法，它表现的是士大夫的一种心理状态，和他们对宇宙的一种哲思"[4]。我们在黑水城出土的艺术品中即见到多幅水月观音背后没有绘制竹子的案例（图3、图4）。

图2 莫高窟第3窟西壁龛内西夏时期墨绘竹子

---

1 沙武田、李国：《敦煌莫高窟第3窟为西夏洞窟考》，《敦煌研究》2013年第4期。

2 同上注。

3 马莉：《以须弥山为切入点的莫高窟第3窟图像释义——兼谈场域论下的"物理场"与"心理场"》，《南京艺术学院学报（美术与设计版）》2022年第1期。

4 王胜泽：《美术史背景下敦煌西夏石窟绘画研究》，博士学位论文，兰州大学，2019，第186页。

图3 X.2438 粗布彩绘唐卡水月观音
采自俄罗斯国立艾尔米塔什博物馆等编《俄藏黑水城艺术品Ⅰ》，上海古籍出版社，2008，图版24

图4 X.2440 绢本彩画水月观音
采自俄罗斯国立艾尔米塔什博物馆等编《俄藏黑水城艺术品Ⅰ》，图版23

且这个结论反向推导却未见得能够成立，也就是说有水月观音的图像里绝大部分会于背景处绘制竹子作为装饰，但是有竹子作为背景的观音造像却未见得一定是水月观音像，《历代名画观音宝相》卷2第144号收录北宋白衣观音造像碑，其上有宋著名文人秦观所绘白衣送子观音像，该铺观音像身后即绘制有竹子（图5）。

事实上，据笔者观察，各种观音类造像题材由于受到水月观音造像风格的影响，越到后期与观音相关的绘画题材中竹子出现的概率越高（图6）。而据于方君研究："时至十三世纪，观音坐在竹林岩石间等自然环境中的新图像已经完全确立，这种造像最初的原型是十世纪所创的水月观音。"[1]

---

[1] 于君方：《观音——菩萨中国化的演变》，商务印书馆，2012，第196页。

图 5　北宋白衣送子观音图

采自于君方《观音——菩萨中国化的演变》，商务印书馆，2012，第 140 页

图 6　明代"九莲菩萨"造像碑

采自于君方《观音——菩萨中国化的演变》，第 155 页

　　另外需要注意的是，在敦煌石窟中出现的水月观音图像一般都有圆光绕体（图7），而参考敦煌地区佛教造像的传统，佛或菩萨塑像的背光、身光、华盖等与主尊的搭配主要是靠绘画实现的（图8）。在现实的造像中，很少直接将佛光同佛身一起塑出来，因此如果莫高窟第3窟西壁龛内主尊为水月观音造像，那么观音塑像与圆光的组合大概率要通过绘塑结合来实现，然而我们仔细观察第3窟龛内图像，很显然只有竹子，并没有绘制圆光的痕迹。又西夏时期，敦煌地区所见的水月观音像皆为游戏坐，侧身侧脸形态。[1]因此与之相搭配的山石、竹子等多分布于观音侧身身后，并非在画面中轴线位置对称均匀分布。但是我们观察莫高窟第3窟西壁龛内造像及绘画情况，发现清修塑像背后的山石正位于西壁龛内中轴线上，其两侧均匀分布绘制的墨竹，说明该窟西壁龛内西夏时期修建时可能是两种情况：其一，龛内西壁全壁绘制双勾墨竹，而现存塑像及其座下和背后的山石皆为清代修建；其二，现存清修塑像是在西夏塑像基础上修建的，而近似长条形的背景山石则

---

[1] 这一点与陕北地区正面自在坐观音相差极大。（参石建刚《延安宋金石窟调查与研究》，甘肃教育出版社，2020，第 392—420 页。）

又表明西夏时期在此处塑造有相应的莲台或椭圆形的背光等。然而无论是哪种情况，都不符合敦煌地区西夏时期水月观音的造像特征。

其次，西夏时期水月观音呈现出一种杂糅华严、法华、净土、密教、藏传佛教等多种佛教思想的复合型信仰形态。[1] 然从其经典本身出发，《水月观音经》的内容主要是抄录自唐代僧人伽梵达摩所译《千手千眼观世音菩萨广大圆满无碍大悲心陀罗尼经》。[2] 且目前我们对于水月观音信仰内涵及其功能的认知更多的不是来自经典内容，而是学者们从其细节图中所解读并架构起来的，比如常红红对东千佛洞第2窟水月观音图像的研究所指出的其在度亡方面的功能，郭子睿对五个庙第1窟水月观音图像的研究也延续了这一观点，[3] 但是这些内容并不能从相关经典中找到具体对应的经文。因此笔者以为，这样一个尊像在第3窟中做主尊的话便很难找到十分有力的思想或者功能支撑其涵摄窟内南、北壁的千手千眼观音及东壁门两侧的观音"七宝施贫儿"和"甘露施饿鬼"。

图7 莫高窟第237窟前室西壁门上水月观音造像

---

[1] 李志军：《以五台山为核心含摄十方的华藏净土和法界救度——莫高窟第164窟西夏重修思想探析》，待刊。

[2] 王惠民：《水月观音经与水月观音像》，载氏著《敦煌佛教图像研究》，浙江大学出版社，2016，第142页。

[3] 郭子睿：《镜像的美术、思想与礼仪——肃北五个庙第1窟西夏水月观音图像研究》，载杜建录主编《西夏学》2020年第2期（总第21辑），甘肃文化出版社，2020，第306—323页。

再次，西夏时期水月观音图像虽然很多，但是其在洞窟中分布的基本特点是成对出现，[1] 或像东千佛洞第 2 窟和肃北五个庙第 1 窟那样，通过不同的故事画情节传递观音度亡的流程，或是像榆林窟第 29 窟正壁的两铺水月观音图像，通过下部的人物故事内容传递观音信仰悲智双运的基本特点，[2] 目前尚未见到单尊造像出现。

图 8　莫高窟盛唐第 45 窟西壁龛内绘塑结合群像
采自敦煌研究院编《中国石窟·敦煌莫高窟》（三），文物出版社，1987，图版 124

图 9　莫高窟第 3 窟东壁门顶五方佛造像

1　五代宋时期水月观音有单尊，也有与地藏十王搭配出现的情况，尚未形成双水月观音的布局。（参见王惠民《敦煌水月观音像》，《敦煌研究》1987 年第 1 期。）
2　李志军：《"显密圆融"背景下的华严礼忏窟——再论榆林窟第 29 窟的思想性和功能性》，待刊。

图 10　黑水城出土唐卡中的五方佛

采自俄罗斯国立艾尔米塔什博物馆等编《俄藏黑水城艺术品Ⅱ》，上海古籍出版社，2012，图版 129

图 11　山嘴沟第 2 号窟洞口前壁五方佛造像
采自宁夏文物考古研究所编著《山嘴沟西夏石窟（下）》，文物出版社，2007，图版二二

最后，从窟内现保存完好的西夏时期绘画题材来看，第 3 窟造像具有浓厚的密教色彩。南、北壁十一面千手千眼观音及东壁门两侧两身观音共同构成一铺十一面千手千眼观音曼荼罗，而东壁门顶五佛图像（图 9）虽漫漶严重难以辨识其具体的手印、身色，但是以"金刚界五方佛"为主体的简易金刚界曼荼罗是西夏时期较为多见的一种密教题材，"在黑水城唐卡中有大量的图像样式（图 10），往往出现在佛、金刚、佛母、度母、明王甚至上师等唐卡的最上方，或以五佛的本尊形式出现，或以各类变化身出现，数量丰富，形式多样"[1]。除敦煌地区外，在山嘴沟西夏第 2 窟洞口前壁（图 11）亦绘制有密教五方佛造像，贾维维认为，莫高窟第 464 窟窟顶五佛造像，虽然其身色、手印等都与密教仪轨不完全吻合，但仍可属于金刚界

---

[1] 沙武田：《礼佛窟·藏经窟·瘗窟——敦煌莫高窟第 464 窟营建史考论（上）》，《故宫博物院院刊》2021 年第 7 期（总第 231 期）。

五方佛体系之内。[1] 因此笔者推测莫高窟第 3 窟东壁门顶五佛图像也应属于密教金刚界五佛，而绘制金刚界五方佛与绘制金刚交杵具有相同的功能和意义，即"象征这个石窟建立在有金刚交杵镇压的坛场之上，将整个窟室定义为'密教道场'"[2]，由此可以看出本窟以密教为背景来表现观音信仰的基本特色，水月观音虽然是杂糅型观音信仰对象，但终归是属于显教图像，与本窟的整体风格不太吻合。

综上所述，无论是从水月观音像与竹子的组合，抑或是敦煌地区水月观音像在洞窟中分布的基本特征以及水月观音的信仰形态等方面分析，莫高窟第 3 窟西壁龛内都不应该是水月观音造像。

（二）摩利支天说辨析

刘永增认为："根据菩萨手中的弓箭以及线，再加上座下的七只小白猪，就可以准确地认定该像为摩利支天。"[3]

首先，根据相关经典的记载，摩利支天像可分为两大类，第一类即"天女形"摩利支天，第二类即"忿怒形"摩利支天，这两类造像在敦煌都有出现，张小刚统计共有七幅，[4] 然敦煌地区的摩利支天像皆为站姿（图 12），并未见有坐姿样式。另外，敦煌地区摩利支天像除藏经洞所出纸画外，出现在洞窟中的几铺或位于南壁墙上部，或位于西壁门顶两侧，皆在窟内相对次要的位置，没有作为洞窟主尊身份出现的例子。

其次，刘永增判断主尊为摩利支天的主要依据是造像手中的弓箭等持物和座下的七只小白猪。然而根据张小刚的研究，宋元以后，中国道家中的斗姆信仰受到了密教摩利支天的很大影响，[5] 在道教的相关经典中所记载的斗姆形象与摩利支天非常相似，其形象"三头八臂、手擎日、月、弓、矢、金枪、金铃、箭牌、宝剑，着天青衣，驾火辇，辇前有七白猪"[6]。因此他认为："第 3 窟龛内主尊像应该是道教中的斗姆而不是密教中的摩利支天。"[7] 笔者对此表示赞同。

---

[1] 常红红：《东千佛洞第 2 窟壁画研究》，博士学位论文，首都师范大学，2015，第 144—146 页。

[2] 贾维维：《榆林窟第三窟壁画与文本研究》，浙江大学出版社，2020，第 247 页。

[3] 刘永增：《敦煌石窟摩利支天曼荼罗图像解说》，《敦煌研究》2013 年第 5 期。

[4] 张小刚：《敦煌摩利支天经像》，《佛学研究》2018 年第 1 期。

[5] 同上注。

[6] 《道法会元》卷八三，《正统道藏》第 48 册，艺文印书馆，1977，第 39260—39261 页。

[7] 张小刚：《敦煌摩利支天经像》，《佛学研究》2018 年第 1 期。

图 12　东千佛洞 5 窟南壁摩利支天像

但如果是斗姆的话，则应当是清人重修的塑像，与窟内现存其他题材并无直接关系。那么这身清修斗姆造像是否为西夏时期摩利支天像改造而来呢？笔者以为否也，因为从该窟的其他造像内容来看，除主尊塑像外，西壁龛内外共八身观音作为主尊的胁侍眷属，窟内南、北壁又是十一面千手千眼观音像，东壁门两侧的七宝施贫儿和甘露洒饿鬼也可归入千手千眼观音的眷属，因此该窟具有十分明确的主题，即突出观音信仰，所以沙武田将其称为"观音窟"是十分恰当的。[1] 在一个具有浓厚观音信仰特色的洞窟中，主尊若设置为摩利支天像岂不是本末倒置，不合常理。

综上所述，笔者以为，莫高窟第3窟西壁龛内现存塑像为清修道教斗姆神像。又考虑到本窟浓厚的观音信仰色彩，因此该斗姆像也不是由所谓的西夏摩利支天像改造而来。

然而，我们却不能否认本窟的多臂尊像对我们探讨西夏时期开凿第3窟时所设置的主尊身份具有的启示意义。我们认为："一般而言，在敦煌西夏重修洞窟中，清修塑像的基本原则是尽可能保留或者恢复前代造像的样式。或是在原保留塑像上重新上彩并修复头部或者手部等细节。"[2] 既然清修塑像的基本原则是根据原有造像的样式进行修改，那么根据现存窟内的清修多臂斗姆造像所留下的线索，笔者推测该窟现存清修斗姆造像乃根据西夏时期多臂观音改造而来。造多臂观音像或以多臂观音作洞窟主尊在敦煌的造像传统中并不鲜见，榆林窟第3窟正壁两侧各有一身多臂观音造像（图13、图14）。更为典型的例子则是莫高窟第95窟，王胜泽认为第95窟为西夏重修洞窟，[3] 该窟为中心柱窟，前部顶毁，后部有中心龛柱，柱东向面开一龛，龛内塑六臂观音为主尊，南侧通道口上龛内西壁绘制水月观音一铺，西壁龛顶和甬道顶分别绘制六字真言团花（图15）。[4] 第95窟内各类造像传递出强烈的观音信仰色彩，是西夏时期重修的另一处观音道场。[5] 作为同一时期前后修建的两处观音道场，我们对比第95窟的造像布局会发现，该窟以多臂观音（图16）做中心柱龛的主尊以统摄全窟造像，而西夏时期十分流行的水月观音像则依然延续了其在这一时期洞窟中分布的基本特点，对称分布在中心柱两侧甬道顶位置（图17），这样的设计理念对我们思考同一时期的莫高窟第3窟观音道场造像布局具有十分重要的参考意义。

---

[1] 沙武田、李国：《敦煌莫高窟第3窟为西夏洞窟考》，《敦煌研究》2013年第4期。

[2] 沙武田、李志军：《莫高窟第353窟西夏重修新样三世佛的思想内涵》，《敦煌学辑刊》2020年第4期。

[3] 王胜泽：《美术史背景下敦煌西夏石窟绘画研究》，博士学位论文，兰州大学，2019，第149页。

[4] 敦煌研究院编：《敦煌石窟内容总录》，第37页。

[5] 沙武田、李晓凤：《敦煌石窟六字真言题识时代探析》，《敦煌学辑刊》2019年第4期。

图 13　榆林窟第 3 窟东壁南侧五十一面千手观音 　　图 14　榆林窟第 3 窟东壁北侧十一面千手观音

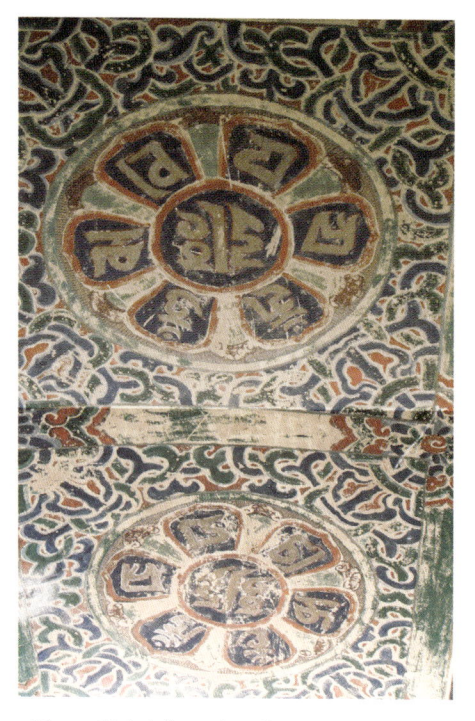

图 15　莫高窟第 95 窟甬道顶六字真言曼陀罗 　　图 16　莫高窟第 95 窟中心柱西壁龛内六臂观音造像

图 17　莫高窟第 95 窟南侧甬道口上龛内西壁水月观音造像

二　莫高窟第 3 窟西壁龛内主尊原为四臂观音

由前文的讨论辨析，我们认为莫高窟第 3 窟在西夏修建时，其主尊应为可以从思想上涵摄十一面千手千眼观音的多臂趺坐观音造像。宋夏时期，《大乘庄严宝王经》的译出及流通对于观音信仰功能的变迁起到了重要的推动作用。《大乘庄严宝王经》主旨在宣扬观音的功德神通力量，特别是观音作为地狱救度主的形象，经文后半部分宣说的"六字真言"可以视为观音信仰从地狱中解救受苦众生的方便法门。[1]《大乘庄严宝王经》中关于观音信仰的记载具有以下几个特点：

第一，本经以六字大明王作为六字神咒的守护者和化身出现，其应是该部经典具象化的主尊神祇，而根据经文记载，六字大明王即是四臂观音形象：

> 于佛左边，安六字大明，四臂肉色白如月色，种种宝庄严，左手持莲华，于莲华上安摩尼宝，右手持数珠，下二手结一切王印。于六字大明足下安天人，种种庄严，右手执香炉，左手掌钵满盛诸宝。[2]

根据上引经文所谓在佛左边安置六字大明王，而其形象便是四臂，因此六字大明王即是四臂观音。换言之，《大乘庄严

---

[1] 张同标：《大乘庄严宝王经与观音图像》，《中国美术研究》2015 年第 2 期。

[2] （宋）天息灾译：《佛说大乘庄严宝王经》，《大正藏》第 20 册，第 60 页。

宝王经》以四臂观音做主尊，主导宣讲六字大明咒的威神功德。

第二，《大乘庄严宝王经》"史无前例的将观音提升到至尊的地位"[1]，由此在某种程度上将观音信仰推上顶峰：

> 佛告："善男子，于过去劫，有佛出世，名尾钵尸如来、应供、正遍知、明行足、善逝、世间解、无上士、调御丈夫、天人师、佛、世尊。我于是时于一长者家为子，名妙香口，于彼佛所闻是观自在菩萨威神功德。"时除盖障白言："世尊，所闻观自在菩萨摩诃萨威神功德，其事云何？"世尊告言："观自在菩萨于其眼中而出日月，额中出大自在天，肩出梵王天，心出那罗延天，牙出大辩才天，口出风天，脐出地天，腹出水天，观自在身出生如是诸天。"[2]

根据上引经文的记载，观世音在无量劫前已经凭其威神功德闻名，且日月诸天等皆自观自在菩萨身上生出，可作为万物的创造者。概言之，在这部经中，观世音菩萨被抬高到宇宙创造者、主宰者的程度，而发自其微妙心的六字大明咒"唵嘛尼呗咪吽"也被密教认为是一切福德智慧及诸行之根本，信解受持皆可获得不可思议的功德和利益：[3]

> 佛告："善男子！此六字大明陀罗尼，是观自在菩萨摩诃萨微妙本心。若有知是微妙本心，即知解脱。"[4]

图18　榆林窟第3窟东壁中央八塔变顶部涅槃图及七佛一菩萨造像

1　陈爱峰：《柏孜克里克石窟第17窟佛说大乘庄严宝王经变考释》，《敦煌研究》2016年第6期。
2　（宋）天息灾译：《佛说大乘庄严宝王经》，《大正藏》第20册，第49页。
3　李利安：《观音信仰的渊源与传播》，宗教文化出版社，2008，第139页。
4　（宋）天息灾译：《佛说大乘庄严宝王经》，《大正藏》第20册，第59页。

在榆林窟第 3 窟有一铺独特的涉及四臂观音的图像，该窟东壁中央八塔变顶部为七佛一菩萨图（图 18），该铺图像以释迦涅槃为核心，涅槃像两侧共绘制七身立佛和一身四臂菩萨，"七佛象征过去七佛，菩萨则是非常罕见的立像四臂观音"[1]。我们知道，在最常见的七佛一菩萨组合中，是由过去七佛和未来佛弥勒组合在一起的，这类造像组合不仅有着悠久的历史传承，且与末法思潮关系密切。而在思想融合与神系重构背景下发展起来的西夏佛教，在榆林窟第 3 窟的造像中巧妙地用四臂观音取代了救世者未来佛弥勒的地位，"表达的仍是无佛的末法背景下希望佛法不灭的核心内容"[2]。此处可见《大乘庄严宝王经》对观音信仰带来的重要影响及其所塑造的"救世主"四臂观音的尊格之高，可以在特定的组合场景中取代未来娑婆主的地位。

第三，《大乘庄严宝王经》虽然以四臂观音作为主尊，但在其中负责救度众生者则是十一面千手千眼观音，全经以观世音菩萨显神通力在地狱中救度三涂众生，将地狱变为清凉地所现大光明等神异景象展开，"时阿鼻地狱一切苦具，无能逼切菩萨之身，其大地狱猛火悉灭成清凉地……是时观自在菩萨摩诃萨，入其狱中破彼镬汤，猛火悉灭，其大火坑变成宝池，池中莲华大如车轮"[3]。地狱中出现如此变化，阎魔天子以天眼通观知是观世音在地狱中救度，因此：

> 速疾往诣观自在菩萨摩诃萨所。到已头面礼足。发诚实言以偈赞曰：归命莲华王，大悲观自在。大自在吉祥，能施有情愿。具大威神力，降伏极暴恶。暗趣为明灯，睹者皆无畏。示现百千臂，其眼亦复然。具足十一面，智如四大海。爱乐微妙法，为救诸有情。龟鱼水族等，最上智如山。施宝济群生，最上大吉祥。具福智庄严，入于阿鼻狱。变成清凉地，诸天皆供养。顶礼施无畏，说六波罗蜜……一切烦恼等，种种皆解脱。入于微尘数，百千三摩地。开示诸境界，一切恶道中。皆令得解脱，成就菩提道。
>
> 是时阎魔天子，种种赞叹供养观自在菩萨摩诃萨已，旋绕三匝却还本处。[4]

阎魔天子所参拜礼敬在地狱中救度三涂的观世音菩萨是"具足十一面""示现百千臂"，即十一面千手千眼观音。又同经卷三记载：

1　贾维维：《榆林窟第三窟壁画与文本研究》，第 72 页。

2　沙武田、李志军：《莫高窟第 353 窟西夏重修新样三世佛的思想内涵》，《敦煌学辑刊》2020 年第 4 期。

3　（北宋）天息灾译：《佛说大乘庄严宝王经》，《大正藏》第 20 册，第 48 页。

4　同上注。

佛告："善男子，我亦不见如是微妙寂静。彼无相故而现大身，具十一面，而百千眼圆满广大，得相应地湛然寂静，大智无得无有轮回，不见救度亦无种族，无有智慧亦无有说，如是诸法如影响故。"[1]

总而言之，无论是观音现智慧身，抑或是在地狱中救度三涂众生，其所现皆为十一面千手千眼法相，而观音现千手千眼法相本质上乃是菩萨广大慈悲之化用，千眼能观众生之苦，千手能救众生之难，所谓"大悲观自在，具足百千手，其眼亦复然，作世间父母，能施众生愿"[2]。

综上所述，《大乘庄严宝王经》将观音的地位提升到诸佛之上，且本经以四臂观音为主尊凸显六字大明咒的无上神力，具体救度环节则以千手千眼观音为主展开。《大乘庄严宝王经》的文本叙述恰好能与莫高窟第3窟的造像内容相对应，将本经的特点放在洞窟里解读便是四臂观音以其造世主的崇高地位担任本窟主尊，同时涵摄负责救度三涂苦难的十一面千手千眼观音，因此笔者以为莫高窟第3窟西壁龛内原主尊应为根据《大乘庄严宝王经》所塑的四臂观音造像。郭祐孟曾对西壁造像组合做出过十分精彩的解释，他认为主尊观音塑像与其余八尊构成观音九尊曼荼罗，但在梳理了相关密教经典之后，他同时指出："莲花型的观音九尊曼荼罗，并非顽固的某种仪轨，而是以任何一身观音居中，以八种观音为伴的灵活运用，互为主伴且主伴交融。"[3] 根据郭氏所言，观音九尊曼荼罗并非固定且要求严格的仪轨，因此无论是其主张的水月观音抑或是笔者所推断的四臂观音，皆可与两侧八尊菩萨构成此九尊曼荼罗。

三　四臂观音造像的源流

最早出现四臂观音记载的是8世纪藏文本《宝箧经》，但是这部经典并没有对四臂观音造像的形成及四臂观音信仰产生有效的影响，目前所知最早出现的四臂观音造像是在11世纪的印度地区，随后则出现在梵文佛经的插图上。至11—13世纪，在莫高窟、榆林窟、东千佛洞以及山嘴沟石窟等洞窟内开始出现四臂观音造像，这些四臂观音造像要早于藏西地区，因此贾维维认为中原地区的四臂观音信仰始于西夏时期，[4] 其造像的粉本应来源自印度（或尼泊尔）传入中土的梵文本贝

1　（宋）天息灾译：《佛说大乘庄严宝王经》，《大正藏》第20册，第58页。
2　（唐）苏嚩罗译：《千光眼观自在菩萨秘密法经》，《大正藏》第20册，第119页。
3　郭祐孟：《永不褪色的容颜——敦煌莫高窟第三窟造像内涵赏析》，《历史文物（台）》2005年第5期。
4　贾维维：《榆林窟第三窟壁画与文本研究》，第272页。

叶经插图,[1] 而该批有关四臂观音信仰及图本的梵文经典则可能是来自巴哩译师由梵译藏的成就法,在西夏建国之初经由挼弥桑杰扎巴和不动金刚[2]两位在西夏译经史上具有重要地位的高僧传入西夏。[3]"巴哩翻译的成就法是迄今所见年代最早的四臂观音本尊观想法本,应是西夏四臂观音图像最主要的文本来源。"[4] 巴哩是传承观世音信仰谱系中的重要人物,根据《青史》记载,巴哩是两系观音信仰的传承人:其一为观世音菩萨→西那阿噶惹→毗卢遮那→吧里译师,其二为观世音菩萨→法现→不空金刚→巴哩译师。[5] 而在《巴哩译师传略》中则记载了译师幼年得四臂观音摩顶并亲授真言的故事:

自幼年时……俱信悲悯,唯诵六字真言。曾于梦中见一四臂、具光环之白色身相尊,手抚其顶,并诵六字真言二十一遍。[6]

巴哩译师作为两系观音信仰的传承者,同时又与四臂观音之间有着密切的关系,其是已知西夏时期最早推崇四臂观音及修法的核心人物,在其所译成就法中则保留了目前所见最早的四臂观音修法文本。

综上所述,与四臂观音相关的藏文文献从西夏之初就被译成汉文在河西走廊一带流行,黑水城出土西夏文文书《亲集耳传观音供养赞叹》中即记载了四臂观音修法的偈诵。[7] 因此四臂观音造像最初在河西地区的流传具有很大的独立性,是一种基于特殊修法而独立流行的密教观音题材。目前所见西夏时期敦煌洞窟的四臂观音图像亦符合这一特点,他们或出现于曼荼罗坛城中,或独立出现于洞窟中与其他造像进行组合,并没有明确可与《大乘庄严宝王经》产生联系者。

随着9世纪初《大乘庄严宝王经》的译出,河西地区受密法影响而广泛流传的四臂观音信仰逐渐与《大乘庄严宝王经》相结合,并最终支撑这种信仰及图像在西夏时期的河西地区产生更为持续久远的影响。《大乘庄严宝王经》的梵文本

---

1 贾维维认为:"宋夏之际中、印之间频繁的交互往来活动为相关仪轨文献和图像的流传提供契机,两地艺术作品在题材、图像志特征、艺术风格等方面的一致性也有助于我们重新理解这一特定历史时期印度、尼泊尔对河西走廊一带佛教造像的直接影响力。"(贾维维:《榆林窟第三窟壁画与文本研究》,第276页。)

2 克平著,彭向前译:《西夏版画中的吐蕃和印度法师像》,《西夏研究》2011年第3期。

3 贾维维:《榆林窟第三窟壁画与文本研究》,第349页。

4 贾维维:《榆林窟第三窟壁画与文本研究》,第344页。

5 廓诺·迅鲁伯著,郭和卿译:《青史》,西藏人民出版社,1985,第665—666页。

6 徐华兰:《巴哩译师传略》,《中国藏学》2012年第2期。

7 贾维维:《榆林窟第三窟壁画与文本研究》,第342页。

形成于公元 4 世纪末或 5 世纪初，[1] 北宋太宗太平兴国五年（980 年），印度来华僧人天息灾和施护来到汴京蒙太宗召见并为其设立译经院，自此二大士与法天等开始共同译经，北宋太平兴国八年（983 年），四卷《大乘庄严宝王经》译出。[2] 汉译本的出现，使得六字真言与观音救度六道众生的思想逐渐流行起来，在宋夏的佛教交流中，西夏曾多次向宋求取大藏经，《大乘庄严宝王经》可能即在此过程中传入西夏，因此笔者以为西夏时期最早出现四臂观音造像应当是受到汉译《大乘庄严宝王经》的影响，在印传梵本贝叶经插图的基础上流行起来的。

至于卫藏地区的四臂观音信仰及图像，贾维维认为是受西夏人影响的蒙元人在 14 世纪之后将曾经在河西走廊流行一时的造像再度传过去的。[3] 但据赖天兵研究指出，就目前所掌握的西藏地区的资料来看，四臂观音出现于约 12 世纪的藏传佛教后弘期，有单尊和三尊组合等多种形式，其中单尊造像存在比例明显占优势。[4] 且据崔红芬统计，在黑水城保留的大量观音绘画中，"'六字明王'（图 19、图 20）[5] 和'莲花手'是藏传佛教中最为典型的观音形象，他们作为观音化身形象在绘画中得到很好的描绘"[6]。由此可见藏传系统的四臂观音信仰对西夏绘画所产生的影响。

另外，虽然 10 世纪《大乘庄严宝王经》才完成汉译，但该经的藏文译本却很早便已在藏地出现，至今有两部藏文译本，第一部由藏族翻译家妥弥·桑博扎所译，现已失传，目前所流通的版本是公元 8 世纪中期到 9 世纪初期师襄·益西德的重译本。[7]《大乘庄严宝王经》藏文本译出之后对藏传佛教观音信仰产生了极为重要的影响，"印度观音文化正是通过藏译本《佛说大乘庄严宝王经》首次被藏人所了解，而且成了吸收观音文化的重要参考和依据。因此，该经对藏族文化产生的影响是非常深远的。同时，由于藏族学者通过该经对藏族历史和文物的全新诠释，使得印度本土业已衰微的观世音文化才在藏地焕发第二春，大乘佛教慈悲思想也成了藏族精神文化的核心，奠定了观音文化

1　张同标：《尼泊尔三乘物观音造像与成就法》，《南京艺术学院学报（美术与设计版）》2013 年第 5 期。

2　陈爱峰：《柏孜克里克石窟第 17 窟佛说大乘庄严宝王经变考释》，《敦煌研究》2016 年第 6 期。

3　贾维维：《榆林窟第三窟壁画与文本研究》，第 272 页。

4　赖天兵：《飞来峰纪年藏传四臂观音三尊龛造像初探》，《中原文物》2008 年第 1 期。

5　俄罗斯国立艾尔米塔什博物馆、西北民族大学、上海古籍出版社编：《俄罗斯国立艾尔米塔什博物馆藏黑水城艺术品Ⅱ》，上海古籍出版社，2012，图版 111、图版 117。

6　崔红芬：《西夏河西佛教研究》，民族出版社，2010，第 287 页。

7　才让项毛：《藏译本〈佛说大乘庄严宝王经〉略述》，《四川民族学院学报》第 27 卷第 1 期。

本土化的基础"[1]。且在《大乘庄严宝王经》的影响下，自始至终被藏族人视为最具法力的地方保护神的观音信仰体系中，"六字观音又是最为流行的造像类型"[2]，赵雪芬在对炳灵寺石窟四臂观音造像的梳理研究中同样指出："在藏传佛教造像中，四臂观音像出现的频率很高。四臂观音是观音化现的以代表'六字真言'的密宗观音之一，在藏传佛教中地位极高，这种最常见的密宗造像对我国观音信仰产生了重要影响。"[3]

西夏佛教与藏传佛教之间的关系极其密切，在西夏佛教的发展过程中藏传佛教为其提供了十分重要的支撑，吴天墀指出由于西夏特殊的地理位置，其长期从邻近地区佛教汲取营养，包括中原地区、西域回鹘和青藏高原吐蕃诸部。[4] 李范文同样指出在李元昊建国称帝之后，由于其个人崇信佛教并大力推广，使得藏传佛教在西夏国内逐渐占据重要地位。[5] 在黑水城出土的西夏法典《天盛改旧新定律令》中在讲述朝位座次时表明在西夏政权内部长期有西番即吐蕃僧人任职，[6] 西夏帝师制度的设立也与吐蕃佛教的影响至为密切，"这些帝师（上师）基本上是藏传佛教僧人，分属噶举派、噶玛噶举派、蔡巴噶举或拔绒噶举派"[7]，这些都充分说明西夏佛教与藏传佛教之间非同一般的因缘与联系，因此笔者推测12世纪藏区四臂观音信仰及相关造像亦会随着吐蕃藏文佛经及吐蕃僧人的到来而被引入西夏。

总而言之，四臂观音信仰及其图像在11—13世纪的西夏统治区域内得到了极大推广，榆林窟第3窟、第27窟（图21）、莫高窟第149窟、东千佛洞第5窟（图22）、山嘴沟石窟等西夏石窟壁画以及黑水城出土艺术品中都频繁出现四臂观音图像，"似乎已在全社会范围内构建起四臂观音信仰的成熟体系"[8]，而四臂观音信仰及造像在西夏时期河西走廊的盛行为我们前文判断莫高窟第3窟西壁龛内主尊为四臂观音造像提供了有力的支撑。

---

1 才让项毛：《藏译本〈佛说大乘庄严宝王经〉略述》，《四川民族学院学报》第27卷第1期。

2 李翎：《擦擦观音像研究》，《西藏研究》2005年第3期。

3 赵雪芬：《炳灵寺石窟四臂观音造像试探》，《西藏研究》2011年第2期。

4 吴天墀：《西夏史稿》，广西师范大学出版社，2006，第227页。

5 李范文：《藏传佛教对西夏的影响》，《历史博物馆馆刊》1996年第3期。

6 史金波、聂鸿音、白滨译：《天盛改旧新定律令》，法律出版社，2000，第378—379页。

7 崔红芬：《西夏河西佛教研究》，第128页。

8 贾维维：《榆林窟第三窟壁画与文本研究》，第39页。

图 19　X.2354 四臂观音唐卡

采自俄罗斯国立艾尔米塔什博物馆等编《俄藏黑水城艺术品Ⅱ》，图版 111

图 20　X.2040 四臂观音唐卡

采自俄罗斯国立艾尔米塔什博物馆等编《俄藏黑水城艺术品Ⅱ》，图版 117

图 21　榆林窟第 27 窟四臂观音像

图 22　东千佛洞第 5 窟左甬道北壁四臂观音像

结　语

敦煌地区自晚唐五代宋以降，简化之风在石窟造像中尤其是莫高窟地区的石窟造像中盛行，这是敦煌晚期石窟造像与隋唐时期较为显著的区别之一。《大乘庄严宝王经》是宋夏时期宣扬观音信仰非常重要的一部经典，但是《大乘庄严宝王经》在敦煌地区的表现形式完全不同于吐鲁番石窟，吐鲁番柏孜克里克第17窟大乘庄严宝王经变延续的仍是隋唐以来经变画的传统，即将经典的相关内容绘制出来，传达经典所宣扬的佛教思想和义理。因此，我们通常所见《大乘庄严宝王经》在敦煌石窟造像中的影响主要是绘制六字大明咒即六字真言，如莫高窟第464窟主室门顶和莫高窟第95窟甬道顶及中心柱佛龛顶等。莫高窟第3窟则又给我们展现了完全不同的《大乘庄严宝王经》的身影，它既没有像柏孜克里克第17窟那样绘制经变画，也没有在窟内绘制六字真言的相关内容，而是突出显露了其核心所塑造的观音形象和修行法门，以本经中的两大观音形象——主尊四臂观音和负责救度的千手观音传递出整窟的思想内涵。

缙云县图书馆藏两堂十王图初探

■ 杨海英（中国社会科学院古代史研究所）

一 缙云县两堂十王图的发现和性质

浙江省缙云县图书馆藏有两堂十王图。据该馆钭伟明老师介绍，1979 年入藏时是被博物馆摒弃的"民俗画"[1]。因县图书馆从县城北部的城隍山上搬到好溪边时，古籍图书的摆放次序被打乱了，钭老师遂允笔者进库查找目录所示的一个民国抄本，三天后才找到该书。路过书库角落最后一排柜子时，偶然一眼看见了一堆破旧的卷轴，由此开始了一场"艳遇"：卷轴顶端标明"西四平等大王""东三阎罗大王"的这些图轴，正是民间法事仪式中普遍使用的宗教道场画，这批总数 26 幅的画像，其中 25 幅是与仪式、信仰相关的地狱十王图及护法马、赵元帅图，以画风和装潢不同分为两堂。[2] 在 20 世纪中叶之前，应是民间习见之物，但它们的性质是"民俗画"还是"水陆、道场画"，这是很值得讨论的。[3]

---

[1] 2019 年初春，经丽水周可木、李开军、缙云陈渭清诸先生指引，笔者到缙云县图书馆调查道教资料。偶尔看到这批画像时，破旧的画轴顶端标签题注有"地府冥司""东四平等大王""东三阎罗大王"等字样，顿时感觉自己像是中了大乐透。回京后曾请钭伟明老师复核这批馆藏画轴，得到答复进库房清点结果就是 26 幅："这部分东西应该是'文革'时期'破四旧'搜来的，知情人应该就是老（副）馆长尹继叠（已辞世），'文革'时期，有好几手推车从废品收购站收来，当时文化馆、博物馆、图书馆三馆合一，到 1979 年各自建制后，古籍和图书归图书馆，因图书馆库房紧张，就一直由尹老馆长（兼文物办副主任）负责。'破四旧'时从收购站拉来的物品，好东西如字画、陶瓷等，都被博物馆拿走了，古籍也有小部分被他们强留。"说明这批画作在 1979 年移交时就是此数，缺少的图像很可能是在"破四旧"运动中被烧毁或失落了。我还问过钭老师有无可能会在博物馆，他回称："应该没有。当时他们是看不上这类民俗的东西，移交后过了几年他们倒是说这部分东西要归他们，曾向局领导要求过，我不同意，后来就不了了之了，可能收上来就是缺的。"从 2001 年上海人民出版社出版的《敦煌民俗画卷》看，这种说法有一定的道理。本文展示的高清图像均由缙图辛福民馆长提供，特向以上诸位先生郑重致谢！

[2] 2021 年 11 月 2 日，陕西西安中国水陆画研究会蔡元平先生又展示了一堂收藏在云南石屏县某朋友家的清代中叶十王图，除了十殿阎王外，另有两幅是酆都殿和东岳殿，正是这两幅东岳大帝、酆都大帝图，蔡先生断言"这是典型的道教十王图"，并认为"道教十王图是在佛教地狱图基础上演变的，一般佛教以地藏菩萨为主宰，而道教则以太乙天尊为主宰"。也是一种有代表性的看法。

[3] 中国传媒大学戴晓云最新代表作《中国水陆画研究》（科学出版社，2020）特别对佛教的水陆画、道教黄箓斋和民间宗教道场画作了区分，认为三者彼此学习、互相交融，可统称为宗教画，属于宗教艺术，也是信仰的产物，是中国历史和文化演进过程中的重要现象，可参见该书《自序》。另戴教授也帮忙鉴定过这批图像，特此致谢！

图1 左监门赵元帅　　　　　　　　　　图2 右监门马元帅

  2017年9月21—22日，北京大学举办过一场燕门论坛。主旨为"庙堂之下的多元文化结构"，讨论包含儒、佛、道三教（家）思想元素的宗教图像——西安水陆画博物院蔡元平先生提供了多幅珍贵实物图像，并在现场进行了学术研讨。会场展示的图像都是在仪式斋醮过程中使用的实物，包括超度亡魂时悬挂祭奉的十王、神灵或祖先图像，有的长、宽各有数米，规模宏大。

  地狱十王，一般称地藏菩萨和冥府十王，简称"十王"[1]，是佛教造像艺术的表现形式之一，大约产生于晚唐五代时期，宋元明清以来，民间融合佛教水陆法会和道教黄箓斋仪的形式，发展成为度亡魂仪式的具象化载体。[2] 自南宋以后，地藏十王信仰成熟，宁波地区民间画坊制作的十王图就已外销日本、韩国，欧美各博

---

1 十殿阎罗，也称十地阎君、地府十殿真君等，是冥司地府十个冥官或神祇：西一楚江大王、西二五官大王、西三卞城大王、西四平等大王、西五转轮大王；东一秦广大王、东二宋帝大王、东三阎罗大王、东四泰山大王、东五都市大王图，或称"（地狱）十王图""十殿图"。

2 在敦煌石窟中，十王变壁画共有16铺，另有榜题一铺，分别为莫高窟第6、8、176、202、217、314、375、379、380、384、390、392、456窟，榆林窟第35、38窟，东千佛洞第5窟。16铺图除榆林窟第38窟、东千佛洞第5窟为十王经变之外，其余均为地藏十王图。在绢本画中，地藏十王图也有16幅，都属佛教十王图。写卷则有纯纸本和带插图两种，也有绢本和壁画，是晚唐五代敦煌地区民众写经祈福或为造像供养、设斋荐福（包括为亡人作斋或为自己预修）形成的信仰载体，糅合了中国本土信仰、道教与佛教的相关知识。

物馆也有收藏，[1] 国内公私博物馆发现和收藏的更多，在明清两代佛教法事、道教斋醮以及民间信仰实践中广泛使用，数量、种类繁多，有壁画、雕塑、石刻、木刻板画、绢画、纸像等不同形式，学界、收藏界或混称水陆画，有不少研究论文和专著可参见。[2] 这些图像不仅具有实用价值，更重要的是历经自然和人为灾害、兵火和政治运动诸劫，作为历史孑遗和文化财产的承载者，所体现的价值也将随着时间的流逝而不断增加。

二 两堂十王图的不同特点

缙云县图书馆所收藏的十王图，明显分为两堂，在时间上也有先后之别。大致可从题头、形制（包括镶边）及题记捐资者的生活年代、助币单位和数额、画像的内容及艺术风格等方面进行判断。其中一堂有两轴题记标明"民国甲申年"落款，色彩艳丽，造型生动，左右两侧人名题记历历在目，是深入研究晚清以来缙云县地方社会和民众信仰不可多得的宝贵资料。

首先从形制看，两堂画轴的题头、镶边不同。其中题为"某某大王"的十王图轴，纸色古旧，有浅蓝但几乎褪色的五瓣小碎细花布镶边。其中两轴边框有纪年："卞城大王"图左侧题记为"民国甲申年冬立"，"楚江大王"图左侧也题有"民国甲申年冬立"。民国甲申是1944年，故这堂十王图的断年清楚，共有十轴，轴端题明"东一""西五""东三""西二"等字样的大王图——这些表示方位的文字和数字，提示了使用时依次悬挂的次序。在画像图面，顶端题榜字样为西一"楚江大王"、西二"五官大王"、西三"卞城大王"、西四"平等大王"（中间有一个破损大洞）、西五"转轮大王"；东一"秦广大王"、东二"宋帝大王"、东三"阎罗大

---

[1] 据何卯平统计："东传日本的宁波佛画《十王图》至少有二十三套、一百八十多幅保存于日本各个寺院和博物馆、美术馆中"（《东传日本的宁波佛画〈十王图〉研究》，博士学位论文，兰州大学，2013，第70页）。另可参见张纵、赵澄《流失海外的〈十王图〉之考释》，《艺术百家》2003年第4期。

[2] 从敦煌《佛说十王经》出土开始，学界对十王信仰及"修七斋"的研究考察主要集中在十王信仰的内容与探源研究、现存图像及构图、以地藏为主尊的敦煌壁画、绢画中的十王经变及地藏十王变相形式等方面，涉及宗教史、教派史、文化史、艺术史。如张总《地藏信仰研究》，宗教文化出版社，2003；陈震《平遥镇国寺十王壁画的年代考证与图像配置研究》，硕士学位论文，湖北美术学院，2018；何卯平《东传日本的宁波佛画〈十王图〉研究》，博士学位论文，兰州大学，2013；刘可维《敦煌本〈十王图〉所见刑具刑罚考——以唐宋〈狱官令〉为基础史料》，《文史》2016年第3期；罗华庆《敦煌地藏图像和"地藏十王厅"研究》，《敦煌研究》1995年第2期；王汉《江都彰墅庙十王图壁画的调查与初步研究》，《扬州文化研究论丛》第16辑，广陵书社，2015，第61～72页；刘伟《山西高平定林寺明代地狱十王图像考》，《美术》2017年第2期；郭燕冰《"十王"图像流变述略——明清时期民间宗教绘画》，《中国美术研究》2013年第1期等切入角度不同，对象均为各种形式的十王图。郝宪爱有《敦煌十王信仰研究综述》（《河西学院学报》2015年第1期）；王惠民有《地藏信仰与地藏图像研究论著目录》详细列举了《十王经》研究论文论著目录。蔡元平《中国宗教水陆画研究》（中国文化交流出版社，2015）也提供了不少十王图。但正如郝宪爱所说："很少有贯穿整个历史阶段的十王信仰的整体研究、较少研究同时代不同地域同一信仰的差别。"此外也很少涉及受众信仰史和生活史的研究。

王"、东四"泰山大王"、东五"都市大王"——字序从右往左读,十王齐全。另外,还有两轴轴端题称"左监门"和"右监门"的相同花色镶边的马、赵元帅图,民间往往将这两位元帅作为护法神(或门神)与十王配套供奉使用。

从这些标记可见,这堂共有12轴画像的十王图,继承的就是敦煌写卷《佛说地藏菩萨发心因缘十王经》的体系,与北京大学王汉考察过的始建于明代后期的江苏扬州江都彰墅庙壁画中的十王图及山西宝宁寺壁画中的十王排列顺序一样,都是按奇偶数分配于东西两壁(或两边)。[1] 这一排列方式与《玉历至宝钞》及明清宝卷中经常出现的十王分布方式并不一样,[2] 应该具有更加悠久的历史和文化渊源。

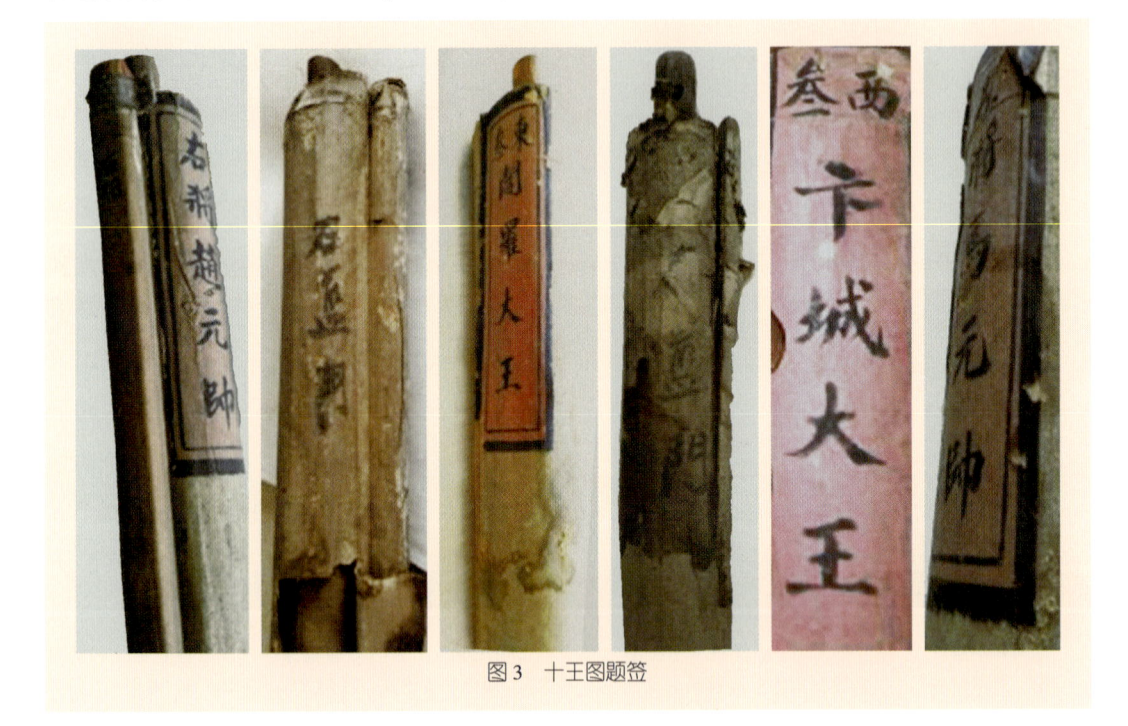

图3 十王图题签

---

[1] 王汉《江都彰墅庙十王图壁画的调查与初步研究》就十王排列顺序、血湖池、阎罗王与冕旒冠业镜、屏风帽子形制问题等展开讨论,最后根据这些元素研究判断壁画的年代和价值,包括绘画艺术价值、艺术史价值、宗教学价值、历史学、社会学价值,是一篇具有重要启发意义的实地考察报告。载赵昌智主编《扬州文化研究论丛》2015年第2期(总第16辑),广陵书社,2016,第61—72页。

[2] 姜守诚注意到:"有关冥府十殿之排序,除《玉历至宝钞》《玉历钞传阎王经》外,其他诸本均为:一殿秦广王、二殿初(楚)江王、三殿宋帝王、四殿五(仵)官王、五殿阎罗王(阎罗天子)、六殿变成王、七殿泰山王、八殿平等王、九殿都市王、十殿转轮王。而《玉历至宝钞》《玉历钞传阎王经》为八殿都市王、九殿平等王,余下八个冥殿阎君则同他本。"这种分歧"在清代盛行的民间宝卷中尤为明显"(姜守诚:《十王信仰:唐宋地狱说之成型》,《湖南科技学院学报》2010年第9期)。从《玉历至宝钞》《玉历钞传阎王经》开始流传的平等王和都市王的排序差异,也见诸北京白云观保存的十王图中。

图4 玉皇大帝图（或救苦天尊）

则无题头字样。这堂王宫图无年代，以蓝白相间的小细方格纸镶边为主要标志，故轴端题名为"地府冥司"的地狱图，[1] 画像内顶端题榜字样为"地府"，也因采用同样的镶边，断定是与这七幅王宫图配套使用的，画面人物及故事表达元素，比上述大王图较为简单，画法简略，纸色看起来也似乎更新。

此外，还有三轴图像，与这两堂十王图都不配套。

一轴是玉皇大帝或太乙救苦天尊图，尺幅较小，为一般度亡道场不能缺少的正位主神，既无轴端题字，画面之内也无题字。我曾请四川大学李远国先生辨认，他认为是玉皇大帝。蔡元平先生同意"玉皇大帝掌管天上，除三清以外，应管天地一切。但南方人们信仰道教程度很高，对玉皇很崇拜，往往会与十王联系在一起，实际上十王地位是很低微的"。而现在仍然活跃于民间基层社会的火居道士也往往使用玉皇大帝图或太乙天尊图做度亡仪式，故暂存疑。

另一堂十王图，轴端标记粉色题签，字样是"东三阎罗大王""西三卞城大王""西四平等大王""东五都市大王"等；画面之内顶端题头字样则为"某某王宫"，只有七幅：东二"宋帝王宫"、东三"阎罗王宫"、东四"泰山王宫"、东五"都市王宫"；西二"五官王宫"、西三"卞城王宫"、西四"平等王宫"——字序则是从左往右读，所缺三图为东一楚江王宫、西一秦广王宫、西五转轮王宫。配套的两幅元帅图，轴端题签"右将赵元帅""左将马元帅"，画面之内

另一轴是轴端题签"孤魂"的孤魂图（图5），画面分四层多场景展示，以云彩和左上角的观音连接。上层为天神，即阿弥陀佛与面然鬼王的化身观音，手拿净瓶，收入下两层孤魂，接应其上升到极乐世界，以施食的红围脖小鬼为首，右手端一盆烤制点心，左手分食于男女老幼，意味着可以少变多，一食化多食，一食化

---

[1] 此图含义为人出生前即从地库官处借过钱，死前需要还清欠款，故需库官领着担着钱财的挑夫入库清债的场面，否则要被吊打。这种观念类似西方的"原罪"观念，值得关注。

法食，这样每个孤魂都能饱腹，内心充满欢喜之后再被超生。中间第二层主场面就是红衣天师端坐桌前做道场。桌上布置有烛台和酒盅、供奉猪头，旁立"五雷大将军"令牌，红衣天师旁的助手明显为清朝装束，戴红樱圆顶帽，吹箫、敲钹、手持香炉、照妖镜或白条子，桌前走过举着火把、打锣、抬水桶及装买水钱的手提篮为死者买水的队伍。这些场景与传统水陆画的内容基本一致，符合基层民俗和普通民众的心理需求。

第三轴是轴端题签"焰口"的焰口图（图6），画面也分三层展示。上层为观音及龙女、善才，中层为玉皇大帝（或太乙救苦天尊）和左右协士，下层是肩扛经书的黑脸地域神——这也是这幅焰口图最有特色之处。经李远国先生辨认，认为就是普庵祖师，是流行于浙闽赣地区的民间宗教祖师神，在这幅焰口图上留下的宝贵记载。

这三轴画像都有金色或黄色镶边，也可与地狱十王图配套使用。只是画法较为简单，似不如1944年那堂大王图精美。

图5 孤魂图

图6 焰口图

图7 转轮大王图（局部）

为黑衣黑帽下着蓝衫裤的使者护行——后者手拿可博龙缚虎的绳索，对龙凤狮鹤、牛马狗兔、鼠蛇蚊蝇等六道四生水陆空生灵神物掌握生死大权，也可谓具有时代特色的劝世风俗图。如果从这个角度看，认为十王图属于"民俗画"也不无道理。

除王宫图缺失了楚江王、秦广王、转轮王三图无法对照外，其他七图，两堂画像——大王图和王宫图都有可资对照的不同画面和故事内容，包括血湖池（或盆）、刀山火海、汤镬、业镜等重要因素的安排。名称相同的画像表现形式也各不相同，正像江苏扬州江都"彰墅庙中殿东壁的十王图，业镜出现在三殿宋帝王的下方，既不是《玉历至宝钞》所安放的一殿秦广王，也非南宋陆信忠《十王图》中所放置的五殿阎罗王。这是一个全新组合安排，当引起重视"[2]。包括业镜在内的各种基本元素都值得考究。在缙图所藏的阎罗大王图中，下层左旁镜子里映照出偷牛杀人罪犯，接受两个红衫裤小鬼施行腰斩刑画面。这与北京白云观所藏的明代至民国的阎罗王图都类似，一堂在明代红底黑字题额"冥府五宫阎罗王图"画面左边，镜子里映照着跪地人犯偷牛的故事，左下有火海和被腰斩落地的人犯；另一堂在民国"五殿阎罗王"图中，画面是计算账簿中间有跪地人犯，下右刀山池

从艺术风格和画面内容看，1944年的这堂大王图，图画色彩艳丽，故事内容丰富，人物造型生动，尤其是每幅图都有白色花纹或细节装饰，使用类似"蛤粉"[1]的荧色光粉，使画面细节与装饰看起来熠熠生辉，与之配套的赵、马元帅图的细节尤为有生气。最突出的是转轮大王图，画面出现了具有时代特色的青天白日旗，绘有扛枪佩刀的民国军人，吹奏喇叭

---

[1] 吴连城《保宁寺明代水陆画》（文物出版社，2015，第7页）谈到山西右玉县宝宁寺的明代水陆画"画中白线均用蛤粉描绘，故至今明亮如新，绝不似清人用铅粉作画，经久便黯然失色者可比"。

[2] 王汉：《江都彰墅庙十王图壁画的调查与初步研究》，《扬州文化研究论丛》总第16辑，广陵书社，2015，第68页。

里沉浮着身体破碎的人犯。[1]

三　王宫图画像产生年代试析

缺失年代的王宫图，题记捐资人的助币单位和数额，为我们判断画像的大致年代提供了线索。

（一）从货币单位和数额看，无年代、缺三图的王宫图，题记的捐资单位一般是"国币壹元（也作'圆'）"，或者是无单位的贰角、叁角、伍角、壹元等，数额较少，最大值壹元，最少是贰角，叁、伍角常见。这里的捐资单位应该是指银元或是面额较小的银币，[2] 而1944年冬天立像的大王图，捐资者数额较大，如"卡城大王"图的捐资者朱子满等20人，"各助洋伍佰元"，其中章官培是新建河阳村的富商，[3] 同村的朱昉耕（1923—1983年）则是笔者访问过的朱楚强之父，[4] 楚强至今仍住在河阳古村中题额"翊二柏轩"内"循规映月"门洞里的道坛堂屋中；朱子满（1911—1994年）属河阳朱氏文翰长房，曾为"19师无线电台上尉连长"[5]；马陈榜则为新建附近张公桥的富农，后来也在缙云档案馆找到了证明材料。另外，同立于"民国甲申年冬"1944年的"楚江大王"图中，题记有13位捐资者"各助国币伍佰元"，可见"助洋"也就是"助国币"。再看"秦广大王"图题记，有"助法币伍佰元"的13位捐资者。两相对照，所谓的"助洋""助国币""助法币"都是同等意义的民国钱币——"法币"，也就是1935年11月4日至1948年8月19日期间，在中华民

---

[1] 李信军主编：《水陆神全——北京白云观藏历代道教水陆画》，（西泠印社出版社，2011）第296、392、389页。案：从已刊图录看，包括明、清各有两堂十王图、民国至少有三堂：明代一堂带红底黑字题王额，一堂无题额以褐色云朵为檐，均为重彩绢本；清代两堂中一堂以红绿花纹装饰顶（其中展示一图题"一殿地狱"，第386页下右），一堂无题以褐色云朵为额（如题"十殿转轮王"，第393页下）。民国三堂图中，有两堂基本相同：花纹、装饰、故事画面都无大区别，有蓝底黄字十王题额，共展示17幅图（除都市、平等、转轮王只有1幅外，其他都有2幅）；另一堂以黄顶红绿屏风为额，图录展示了8幅图。

[2] 民国三年（1914年）二月，北洋政府颁布《国币条例》十三条，规定以库平纯银六钱四分八厘为价格单位，定名为圆：一圆银币总重七钱二分，铸造比例是银八九，铜一一，以一圆银币作为无限法偿的本位货币，在1914年12月及1915年2月，先后由造币总厂及江南造币厂开铸一圆银币，币面镌刻袁世凯头像，俗称"袁大头"，发行后在各通商口岸及内地均顺利通行。

[3] 2021年3月22日，笔者在缙云新建河阳村访问朱楚强时，他的回忆就是这样。6月，再次到缙云档案馆查到了马陈榜成为的"富农"和章官培属于"工商业地主"的档案材料，得到证实。

[4] 义阳朱氏宗谱重修委员会2016年编修《义阳朱氏家谱》第四册，第66页载朱昉耕，奕406步高子，世346，访耕，字则槐，小学60岁。娶凝碧张彩花（1924—2007年）享年85岁。子五：长楚强，美230，次楚雄，美256，三楚胜出养，四楚勇，美358，五楚平出养。女丽琴1964年上初中，嫁本村田浒成（高中）。

[5] 同见2016年新修《义阳朱氏家谱》第2册，第145页，第4册《行第传》，第37页。美138余生三子，世190，字庆集，小学毕业，娶岩山下赵氏（1922—1977年）生三子文龙、文利、文建（杰）。女二：长女春苓（1945—）嫁武义芦家朱子法，初中；次女美苓（1955—　）嫁新建五村楼望东，初中。

国使用的通行货币，开始可 1∶1 兑换银元，抗日战争爆发后逐渐贬值，1948 年发行金圆券取代法币，民国货币体制崩溃。[1]

故从助币单位、额数推断，无纪年的王宫图产生的年代更早，应早于 1944 年置办的大王图，大约为"法币"产生之前的晚清或民国早期 1914—1935 年之间的产物——或许是因为较少使用之故，纸色看起来反而更新。

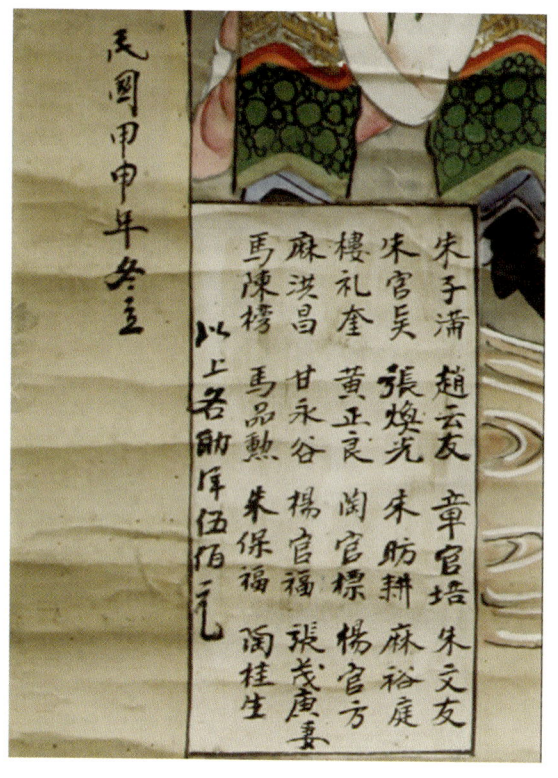

图 8　卞城大王图（局部）

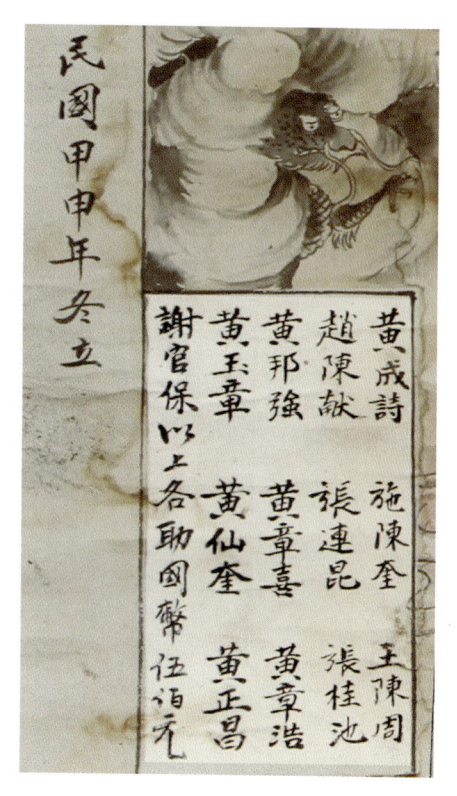

图 9　楚江大王图（局部）

---

[1] 民国前期主要使用银元，市场上也有大量国外流入银元，如墨西哥鹰洋等。1935 年国民政府统一财政，废止银元，发行法币，利用法币收兑银元和民间藏银。抗日战争爆发后，实行通货膨胀政策，法币发行量大增，信誉扫地。1948 年，民国政府废止法币，发行金圆券，导致财政体系崩溃。法币使用初期与英镑挂钩，1 元法币大约等于英镑 1 先令。抗日战争爆发后，政府实行外汇统制政策，法币成为纸币本位制货币，以 1 元法币换银圆 1 元。1936 年国民政府与美国谈判后，由中国向美国出售白银，换取美元作为法币发行的外汇储备，法币改为与英镑及美元挂钩，1948 年 8 月 19 日起被金圆券替代。参见何盛明《财经大辞典》（中国财政经济出版社，1990，第 430 页）及姚会元《论法币改革》（《学术月刊》1997 年第 5 期）、陈民《法币发行制度与通货膨胀》[《苏州大学学报》（哲学社会科学版）2000 年第 4 期]、贾钦涵《"纸币兑现"之争与 1935 年法币改革决策》（《中国社会经济史研究》2016 年第 2 期）、吴景平《英国与中国的法币平准基金》（《历史研究》2000 年第 1 期）等文献。

（二）从捐资者的生活年代看，前后延续百余年，也不否认王宫图产生于1935年前。

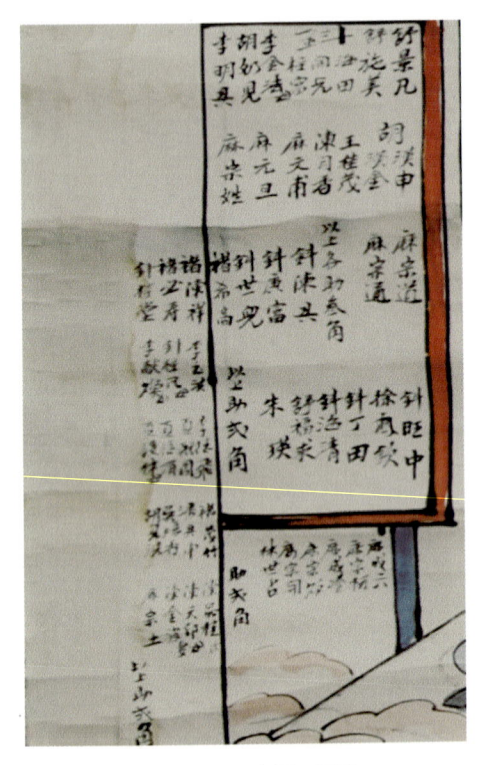

图10 都市王宫图（局部）

如在东五"都市王宫"图的题名（右图）中，左侧墨色方框外第一横排的钭桂堂（1895—1911年）享年16岁；[1]而在墨框内第三横排"助贰角"的钭陈兴（1874—？年），[2] 缙云西乡大源人，生于同治十三年，比钭桂堂早生20年，唯卒年不详。

位于墨框外第四横排的褚茂竹（1884—？年）[3] 为缙云南乡大源越陈人，比钭陈兴小10岁，卒年不详。但他所娶的妻子双坑曹氏（1890—1966年）生于光绪十六年，享年76岁，活到了1949年之后。而生于民国十七年的钭海清（1929—？年），[4] 卒年不详，也不排除辞世于1935年"法币"开始发行之前的可能。同样，墨框内第一排"助叁角"的胡奶儿（1893—1987年）为大源钭林照（1891—1974年）之妻；[5] 钭林照的题名也见诸西三"卞城王宫"图，虽然夫妻俩的辞世时间已到20世纪七八十年代，都不妨碍他们早于1935年的捐资行为。在这同一幅图上的捐资者，有生于同治十三年（1874年）的人，也有辞世于1987年的人，前后延续百余年，但都不能否认王宫图产生于1935年之前。

---

1 缙云大源重修钭氏宗谱理事会编：《钭氏宗谱》，2000年重修本，第517、212页。

2 缙云《钭氏宗谱》，2000年重修本，第508、417、214页。

3 越陈褚氏第16届续修宗谱理事会：《褚氏宗谱》卷五《行第》第280页载：越陈褚氏后爿大房越机公下，春满公四子名茂竹，字作苞，行宽百二，生光绪十年；第661—662页载：娶双坑曹一忠公女（1890—1966年，葬竹园），子三，锡云，云兴，兴儿，女二：长适陈村，次适稠门李永尚。2001年续修本。

4 缙云《钭氏宗谱》，2002年重修本，第610页载1929年生，娶余溪王培理女王云仙（1936—？年）。

5 缙云《钭氏宗谱》，第三编《行第》，2000年重修本，第552页。

四 基层百姓的日常生活和信仰用度

在缙图所藏两堂十王图中，最高数额的捐赠者出现在东三"阎罗大王"图题名中，楼希富、楼守良同捐 1200 元："楼希富公、楼守良公同助洋乙仟贰佰元，谢得顺助洋伍佰元，朱陈良助洋伍佰元。"其中"乙"就是"一"的通假字，享年 83 岁的楼希富（1780—1862 年），[1] 居住在缙云西乡新建岙湖村，与楼守良（1845—1903 年）[2] 同村，但年长一辈，属于捐资者中少见的生活于 18 世纪的人。

楼守良之孙名洪兴（1916—1995 年），题名也见载于左监门马元帅像，他的侄孙楼章元（1902—1989 年）则列名于东五"平等大王"图中。如果不是这些后辈把祖辈写入捐资者名单，那么，辞世于同治元年的楼希富——差不多是目前可知的最早捐资者之一，与辞世于光绪二十九年的楼守良，都不可能亲自捐资并在 1944 年制作的东三"阎罗大王"图上题名。这一年，缙云西乡新建附近的居民都应该对入侵家园、烧杀抢掠的侵略者有刻骨铭心的记忆，格外需要祈福攘灾，重建家园。[3]

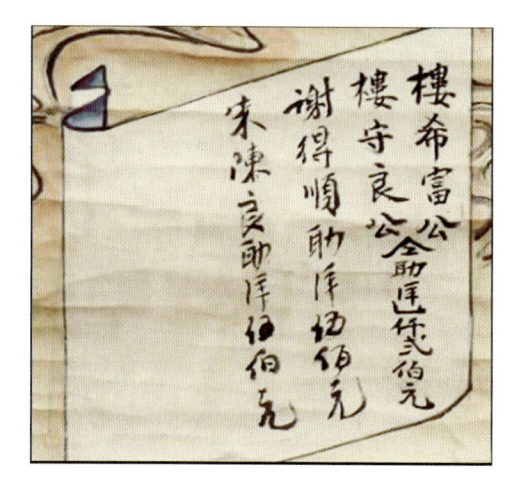

图 11 阎罗大王图（局部）

---

[1] 1999 年重修《楼氏宗谱》卷一一《行第·宗献》，第 98—99 页。案：该条记载其生于乾隆庚子年，卒于同治壬戌年，为恺 179 公三子，钦赐皇恩讳宗献，字希富，悌 326，娶杨桥李氏（1787—1810 年），与悌 347 黄氏同圹。女一：适本村朱百康；继娶胡氏（1784—1841 年）葬莲花穴，与夫并 347 合葬。子三：金华、金彩（挑叔后）、金寿。女二：长适西岸张献跃，次适西岸舒。继娶陶氏（1786—1886 年），居岙湖。

[2] 2018 年重修《楼氏宗谱》卷一〇《第廿一世仁字行·守良》第 133—134 页载：行仁 434 讳守良，字见善，生于道光乙巳，卒于光绪癸卯，娶妻章氏，子五：银法、银满、银森、银棠、银台（子洪兴洪章）。女一，适长水周。

[3] 据《河阳朱氏宗谱·河阳村大事记》："1944 年 9 月 18 日（农历八月初二）一百多日军，从丽水窜回新建一带夜宿翠兰塘角，烧毁朱桂洪大院房屋 14 间，朱桂申、朱桂丁大院房屋 9 间。"这场历史灾难，也许就是 1944 年冬天朱氏族人格外踊跃，捐资制作十王图的外因。在各大王图中，朱氏捐资者至少 95 人，在各姓氏中排名第一；似与朱桂申、朱桂丁、朱桂洪同辈的有朱桂良（在"西五转轮大王图"左下侧题名）、朱桂丹（右监门赵元帅图左侧题记）等人。

而楼守良之孙楼洪（红）兴娶了笕头谢氏（1921—1982年），是谢启堂的女婿。谢启堂、谢林喜父子也列名于东三"阎罗大王"图中。[1] 可见具有姻亲关系的翁婿两个家族在日常生活中有不少联动关系，至少在捐资助像这个有关信仰实践的问题上步调一致。楼洪兴的岳父谢启堂有兄弟5人，姐妹2人，属于笕头本村的大户；[2] 启堂父为谢林喜（1873—？年）："和145公嗣子，笕头本，讳林喜，字祖泰，行肃225，古谱显113……娶东山阳杨作坤公女（1880—？年）生五子：起堂、国堂、德堂、设堂、李堂。女二：长适张公桥马国生，次适丹址施设士。"[3] 东山阳、张公桥、丹址也都在缙云西乡一带，可见捐资题名者的基本社会关系也较为集中。缙云县档案馆有谢启堂的材料，笕头本大队属双川公社。可惜因档案管控，无法得知更具体的细节。[4]

与楼希富、楼守良同框捐资题名前列的谢得顺（1894—1953年），也是笕豆本村的谢氏族人。[5] 他在缙云县档案馆有3条文书材料：包括钟庆乡公所颁发的土地分户清册、民国三十四年灾歉情况登记表等。他比谢启堂年长4岁，父生三（孝21），祖悌就（藏16），在《谢氏宗谱》中有名。

同样捐资"伍佰元"的朱陈良（1892—1964年），比谢得顺还大2岁，是新建河阳村人，出生于光绪十八年，享年72岁。[6] 这几位捐资人的生活年代都是从晚清跨入了新中国。根据2021年3月的田野调查资料，河阳村朱楚强在受访中谈到自己对朱陈良的印象是"家贫"，这与1944年东三"阎罗大王"图立像时，他和谢得顺都是"助洋伍佰元"出手大方的形象落差很大。

题名"右监门"赵元帅图的楼子高（1901—1971年），居新建，为"恩赐世袭云骑尉、选举集善区议长福銮（1856—1929年）"第四子，字定光，号直臣，

---

[1] 参见1999年重修《楼氏宗谱》卷一一《第廿三世义字行·洪兴》第122页B面。案：缙云档案馆有关谢启堂的文书档案材料，包括笕头本大队第一生产队队员生活安排登记表，显示其家有两口人，个人出身贫农，因查阅管控不能查抄。

[2] 参见1996年重修《五云谢氏宗谱》卷三 "肃225公长子，讳起堂（1898—1979年），字作松，行静227，娶西岸黄汝龙公女（1895—1984年），生三子：凌烁、柳烁、新烁；女四：上适丹址王子芳改嫁李子良；次适岙湖楼红兴；三女巧菊适河阳朱望光；四女梅花适新建六村张李春。"第2册，《内纪流支图》，第399页。

[3] 同上注1996年重修《五云谢氏宗谱》卷3，第2册，《内纪流支图》，第471页。

[4] 该文书的档号为J073-002-233-058。

[5] 1996年《五云谢氏宗谱》卷三《内纪流支图·德顺》：肃213公长子，行静218，字汝丰，生光绪甲午—1953，娶山公彦李桂林公女（1903—1988年）生子连通，女适丹趾王鋑富，第2册，第469页。得顺父生三（孝21），祖悌就（藏16），参见卷二《流支图·内纪支系图》，第25—26页。

[6] 2016年新修《河阳朱氏宗谱》第4册，第9页载奕44始基次子，世47，陈良，字庆长（1892—1964年），73岁，娶重力马氏（1895—1984年），90岁。子海富，美145；女五：长嫁重力杨，次嫁新建楼，四嫁重力杨，五嫁重力杨。

考名长庚，字时升，"娶上黄碧樊灿炎翁"[1] 长女（1902—？年），生三子：新林，新明，新周。女一：新娥。在缙云方言中，"炎"与"贤"发音相同，故"楼子高"与"东四泰山大王图"中的捐资人"樊灿贤"即"樊灿炎"也是翁婿关系——楼子高的岳家樊氏，居上黄碧村，是新建西乡一带的名人，在缙云档案馆中共有76份文书档案，关系人还有樊宝朱（珠）等。

总之，从两堂十王图的捐资人及社会关系看，大王图的捐资人大致不出缙云西乡一带，王宫图的捐资人大致不出缙云南乡一带。捐资者之间，往往具有血缘或婚姻连接的亲缘联系，不仅在日常生活中多有互动，信仰实践方面也是如此。

至于具体用度，若从价格参照体系看，1944年上海著名女作家张爱玲在"九月出版的《传奇》，收了七篇小说，大约二十多万字，当时订价伪币三百元。一九四七年十一月的增订本，收了十六篇小说，约五十万字，定价法币三千元"[2]。以此为标准来看，所有捐资者中，出手最大方的楼希富、楼守良两人，也只用了上海一本流行小说价格的1/5，就可照顾到自己或家人的信仰实践活动。

最值得注意的，就是体现在两堂十王图中的"还报"观念和原则。杨联陞先生曾指出："约从唐代起，确定从宋代以降，普遍都接受神明报应是应在家族身上，而且穿过生命之链，与《太平经》中较为原始的观念'承负'相较，后来的还报观念在理论上充实多了。"[3] "还报"观念对中国社会和制度的影响广泛而多方面，如恩荫封赠制度、牺牲献祭制度、养儿防老观念甚至族刑等，在这两堂十王图中也有相当特别的表现：从捐资时间和题记者的生活年代看，出资最多的楼希富和楼守良，都不可能是亲自捐资的：辞世于同治初年的楼希富和辞世于光绪二十九年（1903年）的楼守良，名字却出现在1944年置办的东三"阎罗大王"图中——最有可能的推测就是子孙替父祖寄名捐资，也有可能是置办图像时，经手人或拥有者将早年捐资者一并移录。无论如何，这都应该是"还报"观念穿越生命之链、报应在家族后裔身上的具体体现：子孙替父祖寄名捐资造办十王图，表现的不管是十王图这种形式，还是使用这些图像的场合，包括通过它们表现出来的贯穿乡民头脑中的"来世""还报"等素朴观念，至少都已延续上千年仍然充满活力。

1　2018年重修《楼氏宗谱》卷一五《行第》第4页；卷一二，《第廿四世·忠字行·子高》，第8—9页。案：楼子高的岳父"樊灿炎"应即泰山大王图题名中的"樊灿贤"，在缙云方言中"贤""炎"同音。

2　张子静：《我的姊姊张爱玲》，学林出版社，1997，第128页。案："伪币"即华北沦陷后伪中华民国临时政府（1937—1940年）通过"大东亚联合银行"发行的银联券。在日占时期的上海300元伪币可买一本20多万字的流行小说如张爱玲的《传奇》初版，三年后的1947年再出增订本，字数涨一倍，价格涨十倍，达法币3千元一册。

3　王锺翰、姚念慈、达力扎布编：《中国现代学术经典——洪业杨联陞卷》，河北教育出版社，1996，第870页。

朱越利教授曾指出："现在我们的道教史也好，中国史也好，写的是正教史，是教派史，文化史，但是没有写信仰史和生活史——就是信徒怎么信的，怎么影响到他的终极追求，怎么样安慰他的心灵，这方面我们所有的史都基本上没有涉及。另外道教对生活方面的影响，我们只牵扯到了建筑，艺术，园林，但是吃饭，结婚，丧葬，生活很多方面没写。所以希望以后要把这些内容加进去。"[1] 朱教授的意见，不仅是针对《浙江道教史》的提议，也为相关宗教学术研究指明了一个重要的方向。

五 初步结论

缙云图书馆所藏的两堂十王图，是十分珍贵的基层民间信仰的一手记录。最特别的是图像中共有529人的题名和捐资题记，包括自晚清道光以来，经咸丰、同治、光绪、宣统、民国并一直延续到新中国等不同时间段的捐资人。从他们的生活范围、捐资数额和彼此关系，大致可以判断这些画像的使用年代和各种功能。

第一，关于画像年代和使用者。1944年建造的十轴大王图，是一堂齐全的图像，与同材质花色镶边的左、右监门马、赵元帅图配合使用。而缺了三轴的七幅王宫图，从捐资者的助币单位和数额判断，有可能比大王图使用年代更早——大约在1914—1935年之间，比大王图早二十年左右，虽看起来纸色更新，或许是不如前者使用频繁、享受更多人间烟火的缘故。推测王宫图的拥有者或使用者，要比大王图的所有者或使用者早一辈。

第二，关于画像的流行地域。王宫图的流行地域大致以缙云南乡为中心，包括大源、越陈等村庄，大王图的流行地域则主要以缙云西乡一带，以新建为中心，包括岩下、张公桥、葛湖等村庄。相比于王宫图，置办于1944年的大王图看起来更破旧，当与使用频繁有关。这也意味着大王图的使用者和拥有者人气更旺，生意更好，接受或组织了更多场次的红白法事，包括祈福活动和祭祀攘灾等仪式。还有一点也很重要：缙云西乡比南乡更加富裕，人口更多，村庄密度更高，以朱氏为主的河阳村就是缙云最著名的古村落，至今保存完好，居民安居乐业，精神文化生活与物质经济发展程度的密切关系，在流行和使用区域不同的两堂十王图中也有具体表现。

第三，关于十王图的特殊功能。从捐资者的生活年代分析画像题名者，发现有子女儿孙代替已辞世的父祖或丈夫寄名捐资的现象，这应该就是已流行千年之久的

---

[1] 浙江大学道教研究中心编：《浙江大学道教文化研究中心通讯》2015年第4期。

"来世""还报"等观念在乡民头脑中的具体体现。在晚出的图像中出现早逝的捐资者名字,意味着祈福、报应等观念信仰,可通过子孙后代记名寄托的方式,以贡献金钱置办或装资图像等具体实践来实现或增加穿越时代和生命的福祉或祖先保佑的力量。

总之,从图像的制作、使用和信奉者三方关系入手,分析缙云图书馆所藏十王图的形制(包括卷轴题头、镶边、画像内容及艺术风格)、新旧(使用频率)、捐资者题记(生活年代、助币单位和数额)等内容,对判断这些图像的性质和发掘其历史文化价值都有重要意义,值得进一步深入研究。

五

地图研究

道分三才，以王贯之
——多元视角下的《三才一贯图》研究

■ 刘 洁（云南大学历史地理研究所）

本文以美国国会图书馆所藏的《三才一贯图》[1]为考察对象，与绝大多数古地图不同，《三才一贯图》并不是简单的一幅图，而是一幅图组，其中有《天地全图》《南北二极星图》《大清万年一统天下全图》《历代帝王图》和《大学图》[2]等。不仅如此，《三才一贯图》的图面还附有长达上万字的释文，涉及天文、地理、历史和经学等诸多方面，这就使其在古代的图中[3]具备了独一无二的研究价值。关于这张图的研究，以往的学者大多以《天地全图》为考察重点，并采用了"中西方文化交流"[4]的视角，但这似乎并没有充分挖掘出该图的价值。

而就近些年来古地图的研究趋势而言，成一农先生认为："图像的史料价值并不在于图面内容，而在于图像所反映的其与被绘制的社会、经济以及文化之间的关系。"[5] 陈旭先生则指出："目前关于古地图的阐释性研究主要有以下三种视角，即'知识史''思想史'和'艺术史'。"[6] 有

---

1 本文得到云南大学第十三届研究生科研创新重点项目"思想史视野下的'三才一贯图'研究"（2021Z048）资助。本文所使用的《三才一贯图》为美国国会图书馆所藏，编码为 G7820.L8，请参看李孝聪编著《美国国会图书馆藏中文古地图叙录》，文物出版社，2004，第 11—12 页。同时据李先生的调查，该图在英国图书馆和荷兰莱顿汉学院也有藏本，参见李孝聪《欧洲收藏部分中文古地图叙录》，国际文化出版公司，1996，第 16—17 页。

2 李孝聪先生称之为《大学衍义》，但通过中国第一历史档案馆保存的《〈大学〉图解》这一档案，卢溪先生认为该图应称作《大学图》，参看卢溪《中国第一历史档案馆藏〈大学图解〉》，《历史档案》2019 年第 1 期。本文采用卢氏的说法。

3 将《三才一贯图》称为"地图"似乎并不适合，虽然作为其子图的《天地全图》和《大清万年一统天下全图》可以视作"地图"，但除此之外的《南北二极星图》《历代帝王图》《大学图》却很难归于"地图"一类。

4 代表性成果有欧阳楠《中西文化调适中的前近代知识系统——美国国会图书馆藏〈三才一贯图〉研究》，《中国历史地理论丛》2012 年第 3 辑；杨雨蕾《〈天地全图〉和 18 世纪东亚社会的世界地理知识：中国和朝鲜的境遇》，《社会科学战线》2013 年第 10 期。

5 成一农：《图像如何入史——以中国古地图为例》，《安徽史学》2020 年第 1 期。

6 陈旭：《多元视角下的古地图研究述评》，《中国史研究动态》2020 年第 6 期。

鉴于此，本文以《三才一贯图》为考察中心，立足于中国传统文化的视野，综合利用多元视角，在解析该图整体框架的基础上，希望能充分挖掘出《三才一贯图》在"思想史"[1]"艺术史"[2]和"知识史"[3]这三方面的文化信息。

一 《三才一贯图》的整体框架

《三才一贯图》由清代吕抚于康熙六十一年（1722年）所绘制。据民国《新昌县志》的记载，吕氏"精于天文、地舆、兵法、性理、皇极之学。思见诸用而不得，遂广集名流，以著述为事，成书甚多，已半付梓。适海宁查氏狱起，因毁板焉，仅传有《三才图》《四大图》《廿四史通俗演义》。"[4] 正因吕抚在天文、地理、性理和皇极等方面均有较高的造诣，故而能绘制出《三才一贯图》，并且以该图集中展现了多种知识体系。

在对《三才一贯图》的整体框架进行梳理之前，我们首先应该探究"道、三才、王"这三者之间的关系。图中有文云："夫三才之所以为三才者，道，道所以贯三才而合一者也。"[5] 而在笔者看来，除了"道"可以贯三才之外，奉行"道"的"王"亦可以通三才，这也是本文标题为何取"道以三分，以王贯之"的缘由。《三才一贯图》的《图序》[6] 首先就突出了"王"的地位，"今大域中有四大，曰道、曰天、曰地、曰王"[7]。《说文解字》亦有："王，天下所归往也。又引董仲舒曰：'古之造文者，三画而连其中谓之王。三者，天、地、人也，而参通之者，王也。'孔子曰：'一贯三为王。'"[8] "王"虽然为"人"，但因受命于"天地"，成为"道"的执行者，故而也能起到贯通"天""地""人"三才的作用。同时在古人的观念中，"天子"具备沟通天地的功能，这在封禅中体现的较为明显，如"封禅"之意即为"登封报天，

---

[1] 葛兆光先生指出："图像研究可以给思想史增添新视野"，参见葛兆光《中国思想史（导论卷）》，复旦大学出版社，2019，第130页。

[2] 关于"艺术史"视角下的古地图研究，参见［美］余定国《中国地图学史》，姜道章译，北京大学出版社，2006，第141—198页。

[3] 关于"知识史"视角下的古地图研究，成一农先生曾进行过相关梳理，参见成一农《"古今形胜之图"系列地图研究——从知识史角度的解读》，《形象史学》2020年第1辑。

[4] 民国《新昌县志》卷一二《人物·孝友》，成文出版社，1970年影印本，第1176—1177页。

[5] 本文所引用的文字材料，如果不作特殊说明，一律为《三才一贯图》图面上的文字。

[6] 关于《三才一贯图》的《图序》，详见下文论述。

[7] 《道德经》："故道大，天大，地大，王亦大。域中有四大，而王居其一焉。人法地，地法天，天法道，道法自然。"参见（魏）王弼注，楼宇烈校释《老子道德经注校释》，中华书局，2008，第64页。

[8] （汉）许慎撰，（清）段玉裁注：《说文解字注》，上海古籍出版社，1981，第9页。

降禅除地"[1]。

理解了上述认知之后,那么对《三才一贯图》的整体框架这一问题,欧阳楠先生的研究结论(如图1[2]所示)就值得商榷,因此笔者重新绘制出了《〈三才一贯图〉整体框架图》(如图2所示)。如图1所示,欧阳氏将《天地全图》左右两侧的文字视作"三才一贯图图序",但就其记载的内容来看,这些文字主要侧重于对《天地全图》进行解释,而并不具备统领全图的作用。这些文字举例如下:"盖地在天中,而天包乎地。天凡九重,层层相包,皆坚硬。而日月星辰,定其体内,如木节在板而圆,因天而动。一重天间一重气,第天体明无色,则能通透光,如水晶玻璃。""日行赤道之南,去中国远,则昼短而冷。日行赤道北,正当中国之上,则昼长而热也。""其地舆,则居中近北之地,曰亚细亚州。国土不啻百余,大者首推中国,又小岛各自为国者数百。其亚细亚州之西而略北,曰欧罗巴州。"如果说存在《图序》,那么《天地全图》右侧的第一列文字实际上扮演了《图序》的角色,其文曰:"今大域中有四大:曰道、曰天、曰地、曰王。道不可见,而'子在川上'一节,略足见道之体。《大学》一书,实足尽道之用,兹特合为一图,以见三才一贯之妙。"

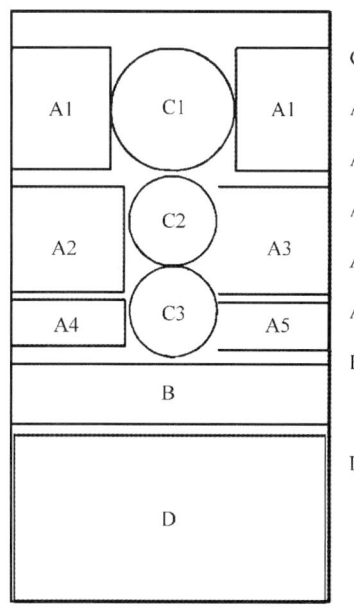

C1:《天地全图》 C2、C3:《南北二极星图》

A1:"三才一贯图图序"

A2:《大清万年一统天下全图》

A3:《历代帝王图》

A4:《京省税额图》《异物考》

A5:"春秋至五代十国分合考"《鬼神考》

B:《伏羲八卦方位图》《河图》《日月九道之图》"星宿分野考"《洛书》《文王八卦方位图》等。

D:《大学衍义》《中庸·二章》《尚书·洪范》

图1 《三才一贯图》结构示意图

注:书名号表示图上原有的标题,引号表示笔者自拟的标题

---

1 (汉)司马迁:《史记》卷二八《封禅书》,中华书局,2013,第1677页。
2 图1出自欧阳楠《中西文化调适中的前近代知识系统——美国国会图书馆藏〈三才一贯图〉研究》,《中国历史地理论丛》2012年第3辑。

A：《图序》　A1：《天地全图》图像

A2：《天地全图》文字

B1：《南北二极星图》图像

B2：《南北二极星图》文字

C1：《历代帝王图》图像　C2：《历代帝王图》文字

D1：《大清万年一统天下全图》图像

D2：《大清万年一统天下全图》文字

E1：《子在川上曰》　E2：《日月九道之图》

E3：《星宿分野》　E4：《河图》　E5：《洛书》

E6：《伏羲八卦方位》　E7：《文王八卦方位》

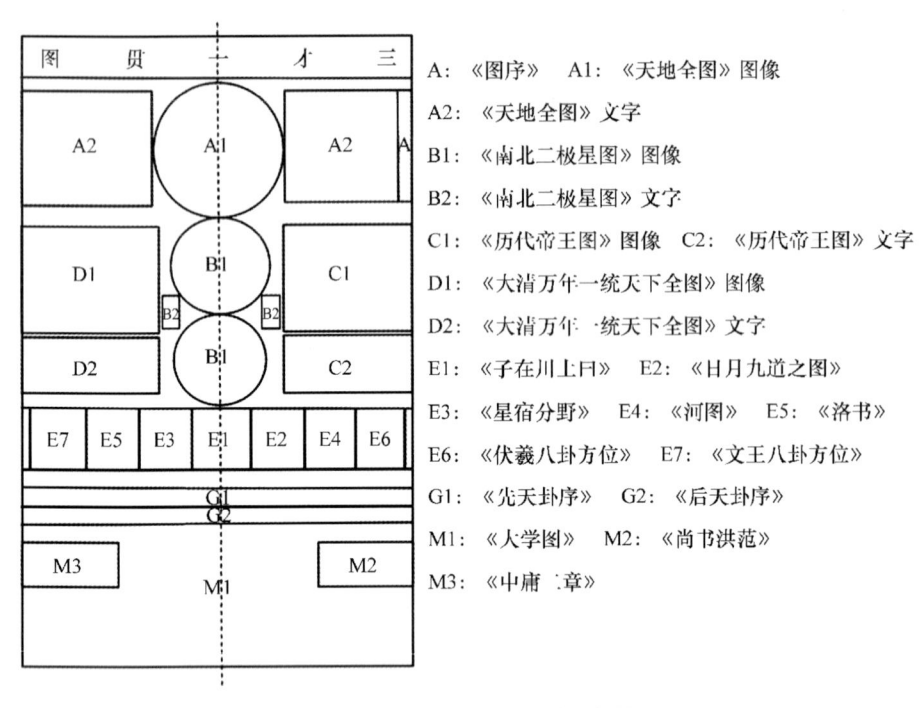

G1：《先天卦序》　G2：《后天卦序》

M1：《大学图》　M2：《尚书洪范》

M3：《中庸一章》

图 2　《三才一贯图》整体框架图

除此之外，欧阳楠认为："《历代帝王图》下面的文字讲述的是'春秋到五代十国分合考'和'鬼神考'，《大清万年一统天下全图》下方文字记载的是'京省额征考'和'异物考'。"[1] 但这一说法忽视了"图"和"文"之间的内在联系，既然《天地全图》左右两侧的文字是用来解释《天地全图》，那么以此推之，《大清万年一统天下全图》和《历代帝王图》下侧文字亦是对"上图"作出的相关解释。而就《大清万年一统天下全图》与《京省额征考》《异物考》之间的关系，这其实可以用《皇明分野舆图 古今人物事迹图》作为佐证。在该图中，除了图面之外，地图下方还附有《两京十三省图考》，用文字的方式对地图进行了进一步的解释。

《皇明分野舆图 古今人物事迹图》的《两京十三省图考》对于"北京"的记载有："属州十七，直隶州二，延庆、保安，县一百一十六，亲军卫三十九，所一百五十七，牺牲所一，在京属府卫三十八，所二百零五，在外直隶卫三十九，所二百一十六。""户四十一万八千九百八十九，口二百四十五万二千二百五十四，禾麦六十万一千一百五十二石，丝二百三十四斤。"与之类似的是，《大清

---

[1] 请参见欧阳楠先生所绘制图1。

万年一统天下全图》的《京省税额考》中相应的记载是："北直辖九府，府辖二十州，一百二十县，额征二百三十九万四千五百两零，又关盐税共五十二万七千五百二十八两。"而《异物考》亦有："北京顺天府，昌平州东南汤山下，有汤泉，浴之愈疾。"

虽然在"大清万年一统"[1] 系列地图中，基本上没有如《京省税额考》和《异物考》这类文字。但《三才一贯图》中的《大清万年一统天下全图》，其特殊性在于它只是作为整个图组中的"子图"。因此在绘制《三才一贯图》的过程中，吕抚很有可能对《皇明分野舆图 古今人物事迹图》这类地图进行了"模仿"，即在《大清万年一统天下全图》的下方增加了《京省税额考》和《异物考》，试图用后者（文）进一步解释说明前者（图）。

与《大清万年一统天下全图》的情况基本相同，《历代帝王图》下方的文字亦是对"上图"的解释说明。欧阳氏将这些文字称为"春秋至五代十国分合考"和"鬼神考"，但笔者更愿意将"春秋至五代十国分合考"称之为《王侯考》。《王侯考》由四个部分构成，分别为"春秋十二国考""战国七雄""东晋五胡"和"唐末诸僭国"，可能是从宋到清的这

段时期再也没有出现过"王侯"长期割据的局面，所以这一部分记载到"唐末诸僭国"也就戛然而止。

《王侯考》之后的《鬼神考》虽然谈的是"鬼神"，但其落脚点却是"祭祀"，"人之灵也，死而为鬼，犹生而为人。但有去来幽显之异耳。久之则□，[2] 故设为神主祭祀以聚之"。在古代社会，"祭祀"无疑是一项重大的政治活动，《左传·成公十三年》："国之大事，在祀与戎，祀有执膰，戎有受脤，神之大节也。"[3] 此外，《鬼神考》还强调了"在人为官，在鬼为神"，即生前和死后的身份亦相契合，而不管是"人世"的"帝王"，还是"阴间"的"阎王"，"王"始终是万物运转的"核心"。《鬼神考》："十王之说，即十干之义，其五称阎罗最尊者，以位配戊己，居中故也。"

仅从表面上看，"王侯"和"鬼神"，"税额"和"异物"这两组之间并没有直接联系。但不管是"王侯"，还是"鬼神"都与"帝王"密切相关，同理，"税额"和"异物"皆是用来描述"大清"统治下各个地区的情况。而且"王侯"和"税额"侧重于立足现实状况，"鬼神"和"异物"则带有浓重的神秘色彩，这些补充解释性的文字都是虚实结合，从中或许可折射出古人的一些观念。值得注

---

[1] 陈旭对"大清万年一统"系地图有过系统性的研究，参见陈旭《"大清万年一统"系地图研究——以地图特征、性质及功用的渐变为核心》，《形象史学》2021 年第 3 辑。

[2] 这张图因为曾被折叠过，所以导致部分文字不清晰，□为无法识别之字。

[3] 杨伯峻编著：《春秋左传注》，中华书局，1990，第 861 页。

意的是,《鬼神考》《京省税额考》甚至和《大学图》的一些记载相呼应,如《鬼神考》在《大学图》中的"敬天祖"体现为"祭如在,祭神如神在,祭之义尽此矣""务民之义,敬鬼神而远之"。《京省税额考》则在《大学图》中的"谨国用"表现为"先王必量入为出,盖不节则虽盈必竭,能节则虽虚必盈,为国莫如丰财"。

以往的研究还忽视了《南北二极星图》左右两侧的文字,如欧阳楠就没有将这个部分画入《〈三才一贯图〉结构示意图》,但该部分在笔者所绘制的图 2 中为"B2"。这些文字中有:"此浑天也,浑天不可画,故西国南怀仁于赤道断而画之。观者试将二图浑合为一,置水载地于中,以地之南北极对天之南北极,升东杀西运转,而大地之全体见矣。""星有一座管一事者,有一星管一事者有变,各有其事占之。又盈天地间皆气,如日至立春之所,即有立春之气。"由此观之,这些记载不仅可以对《南北二极星图》进行解释说明,同时还体现了"西方关于地球的知识"和"中国古代星占学"的有机结合,或可以视为《三才一贯图》杂糅了多种知识体系的一个缩影。这种知识的"杂糅"既体现在《三才一贯图》上方的"天地人三图",也在下方的《大学图》中有所表现(详见下文)。

综上,我们应该以一种整体的视角去考察《三才一贯图》,而不应割裂图与文以及图与图之间的内在联系。当我们以一种从上往下的视角观察此图,那么上半部分主要是"道分三才"而为"天地人",分别为《天地全图》(A1)、《大清万年一统天下全图》(D1)、《历代帝王图》(C1)。而下半部分则侧重于"合三才"为"道",主要有《大学图》(M1)、《子在川上曰》(E1)、《伏羲八卦方位》(E6)、《文王八卦方位》(E7)等。《大学图》《子在川上曰》"八卦方位",这些均是用来解释"道"。总之,《三才一贯图》所承载的思想观念在图像和文本之间有着充分的交融,虽然图文的表现形式各有优劣,但却又是密不可分,两者均承载了古人的思想世界。

二 《三才一贯图》的中轴线

与绝大多数图不同,《三才一贯图》存在着较为明显的"中轴线",不仅以此均分了《天地全图》《南北二极星图》和《大学图》,同时还将全图大体分割成了左右两个部分。这条中轴线依次经过了"图名中的'一'字""《天地全图》的南北两极""《南北二极星图》的'太微垣'[1]'春分'和'秋分'"[2]"先天卦序中的'复卦'""后天卦序中的'恒卦'"

---

[1] 《三才一贯图》对于太微垣的记载为:"上垣太微,天子之正朝也,帝听政则居焉。"

[2] 《北极星图》和《南极星图》的交汇处即为"春分"。

"《大学图》中的'太极图'以及'在止于至善'的'于'字"等。从图面判断，这幅图可能被人折叠过，所以导致这条"中轴线"（纵向折叠）表现得较为明显，其颜色也较之其他部分要深一些。除了这条中轴线外，图面还存在一处被"横向折叠"过的痕迹，所以导致一部分字的字迹不清晰。

就《三才一贯图》而言，主要又可以分为"天地人三图"和"大学图"这两大部分。而且"中轴线"在均分《天地全图》（天图）的同时，也使得《大清万年一统天下全图》（地图）和《历代帝王图》（人图）以此线而"对称"，换言之，"天地人"形成了以"中轴线"为中心的"品字型"分布。但这就带来了一个问题，为什么已经有了《天地全图》，作者在绘制《三才一贯图》时，还是要画上《大清万年一统天下全图》？这个答案或许正如成一农先生所说："古人的'疆域观'实际上分为三个层次：第一个层次是囊括'华夷'的'普天之下'，是正统王朝在名义上领有的地理空间范围；第三个层次则是'九州''中国'，是正统王朝应当直接领有的地理空间范围。而在这两者之间，还存在一个第二层次，即王朝实际控制的地理空间。"[1]

在上述立论的基础上，笔者认为

《天地全图》承载的不仅是古人的"宇宙观"，同时还体现了当时人所能接触到的"世界"，但该图反映的"天下"是"广义的'天下'"。与之形成对比的是，《大清万年一统天下全图》所表现的"地理范围"是"狭义的'天下'"，而这大体相当于清前期人们观念中的"九州"，试析如下。《大清万年一统天下全图》的绘制范围为"北至河套、阴山；西北至嘉峪关、哈密；东北至开原、盛京；西至黄河源所在的星宿海；西南囊括了大理、武定等云南地区；南至雷州；东南有福州、泉州"。不仅如此，该图还强调了"长城"的分界功能，对于这一点，李孝聪先生曾指出："古地图上绘制的长城承载了各种政治文化内涵，如作为'华夷'之间的界线等。"[2]

除去作为清朝发源地的盛京地区之外，《大清万年一统天下全图》的主体部分主要表现的是"内地十八省"的范围，或者约等于明朝的"两京十三布政使司"。而通过对宋代以来"全国总图"的分析，成一农先生认为："从宋代到清前期，士大夫阶层的疆域认同都基本局限于明代'两京十三省'的范围。"[3] 段志强先生亦指出："王夫之心目中的'中国'是以山川、海洋和沙漠为界限的地理区域，大致相当于明代的两京十三省

---

[1] 成一农：《图像如何入史——以中国古地图为例》，《安徽史学》2020年第1期。

[2] 李孝聪：《试论地图上的长城》，《云南大学学报》（社会科学版）2020年第2期。

[3] 成一农：《"实际"与"概念"：从古地图看"中国"陆疆疆域认同的演变》，载陈恒主编《新史学》第19辑，大象出版社，2017，第264页。

的范围。"[1] 此外，不容忽视的一点是，《大清万年一统天下全图》虽然主要表现的是"华地"，但其四周也有"夷地"作为点缀，如东北有朝鲜，西南有缅甸和老挝，南面有安南，海外有日本、琉球和吕宋等国。

综上，"大清万年一统"的"天下"主要是指"九州"，这既是天命眷顾的地方，同时也是经济文化高度发达的"文明中心"。在"华夷两分"的"天下秩序"之内，"夷地"始终处于"边缘"，故而占据"九州"（华地）也就拥有了"君临天下"的合法性。正因如此，《天地全图》和《大清万年一统天下全图》所表现的"天下"虽然有所差异，但这两者却又密不可分。只有"一统九州"，才有资格宣称自己"统御天地"，而不论是"广义"还是"狭义"的"天下"，"九州"始终是整个"天下"的中心。

当我们将《大清万年一统天下全图》和《历代帝王图》联系起来进行探讨，则可以理解"帝王为天命之人，而九州即天命之地"。同时关于"天命"，《三才一贯图》亦有着自身的诠释方式。首先表现为卦象，正如《伏羲八卦方位》（E6）所示，是"乾一在上、坤八在下"，亦如《文王八卦方位》（E7）所强调的"乾父坤母"。而"天子"（帝王）正是"以天为父，以地为母"，并且"天命之物"为《河图》（E4）和《洛书》（E5）。《周易·系辞上》有："河出图，洛出书，圣人则之。"[2]《管子·小匡》亦载："昔人之受命者，龙龟假，河出图，洛出书，地出乘黄。"[3]

除了上文论述的"天地人三图"之外，这条中轴线也从中贯穿了 E1[4] 部分。以此线为界，图的右左两侧，分别是《伏羲八卦方位》对应《文王八卦方位》，《河图》对应《洛书》，《日月九道之图》对应《星宿分野》。不仅如此，这条中轴线还将"先天卦序"和"后天卦序"大致分割成左右各三十二卦，而且"两大卦序"还可以视作是对《伏羲八卦方位》和《文王八卦方位》的进一步展开。《伏羲八卦方位》以"一乾"在上，"八坤"在下，并集中展现了"太极生两仪，两仪生四象，四象生八卦"[5] 的过程。而《文王八卦方位》虽是"离上坎下"，但其"卦序"亦强调了"乾父坤母"的地位。

---

[1] 段志强：《"中区"与王夫之的中国观》，《中国文化研究》2016 年第 4 期。

[2] （清）李道平撰，潘雨廷点校：《周易集解纂疏》卷八《系辞上》，中华书局，1994，第 606 页。

[3] （清）黎翔凤撰，梁运华整理：《管子校注》卷八《小匡》，中华书局，2004，第 426 页。

[4] 笔者将其命名为《子在川上曰》，此处记载出自朱熹的《四书章句集注》，参见（宋）朱熹《四书章句集注》，中华书局，1983，第 113 页。

[5] （清）李道平：《周易集解纂疏》卷八《系辞上》，第 600—602 页。

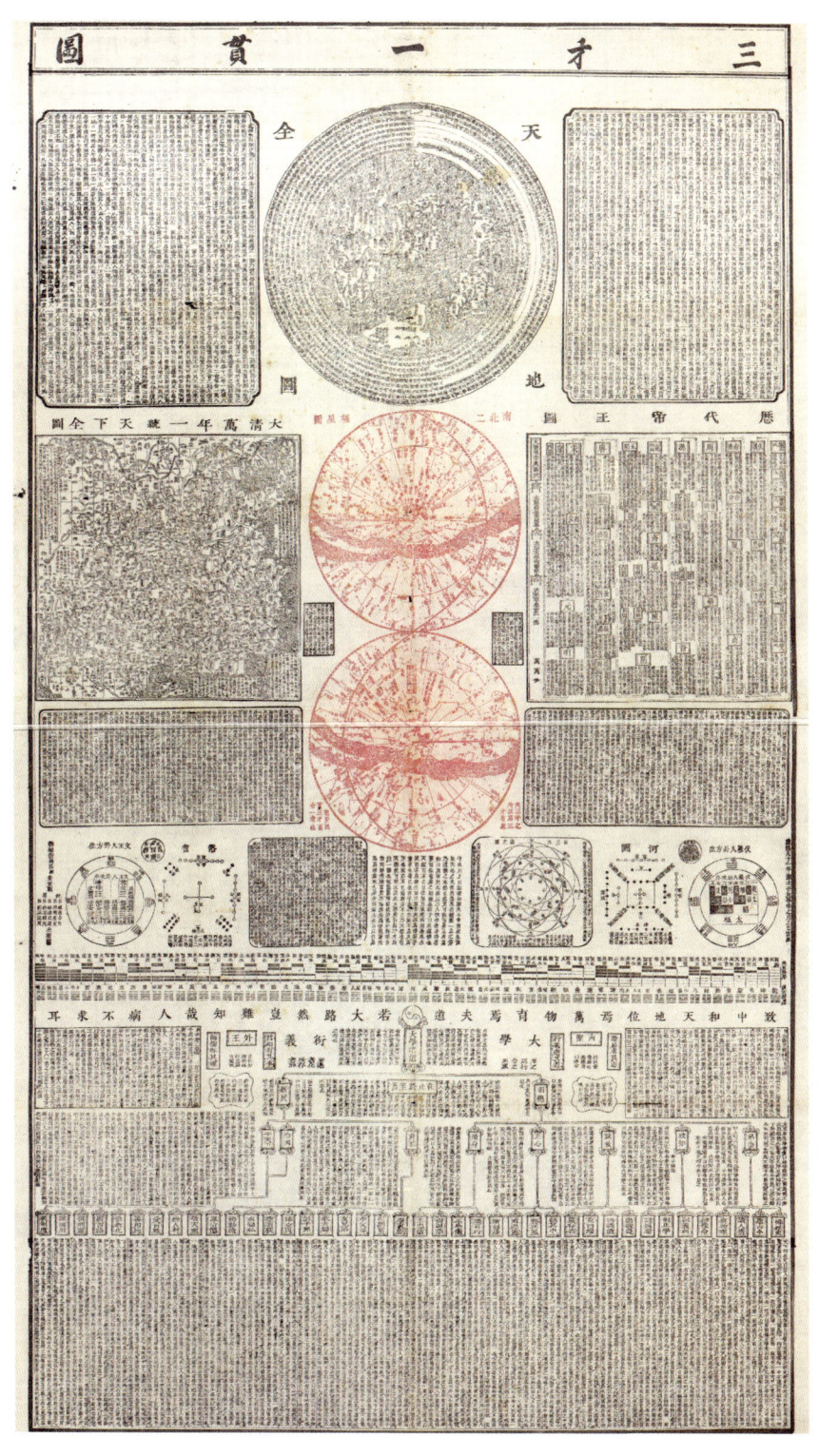

图3 《三才一贯图》

美国国会图书馆藏,编码:G7820.L8

接下来，这条中轴线在贯穿《大学图》时，虽然依次经过了"大学之道""在止于至善的'于'字"以及"'主忠信'和'端家范'"，但在"格物""致知"到"治国""平天下"这一部分却出现了看似并不协调的地方。因为这一部分并不因为"中轴线"而形成对称，但如果仔细深究，我们会发现这种图面分布有其特定意义。就《大学图》而言，如果以中轴线为界，那么图的右侧部分是强调"内圣"，具体表现为"隐居求其志，行义达其道""四民皆隐居也，务修身以齐家"。"内圣"的目标是为"明德"，而在日常生活中，如果要"明德"，就应该做到以下二十条，即"博正史、达古今、识人情、察物理、辨性命、别义利、明正学、辟异端、崇敬畏、审机微、充四端、严存省、执其中、养正气、戒逸欲、察偏滞、谨言行、正威仪、尚温恭、主忠信"。

与右侧部分强调"内圣"不同，《大学图》的左侧部分侧重于"外王"，具体表现为"君相有其事，师儒存其理""出仕即卿相也，在忠君而尽职"。"外王"的目标则是"亲民"，而在日常生活中，如果要"亲民"，那么应该做到以下二十条，即"端家范、振纲常、孝父母、友兄弟、敦夫妇、训子孙、择交与、睦宗族、戒偏私、务勤俭、识治体、敬天祖、辩人材、爱百姓、善用兵、崇教化、广言路、慎刑宪、谨国用、美制度"。

理解了上文的论述，我们就能明白为什么"中轴线"并没有均分从"格物""致知"到"治国""平天下"。因为不管是"格物致知"，还是"诚致正心"，又或者是"修身"，这些都属于"内圣"的范畴，而"治国"和"平天下"则属于"外王"的应有之义。同时对于"中轴线"刚好贯穿了"齐家"二字，我们可以理解为"齐家"正处于从"内圣"到"外王"的过渡阶段。"齐家"既带有"内"的性质，即并没有从"个体"正式走入"国家"和"社会"；但也兼具"外"的色彩，毕竟"家"也可以看成是自我之"外"。总之，"齐家"是"修身"之后需要达到的目标，即可以视为"内圣"的完成阶段，但"齐家"也为"治国平天下"打下了扎实的基础，因此还可以视作是"外王"的准备阶段。

位于《大学图》（M1）左右两侧的《尚书洪范》（M2）和《中庸二章》（M3），也以"中轴线"形成了对称。《尚书洪范》[1] 中有："箕子乃言曰：'我闻在昔，天乃锡禹洪范九畴，彝伦攸叙。初一曰五行；次二曰敬用五事；次三曰农用八政；次四曰协用五纪；次五曰建用皇极；次六曰乂用三德；次七曰明用稽疑；次八曰念用庶征；次九曰向用五福，威用六极。'"《中庸二章》则有："君子素其位而行，不愿乎其外。素富贵，行乎富

---

[1] 此处的《尚书洪范》出自《三才一贯图》，是对《尚书·洪范》原文的节选，原文参见（汉）孔安国传，（唐）孔颖达正义，黄怀信整理《尚书正义》卷一一《周书·洪范》，上海古籍出版社，2007，第445—480页。

贵；素贫贱，行乎贫贱；素夷狄，行乎夷狄；素患难行乎患难，君子无入而不自得焉。"[1] "博学之，审问之，慎思之，明辨之，笃行之。"[2] 由此可见，《尚书洪范》侧重于"为君之道"，而《中庸二章》则偏向于"君子之道"。

不仅如此，上文已谈及"吕抚精于皇极之学"，而"洪范九畴"居中的"第五畴"即为"皇极"，"五，皇极：皇建其有极，敛时五福，用敷锡厥庶民。惟时厥庶民于汝极，锡汝保极。无虐茕独而畏高明，凡厥正人，既富方谷"。"皇极"之原意是"君王应以'中道'建立其位"[3]，而左侧的《中庸二章》亦有关于"中道"的记载，"诚者，天之道也；诚之者，人之道也。诚者不勉而中，不思而得，从容中道，圣人也"[4]。综上所述，《三才一贯图》的"中轴线"不仅体现在"位置上的对称"，更体现在"内容上的对称"。

葛兆光先生曾在荷兰莱顿大学汉学院亲眼见过《三才一贯图》，虽然其版本与笔者所探讨的有所不同，但两者之间的差异应该不大。葛先生认为："《三才一贯图》最上层有天地之图，为宇宙总说，天文地理的知识尽在其中；第二层为《大清万年一统天下全图》和《历代帝王图》，这讲述了中国的历史和地理；第三层有河图洛书和八卦方位等，四方八卦应有尽有；第四层将《大学衍义》分门别类，说的是社会秩序和人格修养的道理。"[5] 葛氏所论虽有可取之处，但这却是按照现代人的知识体系来进行解读，而且其解释亦稍显烦琐。如果我们抓住"'道'与'三才'之关系"这一核心思想，那么《三才一贯图》则可以分为上下两个部分，上方为"道分三才"，并以"天地人"三图为中心，借此统领上半部分；而下方为"合三才为道"，即通过《大学图》《河图》《洛书》以及八卦方位等将"道"集中展现出来。

综上所论，《三才一贯图》有着较为明显的中轴线，当以一种"从上往下"的视角去观察时，图的上半部分主要展现的是"天地人三图"，而下半部分主要体现为《大学图》，前者侧重于"三才"，而后者则偏向于对"道"的诠释。从这个意义上说，"天地人三图"重"分"，但又通过"三图"集中表达了"天地人"这三者的关系，即"帝王以天子之尊，承天命直辖九州，并以此统治天地"。《大学图》则重"合"，同时"大学之道"通过"内圣—明

---

[1] （宋）朱熹：《四书章句集注》，第24页。

[2] （宋）朱熹：《四书章句集注》，第31页。

[3] 具体论述请参见丁四新《再论〈尚书·洪范〉的政治哲学——以五行畴和皇极畴为中心》，《中山大学学报》（社会科学版）2017年第2期。

[4] （宋）朱熹：《四书章句集注》，第31页。

[5] 葛兆光：《在文字外阅读历史》，《文物天地》2002年第3期。

德—'格物'至'修身'—'博经史'至'主忠信'"和"外王—亲民—治国平天下—'端家范'到'美制度'"这两种方式层层展开，最终将"道"诠释出来。总之，《三才一贯图》的"中轴线"极有可能象征着"道"，而"道所以贯三才而合一者也"。

三 《三才一贯图》的知识来源

关于《三才一贯图》的知识来源，杨雨蕾先生曾指出："从吕抚以天、地、人'三才'为纲绘制《三才一贯图》来看，其受《三才图会》的影响是显而易见的。"[1] 诚如此言，笔者通过对比《三才一贯图》和《三才图会》，发现《南北二极星图》中的《北极星图》和《三才图会》中的《天文总图》；[2]《大清万年一统天下全图》与《华夷一统图》；[3]《历代帝王图》和《历代帝王传授总图》。[4] 这三组之间均存在着高度的相似之处。除此之外，李孝聪先生认为："《天地全图》这一圆形世界地图，源于明代王圻《三才图会》摹刻万历十八年（1600年）利玛窦在南京编制的世界地图。"[5]

《天地全图》《大清万年一统天下全图》以及《历代帝王图》这三图呈"鼎足之势"，可以视作《三才一贯图》重要的组成部分，而这三图均和《三才图会》密切相关。虽然这些相似性很难论证它们之间存在着知识上的"直接承袭"，但《三才图会》对于《三才一贯图》的绘制起到了极为重要的作用，这一点应该可以成立。而如果进一步深究《三才图会》之《华夷一统图》和《大清万年一统天下全图》的知识来源，那么这二者应该都属于在明末极为流行的《广舆图》"舆地总图"谱系。关于这方面的研究，成一农先生不仅认为："在韩君恩刻本的基础上，明万历七年（1579年）钱岱刻本的《广舆图》增补了《华夷总图》和用表格表示的'华夷建置'"[6]，同时还指出："黄宗羲《大清全图》和在这之后的《大清万年一统天下全图》皆是受到《广舆图》影响的单幅地图。"[7]

---

[1] 杨雨蕾：《〈天地全图〉和18世纪东亚社会的世界地理知识：中国和朝鲜的境遇》，《社会科学战线》2013年第10期。

[2] （明）王圻、王思义编集：《三才图会》，上海古籍出版社，2019，第14页。

[3] （明）王圻、王思义编集：《三才图会》，第95页。

[4] （明）王圻、王思义编集：《三才图会》，第524页。

[5] 李孝聪编著：《美国国会图书馆藏中文古地图叙录》，第12页。

[6] 成一农：《〈广舆图〉史话》，国家图书馆出版社，2017，第62—63页。

[7] 成一农：《〈广舆图〉史话》，第78—80页。

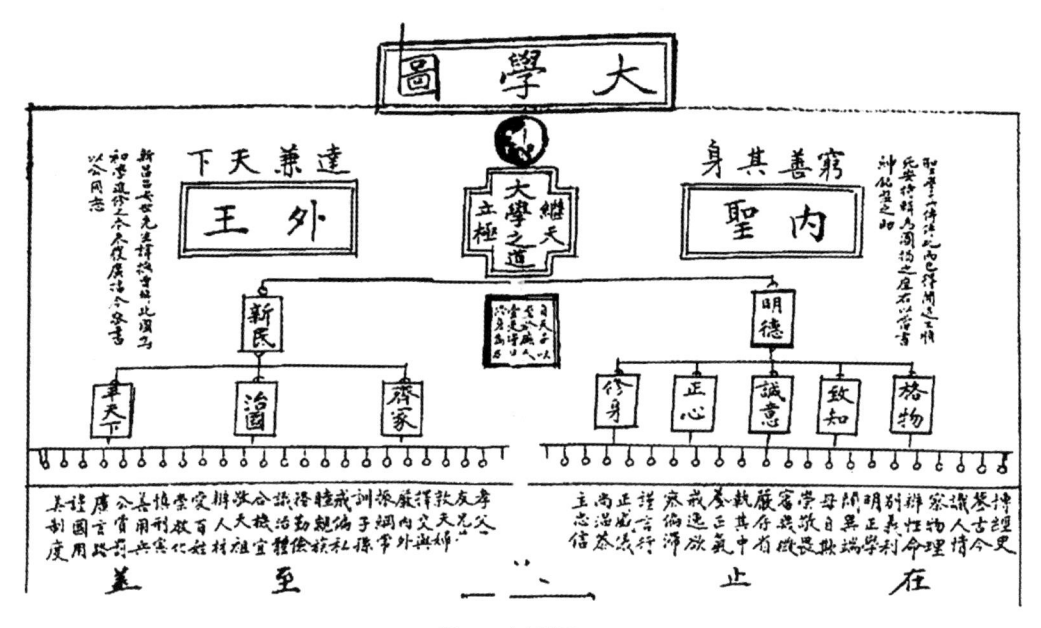

图4 《大学图》[1]

摘自中国第一历史档案馆藏《〈大学〉图解》

就以往的研究来看，学者主要探讨位于《三才一贯图》上方的"天地人"三图，但处在下方且占全图将近1/3的《大学图》却长期不受重视。与《天地全图》的部分知识来源于域外[2]不同，《大学图》呈现的知识体系则植根于传统儒家思想，并且《大学图》上的文字基本都能在四书五经中寻到痕迹。但需要指出的是，对于儒家经典，《大学图》不仅是引用、论述和组合，甚至还进行了整合。前三者大体局限于经典的范畴之内，只是就经典谈经典，但"整合"却已经对于知识进行了再创造。

关于《大学图》对经典的引用，举出如下数例，"《春秋传》曰：财尽则怨，力尽则怼"[3]。"《易》曰：君子见几而作，不俟终日。"[4] "《中庸》曰：君子戒慎乎其所不睹，恐惧乎其所不闻。"[5] "《虞书》曰：人心微危，道心微危，惟

1　图4出自卢溪《中国第一历史档案馆藏〈大学图解〉》，《历史档案》2019年第1期。

2　杨雨蕾：《〈天地全图〉和18世纪东亚社会的世界地理知识：中国和朝鲜的境遇》，《社会科学战线》2013年第10期。

3　（清）钟文烝撰，骈宇骞、郝淑慧点校：《春秋谷梁经传补注》，中华书局，1996，第228页。

4　（清）李道平：《周易集解纂疏》卷九《系辞下》，第650页。

5　（宋）朱熹：《四书章句集注》，第17页。

精惟一，允执厥中。"[1] "子曰：言忠信，行笃敬，虽蛮貊之邦行矣。"[2] 这些都属于对于经典的直接引用，甚至可以说是"照搬"。而关于《大学图》对经典的论述，即在引用原文的基础上，作者再借此表达出自己的观点，举出数例如下，"《诗》云：战战兢兢，如临深渊，如履薄冰，盖言言行之不可不谨，有过必速败"[3]。"周公曰：呜呼，君子所其无逸，先知稼穑之艰难，夫饥寒迫身，虽慈父不能保其子，君安能有其民哉！"[4] "《春秋传》曰：国将兴，听于民，国将亡，听于神，是以圣王先成民，而后致力于神。"[5] "子曰：多闻择其善者而从之，多见而识之，事有宜于不可为，有宜于今者。"[6]

除了加以引用和论述之外，《大学图》还对经典进行了"组合"，即将不同经典或者同一经典的不同出处"组合"在同一句话之中，举出数例如下。第一例为："子有言：不逆不亿而先觉，以直报怨，以德报德。忠恕违道不远，施诸己而不愿，亦勿施于人。"上文的前半句出自《论语·宪问》："子曰：'何以报德？以直报怨，以德报德。'"[7] 但后半句却出自《中庸》："忠恕违道不远，施诸己而不愿，亦勿施于人。"[8] 第二例为："治家无远虑必有近忧，小不忍则乱大谋，守礼法，戒争讼，讼必以至情。"出自《论语·卫灵公》的不同出处，"子曰：'人无远虑，必有近忧'"[9]。"子曰：'巧言乱德。小不忍，则乱大谋。'"[10] 第三例为："子曰：务民之义，敬鬼神而远之，故执左道以乱政，假鬼神以惑众者，必诛之，无赦也。"前半句出自《论语·雍也》："子曰：'务民之义，敬鬼神而远之，可

---

[1] 此处和《虞书》原文稍有不同，"人心惟危，道心惟微，惟精惟一，允执厥中"，参见（汉）孔安国传，（唐）孔颖达正义《尚书正义》卷四《虞书·大禹谟》，第132页。

[2] （清）刘宝楠，高流水点校：《论语正义》卷一八《卫灵公》，中华书局，1990，第616页。

[3] "战战兢兢，如临深渊，如履薄冰"，参见（清）王先谦撰，吴格点校《诗三家义集疏》卷一七《小雅·小旻》，中华书局，1987，第691页。

[4] "周公曰：'呜呼！君子所其无逸。先知稼穑之艰难，乃逸，则知小人之依。相小人，厥父母勤劳稼穑，厥子乃不知稼穑之艰难，乃逸乃谚，既诞。'"参见（汉）孔安国传，（唐）孔颖达正义《尚书正义》卷一五《周书·无逸》，第628—629页。

[5] 《左传·庄公三十二年》："史嚚曰：'虢其亡乎！吾闻之：国将兴，听于民；将亡，听于神。神，聪明正直而壹者也，依人而行。'"参见杨伯峻编著《春秋左传注》，第252—253页。

[6] "多闻，择其善者而从之；多见而识之，知之次也"，参见（清）刘宝楠《论语正义》卷八《述而》，第276页。

[7] （清）刘宝楠：《论语正义》卷一七《宪问》，第591页。

[8] （宋）朱熹：《四书章句集注》，第23页。

[9] （清）刘宝楠：《论语正义》卷一八《卫灵公》，第625页。

[10] （清）刘宝楠：《论语正义》卷一八《卫灵公》，第634页。

谓知矣。'"[1] 后半句出自《礼记·王制》："析言破律，乱名改作，执左道以乱政，杀。"[2]

比"组合"更进一步的是"整合"，而"整合"对于经典进行了再诠释，已经属于对知识的再创造，亦举出数例如下。《大学图》中有："孟子曰：舜跖之分，利与善之所为，若谨理欲之初分，察事机之将功，防奸萌之渐长，烛事务之机先，寻其端绪所自起，究其流弊所必至，善则加以扩充，恶则痛加遏绝。"这与《孟子》的原文已经有了很大的不同，《孟子·尽心上》："孟子曰：'鸡鸣而起，孳孳为善者，舜之徒也。鸡鸣而起，孳孳为利者，跖之徒也。欲知舜与跖之分，无他，利与善之间也。'"[3] 除此之外，《大学图》还有："孟子曰：我善养吾浩然之气，是气也，寓于寻常之中，而塞于天地之间。惟在乎集义以养之，则气足以配道义，有以复其刚大之体。"这是从《孟子·公孙丑上》改编而来，"曰：'我知言，我善养吾浩然之气。''敢问何谓浩然之气？'曰：'难言也。其为气也，至大至刚，以直养而无害，则塞于天地之间。其为气也，配义与道。无是，馁也。是集义所生者，非义袭而取之也。'"[4]

上文已经提及《三才一贯图》的中轴线贯穿了《四书章句集注》中的《子在川上曰》（E1）部分，同时《大学图》亦有："朱子曰：'正其衣冠，尊其瞻视，潜心以居，对越上帝。'"由此可见，朱熹的《四书章句集注》对于吕抚绘制《三才一贯图》产生了重要的影响。与之相佐证，《大学图》："天以阴阳五行化生万物，与之气以成形，而理亦赋焉。所谓命也，气与理合，继之而出，莫非至善。所谓性也，人之受之，所值之气不同，或清或浊，生亦随之而异，此所谓气质之性也。"这即深受朱熹《四书章句集注》对"天命之谓性，率性之谓道，修道之谓教"注释的影响："天以阴阳五行化生万物，气以成形，而理亦赋焉，犹命令也。于是人物之生，因各得其所赋之理，以为健顺五常之德，所谓性也。"[5]

除了经学之外，《大学图》另外一个重要的知识来源是史学，而"四十条要求"（详见上文）中的第一个要求正是"博经史"，《大学图》："载籍极繁，自四书而为，莫要于经史。经史既通，此外若能傍通广览，更善即不能，亦可以毕读书之能事矣。"比如"天下何物可以益人神智，曰：'莫如书然。'"这源自《魏书·李先传》，"太祖问先曰：'天下何书最

---

[1] （清）刘宝楠：《论语正义》卷七《雍也》，第236页。

[2] （清）孙希旦撰，沈啸寰、王星贤点校：《礼记集解》卷一四《王制》，中华书局，1989，第373页。

[3] （清）焦循，沈文倬点校：《孟子正义》卷二七《尽心上》，中华书局，1987，第914页。

[4] （清）焦循：《孟子正义》卷六《公孙丑上》，第199—202页。

[5] （宋）朱熹：《四书章句集注》，第17页。

善，可以益人神智？'先对曰：'唯有经书。三皇五帝治化之典，可以补王者神智'"[1]。与"博经史"相呼应的最后一个要求为"美制度"，《大学图》："制度莫先于礼乐，乐者，天地之和，礼者，天地之序也。"《史记·乐书》即有："乐者，天地之和也；礼者，天地之序也。"[2]

对于经史的推崇，正如吕抚在《大学图》中所言："又曰读《易》得一'时'字，读《书》得一'中'字，读《诗》得无容信友，得一'和'字。读《春秋》得一'权'字，读《礼》得一'敬'字，读史得一'断'字。"总之，吕抚的思想是以"经学为本"，并对"佛老之学"持有强烈的排斥态度，他曾在《大学图》中写下："是古非今，乘张自用，令人望之而生畏者，皆所谓为学。非底子有佛老之害，甚于杨墨，而佛氏为尤甚。"这深受程朱理学的影响，《近思录》载："明道先生（程颢）曰：'杨墨之害，甚于申韩；佛老之害，甚于杨墨。杨氏为我，疑于仁；墨氏兼爱，疑于义。申韩则浅陋易见，故孟子只辟杨墨，为其惑世之甚也。佛老其言近理，又非杨墨之比，此所以为害尤甚。'"[3]

综上，《三才一贯图》的知识来源较为复杂，这是因为在该图的绘制过程中，吕抚整合了多种不同的知识体系。而《大学图》的知识则主要来源于"儒家思想"，吕抚本人亦是一位尊崇儒学的士大夫。虽然《三才一贯图》的图幅不大（尺寸为145×89厘米），但因为图面附有上万字，且错误率极低，这种"精细化"必然会使其制造成本较高。其次，《三才一贯图》杂糅了多种知识体系，下层百姓很难具备如此高的知识素养去懂得欣赏该图真正的"价值"。最后，从《三才一贯图》的流传情况来看，目前仅存三幅均藏于海外，而国内暂未得见看，这亦从侧面论证该图的产量不大，因此面向群体也应该不会是普通大众。[4]

结 语

正因吕抚在天文、地理、性理和皇极等方面均有较高的造诣，所以才能绘制出《三才一贯图》，并以该图集中展现了多种知识体系。而在绘制《三才一贯图》的过程中，吕抚亦将自身的知识进行了整合，并通过独特的画面设计，

---

[1] （北齐）魏收：《魏书》卷三三《李先传》，中华书局，1974，第789页。

[2] （汉）司马迁：《史记》卷二四《乐书》，第1410页。

[3] （宋）朱熹、吕祖谦撰，张京华辑校：《近思录集释》卷一三《辨别异端》，岳麓书社，2010，第927页。

[4] 如果《三才一贯图》的使用群体主要为普通大众，那么即便受到"文字狱"的影响，我们也很难想象，流传下来的图幅数量是目前所见的仅存三幅。

最终将"夫三才之所以为三才者，道，道所以贯三才而合一者也"的思想观念，以"兹特合为一图"的方式展现出来。换言之，绘制者的知识可以通过特定的艺术设计，从而将想要传达的思想观念用多种途径加以表现。就《三才一贯图》而言，它既承载了绘制者的思想世界，又兼具了多元的知识体系，同时还富有审美价值。

其实图像和文本一样，都只是人们思想观念的表达方式，二者相互交融，同为人们主观认知的产物。如果说文字类的史料存在着历史书写和史料批判，那么从这个意义上说，古地图亦是如此。如何将图像入史，并且让图像说出各式各样的话，其关键在于我们研究视角的转变。当我们的研究角度变了，自然能从同一幅图中看到不同的风景。进一步挖掘古地图绘制背后所蕴含的多元文化信息，这是我们今后的研究需要加强的地方。

傅斯年图书馆藏《青海图》绘制研究*

■ 李新贵（宁夏大学中华民族共同体研究院）　　白鸿叶（中国国家图书馆）

《青海图》[1]现藏台湾"中研院"历史语言研究所傅斯年图书馆，绘制者不详，不著年代，绘写本，单幅，1轴，纵112厘米，横183厘米。图之方向，以南为上，采用中国传统山水画的形象画法，鸟瞰式显示了山川湖泊、城镇营堡、卡伦关隘、蒙番族帐、交通路线。山脉浓淡墨绘，加以黄色。除玛庆雪山、八宝山有松林外，其余均为濯濯童山。黄河线条较粗，绘以黄色。其他河流粗细不等，着以青色。青海湖等湖泊以大小不等的闭合曲线标示，也着以青色。城镇、营堡绘以大小不等的方形符号加黑色边框，名称标注于一侧。卡伦关隘、蒙帐番帐等均绘以不同的图形。红色交通线将这些地物连接起来，构成了一幅北至祁连山凉、甘、肃、安西、玉门等府州县，南达玉树、玛卿雪山、四川果洛克，西界河源星宿海，东到兰州、河州二十四关的舆图。

这幅地域广袤的舆图，所绘内容详略不均。以西宁为中心的营堡详于东、北两面的府、州、县。西宁黄河段以南的"贵德番族"要比周围蒙、番分布集中。"贵德番族"绘了八处，东面的"循化番族"绘了两处，蒙古绘了"郡王达什旺扎勒""台吉达什端多布""台吉索诺木

---

* 本文系国家社会科学基金"冷门'绝学'和国别史等研究专项"项目"国家图书馆藏边疆舆图整理与研究"（项目编号：2018VJX104）、国家社科基金重点项目"中国藏珍稀黄河古地图整理与研究"（项目编号：21AZD128）成果。

1 《青海图》原图无图名，现图名为傅斯年图书馆整理时所加。目前与该图范围相同的有两种。第一种《西宁青海全图》，为清道光二年（1822年）那彦成所著《平番奏疏》中的附图［（清）那彦成：《平番奏疏》，载沈云龙主编《近代中国史料丛刊续编》第46辑，（台湾）文海出版社，1977，第1—4页］。第二种为现藏中国科学院图书馆的《甘肃省彩绘山水画舆地图》，该图名亦为整理者所加。其绘制于道光二年，反映的是住牧青海湖周边蒙古各部受到番部侵扰时迁徙到周边的情况，第一种图反映的内容同样如此。之所以绘制这样的范围，是因为以西宁镇为中心及其周围的这些营堡、关隘起到保护蒙古各部的作用（李新贵、白鸿叶：《〈甘肃省彩绘山水画舆地图〉初探》，《故宫博物院院刊》2013年第5期）。事实上，傅斯年图书馆藏《青海图》以西宁镇为中心及其周围的营堡、关隘起到同样的作用。就此而言，傅斯年图书馆藏《青海图》以《西宁青海全图》命名较为合适。至于这三幅之间的内在关系，笔者将有专文论述。

傅斯年图书馆藏《青海图》绘制研究　277

图 1　《青海图》

拉布坦""台吉恭布多尔吉"四旗；这些民族之南由东向西依次简单地标绘"四川下果洛克""四川中果洛克""四川上果洛克""则巴族千户错落""玉树番部"；西北面由东向西依次绘了"左翼各旗蒙古""郡王恭木楚克集克默特""北柴达木""南柴达木"。所谓"左翼各旗蒙古",指道光三年（1823年）陕甘总督那彦成会同青海办事大臣穆兰岱将河北二十四旗分为左右两翼中的左翼十二旗。[1] 在《青海图》上,左翼十二旗以牧地"郡科"指代,右翼绘出"郡王恭木楚克集克默特",以及右翼之北左旗住牧的"南柴达木""北柴达木"。[2]

即使住牧集中分布的"贵德番族",同样没有全部绘制。据道光二年（1822年）统计的结果,贵德所属番部有熟番、生番、野番之别。熟番五十四族临近贵德住牧,生番十九族住牧于贵德东南,野番八族住牧区域不定。"循化番族"只有熟番、生番。熟番十八族临近循化,生番五十二族临近四川松潘。[3] 在《青海图》上,贵德以东有以红色方框示意的"昂拉番庄""下山番庄"；贵德之南黄河环绕处以形象画法绘了八个"贵德番族",这些"贵德番族"占去河南牧区一多半的地方。循化厅之南、拉布浪寺之北绘有二处"循化番族",松潘之西的黄河南北绘有"拉布浪寺佃户俄拉他尔第族番"和不绘族名的黑色番帐。

所以,就《青海图》构图而言,它不是一幅蒙、番分布的舆图。绘制者首先看重的应是占据河南牧区一多半的"贵德番族",然后是周围的蒙、番各族,以及环绕"贵德番族"以红色交通为依托的城镇营堡、卡伦关隘等。至于《青海图》性质与"贵德番族"的具体含义,还要结合图上建置置废与民族分布,进而借助该图绘制时间考证、绘制背景分析、绘制内容研究,才能得出更加明确的结论。

一 绘制时间考证

《青海图》绘制于清道光二十八年（1848年）左右。

首先,通过对《青海图》中"将军台城""会亭子城"的置废情况,可以将其绘制时间范围初步限定于道光二十三年（1843年）六月至咸丰十年（1860年）六月间。道光二十三年六月陕甘总督富呢扬阿派兵驱逐侵占河北蒙古牧区的河南野番之后,撤掉了守卫黄河各渡口的卡伦官兵,在黄河与青海湖之间设置将军台、会

---

1 （清）那彦成、穆兰岱：《请旨补授青海正副盟长管理巡防习练武备折》,载哲仓·才让辑编《清代青海蒙古族档案史料辑编》,青海人民出版社,1994,第102—103页。

2 《清宣宗实录》卷一四〇,道光八年八月壬申,中华书局,1986,第148页。

3 （清）那彦成：《平番奏疏》,载沈云龙主编《近代中国史料丛刊续编》第46辑,第113—114页。

亭子两座土城，以堵截来自河南野番渡河抢劫。[1]

道光二十六年（1846年）八月，陕甘总督布彦泰便对富呢扬阿防堵河南野番的策略进行了反思。结果布彦泰在保留将军台、会亭子两城的同时，还请求恢复设置在头岱、东信、忙多等黄河渡口的官兵，以便在野番渡河抢劫后及时获取信息，并让察汉城提前做好战斗准备。[2] 这反映在《青海图》上就是除绘出将军台、会亭子两城外，还在黄河干流标绘头岱、忙多等渡口、卡伦名称。

虽然清廷采纳了布彦泰的提议，但这仍然不能阻止贵德番部渡河抢劫。咸丰元年（1851年），青海两翼蒙古盟长、郡王、贝勒等恳请裁撤盟长。[3] 这意味着青海蒙古已无法继续向沿河卡伦、察汉等城提供驻防兵额与所需的口粮、银两，每季换防的蒙古兵额不得不从原来120多名骤减至20名，[4] 防城废除呈现出不可逆转之势。七年（1857年），陕甘总督乐斌以节省换防盐粮为由，撤回将军台、会亭子两城的防军，本来由清军与蒙古协同防守的防城遂全部改成土兵代守。即使如此，每年驻守察汉城八百名清军仍需银九千多两，乐斌又以无险可守、浪费口粮为由，请求全部裁撤。[5] 十年，随着蒙古让出青海湖以南的牧场，蒙、番关系终于得以改善。于是，将军台、会亭子、察汉城被废除。[6] 不过，这些防城仍绘于《青海图》中，借此可以将其绘制下限初步限定在咸丰十年六月前。

其次，通过《青海图》中蒙古郡王、台吉袭爵及生卒年月，以及郡王恭木楚克集克默特住牧地点的变化，可以将绘制下限提前至道光二十八年九月之前。达什旺扎勒，道光十三年（1833年）袭爵，三十年（1850年）卒。恭木楚克集克默特，

---

1 （清）富呢扬阿、德兴：《富呢扬阿等筹议派拨青海蒙番官兵协同驻防官兵按季轮流游巡会哨章程折》，载哲仓·才让辑编《清代青海蒙古族档案史料辑编》，第113页。

2 （清）布彦泰：《布彦泰遵旨筹议沿边事宜量移防兵酌复防河旧章并添设卡汛各原由恭折》，载布彦泰、林则徐撰《陕甘总督奏稿》上册，全国图书馆文献缩微文献中心，2006，第387—390页。文中的"察罕托洛亥"即《青海图》中的"察汉城"。为书写之便，凡文中出现的"察罕托洛亥"均写为"察汉城"。

3 （清）哈勒吉那：《哈勒吉那奏请青海蒙古生计维艰请免驻防由》，载哲仓·才让辑编《清代青海蒙古族档案史料辑编》，第117页。

4 （清）萨迎阿、哈勒吉那：《萨迎阿等奏遵议察罕城蒙古防兵裁撤等由》，载哲仓·才让辑编《清代青海蒙古族档案史料辑编》，第138页。

5 《清文宗实录》卷三二一，咸丰十年六月上癸亥，中华书局，1986，第741—742页。

6 关于将军台、会亭子、察汉城废除的情况，可以参看《清宣宗实录》卷三九七，道光二十三年九月壬午，第1114页的记载。虽然这些防城废除后城堡不会被拆掉，但作为使用性很强的《青海图》，已没有必要再在图上绘制。这像（清）昇允编纂《甘肃全省新通志》卷一四（宣统元年刻本，第26—28页）所记西宁镇属营堡没有记载将军台等城一样。即使该图没有标注将军台等城的驻军情况，但无疑是有驻军的。之所以没有标注驻军的数量，因为该图不是一幅兵力部署分布图，而是一幅清军防御番部抢劫的态势图。所以，以将军台等防城废除的咸丰十年作为《青海图》绘制的下限是没有问题的。

道光三年袭爵，咸丰六年（1856 年）卒。达什端多布，道光二十三年袭爵，光绪四年（1878 年）卒。恭布多尔吉，乾隆五十六年（1791 年）袭爵，咸丰八年（1858 年）卒。索诺木拉布坦，道光十二年（1832 年）袭爵，同治十二年（1873 年）卒。[1] 这些蒙古郡王、台吉都绘制在《青海图》上，所以判断其绘制上限自然以袭爵最晚者为准，下限则为去世最早者为要。因此，达什端多布袭爵的道光二十三年与达什旺扎勒去世的道光三十年就可以分别作为这幅图绘制的上限和下限。将此与根据将军台、会亭子等防城置废时间所得出的《青海图》绘制时间范围的道光二十三年和咸丰七年相比，便可将该图绘制下限提前至道光三十年。

再看《青海图》中郡王恭木楚克集克默特住牧地点的变化。咸丰元年六月十六日满洲都统萨迎阿、[2] 六月二十二日满洲副都统德兴、[3] 闰八月十一日萨迎阿逐次调查了恭木楚克集克默特的牧区变化。[4]

他们一致认为道光二十八年前，该郡王住牧永安城（今青海门源回族自治县县城西南）卡外的亦斯门庆等地，即东南毗连西宁、正北接壤甘州的地方。这年九月随着河南野番抢劫，该郡王住牧地被迫迁移到永安城西。[5] 从此之后，直至咸丰元年闰八月萨迎阿调查时仍没用改变。在《青海图》上，恭木楚克集克默特仍在永安城卡外住牧，没有迁徙至永安城西。这足以说明该图绘制下限在道光二十八年九月前。

最后，根据《青海图》上卡伦设置，可以将绘制上限向后推定在道光二十七年（1847 年）二月后。《青海图》上哈拉库图尔的南山根、南川营的青石坡两地，绘制的都是汛卡而非营堡。道光二十六年七月中旬，布彦泰在西宁南川等地巡边时，设想在哈拉库图尔的南山根、南川营的青石坡两地移建的是营堡。[6] 这年十一月十二日，布彦泰解释说在这些地方移建营堡未免大费周折，于是打算设置汛卡。[7] 道

1　阿拉善盟档案史志局编：《清代蒙古各旗札萨克和王公世袭集》，宁夏人民出版社，2015，第 97—117 页。

2　（清）萨迎阿：《萨迎阿奏详查青海蒙番现极安静由》，载哲仓·才让辑编《清代青海蒙古档案史料辑编》，第 128 页。

3　（清）德兴：《德兴折奏遵议裁撤驻防蒙古兵丁由》，载哲仓·才让辑编《清代青海蒙古档案史料辑编》，第 133 页。

4　（清）萨迎阿：《萨迎阿等奏遵议察罕城蒙古防兵裁撤等由》，载哲仓·才让辑编《清代青海蒙古档案史料辑编》，第 136—137 页。

5　（清）德兴：《德兴折奏遵议裁撤驻防蒙古兵丁由》，载哲仓·才让辑编《清代青海蒙古档案史料辑编》，第 133 页。

6　（清）布彦泰：《布彦泰巡查西宁南川一带及卡外之察罕托洛亥等防城并黄河北岸大概情形片》，载布彦泰、林则徐撰《陕甘总督奏稿》上册，第 257 页。

7　（清）布彦泰：《遵旨筹议沿边事宜量移防兵酌复防河旧章并添设卡汛各原由恭折》，载布彦泰、林则徐撰《陕甘总督奏稿（上）》，第 392—393 页。

光皇帝批示"军机大臣会同兵部议奏"[1]。考虑这时西宁附近黄河九月底结冰、每年二月底开始融化的情况，布彦泰建议"俟春融冻解，再议修盖房间"[2]。在《青海图》上，哈啦库尔图尔的南山根、南川营的青石坡两地确实是汛卡而非营堡，所以可以将该图绘制的时间从之前的道光二十三年六月往后推至道光二十七年二月以后。

总之，通过对《青海图》中将军台等防城的置废、青海蒙古郡王台吉生卒年月、恭木楚克集克默特住牧区的变化、哈拉库图尔的南山根与南川营的青石坡两地汛卡设置等方面的综合考证，可以推断该图绘制时间为道光二十七年二月至二十八年九月间，即道光二十八年左右。

二　绘制范围分析

既然《青海图》绘制时间为道光二十八年左右，那么是什么事件引起该图的绘制？这些事件发生的范围与图之范围是否吻合？通过这些事件可否解释图中所绘"贵德番族"占据河南一多半的原因？这里从道光二十五年（1845年）西宁及周围发生的事件开始分析。

道光二十五年六月九日，署西宁镇总兵庆和依照惯例从西宁出发，与甘州、凉州、肃州各镇进行会哨。当十二日行至金羊岭时，庆和军遭遇前来抢劫的番部。结果，官兵多数阵亡，庆和被创捐躯。七月四日，清廷令署陕甘总督邓廷桢彻查滋事番部的地域来源。[3] 番部分路攻击以相干扰，清军遂实行堵剿并行之策：一面派遣甘肃提督胡超赶赴金羊岭调查番部行踪，一面围剿在布哈河发现的番部并令郡科蒙古自保，[4] 西宁办事大臣德兴驻扎丹噶尔督率官兵与蒙古防御。[5] 正当调查处于扑朔迷离之际，二十二日有人密奏称道光二十四年（1844年）陕甘总督富呢扬阿没有围剿青海番部，只是将番僧邀至大营、面结合约了事。[6] 同日，传谕德兴、邓廷桢：富呢扬阿托围剿青海野番之名，做姑息养痈遗患之事，汉奸实则起到教唆生事的作用。道光皇帝遂令邓廷桢"逐条确切访查"[7]。这份密奏将戕害总兵庆和的番部，指向道光二十四年的青海野番。对

1　《清宣宗实录》卷四三三，道光二十六年八月壬申，第420页。

2　（清）布彦泰：《布彦泰筹议沿边事宜量移防兵酌覆防河旧章并添设卡汛各缘由恭折》，载布彦泰、林则徐撰《陕甘总督奏稿》上册，第393页。

3　中国第一历史档案馆编：《道光朝上谕档》第50册，广西师范大学出版社，2000，第324页。

4　中国第一历史档案馆编：《道光朝上谕档》第50册，第335页。

5　《清宣宗实录》卷四一九，道光二十五年七月癸未，第266页。

6　中国第一历史档案馆编：《道光朝上谕档》第50册，第351页。

7　中国第一历史档案馆编：《道光朝上谕档》第50册，第352页。

于在青海蒙、番事务上向来追求一劳永逸的道光皇帝来说，似乎一下子找到了解决问题的关键。道光的态度不知不觉地影响着军政大员处理此事的过程与结果。于是，围绕甄别杀害庆和的青海野番与调查勾结教唆生事汉奸的两个问题，清军持续地展开了一系列军事行动。

虽然清军试图从通过对布哈河与金羊岭附近两处番部的剿堵中找出戕害庆和的凶手，但至八月十一日清廷仍不能准确获悉其地域来源。这不能阻止道光皇帝的判断，他执意认为其中必有汉奸与之勾结；下令对于这些助纣为虐者，务必要设法严办。[1] 随着九月底西宁卡外大雪即将封山，[2] 所有计划只能次年实行。道光皇帝开始担心番部趁黄河结冻偷渡，随后对陕甘总督惠吉做出严加防守沿边卡隘的指示。[3] 这等于直接否定了邓廷桢剿堵并行的策略。二十六年二月十三日，指令署陕甘总督林则徐在甘州、凉州沿边部署上要实行"以防为剿"[4]。这意味着清廷对待青海番部的策略，已经从堵剿并用转向以防为剿。

这年三月，调查滋事番部地域来源一事终于有了进展。林则徐获悉滋事者为玉树所属雍希叶布番族与四川果洛克，有拿获的汉奸可以作证。[5] 这给清廷造成一种印象：玉树番族偷渡黄河以北，尤其是远在千里外的四川果洛克作案，必有"熟番"引导。刚刚赴任的青海办事大臣达洪阿则做出"近边熟番亦间有勾结寻抢情事"的判断。[6] 这就坐实了所谓的汉奸就是近边"熟番"，只有将其缉拿殆尽，边疆才能长治久安。[7] 基于这种认识，清廷经营番部的策略暂时从以防为剿转向缉拿"熟番"，兵锋指向循化"熟番"[8]。四月，布彦泰派遣西宁总兵站柱对玉树雍希叶布番族调查的结果，否定了此前林则徐所谓该番族与四川果洛克合伙抢劫的推断。[9] 不过，因缉拿循化"熟番"而导致清军被击毙

---

1 中国第一历史档案馆编：《道光朝上谕档》第 50 册，第 377 页。

2 《清宣宗实录》卷四二一，道光二十五年九月乙丑，第 281 页。

3 中国第一历史档案馆编：《道光朝上谕档》第 50 册，第 431 页。

4 中国第一历史档案馆编：《道光朝上谕档》第 51 册，第 56 页。

5 中国第一历史档案馆编：《道光朝上谕档》第 51 册，第 75 页。

6 中国第一历史档案馆编：《道光朝上谕档》第 51 册，第 34 页。

7 中国第一历史档案馆编：《道光朝上谕档》第 51 册，第 81—82 页。

8 中国第一历史档案馆编：《道光朝上谕档》第 51 册，第 84 页。

9 中国第一历史档案馆编：（清）布彦泰：《布［彦泰］等奏搜查雍希叶布番族寔无踪并酌拟约束章程开单呈览一折》，载布彦泰、林则徐撰《陕甘总督奏稿》上册，第 22—25 页。

一案，闰五月得到持续发酵。[1] 六月，发生清军毁掉循化黑错寺，西进焚烧贵德"熟番"番庄、击毙执红旗番部等事。[2] 即使西窜到果密（今青海共和县境内）的残部亦几被歼擒殆尽，剩余由拉布浪寺代管。[3]

虽然从道光二十五年七月开始，清廷通过调查逐渐排除了玉树番族、四川果洛克作案的嫌疑，围剿了循化、贵德两厅"熟番"，但戕害西宁镇总兵庆和的凶手仍然逍遥法外，那么对于新任陕甘总督布彦泰来说，只需从剩余的循化"生番"、贵德"生番"和"野番"中加以甄别了。布彦泰凭借从这年七月十五日至十一月中旬四个月的巡边经历，逐渐建构出所谓滋事番部的地域归属。道光二十六年九月，布彦泰巡查西宁南川、北川等地后认为清初以来经常越界抢劫蒙古者就是河南番部。[4] 这种基于清初青海蒙、番牧区各有定界、河南番部经常越界抢劫蒙古的论据引入，很容易使人陷入文本书写者预先设定的先入为主的观点；观点就是道光二十五年的滋事番部，就是不守国法、经常越界、盘踞在向为海南蒙古住牧之区的河南番部。十月二十日，布彦泰据此从筹划青海蒙、番事务全局的高度，直接打破了道光初年基于番族是否耕地交税等因素划分"熟番""生番""野番"的分类方法，随之从是否慑服清朝权威的角度将青海番部从地域上分为循化南番与贵德西番，进而在循化南番已被清军慑服的逻辑下，将戕害西宁镇总兵庆和的滋事番部定为贵德西番。[5] 这不是建立在强有力的事实调查分析而是巡边过程的访问所得基础上，结论难以令人信服。所以，十一月五日布彦泰在青海沿边具体事宜的筹划中，更加明确强调之前所推断滋事番部为贵德西番，这不仅仅是他个人长期调查的结论，而且还是与甘肃布政使、按察使多次反复商议与多次求证的结果。[6] 这等于向清廷集体宣布道光二十五年戕害西宁镇总兵庆和的就是贵德西番。

至此，清廷用了一年多的时间，通过

1　（清）布彦泰：《布［彦泰］等奏黑错寺番务情形一片》，载布彦泰、林则徐撰《陕甘总督奏稿》上册，第37—41页。

2　（清）布彦泰：《布［彦泰］奏官兵剿毁番庄匪族四散酌量撤兵一折》，载布彦泰、林则徐撰《陕甘总督奏稿》上册，第44—47页。

3　（清）布彦泰：《布［彦泰］等奏黑错寺败窜贼众聚匿果密之险隘地方复经官兵搜捕歼擒大获胜仗一折》，载布彦泰、林则徐撰《陕甘总督奏稿》上册，第48—51页。

4　（清）布彦泰：《布彦泰巡查西宁南川一带及卡外之察罕托洛亥等防城并黄河北岸大概情形片》，载布彦泰、林则徐撰《陕甘总督奏稿》上册，第252—253页。

5　（清）布彦泰：《布彦泰奏请俟筹边要务定局后入觐折》，载布彦泰、林则徐撰《陕甘总督奏稿》上册，第336页。

6　（清）布彦泰：《布彦泰遵旨筹议沿边事宜，量移防兵，酌复防河旧章，并添设卡汛各原由恭折》，载布彦泰、林则徐撰《陕甘总督奏稿》上册，第386—387页。

调查、围剿等手段建构了所谓的滋事番部。调查、围剿的对象，包括四川果洛克、玉树番族、黑错寺南番、循化"熟番"、贵德番庄。作为调查对象的四川果洛克、玉树番族标绘《青海图》东南、西南一隅。经过清军武力围剿的贵德"昂拉番庄""下山番庄"，以红色方框标注贵德之东。黑错寺南番败逃之处果密牧区亦显示出来。道光二年在《青海图》绘制的黑错寺却没有标出，从而证明该图就是为调查滋事番部的产物。循化以南、拉布浪寺之北的"循化番族"，以及分布在黄河南北的"拉布浪寺佃户俄拉他尔第族番"与不标绘名称的番族应是归属拉布浪寺管理的黑错寺番族残部，即布彦泰所言的循化南番；贵德西番是位于贵德之南环绕黄河处的八个"贵德番族"。道光二十六年布彦泰也说："查明该厅（贵德厅）属番共有八族"[1]，所以"贵德西番"就是《青海图》中的"贵德番族"，即贵德"野番"[2]。至于"贵德番族"图中被绘制占有河南牧区一多半的原因，显然是为了强调它才是道光二十五年的滋事番部。从《青海图》通往循化番部、贵德番部的线路，以及以这些线路为依托是否设置卡伦上可以看得一清二楚。通往循化番部的道路只有从兰州经河州、起台堡与西宁经扎什巴、甘都堂的两条线路，却没有设置一座卡伦。相比之下，围绕贵德番部所绘路线是图中最为密集的部分，而且通往西宁镇防区的线路几乎都设置卡伦。

清廷为调查滋事番部所涉及的区域，同样符合《青海图》的绘制范围。除"循化番族""贵德西番"牧区外，其他也可以在图中找到。从布哈河经青海湖北至丹噶尔一线，是青海办事大臣德兴督率官兵与蒙古防御布哈河番部的纵深地带。从河州二十四关往西，经循化、贵德两厅辖属的黄河南岸至黄河西岸的果密牧地，是清军平定黑错寺番部的战事区。黑错寺残部逃窜至果密，固然有这里地形险隘的原因，关键还是图中所绘河州二十四关、河南四旗蒙古、则巴族千户错洛、蒙古左右两翼蒙古、玉树雍希叶布所形成的防御圈。[3] 四川果洛克与玉树番族是林则徐怀疑的滋事对象，后者也是总兵站柱搜查的对象。西宁南川、北川和附近的区域，以

---

[1] （清）布彦泰：《布彦泰奏请俟筹边要务定局后入觐折》，载布彦泰、林则徐撰《陕甘总督奏稿》上册，第340页。

[2] 虽然道光二年陕甘总督那彦成说"贵德野番八族"住牧区域不稳定，但并不意味着这些贵德番部没有牧区。在《循化贵德所属番境图》中的贵德之南清楚标绘"野番上刚察族住牧""野番都尔舒族住牧""野番刚咱族住牧""野番完受族住牧""野番擦不鲁族住牧""野番他尔族住牧"。在这些番族住牧中心地带绘制了"贵德境"，意指这些番部牧区属贵德厅管辖〔（清）那彦成：《平番奏疏》，载沈云龙主编《近代中国史料丛刊续编》第46辑，第6页〕。所以，那彦成说贵德野番牧区不稳定相对贵德"熟番"而言。在《青海图》中的贵德之南，同样标注八个"贵德番族"。两者对照，可以判断这八个"贵德番族"就是贵德"野番"。不同的是，那彦成称为"贵德野番"，布彦泰称为"贵德西番"。以此观之，"贵德西番"即"贵德野番"。

[3] 至于则巴族千户错洛、玉树雍希叶布在防御河南番部抢劫中所起的作用，下文有详细论述。

及肃州、甘州、凉州等地，则是陕甘总督布彦泰巡查的地方，亦是堵剿滋事番部的区域。

总之，道光二十五年七月以来清廷围绕调查戕害庆和滋事者所涉及的蒙番各族、发生的区域与《青海图》上的蒙番各族、图之范围完全相同，那就完全可以认为该图是清廷调查戕害庆和滋事番部的产物。

图 2　《青海图》局部

三　防御态势研究

清廷调查滋事番部地域归属不是绘图者的最终目的，最终目的是防止贵德番族越界抢劫，以达到在青海蒙、番治理上的一劳永逸。在《青海图》上，有一条沿着贵德黄河干流东北向，经西宁南川、北川至扁都口的卡伦：卡伦以内为贵德番部、循化番部、河南蒙古四旗、西宁镇属大部分营堡；卡伦以外为阿什罕水城、察汉城、会亭子城、将军台城、蒙古左右两旗、玉树番族、河西走廊等。同时，从北面的河西走廊经蒙古左右两旗牧区直至南面的玛庆雪山，还存在没有设卡的巨大空旷区。这是为什么呢？首先从该图上卡伦的分布进行分析。

（一）卡伦分布与预警机制

这条卡伦是从防御四川果洛克开始，逐渐调整防御河南番部，最终演变成防御贵德西番的结果。

乾隆二十六年（1761年），经常遭受四川果洛克抢劫住牧青海湖之南的蒙古各旗，被迫迁往他处。三十一年（1766年），清廷遂在果洛克抢劫所经尚那克（今青海兴海县大河坝）、色拉图（今兴海县助尔盖）、查汉乌素（今青海都兰县）三地设卡。三十二年（1767年），进而做出调整：尚那克设兵250名，查汉乌素、诺彦浑（今青海格尔木等地）50名，托逊诺尔（今青海托素湖）700名，[1] 从而形成以托逊诺尔为前沿，从今兴海县大河坝至格尔木一线为后方的防御体系。[2]

河南蒙古遭受同样的厄运。乾隆四十年（1775年），札萨克公里塔尔与果洛克遭遇身亡。[3] 四十三年（1778年），清军遂在布尔哈素台等处设卡。[4] 虽不清楚布尔哈素台的具体地望，但一定位于果洛克北上河南蒙古牧区之途。祸不单行的是，四十七年（1782年）该地蒙古又遭受附近循化、贵德番部抢劫，清廷又在所经之地的奎屯、西里克等处设卡。[5] 不过，这些卡伦并不能有效阻止番部侵扰。所以，早在四十二年（1777年）河南郡王纳汉达尔济就想搬迁到黄河之外的尚那克，所有河南牧地交给循化、贵德两厅。[6]

嘉庆元年（1796年）迁徙至此的河南郡王，因势孤力单不久便被迫迁回。在此期间，尚那克流域出现该郡王与河南番

---

[1] 长白文孚著，魏明章点校：《青海事宜节略》，青海人民出版社，1993，第6页。
[2] 长白文孚著，魏明章点校：《青海事宜节略》，第6页。
[3] 长白文孚著，魏明章点校：《青海事宜节略》，第8页。
[4] 长白文孚著，魏明章点校：《青海事宜节略》，第9页。
[5] 长白文孚著，魏明章点校：《青海事宜节略》，第10页。
[6] 长白文孚著，魏明章点校：《青海事宜节略》，第8页。

部共牧的局面,该番部乘势抢劫海北蒙古,一度还抢劫了甘州马场。[1] 果密番族也抢劫海北蒙古,清廷不得已在其南的阿什罕水(今青海共和县阿什罕古城)设立卡伦。[2] 随着防御对象、防御方向的变化,原来为防御果洛克的体系渐渐失去作用。嘉庆四年(1799年),清廷撤离托逊诺尔防兵,[3] 清军防线被压缩到黄河与青海湖间的狭长通道,青海湖南至托逊诺尔之间遂出现巨大空隙地带,沿着黄河干流防守就成为必然趋势。

嘉庆八年(1803年),清廷一致认为沿着蒙、番接界处的黄河设卡是严防河南番部的长久之策。[4] 不过,尚那克却成为清廷默许下的河南番部的合法之地。[5] 对这里番部而言,沿河卡伦形同虚设,在缩短北上抢劫路程的同时,还创造了有利的抢劫态势,而且造成了清廷在蒙、番事务上外紧内松之感。十二年(1807年),贵德番部绕过青海湖西,北上抢劫野马川、甘州、永固营军马。[6] 为了防御河南番部北上穿过黄河与青海湖间之间的狭长地带,清军则在该地的鄂伦布拉克(今青海共和县境)、恰卜恰(今共和县恰不恰镇)、珠勒格(今兴海县助勒盖)等处分段防守。[7]

尚那克等地成为河南番部之地另一严重后果,就是引诱其至海南放牧,海南蒙古被迫迁移至海北。道光元年(1821年),陕甘总督长龄驱逐了助勒盖、盐池的番部。[8] 这时搬迁至海北的蒙古以人少势孤为由已不想搬回,清廷只好让察汉诺们汗、阿里克大百户移住,[9] 察汉诺们汗竟与河南番部联合移向海北。[10] 二年,清廷通过断绝粮茶等手段迫使该旗与河南番族全部撤回,[11] 但海南再也无法回到从

---

[1] 长白文孚著,魏明章点校:《青海事宜节略》,第16—17页。

[2] 长白文孚著,魏明章点校:《青海事宜节略》,第11页。

[3] 长白文孚著,魏明章点校:《青海事宜节略》,第16页。

[4] 《清仁宗实录》卷一一六,嘉庆八年秋七月乙未,中华书局,1986,第538页。

[5] 《清仁宗实录》卷一六三,嘉庆十一年六月己亥,第116页。

[6] 《清仁宗实录》卷一七七,嘉庆十二年夏四月甲戌,第324—325页;《清仁宗实录》卷一八一,嘉庆十二月六月癸未,第390页。

[7] 长白文孚著,魏明章点校:《青海事宜节略》,第24页。

[8] 《清宣宗实录》卷三六"道光二年五月己亥",第642页。

[9] (清)长龄:《移住蒙番等由折附缮后清单》,载哲仓·才让辑编《清代青海蒙古族档案史料辑编》,第71—73页。

[10] 《清宣宗实录》卷四〇,道光二年八月庚午,第720页。

[11] (清)那彦成、松筠:《那彦成等河北野番及察汉诺们罕全数渡河回巢由》,载哲仓·才让辑编《清代青海蒙古族档案史料辑编》,第82—85页。

前。[1] 这直接导致海南、海西两面成为河南番部抢劫海北蒙古的必经之地。

为何没有在海南、海西两面设卡？嘉庆六年，此事一经筹议，就遭到嘉庆皇帝与陕甘总督的一致反对，原因有三。就蒙番关系而言，青海蒙古为中国藩卫，派内地之兵在蒙古之地设卡，既于体制非宜，又于情理不便。就清廷来说，无论是蒙古，还是番部，都是清之臣民，应"一视同仁"，如果在蒙古牧区设卡保护蒙古，显然会落下偏袒蒙古的口实。就清军而论，这些设立的卡伦，势必远离西宁镇属营堡。如果将来与番部作战，清军会有孤军深入之虑，与番部作战失败更有损国家声望。结果，清军只能选择番部与蒙古接壤之间的黄河干流地带设立卡伦。这个地带即是清廷所谓的区分蒙古与番部的中外界线。[2] 不过，河南番部从海南经海西至海北的抢劫之路并没有得到有效遏制。这意味着一旦清廷控制的手段失效，番部过河抢劫必定发生，设立卡伦的范围与区分蒙番的界线势必随之扩展到番部抢劫的地方，而番部越过这条这界线就会被清廷视为违背国法。

在这种地域观念的认知下，道光二年陕甘总督那彦成通过添设卡隘、断绝粮茶的措施，开始对偷渡到黄河以北、青海湖以南"干犯天朝法令，罪在必诛"的河南番部进行驱逐，随后在这些番部可能偷渡的地方设立了卡伦。[3] 这些卡伦主要沿着黄河干流、北川至扁都口、丹噶尔至蒙古牧区三个地带分布。[4] 这基本上奠定了道光时期卡伦分布的格局。不过，那彦成阻止河南番部的措施并不能达到清廷希冀的一劳永逸。道光十二年，河南番部便抢劫至海北、扁都口附近，[5] 并在以后成为常态。清军至扁都口附近会哨遂成为惯例。道光二十五年，西宁镇总兵庆和因此遇难。陕甘总督布彦泰在应对河南番部侵扰海北蒙古设卡时，在遵循嘉庆以来内外有别的地域观念与维护国法地理标识的前提下，必须考虑河南番部经海南、海西至海北与黄河、青海湖之间的抢劫路线。

在《青海图》上，从贵德番部牧区通往卡外蒙古与卡内西宁镇辖区的路线主要有七条。首先，从黄河西岸忙多、头岱、东信等卡西北至巴燕诺尔卡歧出四

---

1 （清）武隆阿：《查看黄河南北蒙古旗分及河南番族各安游牧情形折》，载哲仓·才让辑编《清代青海蒙古族档案史料辑编》，第93—95页。

2 （清）觉罗长麟：《觉罗长麟为蒙古地方安设卡伦，请再详议，以昭慎重折》，载哲仓·才让辑编《清代青海蒙古族档案史料辑编》，第25—27页；（清）长龄：《长龄等遵旨晓谕青海蒙古王公，令其自行防守，并派员前赴尚那可地方踏勘有无关碍安插野番各事宜折》，载哲仓·才让辑编《清代青海蒙古族档案史料辑编》，第51—54页。

3 （清）那彦成、松筠：《那彦成河北野番及察汉诺们罕全数渡河回巢由》，载哲仓·才让辑编《清代青海蒙古族档案史料辑编》，第83—85页。

4 （清）那彦成：《平番奏疏》，载沈云龙主编《近代中国史料丛刊续编》第46辑，第8—12页。

5 《清宣宗实录》卷二一九，道光十二年九月癸丑，第266页。

条。第一，经会亭子城、将军台城、察汉城、棉柳沟卡，东北至丹噶尔。第二，经巴里观卡、阿什罕水城、南山根卡、哈喇库图尔，东北至丹噶尔。第三，经海南、海西、海北左翼各旗蒙古、申中卡，东至丹噶尔。第四，从第三条海北左翼各旗蒙古东北上，经蒙古郡王恭木楚克集克默特旗牧地向东沿湟水上游谷地至北川营，至此西北经白塔营、五间房卡通往扁都口。第五至第六，从第三条海北沿大通上游谷地两岸东至黑石头营，由此西北达扁都口。其次，从贵德番部向南渡河的第七条道路，经亦杂什营、青石坡卡、南川营、塔尔寺，东北至西宁。除此之外，布彦泰还在湟水、大通河之间设置五间房卡，在大通河与野马川间设置两座无名卡。当贵德番部沿着这些河谷东来，无论是北上还是南下，这些卡伦都会及时地将番情迅速传递给附近城堡。

这些设置在贵德番部侵扰之途的卡伦，意味着番部无论从哪个方向侵扰，清军都会及时地通过守卡士兵鸣放的号炮或高举的号火，将获取的信息依次传递给附近营堡，随之将分散于不同区域的营堡有机地联系起来，从而构成一个紧密的作战整体。根据贵德番部侵扰所经地带，可以分为两个预警方向。一个是以察汉城—丹噶尔—西宁一线为中心的主要预警方向。布彦泰在这个方向上沿着黄河忙多、头岱、东信等渡口部署兵力1000名，在将军台、会亭子、阿什罕水三城酌量派兵，均归察汉城副将统辖；在南山根、青石坡贵德番部出没之路分别设兵100名、150名，归属南川营都司。[1] 前者针对贵德番部北上经察汉城所控制的黄河、青海湖之间狭长地带，主要承担作战的功能；后者针对贵德番部北上渡河后至西宁的区域，主要承担保护从丹噶尔至西宁侧翼与安全的作用。另外一个是对着湟水上游谷地与大通河上游谷地为中心的次要预警方向。这里的卡伦都是在以前基础上修葺完成，每个卡伦派驻三四十名至百余名士兵不等。[2] 无论是在主要防御方向，还是在次要防御方向上的卡伦，都体现了清军与番部作战时所追求的卡伦与城堡间声势联络的精神。毕竟卡伦所起到的主要作用是预警，真正与番部作战的还是西宁镇属营堡。

（二）西宁镇属营堡设置与防御方向

从清初至道光年间，西宁镇属营堡设置分为三个阶段。第一，继承明代设置在河湟谷地的营堡。这主要分布在从丹噶尔经西宁至兰州的交通线路上。第二，雍正初年平定罗卜藏丹津后，主要在西宁镇南北两面部署。第三，道光年间，开始向黄河与青海湖之间的狭长地带拓展。清廷为处理青海蒙、番事务所设置的营堡，则主

1　（清）布彦泰：《布彦泰遵旨筹议沿边事宜量移防兵酌复防河旧章并添设卡汛各原由恭折》，载布彦泰、林则徐撰《陕甘总督奏稿》上册，第392—393页。

2　同上注。

要是从雍正初年开始。所以，这里从此时西宁镇南北两面营堡部署开始分析。

雍正时期，以西宁镇为中心的防御方向开始从西北转向西南。雍正二年（1724年）设置的大通镇（今青海门源回族自治县），旨在加强甘州与西宁之间的联系，达到防御蒙古由此南下藏区的目的。[1] 随着罗卜藏丹津平定，青海及周边形势的稳定，这种临时的军事建置逐渐失去应有的意义。雍正十三年（1735年），大通镇降为副将，该镇属永安营、白塔营的地位随之降低，全部归属了西宁镇。[2] 在西宁镇西北防御方向地位降低的同时，西南防御方向开始得到提升。这年，从西宁通往贵德西番之途，设置亦杂石、申中、千户庄三堡；从西宁通往循化番部之途，设置乩思观、扎什巴两堡。[3]

图3 《青海图》局部

---

[1] 《清世宗实录》卷二〇，雍正二年十月戊辰，中华书局，1985，第333—334页。

[2] 《清世宗实录》卷一五二，雍正十三年二月辛亥，第871页。

[3] 《清世宗实录》卷一五二，雍正十三年二月丁卯，第871页。文中的"皂思观""什扎巴"为"乩思观""扎什巴"之误。

这种转移趋势逐渐得以加强。乾隆三年（1738 年），以甘都堂地势宽阔平坦，距离黄河近在咫尺，为生番出没之所。于是筑城一座，设置千总一员，马、步兵一百五十员。翌年（1739 年），因巴燕戎地方位处扎什巴、亦杂石、千户庄、乩思观、康家寨、甘都堂等营汛适中之地，[1] 于此筑土城一座，设游击一员，千总、把总各一员，马兵四百名。[2] 这两处营堡的设置完善了从西宁至循化番部一线的防御。至此，清廷以西宁为中心的西北、西南两个防御方向的体系基本形成。从乾隆元年（1736 年）编纂的《甘肃通志》，[3] 经道光二十八年（1848 年）左右绘制的《青海图》，至宣统元年（1909 年）的《甘肃新通志》[4] 所载西宁镇所辖营堡数量的差别可以获悉。

表 1	西宁镇属营堡变化	
《甘肃通志》	《甘肃新通志》	《青海图》
	镇守西宁等处总兵官	
西宁城守营	城守营	西宁
镇海营	镇海协	丹噶尔
		镇海堡
河拉库托营	哈拉库图尔营	哈拉库图尔
巴燕戎营	巴燕戎格营	巴燕戎
	巴暖三川营	巴暖三川
贵德营	贵德营	贵德
南川营	南川营	南川营
大通协	大通营	大通
永安营	永安营	永安
白塔营	白塔营	白塔营
碾伯营	碾伯营	碾伯
威远堡	威远营	威远营

---

1 《清高宗实录》卷七四，乾隆三年八月上己丑，中华书局，1985，第 183 页。
2 杨应琚纂修：(乾隆)《西宁府新志》卷九《建置志》，青海人民出版社，1988，第 269 页。
3 （清）许容编纂：《甘肃通志》卷一四，《四库全书》史部第 11 册，台北商务印书馆，2008，第 27—28 页。
4 （清）昇允编纂：《甘肃新通志》卷四一，宣统元年刻本，第 26—27 页。

续表

《甘肃通志》	《甘肃新通志》	《青海图》
北川营	北川营	北川营
喇课营	喇课	喇课
康家寨	康家寨堡	康家寨
亦杂石营	亦杂石	亦杂什
甘都堂堡	甘都堂堡	甘都堂
扎石把堡	扎石巴	扎石巴
千户庄堡	千户庄	千户庄
老鸦	老鸦堡	老鸦
乩思观堡	乩思观堡	乩思观
冰沟堡	冰沟堡	冰沟
	黑石头堡	黑石头
		阿什罕水城
		察汉城
		将军台城
		会亭子城
		色尔开

乾隆以后，西宁镇属营堡最大的变化是该镇西南方向。具体言之，在今黄河、青海湖之间狭长地带的茶卡—共和盆地之内，设置了阿什罕水、察汉、将军台与会亭子四座城堡。道光三年（1823年）设置的阿什罕水城，[1] 位于盆地东北一隅，控制从此北上进入丹噶尔的道路。五年（1825年）设置的察汉城，[2] 位于盆地西北一隅，控制从此向东北进入丹噶尔、向西北进入左翼各旗蒙古的道路。道光二十三年设置的将军台、会亭子两座防城，则分别堵住了从黄河渡口转而北上进入盆地南部入口、西部出口，而从将军台城出发的道路还深入到海北与左翼各旗蒙古牧区

---

1 杨治平编纂，何平顺等标注：《丹噶尔厅志》卷三《地理》，载青海省民委少数民族古籍整理规划办公室编《青海地方旧志五种》，青海人民出版社，1989，第230页。

2 《清宣宗实录》卷八〇，道光五年三月辛丑，第288—289页。

联系起来。重要的是，这四座城堡在保护从西宁至丹噶尔一线及其以南营堡的同时，还成为保护蒙古左翼各旗的门户。[1]

从道光初年至末年设置的这四座城堡的时空来看，清军已经完成西宁镇主要防御方向从西北向西南的转变。重要的表现，就是察汉城地位的逐渐提高与防区范围的日趋扩大。道光五年三月察汉城初置时，不过是哈拉库图尔口外的一座边外小城。[2] 这年十二月升为副将驻守，以防范河南番部过河后南下抢劫。[3] 该城升为副将得益于它位于西去左翼各旗蒙古、北上丹噶尔城、南下巴燕诺尔卡的便利位置。这使其防御的职能日益突出。六年（1826年）六月，在西宁口外防河巡哨的章程中明确规定：夏、冬两季从察汉城内派出防兵三百余名，在海南、海北大巡游各两次；冬季巡游完毕之后，留下这些兵力把守黄河冰桥渡口。[4] 至道光二十六年，察汉城副将的管辖范围除黄河西岸渡口之外，已经囊括整个茶卡—共和盆地。[5]

西宁镇次要防御方向是从该镇西北至扁都口一线之西。从道光二年以来西宁镇属营堡添设与裁撤的职官变化之中，可以窥其大势。该年在镇海营添设副将一员、镇海堡添设千总一员、哈拉库图尔添设都司一员。镇海营、镇海堡位于从西宁经丹噶尔至哈拉库图尔一线的途中，所以于此设置副将、都司、千总是为了防御来自西宁口外番部的威胁。镇海营副将的添设，却是这年裁撤大通营副将的结果。虽然同年还在大通营之南的白塔营属黑林口汛添设把总一员、大通营之北的永安营属黑石头汛添设千总一员，以加强来自湟水上游谷地和大通河上游谷地的局部防御，[6] 但整体上已经阻止不了这里降为次要防御方向的趋势。

西宁镇主要防御方向之所以从丹噶尔至西宁一线的西北转向西南，是因为嘉庆以来青海湖西、南两面成为河南番部抢劫海北蒙古的所经之地。问题是面对海南、海西广阔的地带，在不能设置卡伦、营堡的情况下，清廷就放任贵德西番渡过黄河之后任意抢劫吗？这里存在着一个由多民族组成的隐形防区。在《青海图》上，这个隐形防区东至河南蒙古四旗毗邻的河州二十四关，南至玛庆雪山相邻的则巴族千户错落，西至星宿海连接的玉树番族、

---

1 （清）富呢扬阿：《富呢扬阿等筹议派拨青海蒙番官兵协同驻防官兵按季轮流游巡会哨章程折》，载哲仓·才让辑编《清代青海蒙古档案史料辑编》，第113页。

2 《清宣宗实录》卷八〇，道光五年三月辛丑，第288—289页。

3 《清宣宗实录》卷九二，道光五年十二月癸巳，第484页。

4 《清宣宗实录》卷九九，道光六年六月乙卯，第607页。

5 （清）布彦泰：《布彦泰遵旨筹议沿边事宜量移防兵酌复防河旧章并添设卡汛各原由恭折》，载布彦泰、林则徐撰《陕甘总督奏稿》上册，第386—387页。

6 《清宣宗实录》卷四四，道光二年十二月辛丑，第784页。

蒙古南柴达木，北至蒙古北柴达木。

黄河以南为玛庆雪山，这里山大雪深。每当清军进剿之时，该处就成为贵德西番逃避的理想之地，却是清军望而却步之区。[1] 这对住牧玛庆雪山之南的德勒克族番而言，如同贵德番部一样轻而易举。黄河之西，原为蒙古住牧。蒙古被迫迁徙后，这里成为贵德西番抢劫海北蒙古所经之处。在向西抢劫的过程中，南、北柴达木蒙古牧区为必经之所。道光八年（1828年），因被四川果洛克抢劫而逃奔的玉树雍希叶布等"熟番"，暂时住牧于南柴达木属地色尔克。[2] 历经十年努力，终于获得与蒙古相同的住牧权，归属青海右翼盟长管辖。[3] 随着黄河之南、之西住牧民族的归附，这些地方的防御自然会得到加强，而且至道光十八年（1838年）左右围绕着贵德西番住牧之区的防御渐趋完善。这对住牧黄河之地的河南番部而言，无疑给其抢劫、逃离都带来了困难。

道光二十三年，当清军围剿河南番部之时，除德勒克族番自愿协同剿捕外，住牧于色尔克玉树拉布寺百长喇嘛、尼牙木错族百长化拉等亦自动请缨派兵防守边境。[4] 结果，逃往玛庆雪山的贵德番族残部受到德勒克族番的攻击被迫逃离此地，逃回途中遭到该族与清军的腹背夹击，该族首领则巴错洛因此被授予千户职衔。[5] "则巴错洛"就是绘制在《青海图》上的"则巴族千户错洛"。这可以解释道光二十六年当清军围剿黑错寺时，残余贵德番部不再逃往玛庆雪山，而是逃往地势险要的果密的主要原因。这些地方的番部归附，客观上促使布彦泰把防御贵德番部主要防御方向部署在西宁西南。

（三）图之周围各镇与防御外围

《青海图》除详细绘出西宁镇辖属营堡外，还在该图北、东两面简要地绘出河州二十四关，以及凉州、甘州、肃州、瓜州、西安州、玉门县等行政建置。这种详略间的对比变化，该如何解释呢？

雍正初年，河南番部归贵德、循化两厅营管辖。从此以后的一段时间，每当这里番部抢劫蒙古、清军进行围剿时，番部或因畏惧军威而慑服，[6] 或因携带家眷而

---

1 《清宣宗实录》卷三八五，道光二十二年十一月，第926页。
2 《清宣宗实录》卷一四〇，道光八年八月壬申，第148页。这里将蒙古柴达木属地记为"色尔克"，应是《青海图》上的"色尔开"。
3 《清宣宗实录》卷三一四，道光十八年九月壬寅，第890页。
4 《清宣宗实录》卷三九三，道光二十三年六月戊寅，第1049页。
5 同上注。
6 《清仁宗实录》卷五九，嘉庆五年二月乙酉，第771—772页；《清仁宗实录》卷一一八，嘉庆八年八月丙寅，第573—574页。

逃避。[1] 即使时有抗拒，仅仅局限于河南小范围之内。[2] 正因为如此，时至嘉庆八年这里番务仍由循化、贵德两厅营负责。[3] 正当清廷按照预先设计的思路继续经营河南番部时，这里已出现人多地少的矛盾。解决的路径，却没有按照时势发展探寻出一条新的路子，仍然遵循着清初将番部限制在河南的老办法。[4] 这导致河南番部势必要突破清初划定的住牧范围与维护国法的地理标识，朝着有利于自己生存的方向发展。于是，清军与番部在河南之外的地方发生冲突在所难免。

嘉庆十二年，河南番部第一次绕过海西到野马川抢劫。在清廷看来，这实属"胆大可恶"[5]。而且，还有一部分河南番部继续北上抢劫了甘州、永固两营的军马，甚至分路抢劫了附近居民。随着河南番部抢劫地域范围的扩大，清廷对抢劫性质的认定随之改变，"其情罪即系叛逆"[6]。这已经超出河南番部住牧的区域，向着危及清之西部边疆安全的方向发展。所以，必须加大力度惩创。如果要达到这种目的，仅凭循化、贵德两营的兵力已不够使用，必须在陕甘总督统一协调下调动分布在河南番部周围西宁镇的兵力。在兵力增加至4500名后，仍然觉得平定无果的情况下，不得不调动凉州、甘州、洮岷各镇营参加了这次围剿任务。[7] 自此以后，清廷对越界河南番部的大规模驱逐、围剿，调动周围各镇的兵力遂成为一种常态。

表2			道光时期河南番部抢劫与清廷兵力调动及采取措施一览[8]	
抢劫时间	抢劫地点	抢劫战术	调动兵力	采取战术
元年	海南 海西南盐池		附近各镇兵8000余名	各提镇三面围剿
二年	海南助勒盖			各提镇以防为剿
十二年	海南噶布古		循化贵德两营、河州镇800名	

---

1 《清仁宗实录》卷一一三，嘉庆八年五月庚戌，第504页。
2 《清仁宗实录》卷一二〇，嘉庆八年九月，第607页。
3 《清仁宗实录》卷一二二，嘉庆八年十月丁亥，第643页。
4 《清仁宗实录》卷一五七，嘉庆十一年二月庚辰，第18页。
5 《清仁宗实录》卷一七七，嘉庆十二年夏四月丁卯，第324页。
6 《清仁宗实录》卷一七八，嘉庆十二年夏四月庚寅，第335页。
7 《清仁宗实录》卷一八三，嘉庆十二年秋七月甲子，第418页。
8 本表依据《清仁宗实录》制成。

续表

抢劫时间	抢劫地点	抢劫战术	调动兵力	采取战术
十九年	海西		蒙古札萨克郡王车凌端多布	
二十二年	海北牛头鄂博等地、哈喇库图	分头并进		各提镇分路围剿
二十三年	海西色尔开等地		蒙古左翼盟长车凌端多布	
二十四年	海北西河台、甘肃青木沟			
二十五年	海西布哈河 海北金羊岭	分头并进	7100名	各分路围剿

从道光元年至二十五年，河南番部越界抢劫有八次。抢劫范围，从起初的海南、海西，逐渐向海北转移、逼近河西，甚至一度穿越扁都口，直插河西走廊。这显然已经超出清廷规定的河南牧区范围，循化、贵德两厅营管辖的能力。即使道光十二年抢劫至海南噶布古规模较小的一次，亦非循化、贵德两厅营的兵力能及。这次清军派出的兵力共800名，其中河州镇就有500名。[1] 一旦河南番部远离了循化、贵德两厅营的管辖范围，单凭两营的兵力更是望尘莫及了。十九年（1839年）、二十四年三月两次到海西抢劫，则是由蒙古札萨克左翼郡王、后来出任蒙古左翼盟长的车凌端多布带兵平定。[2]

至于河南番部大规模、大地域的抢劫，即使西宁镇的兵力亦不能承担。道光元年，清军驱逐海南、海西南盐池河南番部调动了8000名官兵。这次兵力主要由陕甘总督督标以及"附近各提镇"构成。[3] 虽然文中没有直接说明"附近各提镇"所指，但对照《青海图》，应是河南番部附近西宁、河州、凉州、甘州、肃州各镇。二十二年（1842年），河南番部兵分两路抢劫，一路直奔西宁镇防区的哈拉库图尔营，另外一路绕海南至海西的牛头鄂博。[4] 二十三年，陕甘总督富呢扬阿调派"各提镇"捕逐，主要由甘肃提督周悦胜与署西宁镇总兵徐华清、站柱率兵分

---

1 《清宣宗实录》卷二一九，道光十二年九月癸丑，第266页。

2 《清宣宗实录》卷三二四，道光十九年秋七月甲寅，第1094页；《清宣宗实录》卷四〇三，道光二十四年三月庚午，第36—37页。

3 《清宣宗实录》卷三一，道光二年三月庚午，第559页。

4 《清宣宗实录》卷三八五，道光二十二年十一月辛亥，第926页。

三路围剿，[1] 参战兵力还有蒙古左右两翼盟长、番子百户等组成。甘、凉、肃等各镇是承担了负责扼要口隘的督剿任务。[2] 二十五年，河南番部再次兵分两路，一路经海南至海西布哈河，另外一路进入海北金羊岭。[3] 这次清军作战主力由甘肃提督胡超统领的5000名官兵、署西宁镇总兵站柱带领的2100名官兵组成，[4] 凉、甘、肃等镇则严守要隘协同会剿。[5]

通过对从道光元年至二十五年，河南番部抢劫区域与清军派出驱逐或围剿的兵力来看，这已经超出循化、贵德两厅营以及西宁镇兵力所能承担的范围，所以调动分布在河南番部周围河、凉、甘、肃等镇的兵力作战、协防就成为一种必不可少的措施，却也没有因此看到河南番部不再越界抢劫的希望。从道光二年三月至五月历时两个月对越界河南番部的大规模围剿后不久，[6] 同年八月陕甘总督长龄上奏河南野番再次到海北抢劫。虽然同年十月新任陕甘总督那彦成通过河、凉、甘、肃等镇设卡防堵、断绝番部粮茶等策略，[7] 至道光三年初终于迫使抢劫至海南的一万七八千名的河南番部回到原来牧地，[8] 青海蒙、番牧区界线因此得以稳定十年。不过，距离清廷所希冀的"一劳永逸"还为时过早。道光十二年九月河南番部偷渡劫夺蒙古牲畜之事，意味着那彦成所构建的防御河南番部体系的解体，预示着河南番部为其生计问题实行更大规模抢劫的来临。从道光二十二年以来，直至二十六年逃至果密番部的循化熟番被平定之前，河南番部的抢劫就没有真正停止。所有这些大规模围剿河南番部策略的接连失败，一次次撕裂着清廷边疆稳定的夙愿。所以，如何在满足道光皇帝维护清初划定蒙番界线而又不糜费粮饷的前提下，制定有别以往的边疆稳定策略，这项任务就落到时任陕甘总督布彦泰的肩上。

过往经验表明，仅仅株守河南一隅与依靠包括循化、贵德两厅营在内的西宁镇兵力，显然已不现实。这就需要将防御番部的范围扩展到周边。问题是周边位置何在，标准又是什么？这需要在现实基础上找出重新制定新策略的突破口。这时清廷在青海蒙、番边疆治理上正在实行由西宁、凉州、甘州、肃州各镇协同进行的会

---

1 《清宣宗实录》卷三九〇，道光二十三年三月癸丑，第1004页。

2 《清宣宗实录》卷三九一，道光二十三年夏四月，第1025页。

3 《清宣宗实录》卷四一八，道光二十五年六月己未，第251页。

4 《清宣宗实录》卷四一九，道光二十五年秋七月丁亥，第268页。

5 《清宣宗实录》卷四一九，道光二十五年秋七月癸未，第266页。

6 《清宣宗实录》卷三一，道光二年三月庚午，第559页；《清宣宗实录》卷三六，道光二年五月己亥，第642页。

7 《清宣宗实录》卷四二，道光二年十月己酉，第757页。

8 《清宣宗实录》卷四八，道光三年春正月癸酉，第850页。

哨制度，[1] 以及道光二十三年陕甘总督富
呢扬阿在对待青海番部事务上以堵为剿的
策略。自道光二十五年清廷调查滋事番部
之时就已受到质疑的后者无疑就成为新策
略实行的突破口，尤其是它违背了道光皇
帝在调查滋事番部过程中做出的以防为剿
与节省钱粮的指示精神。这种指示精神与
河南番部抢劫清军进行追踪之时，兵少追
则不获、重兵深入又劳费粮饷的特点结合
起来，就演变为陕甘总督那彦成经略青海
蒙番事务一些具体的措施，诸如建立在卡
伦预警机制基础上建设以西宁镇为中心的
主要和次要防御方向。这两种防御方向自
然是根据番部抢劫的方向所制定，次要防
御方向则决定了陕甘总督那彦成防御河南
番部的范围所在。

河南番部越过黄河经海南、海西向海
北抢劫的过程中，首先抢劫的是海北
"左翼各旗蒙古"。清廷没有在《青海图》
"左翼各旗蒙古"以西设置卡伦与营堡，
除了前面所论述的体制之外，还会因设置
卡伦与营堡让清军直接处于与番部接触的
状态。这不仅有悖于清廷希望蒙古通过自
强达到自卫的要求，还会增大其一贯反对
的劳军靡饷的原则。历次番部抢劫至此表
明，这里的蒙古不是作为清军作战的向
导，就是协同清军作战，起到了应有的积
极作用。那么，在这个方向上，再次遭受
抢劫的是扁都口南北的清朝官营牧场。然

而，仅仅守住番部顺着大通河谷和野马川
北上的这两个地方是远远不够的，还要将
防守的范围扩展到此地以西更远的祁连山
西段，只有这样才有可能堵住青海湖西、
南、北三个方向上薄弱的防御地带。这也
符合布彦泰提出的"番匪扰及边界，自
应先固藩篱"的策略。以往的历史一再
证明，每当番部抢劫至扁都口附近时，以
河西走廊为依托所设置的凉、甘、肃各提
镇的兵力，不是处于被调动的状态，就是
协助西宁、河州两镇的兵力以防止番部的
奔突。这些地方就成为那彦成确定防御河
南番部的外围。

总之，清廷通过调查最终建构了戕
害西宁镇总兵庆和的凶手为贵德西番。
随之从贵德西番住牧的黄河干流出发，
经西宁南川、北川至扁都口一线部署了
预警的卡伦。这条卡伦将《青海图》分
为内外有别的两部分：外部是清军保护
的蒙古牧区；内部是清军防御的贵德番
部牧区。为了维护这条蒙番界线与国法
的地理标识，清廷确立了以西宁镇为中
心指向青海湖西南的主要防御方向与指
向扁都口一线以西的次要防御方向。为
配合主要方向的作战，在青海湖之南建
立了利用周边蒙古、番部的民族防区；
为配合次要方向的作战，在青海湖之北
建立了利用凉州、甘州、肃州各镇的协
同防区。

---

[1] 《清宣宗实录》卷四一八，道光二十五年六月己未，第 251 页。

《形象史学》征稿启事

《形象史学》是由中国社会科学院古代史研究所文化史研究室主办、面向海内外征稿的中文集刊,自2021年起每年出版四辑。凡属中国古代文化史研究范畴的专题文章,只要内容充实,文字洗练,并有一定的深度和广度,均在收辑之列。尤其欢迎利用历史上流传下来的各类形象材料进行专题研究的考据文章,以及围绕中国古代文化史学科建构与方法探讨的理论文章。此外,与古代丝路文化和碑刻文献研究相关的文章,亦在欢迎之列。具体说明如下。

一、本刊常设栏目有理论动态、名家笔谈、器物研究、图像研究、汉画研究、服饰研究、文本研究等,主要登载专题研究文章,字数以2万字以内为宜。对于反映文化史研究前沿动态与热点问题的综述、书评、随笔,以及相关领域国外学者的最新研究成果(须提供中文译本),亦适量选用。

二、来稿文责自负。章节层次应清晰明了,序号一致,建议采用汉字数字、阿拉伯数字。举例如下。

第一级:一 二 三;

第二级:(一)(二)(三);

第三级:1. 2. 3.;

第四级:(1)(2)(3)。

三、中国历代纪年(1912年以前)在文中首次出现时,须标出公元纪年。涉及其他国家的非公元纪年,亦须标出公元纪年。如清朝康熙六年(1667年),越南阮朝明命元年(1820年)。

四、来稿请采用脚注,如确实必要,可少量采用夹注。引用文献资料,古籍须注明朝代、作者、书名、卷数、篇名、版本;现当代出版的论著、图录等,须注明作者(或译者、整理者)、书名、出版地点和出版者、出版年、页码等;同一种文献被再次征引时,只须注出作者、书名、卷数、篇名、页码即可;期刊论文则须注明作者、论文名、刊物名称、卷期等。如为连续不间断引用,下一条可注为"同上注"。外文文献标注方法以目前通行的外文书籍及刊物的引用规范为准。具体格式举例如下。

(1)(清)张金吾编:《金文最》卷一一,光绪十七年江苏书局刻本,第18页。

(2)(元)苏天爵辑:《元朝名臣事略》卷一三《廉访使杨文宪公》,姚景安点校,中华书局,1996,第257—258页。

(3)(清)杨钟羲:《雪桥诗话续集》卷五上册,辽沈书社,1991年影印本,第461页下栏。

（4）（唐）李隆基注，（宋）邢昺疏：《孝经注疏》，载李学勤主编《十三经注疏》，北京大学出版社，1999，第3页。

（5）金冲及：《二十世纪中国史纲（简本）》上册，社会科学文献出版社，2012，第295页。

（6）苗体君、窦春芳：《秦始皇、朱元璋的长相知多少——谈中学〈中国历史〉教科书中的图片选用》，《文史天地》2006年第4期。

（7）林甘泉：《论中国古代民本思想及其历史价值》，《光明日报》2003年10月28日。

（8）[英] G. E. 哈威：《缅甸史》，姚楠译，商务印书馆，1957，第51页。

（9）Marc Aurel Stein, Serindia (London: Oxford Press, 1911), p. 5.

（10）Cahill, Suzanne, "Taoism at the Song Court: The Heavenly Text Affair of 1008." *Bulletin of Sung-Yuan Studies* 16（1980）：23-44.

五、（1）请提供简化字（请参照国家语言文字工作委员会1986年重新发布的《简化字总表》）word电子版。如有图片，需插入正文对应位置。（2）同时提供全文pdf电子版。（3）另附注明序号、名称、出处的高清图片电子版（图片大小应在3M以上），并确保无版权争议。（如为打印稿，须同时提供电子版）。（4）随文单附作者简介（包括姓名、单位、职称、研究方向）、生活照（电子版）、联系方式、通讯地址、邮编。

六、如获得省部级及以上项目基金资助，可在首页页下注明。格式如：本成果得到×××× 项目（项目编号：××××）资助。项目资助标注不能超过两项。

七、邮箱投稿请以"文章名称"命名邮件名称和附件名称。请用文章全名命名，副标题可省略。

八、请作者严格按照本刊格式规范投稿，本刊将优先拜读符合规范的稿件。

九、来稿一律采用匿名评审，自收稿之日起三个月内，将通过电话或电子邮件告知审稿结果。稿件正式刊印后，将赠送样刊两本。

十、本刊已入编知网，作者文章一经录用刊发即会被知网收录，作者同意刊发，即被视为认可著作权转让（本刊已授权出版方处理相关事宜）。

十一、本刊地址：北京市朝阳区国家体育场北路1号院中国历史研究院行成楼220房间，邮编：100101。联系电话：010-87420859（周一、周二办公）。电子邮箱：xxshx2011@yeah. net。